汽车故障诊断与排除问答

刘文举　主编

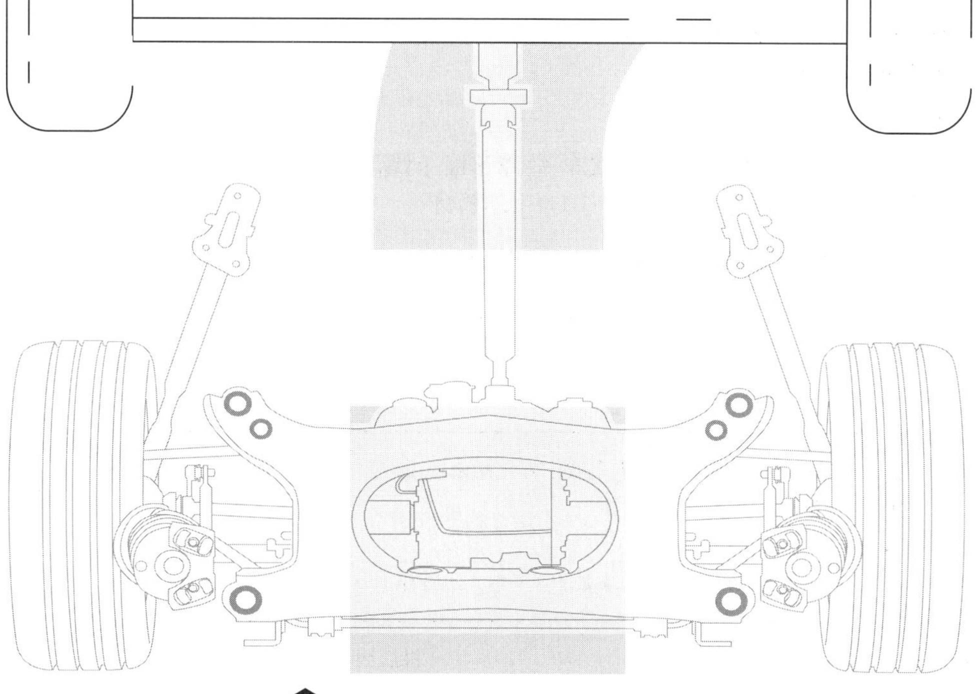

化学工业出版社

·北京·

本书以新型桑塔纳、捷达、速腾、迈腾、帕萨特、奥迪系列轿车为例，通过问答的形式系统地介绍了轿车各总成的故障诊断与排除，主要包括轿车发动机故障诊断与排除、底盘故障诊断与排除、电气设备故障诊断与排除等内容。本书图文并茂，实用性强，通过阅读本书，读者不仅可以正确掌握轿车的维修保养方法，而且能够较快地掌握疑难杂症的故障诊断与排除技术。

本书是汽车驾驶员和修理人员及管理人员必读、必用、必备的工具书，也可作为汽车修理培训人员和职业院校师生的教学辅导教材。

图书在版编目（CIP）数据

汽车故障诊断与排除问答/刘文举主编. —北京：化学工业出版社，2019.1

ISBN 978-7-122-33422-0

Ⅰ.①汽… Ⅱ.①刘… Ⅲ.①汽车-故障诊断-问题解答②汽车-故障修复-问题解答 Ⅳ.①U472.42-44

中国版本图书馆CIP数据核字（2018）第283213号

责任编辑：辛　田　　文字编辑：冯国庆

责任校对：张雨彤　　装帧设计：王晓宇

出版发行：化学工业出版社（北京市东城区青年湖南街13号　邮政编码100011）

印　　刷：大厂聚鑫印刷有限责任公司

装　　订：三河市宇新装订厂

787mm×1092mm　1/16　印张15¾　字数408千字　2019年2月北京第1版第1次印刷

购书咨询：010-64518888　　售后服务：010-64518899

网　　址：http：//www.cip.com.cn

凡购买本书，如有缺损质量问题，本社销售中心负责调换。

定　　价：68.00元

版权所有　违者必究

前言

PREFACE

汽车是人们工作生活中重要的交通工具，随着汽车保有量的不断增加，希望了解和掌握汽车维修技术的人越来越多。

为了让广大读者由浅入深地了解汽车的故障诊断与排除技术，笔者根据多年的汽车修理经验，编写了本书。

本书系统地介绍了轿车各总成的故障诊断与排除，主要包括轿车发动机故障诊断与排除、底盘部分故障诊断与排除、电气设备故障诊断与排除。

本书由刘文举任主编，刘文超、王志鹏、张慧娟任副主编，参加编写的还有田延昭、赵炳雨、赵晖、赵文志、潘胜利、孙金玉、张兆朵、孙卫君、刘克谦、王嘉禄、刘荣荣、刘昊等。本书在编写过程中得到惠中汽车修理有限公司总经理刘文超、副总经理王志鹏等大力支持，特表示衷心感谢！

由于笔者水平有限，疏漏之处在所难免，敬请广大读者提出意见或建议，以使再版时完善。

编者

目录
CONTENTS

第一章 发动机故障诊断与排除

第一节 气缸体与曲轴箱故障诊断与排除

1. 轿车动力性能下降有哪些原因?

（1）故障现象 轿车动力性能显著下降，耗油量增加，启动困难。

（2）故障原因 轿车长期使用，气缸表面在活塞环运动的区域内形成不均匀的磨损，沿高度磨成上大下小的锥形，磨损最大的部位是活塞在上止点位置时第一道活塞环相对应的气缸壁处与活塞环不接触的气缸壁处与活塞环不接触的气缸上口，几乎没有磨损，而形成台阶。气缸的径向磨损也不均匀，形成不规则的椭圆形，俗称“失圆”。

气缸磨损主要有以下几个原因。

① 润滑不良造成的磨损。发动机在工作中，气缸上的润滑条件较差，润滑油不易溅到气缸壁上部，而且，由于气缸上部温度很高，使进入气缸的润滑油变稀，黏度下降，在缸壁上不能形成良好的油膜，甚至使润滑油燃烧。另外，可燃混合气进入气缸时，其中所含的细小油粒不断冲刷缸壁，也破坏了缸壁的润滑油膜，在发动机温度低时，汽油雾化效果差，可燃混合气中所含的油粒增多，破坏性则更严重，这些因素造成的润滑不良将使气缸上部与活塞环形成干摩擦或半干摩擦，加快磨损。

② 高压造成的机械磨损。发动机工作时，活塞环在自身弹力和气体压力作用下，压紧在气缸壁上，当活塞在气缸中往复运动时，活塞环与气缸壁发生相对摩擦而产生磨损。磨损程度取决于活塞环作用在气缸壁上的压力大小。压力越大，润滑油膜的形成和保持越困难，机械磨损越严重。

③ 酸性物质造成的腐蚀磨损。通常，汽油中含硫量为 0.15%。由于燃烧后产生硫酸蒸气，存在于燃气中，当冷却水温度低于 70℃时，将凝聚在缸壁上。这些酸性物质破坏了润滑油膜，并对气缸壁产生腐蚀作用。腐蚀越严重，磨损越厉害。

④ 磨料造成的磨损。轿车的使用条件对气缸磨损也有很大影响，往往使气缸产生异常磨损。当空气中夹有尘土或润滑油中有杂质时，将产生磨料磨损。由于这些尘土或杂质随活塞在气缸中往复运动，在气缸中部磨损加剧，从而造成气缸上大下小的形状。

（3）故障诊断 测量气缸是判断发动机技术状态的重要手段，通过测量它的圆度和圆柱度可以了解气缸的磨损情况。

使用量缸表测量气缸尺寸，根据气缸磨损情况，对气缸进行镗削，修理尺寸。气缸直径除标准尺寸外，还有每次加大 0.25mm 的四级修理尺寸，即 0.25～1.0mm，活塞和气缸的配合间隙均有一定要求。

2. 怎样判断发动机敲缸?

敲缸是活塞敲击缸壁故障现象的简称。这种故障属于发动机的恶性故障，多发生在发动机缺少润滑油而严重磨损或发动机大修之初修配不当时。当发动机出现该故障时，应及时排除。

① 出现敲缸故障时，主要的特征是气缸内发出一种清脆而有节奏的金属敲击声，其响声随温度变化而变化。活塞敲缸响声主要表现为发动机工作温度低时，响声明显，尤其在怠速时响声更清晰。温度升高时，响声随之减弱或消失。

冷车运行时出现轻微敲缸响声，热车时消失，属于正常现象。产生敲缸时，活塞受力大。当活塞与气缸配合间隙过大或因磨损严重配合间隙过大时，活塞在压缩行程中受侧压力的一面偏向一侧，活塞经过上止点时，侧压力的作用方向改变，使活塞瞬时换向，从靠缸壁一侧迅速转变到靠向另一侧，与缸壁发生拍击，产生响声。

② 造成敲缸故障的主要原因是活塞与气缸配合间隙过大。修配不当造成活塞与气缸配合间隙较大，或因气缸磨损严重造成间隙过大。因此，造成发动机在冷启动时，敲击声明显；热机后，响声减弱或消失；活塞方向装反或出现反椭圆现象，会造成敲缸响声；连杆轴承紧度不合适也会引起活塞运动中与缸壁产生撞击发出响声。

③ 确定敲缸的气缸时，把发动机转速固定在敲击最响的位置上，采用“断火”的方法(用逐个切断各缸高压电的办法进行试验)。当某缸“断火”后，声音明显减弱或消失，即为该缸响。进一步判断时，可用机油壶在火花塞孔内向活塞上方注入机油，然后启动发动机。在启动后的瞬间，若响声减弱或消失，过不久响声又出现，即为该缸敲缸。

④ 排除方法：当出现严重敲缸响声时，必须分解发动机，重新修理选配活塞与气缸间隙，才能彻底排除敲缸故障。

3. 怎样诊断发动机拉缸?

拉缸是指缸壁沿活塞运动方向出现深浅不一的沟痕。由于缸壁沟痕的存在，活塞在压缩和做功时，高压气体从沟痕处泄漏，产生响声。该故障导致发动机动力下降，机油消耗增加。拉缸严重时会导致活塞卡死在气缸内，使发动机不能运转。该故障属于发动机的恶性故障，一经确定应立即排除，以免造成更大的损失。

(1) 故障现象　气缸拉伤出现沟痕后，发动机在运转时会发生类似敲击的声响，声响随发动机转速变化。由于缸壁沟痕的出现，气缸密封状况变差，机油窜入燃烧室燃烧，机油消耗量增加，发动机出现冒蓝烟现象。

(2) 故障原因　气缸内存有异物，造成气缸拉伤；活塞与气缸配合间隙小，活塞环对缸壁压力过大；机油或汽油内含有杂质，导致缸壁润滑不良；发动机过热使机油油膜被破坏，出现干摩擦，活塞过度膨胀，形成黏着磨损而拉缸；活塞销卡环脱出，拉伤缸壁。

(3) 诊断方法及顺序　该故障使用断火的方法进行确定，效果不明显。当确定不了时，可使用气缸压力表检测气缸压力，若单个某缸压力过低，则此缸可能拉缸（或气门烧熔），应分解检查确定。

当确定发动机出现拉缸故障时，应拆检发动机，测量气缸尺寸，重新选配缸套和活塞。

4. 气缸磨损的原因是什么?

气缸磨损的原因有如下几点。

(1) 工作气体压力的影响　由于活塞环与环槽间有一定的间隙，工作过程中产生的高压气体通过此间隙窜入活塞环的背后，使环压向缸壁，第一道环承受气体压力最大，气缸上部磨损也最严重。

（2）工作温度的影响　正常工作时气缸上部温度最高，润滑油黏度随温度升高而下降，因此，气缸上部润滑条件较差，其磨损量也最大。

对于整个发动机来讲，如果工作温度过高，则会使润滑油的黏度下降，使磨损加剧。如果工作温度过低，冷车启动时润滑油流动性能差，汽油蒸发不好，汽油又会冲刷缸壁，同样会破坏润滑条件，增大气缸的磨损。

（3）腐蚀性物质的影响　发动机承受着燃烧产物中含有的碳、硫和氮的氧化物以及水蒸气、有机酸等腐蚀性物质的影响。这类物质有时直接与缸壁起化学反应，有时溶于水形成酸类，温度越低，酸性物质越易产生，腐蚀作用也就越大。

（4）润滑油中磨料物质的影响　润滑油中含有的磨料物质对气缸壁磨损的影响是很大的，磨料物质越多，体积越大，发动机转速越高，对气缸壁的磨损也就越大。磨料物质的来源包括发动机自身的磨损产物、燃烧中产生的固态粒子及来自空气中的尘土，固态粒子越大、越多，磨损也就越严重。

（5）润滑油的影响　气缸工作条件比较恶劣，润滑油的质量对能否形成润滑所需的油膜影响也比较大。

综上所述，发动机在正常工作中其磨损是不可避免的，但可以通过努力尽量减少气缸的磨损，延长发动机的使用寿命。

5. 怎样延长发动机的使用寿命？

延长发动机的使用寿命有以下方法。

① 要使用符合厂家推荐标准的、优质的润滑油，并且要按要求定期更换润滑油，润滑油的数量要达到标准，既不要过多，也不要少。

② 要按厂家保养要求定期更换三滤，对于工作条件恶劣的地区，要适当缩短保养里程。

③ 要按标准添加燃料，如果燃料在工作过程中不能完全蒸发，会冲刷气缸壁，破坏润滑油膜，增加磨损。

④ 冷车启动后禁止大轰油门。

⑤ 要保证发动机的正常工作温度。低温启动后，在达到正常工作温度前，发动机切不可大负荷、高转速。要经常检查冷却液的容量，避免发动机温度过高。

6. 发动机装配时有哪些要求？

发动机的装配工作是发动机修理过程中的一个重要环节。它每一部分装配质量的好坏，都直接影响整个发动机的修理质量。如果在工作中稍有疏忽或马虎装错，将导致一系列返工，甚至造成严重事故。如气缸中掉进沙粒，会使气缸和活塞拉伤，造成发动机早期损坏。装配工作基本要求如下。

（1）保证零件之间的配合适当　零件之间的配合，按其工作需要，有间隙配合和过盈配合两类。

① 间隙配合。两个相对运动零件之间须有适当间隙，以保证能有正常运动和保持良好的润滑油膜，否则将产生润滑不良，使运转机件咬住、擦伤或产生冲击负荷，加速零件损坏。例如，曲轴轴承及连杆轴承间隙不当，易使轴承合金熔化脱落，尤其轴承间隙过大，可能造成曲轴、连杆等折断的严重事故。

② 过盈配合。在紧固配合的零件之间应保持适当的盈量。盈量过大时，不能保证零件的紧固接合，工作中容易松动或位移，因而使零件磨损或机件发生故障；盈量过小时，则在装配过程中易使零件遭到损伤，甚至破裂。盈量的大小，应根据配合机件的材料和工作条件

而定。加热后装配的零件，盈量可稍大一些；在室温下装配或尺寸较小的零件，则盈量应小一些。

(2) 保证零件之间的相对位置正确　在装配零件或各件总成时，必须保证它们之间应有正确的相对位置；否则将使有关零件的工作不正常，加速机件的磨损，有时甚至使装配工作发生困难。装配技术要求主要包括垂直度、平行度、同轴度等。

① 垂直度。例如在镗缸时，应保证气缸中心线相垂直，否则会使活塞在气缸中的位置歪斜而形成单边磨损。又如，飞轮平面与曲轴中心线不垂直，则工作时飞轮平面偏摆，会使离合器发抖。

② 平行度。例如曲轴轴颈、连杆轴颈及活塞销三者轴线必须平行，否则气缸、活塞、轴承、轴颈等均将单边磨损。

③ 同轴度。例如飞轮与曲轴必须符合同轴度要求，否则会导致运转不平衡，使发动机发抖。

在总成装配中，往往由于个别机件的位置不正确，而影响其他机件的装配关系；或因个别机件的故障而影响整个总成。例如连杆弯曲时，连杆本身与轴不垂直，活塞销与曲轴也就不能平行，使活塞在气缸中发生严重偏磨，气缸与曲轴的垂直也会很快遭到破坏。

(3) 保持制造加工原有关系　发动机制造时，有些零件是装在一起加工的。在修理装配中，为了保证其加工面的正确关系或准确的几何形状，是不能互换的。例如曲轴轴承座与轴承盖、连杆与连杆轴承盖等。

(4) 保持使用零件的磨合关系　总成装配中，多数零件是原来使用的，在过去工作中已经互相磨合，故装配时应保持其原有的磨合关系，以免在使用中重新磨合而增加磨损，或在工作中发生响声。装配时，要“对号入座”。凡是在拆卸时，已标记号的零部件，都应根据记号顺序进行安装，并检查零件的安装是否符合规定。

(5) 保证机件各部的密封装置良好　密封装置的作用，主要是防止漏油、漏气、漏水，并防止灰尘、湿气进入机器内部。在修理中往往由于密封装置不良，造成漏油、漏气和漏水的现象。例如气缸漏气时，气缸的密封性便被破坏，因而使发动机功率下降。又如曲轴油封作用不良时，不但缩短轴承的使用寿命，而且还会增加其他机件的磨损。故在装配时，必须更换所有的密封衬垫和“O”形圈及正确地安装油封，以确保密封可靠。

(6) 做好清洁、调整、紧定与润滑

① 清洁。进行装配时，零件必须彻底清洁。实践证明，零件的清洁程度，对修理质量有很大影响，但是这种影响常被人们忽视。润滑油道中污垢沉积不除净，就会减少油道的截面积，从而增加润滑油流动阻力，减少润滑油流量，恶化运转机件的润滑条件。零件表面的灰尘混入润滑油中，便随润滑油循环，将会引起不同程度的磨料磨损。装配时，必须清洗干净，并用压缩空气吹干。使用软刷和溶剂彻底清洗活塞，并小心不要碰伤活塞、活塞环。

发动机水套中的水垢，在修理中如不予以清洁，将会明显影响发动机散热工况。试验表明，大修发动机水套内积存的水垢，平均占冷却系统容量的6%，这不仅减小了冷却系统的容量，影响冷却水的循环，而且水垢的导热性极差，易使发动机过热。

② 调整。有些机件在装配中是必须调整的。例如气门间隙过大，不仅会使发动机产生异响，而且还影响发动机的动力性和经济性。只有通过调整，才能达到规定的装配要求。

③ 紧定。各机件的正确关系主要是靠螺栓、螺母来固定的。如果螺栓与螺母松脱，将造成机件的位移和脱落。发动机各机件，由于工作条件不同，对紧定的技术要求也不相同。有些要害部位，如曲轴轴承和连杆轴承的螺栓，要求按规定力矩拧紧。

多螺栓连接的零件，应注意按一定顺序拧紧，避免受力不均，造成零件翘曲变形，甚至破裂。合理的拧紧顺序是，从中央开始，然后左右对称拧紧。对于4个、6个、8个螺栓连接的零件，一般是分次对角拧紧。

④ 润滑。所有相对运动零件之间的摩擦表面，在装配时都应涂以润滑油，使零件在开始工作时，不致因干摩擦增加磨损。过盈配合的零件表面，也应涂油，以减少摩擦，易于压入，并避免压入时引起擦伤，从而保证结合紧定可靠。

7. 怎样检测气缸磨损?

气缸磨损的程度，国内一般是用圆度和圆柱度两个指标来衡量的。而桑塔纳、帕萨特、奥迪轿车等引进车型则以标准尺寸与气缸最大尺寸的差值来衡量。

（1）量缸的部位　用适当量程的量缸表按图 1-1 所示的部位和要求进行测量，即在气缸上部距气缸上平面 10mm 处、气缸中部和气缸下部距缸套下部 10mm 处三点，按 A、B 两个方向分别测量一次。注意不要在发动机修理台架上测量发动机气缸的内径，以防因缸体被夹紧变形而测量不准。

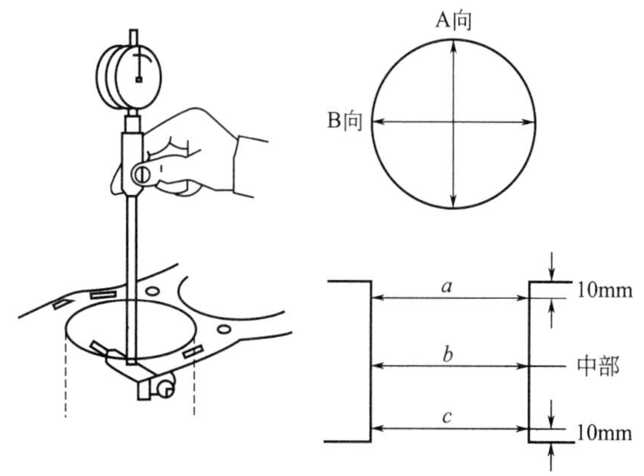

图 1-1　气缸内径测量部位示意图

（2）量缸的方法　气缸测量时，先用千分尺按气缸标准尺寸将量缸表调整到指针对准刻度处（应使量缸表测杆压缩 1～2mm 以留出测量余量），然后测量缸径。这样测出的读数加上气缸的公称尺寸，即为磨损后的气缸直径。

测量时，必须使测杆与气缸中心线垂直。测量时应稍微摆动表杆，量缸表指示的最小读数，即为正确的气缸直径。

用量缸表在 A 方向测量，记住表针所指刻度。旋转表面，使“0”对准表针所指刻度。这个刻度作为测量的基数，然后将测杆在此横截面上转动 90°，此时表针所指刻度与“0”位刻度之差的 1/2 即为该气缸的圆度误差。在量缸表测量上部之后，将测杆下移到气缸中部和下部，再次测量。

对于多缸发动机应取误差最大的一个缸为准。一般发动机前、后两缸磨损最大，测量时可重点测量这两个气缸。

桑塔纳、帕萨特、奥迪车型气缸测量结果与标准尺寸的差值最大为 0.08mm。如果超过 0.08mm，则应进行镗、珩磨修理，使其与加大尺寸的活塞相配。

8. 气缸套为什么单侧磨损?

气缸套单侧磨损必将引起活塞偏缸，造成此情况往往是由于发动机大修时质量不佳所致。此时常会发现活塞在气缸内位置侧偏一边（将活塞摇到上止点及下止点位置），侧偏部位均在活塞销两端的方向。

这种偏缸的检查方法，可以先将没有安装活塞环的活塞连杆组件装入气缸套内，按规定力矩拧紧连杆轴承螺母。然后转动曲轴，在上下止点及气缸中部检查活塞头部前后两方向与气缸壁的间隙。如果无偏缸的现象，上述三个部位活塞头部前后的间隙应该相等，否则有偏缸的可能。

造成单侧磨损的原因如下。

① 主轴瓦左右两边刮削不均，曲轴安装在轴承座孔后出现不同心，造成曲轴中心线与

气缸套中心线不垂直，迫使活塞压向气缸套的某一边，从而形成气缸套偏磨。

② 铰前连杆小头铜套时，铰刀倾斜而入（或用刮削时不均匀），造成连杆铜套孔偏斜，活塞销中心线与连杆小头中心线不平行，从而迫使活塞压向气缸套的某一边。

9. 怎样更换湿式缸套?

湿式气缸套发动机气缸超过最大磨损尺寸或缸壁上具有深的沟痕和小裂痕时，应更换新的活塞缸套组（湿式缸套），以恢复气缸的技术状况。更换缸套的工艺如下。

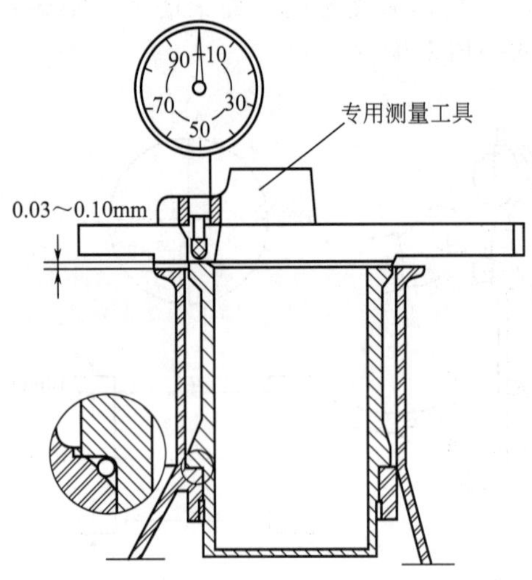

图 1-2　测量湿式发动机缸套平面凸起量

① 拆除旧缸套时，可轻轻敲击缸套底部，用手或专用拉具取出。刮去缸体与缸套结合面上的铁锈，用细砂布擦至露出光泽。

② 选配新缸套，装上新橡胶密封圈后，装入缸体，用专用工具压紧。

③ 压紧后用专用工具测量缸套端面高出缸体顶面的距离。一般应高出缸体平面 0.03～0.10mm，各缸缸套凸起量差值最大不超过 0.05mm，如图 1-2 所示。过高或过低可用合适的钢质或铜质垫片装入缸套下定位止口处调整，然后再测量其凸起量和各缸差别，应在规定标准范围内。

缸套装配不良时可能会造成故障，缸套凸起不足时，会造成缸体内漏（高温、高压气体冲入水套或冷却液进入燃烧室；缸套凸起过高时会造成缸体外部漏水）。

10. 为什么气缸壁表面需要处理?

前面介绍过，气缸磨损失效的形式为磨料磨损、黏着磨损和腐蚀磨损，减少前两种磨损的主要办法是提高气缸壁的表面硬度。进行镗缸大修的气缸壁，在镗缸时已将缸壁原有的硬化层镗去，使缸壁不耐磨，使用不久就会窜油冒烟，只能用镶缸套的方法进行处理。因此，为提高缸壁表面的耐磨性，许多修理厂家将镗缸后的缸壁进行激光表面照射处理，以此来提高缸壁表面的耐磨性，使发动机使用寿命得到延长。

当普通灰铸铁经激光表面照射处理后，可产生极细的隐针状马氏体组织，使被处理表面具有极高的硬度和耐腐蚀性能。如果采用网络状或条纹状几何轨迹的激光扫描处理，还可以形成软硬相间的组织结构，即未经激光加工的灰铸铁构成的软基本组织，而经过处理的则构成硬质骨架。摩擦时软的金属组织首先磨损而形成储油结构。此外，由于硬的杂质或磨料易于嵌入软的基体中去，特别是网络状激光扫描轨迹，将缸套内表面分割成为众多的小菱形，使缸壁表面具有良好的抗拉伤能力，因此，使缸壁具有较强的耐磨、耐拉能力。

上述气缸的镗缸修理法在国内轿车修理工作中一直被广泛使用，特别是国产轿车发动机的气缸修理使用得更多。但随着轿车制造技术的发展进步，发动机镗缸修理的现象将会越来越少直至消失。其原因首先在于气缸、活塞在材料和加工技术上已取得突破性的进展，目前有各种耐磨材料和表面加工方法可供选择，气缸和活塞耐磨性得到了极大提高；其次由于空气滤清器性能的不断提高，加上铺装路面越来越多，粉尘环境越来越少，使进入气缸的颗粒磨料大为减少；最后由于机油品质的提高，使机油油膜的保持能力和润滑能力都有本质的改善。例如，国产捷达轿车曾创造过行驶 60 万千米无大修的记录，60 万千米的行驶里程对一般公务和家庭用车而言，使用到报废年限是不会发生大修需求的。因此，发动机只要保养、使用得当，在整个使用期间可以不需要用镗缸等方法对气缸进行修理。

11. 气缸套为什么短时间磨损很快?

气缸套短时间内很快磨损或起槽的原因一般有以下几种。

① 活塞环表面太粗糙或弹力过大。

② 活塞环的一部分被黏着，或气缸活塞配合间隙太大时，都会引起气缸受到活塞环或活塞边缘的刮磨而增加磨损。

③ 机油规格不对（过稀或过浓）以及机油压力不足，致使气缸套得不到良好的润滑。

④ 加注机油时，尘土或杂质混入发动机油底壳内。

⑤ 空气滤清器作用不良，致使吸入空气时很多尘土进到气缸套内。

⑥ 气缸套镗缸或磨缸时较粗糙，气缸没有精磨或沙条太粗糙。

⑦ 连杆弯曲或曲轴端面间隙过大。

⑧ 气缸体或曲轴扭曲变形。

⑨ 气缸套本身质量不好或表面粗糙。

⑩ 冷车启动后立即带负荷，长时间不能保持正常的工作温度。

⑪ 机油滤清器过脏，而又未及时进行保养清洗。

⑫ 发动机经常温度过高，或经常发生爆燃现象。

⑬ 发动机运转速度不稳，经常忽高忽低。冷车发动时，大轰油门，机油温度低，机油流动慢，缸壁润滑条件差，加速缸套的磨损。

第二节　活塞、连杆及曲轴故障诊断与排除

12. 怎样诊断活塞敲缸声响?

活塞敲缸声的具体形成原因是多方面的，而且由于原因不同，使敲缸声的特性也有所不同。通常活塞敲击缸壁的方向是垂直于活塞的，但有时也会平行于活塞销。

由于导致活塞敲缸的原因不同，所以此类故障可分为发动机冷时敲缸、热启动后敲缸和冷热时均敲缸三种情况。

（1）发动机冷时敲缸

① 故障现象。

a. 怠速时发出“嗒嗒”有节奏的金属敲击声。转速稍高后，声响消失。

b. 机温较低时，发出此响声；机温正常后，声响消失。

c. 某缸断火，声响消失，即为此缸出现故障。

d. 每跳火一次，发响两次。

② 故障原因。

a. 活塞与缸壁间隙过大。

b. 主轴承机油槽深度和宽度失准或机油压力不足，致使缸壁润滑不良。

③ 故障诊断。

拆下故障缸火花塞，向缸内注入少量机油，再装上火花塞，摇转曲轴数转，然后启动发动机进行试验。如果声响消失或明显减轻，但不久又复出，可证明该缸活塞敲击缸壁发响。此声响属于良性声响，可继续使用，待适当时机进行修理。

（2）发动机热启动后敲缸　发动机热启动后敲缸情况有两种。

① 第一种情况。

a. 故障现象。

ⓐ 发动机高速运转时发出“嘎嘎”的连续金属敲击声。

ⓑ 发动机在高温时，声响加重。

b. 故障原因。

ⓐ 连杆轴与主轴颈不平行。

ⓑ 连杆衬套轴向偏斜。

ⓒ 连杆弯曲。

c. 故障诊断。

ⓐ 根据区域振动辅助诊断。

ⓑ 行车期间上坡或下坡，此声响加重，在车速为 20km/h 时，此声响清晰可见。

这种故障为平行于活塞方向上的敲缸声，应立即修理。

② 第二种情况。

a. 故障现象。

ⓐ 急速发出“嗒嗒”声，同时机体抖动。

ⓑ 温度升高后，声响加重。

ⓒ 每跳火一次，发出响声两次。

ⓓ 若某缸断火，声响加重，则该缸为故障缸。

b. 故障原因。

ⓐ 活塞反椭圆。

ⓑ 活塞椭圆度过小。

ⓒ 活塞与缸壁的间隙过小。

ⓓ 活塞因其销装配过紧而变形。

ⓔ 活塞环背隙、端隙过小。

ⓕ 缸壁与活塞缺少润滑。

c. 故障诊断。根据此声响的特性，判断发出响声的原因。用起子或金属棒试听，如该处声响较强，声频与振频吻合，则该处出现故障。该处异响为拉缸的预兆，遇此情况，应立即停机待修。

（3）发动机冷热时均敲缸

① 故障现象。

a. 低速时发出有节奏且强弱分明的“当、当”的声响，此声响有时会短暂消失，但很快即又复出，转速提高后消失。

b. 某缸断火，声响减轻，一般不会消失，说明该缸出现故障。

c. 每跳火一次，发响两次。

② 故障原因。

a. 活塞销与连杆小头装配过紧。

b. 连杆轴承装配过紧。

③ 故障诊断。

a. 向故障缸注入少量机油进行试验，如声响能随即减轻或消失，说明此缸为活塞敲缸。

b. 通过听诊，声响较强，声频和振频吻合，则该缸为活塞敲缸。

13. 拆装活塞连杆组时应注意哪些事项？

① 对活塞做标记时，应从发动机前端向后打上气缸号，并打上指向发动机前端的箭头。

② 拆卸连杆和连杆轴承盖时，应打上所属气缸号。安装连杆时，浇铸的标记须朝 V 形皮带轮方向（发动机前方）。

连杆螺母为 M8×1，拧紧连杆时，应在接触面上涂机油，用 30N·m 的力矩拧紧，接着再转动 180°。

③ 拆装活塞环时应使用专用工具，如图 1-3 所示。安装活塞环时，应使活塞环开口错开 120°，有“TOP”记号的一面须朝活塞顶部。

④ 拆装活塞销时，应将活塞加热至 60℃，用拇指仅需较小的力就应能将涂有机油的活塞销压入活塞销座孔中，如图 1-4 所示。而且在垂直状态时，活塞销不能在自重作用下从销座孔中自行滑出，用手晃动活塞销时应无间隙感，这表明活塞销与销座孔配合适宜。拆装活塞销卡簧时需用专用工具。

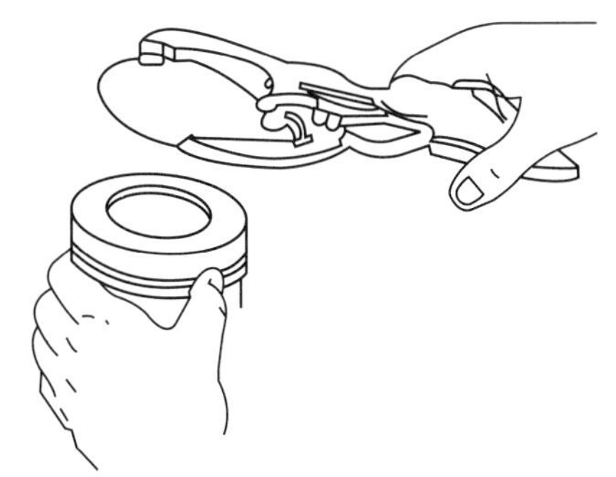

图 1-3　拆装活塞环

图 1-4　活塞加热时装配活塞销

14. 怎样诊断活塞环响声?

(1) 故障一

① 故障现象。

a. 怠速运转，在加机油口处可听到有节奏而明显的漏气声，转速提高后消失。

b. 某缸断火，漏气声消失，该缸为故障缸。

c. 每跳火一次，发响两次。

② 故障原因。活塞环折断。

③ 故障诊断。拆下加机油口盖，进行辅助听诊。一般只有新出厂或大修不久的发动机，容易觉察此类故障，应该待机进行更换。

(2) 故障二

① 故障现象。

a. 在怠速时有漏气声，连续几次急加速，可听到节奏分明的“砰、砰”金属敲击声，且加机油口处冒烟。

b. 某缸断火，声响消失，但有漏气声，加机油口处烟雾减轻至消失。

c. 每跳火一次，漏气声两次。

② 故障原因。

a. 活塞环背隙过大。

b. 活塞环对口。

c. 活塞环与缸壁密封不良。

d. 活塞环弹力不足。

③ 故障诊断。拆下加机油口盖，进行辅助听诊。出现这种情况，应及时修理，予以排

除故障。

（3）故障三

① 故障现象。

a. 怠速时有节奏分明的“嘎、嘎”金属敲击声，并随转速提高而加重。

b. 加机油口处脉动冒烟，且烟内含有机油。

c. 每跳火一次，发响两次。

② 故障原因。活塞环抱死。

③ 故障诊断。若出现活塞环抱死的情况，应立即停机修理。

15. 活塞环槽为什么磨损？

气缸套磨损以后，气缸内径则不相等。在这种情况下，活塞环除了随活塞做往复运动外，它自身在环槽中还发生一张一合的运动，从而使环槽的上下平面运动也随之加剧。环槽的磨损一般从矩形磨耗成梯形，这是由于活塞环在槽内沿径向移动的磨损、活塞上下换向时活塞环的冲撞作用以及腐蚀等原因造成的。实践证明，活塞上的头两道环槽磨损程度比其他环槽要快得多。在正常情况下，发动机每工作 1000h 环槽高度增加 0.01mm。

16. 活塞环为什么断裂？

① 活塞环装配在气缸套内的开口间隙过小。因间隙太小，活塞环受热膨胀后即将开口间隙顶死，此时往往会引起活塞环在开口部位折断。

② 活塞环槽端面间隙过大，导致活塞环安装后在槽内振颤，既不利于气密，又有可能由于振动而使活塞环断裂。

③ 活塞上的环槽积炭严重。当活塞环安装于槽内后，因环槽内积炭的影响而造成环槽不平直，必使活塞环在工作中由于受到交变的弯曲作用而断裂。

④ 活塞上的环槽磨蚀过多，呈喇叭形，导致活塞环在使用中因受扭转和弯曲作用而断裂。

⑤ 气缸壁顶部炭灰结成一圈凸缘，或气缸壁上部由于磨损而形成台阶时，没有及时加以清除，以致当活塞运行到上止点位置时，第一环常与此台阶接触，受到冲击而引起断裂。

⑥ 气缸套表面不圆滑或有波浪形。

⑦ 活塞环的尺寸式样不符合规格。

17. 活塞环为什么“咬死”在环槽内？

① 机油太脏，油质低劣或规格不符合使用要求。

② 点火时间过迟，导致燃烧不完全，环槽内积炭太多而粘牢，咬住活塞环。

③ 维修保养时，活塞环槽上的炭灰没有及时清除，又重新安装活塞环继续使用。

④ 活塞和气缸套位置偏斜不直，或气缸套磨损过度。

⑤ 质量太差，活塞环的弹力不足。

⑥ 活塞与气缸的配合间隙过大，燃烧气体在环和气缸壁之间有泄漏现象，也是促使活塞环“咬死”环槽的常见原因。

18. 活塞环为什么走对口？

活塞环在工作中由于振动而产生转动，这是正常现象。刚装新气缸套的发动机，在安装活塞连杆组件时只要活塞环按规定角度叉开，就不会产生各道活塞环开口转动到重叠在一起的情况。当气缸套由于活塞偏磨或磨损过大而产生椭圆和锥度时，就有可能使活塞环的各道开口转到同一方向，直至椭圆处为止。因为此时气缸套呈椭圆形，活塞环开口外伸，被阻止不转，造成各道环口逐渐重叠，燃气下漏，机油上窜而排出。

除了上述原因外，当连杆扭曲变形、活塞与气缸套装配间隙过大及活塞环的开口间隙过大时，也可能造成漏气，使活塞环产生位移而形成对口，这些都应在工作中随时注意。

19. 怎样判断活塞环不良而漏气？

为了查明气缸压缩力不足是否是因活塞环不良而造成的，可在气缸中加入一些干净的良好机油。如机油加入后，气缸压缩力显著增强，则表明活塞环不良，气体是经过活塞与气缸壁之间的缝隙而漏入油底壳的。如果加入机油后，气缸压缩力仍无明显的变化，则表明气缸压缩力不足与活塞环无关，而可能是气体经过进气门或排气门时漏掉的。

不良的活塞环可能与其磨损或与活塞环槽焦结后造成的漏气情况有关。此时机器在使用过程中外部的征象，是经过活塞环漏入气缸体内的废气大量地从通气口（或加油口）处冒出来。在这种情况下可用断缸法依次使某一缸不工作进行判断。如果切断某一缸后，废气不再从加机油处或通气口冒出，则说明此缸活塞使用情况不良。

20. 怎样判断活塞销响声？

活塞销发响常因连杆衬套磨损过甚或其窜动、活塞销锁环脱落和活塞销折断所致。

活塞销松旷声响特性如下。

① 怠速时有清脆、响亮而又有节奏的“嘎、嘎”金属敲击声，转速提高后，声响消失。如由高速急减速试验，在放松油门的瞬间，尾随发出“咯、咯”的连续金属敲击声，但很快又转为节奏发响。

② 当提高至某转速声响消失时，维持该转速，某缸断火。声响会复出，该缸为故障缸。

③ 每跳火一次，发响两次。

（1）故障原因

① 活塞销与连杆衬套的间隙过大。

② 连杆衬套自由窜动。

（2）故障诊断　拆下加机油口盖，并在该处听察，判断活塞销声响，若出现此种故障，应及时修理排除。

活塞销销环脱落声响特性如下。

① 怠速时有节奏分明而较沉重的“吭、吭”金属碰击声，转速提高也不消失，且机体抖动。

② 某缸断火后声响反而加重，说明该缸为故障缸。

③ 每跳火一次，发响两次。

（1）故障原因　活塞销锁环脱落，使活塞销自由窜动。

（2）故障诊断　若出现此种故障，应立即停机重新装好，否则容易导致划缸损伤。

21. 怎样判断连杆轴承响？

（1）故障现象

① 怠速时一般不响，高速有“咯、咯”的金属敲击声，急加速尤为明显，声响短而坚实。

② 某缸断火，声响消失或明显减轻，则说明此缸为故障缸。

③ 中速以上行驶，似离合器部位发出“嗒、嗒”声响，挂入空挡并急加速时，发动机有“咯、咯”的声响。

（2）故障原因　连杆轴承的声响是由于连杆轴承与轴颈之间间隙过大，当活塞到达上止点时，由于活塞和连杆的惯性，使上瓦离开轴承颈，在膨胀做功的瞬间，两者撞击而发出的有节奏的声响。造成以上故障的原因主要有以下几个。

① 修理时，间隙留得太大。排除故障时应进行调整或检修。

② 润滑条件不良。应予以检修油道，或加足机油。

③ 寒冷季节将车发动着以后连续大轰油门。这种操作方法应严禁。

④ 轴承合金脱落。排除时应更换轴承。

⑤ 机油不洁净或装配时零件清洗不干净。应更换机油。

⑥ 点火时间过早。应调整点火时间。

（3）故障诊断　使发动机怠速运转，并逐缸进行断火试验。可发现"上缸"出现声响，且较灵敏，然后不断变换油门进行检查，中速时声响明显，高速时声响不明显，急速时声响减弱。此声响不随温度的变化而变化；但在中速范围内，声响随转速的升高而增大。此响为恶性声响，应及时排除。

22. 怎样判断曲轴轴承响声？

（1）故障现象

① 一般发动机稳定运转时不响，急加速时发出较沉重的"当、当"金属敲击声。

② 单缸断火时声响减弱，说明这两缸之间的主轴承发响。

③ 发动机初启动时声响尤为显著。

（2）故障原因

① 主轴承盖螺栓松动。

② 主轴承径向间隙过大。

③ 主轴承润滑不良。

④ 主轴承衬瓦烧毁。

⑤ 主轴承衬瓦尺寸不符，引起转动或破裂。

（3）故障诊断　主轴承普遍松旷后，机油压力降低，发动机随声响出现而振抖。出现这种故障，应立即检修，否则容易烧毁曲轴。

23. 怎样判断曲轴轴向窜动响声？

（1）故障现象　怠速时有较沉闷的"当、当"声响，类似主轴承发响。急加速时声响明显，但提高转速后，声响消失。

（2）故障原因

① 曲轴止推垫圈磨损过甚。

② 曲轴后止推垫圈装反，将曲轴磨成深槽，致使曲轴轴向间隙过大。

（3）故障诊断　踏下离合器踏板，曲轴皮带轮向前窜动，且声响消失。此声响为良性，应停机检修。

24. 曲轴为什么会折断？

曲轴的折断常由最小裂纹处开始，产生裂纹断裂部位大部分出现在头缸或末缸连杆轴颈圆角处与曲柄臂联结部位。在运转过程中，裂纹逐渐扩大，到达一定程度时突然折断。在折断面上观察时常会发现有褐色部分，这显然是旧裂纹，光泽发亮组织才是发展到后来突然折断的痕迹。实践证明，轴颈表层纵向裂纹经磨削后如果可以消除，还可继续使用。而横向裂纹在使用中由于受到较强的应力作用，裂纹将会逐渐扩大，当发现这种裂纹时应及时更换曲轴。引起曲轴折断的原因一般有以下几种。

① 主轴承中心线的不同心，使曲轴受交变应力而早期疲劳，导致曲轴发生折断事故。造成主轴承不同心的原因除了机件本身变形所引起的以外，往往还由于在维修装配或刮瓦时，主轴承座孔的不同心所致。

② 机油油路不通，轴与轴瓦之间干摩擦。

③ 大修磨曲轴时，砂轮圆角修整不当，由于没有正确的圆角半径，易使曲轴圆角处产生较大的应力集中，导致曲轴折断。

④ 装用有严重裂纹的曲轴。一般曲轴轴颈是经过表面淬硬的，若主轴承的合金组织因发热烧瓦而熔铸在曲轴颈上，时间长久后则曲轴颈易引起裂缝的产生。为避免这种情况发生，应保证良好的润滑。

⑤ 曲轴轴心线偏移，使飞轮偏摆，在惯性力的作用下也易使曲轴产生疲劳折断。

⑥ 飞轮连接螺栓松动，运转时曲轴发生抖动，失去平衡，长时间后，曲轴极易由轴尾端折断。

⑦ 长期处于各缸点火不均的情况下运转，因而各缸爆发力不一致，从而使曲轴各轴颈受力不均，当曲轴遭到振动撞击之后，也可能引起断轴的故障。

⑧ 主轴瓦或连杆瓦的装配间隙过大或合金脱落，引起冲击载荷加大，当曲轴转动之后，产生抖动现象，或机器经常发生“飞车”现象，造成受力过度，时间长久也能导致曲轴折断。

⑨ 曲轴轴颈磨损严重时，连杆轴颈或主轴颈的两端易形成尖角，产生很大的应力集中，这样就容易在尖角处产生裂纹，在工作中裂纹逐渐增大而导致曲轴折断。

⑩ 曲轴的飞轮锥孔没有很好地装牢固，若两者之间的贴合不是面接触，而是形成线接触，则当发动机工作时，飞轮就会松动，造成曲轴和飞轮之间的冲击。此时，由于飞轮受到两个方向的冲击，必将使曲轴键槽两侧面很快出现裂纹，如继续使用，裂纹会逐渐扩大，必导致曲轴断裂。

25. 喷镀曲轴为什么容易断裂？

① 曲轴轴颈在喷镀修复之前，由于磨损过度，会引起轴颈变细。当轴颈由于太细而超过设计尺寸时，曲轴的机械强度就会显著下降，使曲轴弯曲变形，圆角处产生应力集中，引起轴承颈表面出现裂纹，从而导致曲轴折断。

② 曲轴轴颈原先就存在裂缝，而在喷镀之前没有及时发现。

③ 轴颈表面粗糙，此时如再加上润滑条件不良及轴瓦配合不当，易使轴颈表面出现沟痕，经过一定时间使用后，在沟痕截面附近会出现应力集中，导致该部位能引起微小的裂纹，使用日久，裂纹会逐渐增大，易引起曲轴折断。

④ 曲轴轴颈原先并不过细，但在喷镀前对曲轴轴颈进行车削加工处理不当，车削过多，导致车削后轴颈超过报废极限尺寸，且在车削过程中，破坏了曲轴圆角部分，在圆角处导致应力集中，促使曲轴在喷镀后的使用中加速疲劳破坏。

26. 轴瓦为什么会发生掉块？

① 轴瓦和轴颈配合不良，易使局部压力增高，散热不良，从而轴瓦中部易产生轴向裂纹。在裂纹密集的地方，轴瓦合金容易引起成块不整齐的脱落。

② 曲轴轴颈的椭圆度过大，以致运转时有强大的冲击力，时间长久必会引起轴瓦合金产生裂纹或掉块。

③ 自行制作轴瓦时，由于瓦底清除不干净或温度不适当，使合金与底片粘片黏着不牢

固。对于浇铸修复的轴瓦，应用铁棒击轴瓦两边，听声音是否清脆音长，如果此时没有哑声或脱壳声等情况出现，即认为质量良好。

④ 轴瓦合金材料质量不好。

⑤ 轴瓦龟裂的原因是由于轴瓦不是在涂体润滑状态下工作的，引起临界润滑或金属接触局部温度上升，从而发生裂纹。

⑥ 点火时间过早，或发动机在“爆燃”情况下长期工作。

27. 为什么个别轴颈磨损很严重?

根据工作经验，引起曲轴个别轴颈磨损严重的原因有以下几点。

① 轴承间隙过大。

② 润滑油道局部堵塞。

③ 旋紧轴承盖时用的扭紧力矩不对。

④ 轴承盖垫片脱落、变动。

⑤ 曲轴弯曲变形。

28. 为什么发动机运转时振动很大?

① 发动机机体支架固定螺钉松动。

② 离合器轴与变速箱轴不同心。

③ 主轴承的配合间隙过大或轴向间隙过大，此时也将使发动机发生振动，并伴有连续的冲击声。

④ 装在发动机上各缸活塞连杆组件的质量差距大，也能导致多缸发动机在运转时发生振动。一般要求各缸活塞连杆组件的质量差不应大于 20g。

⑤ 各缸气体压缩力不均匀，相差较大。

29. 怎样更换曲轴前油封?

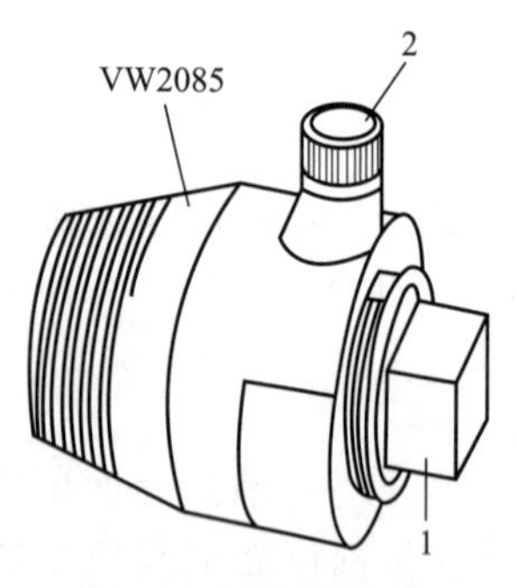

图 1-5 油封取出器

1—内件；2—滚花螺钉

① 拆下 V 形带，再拆下同步带轮。

② 将油封取出器（VW2085）内件（图 1-5）从外件中旋出 2 圈（约 2mm），用滚花螺钉（图 1-5）锁紧。

③ 旋出气缸螺栓，将油封取出器（VW2085）旋进曲轴，拆出油封。

④ 安装曲轴前油封时，在曲轴颈上套上导套，在油封外圈和唇边涂薄机油。

⑤ 经导套推入压套，用压套和气缸螺栓将油封压入到底。

30. 曲轴油封为什么失效?

引起曲轴油封失效而造成漏油的原因大致有下述几点。

① 油封弹簧脱落或弹力不足。

② 油封刃口有粗糙或损伤。

③ 油封内圈磨损过大，使得轴颈与其配合间隙也过大，不起密封作用。

④ 装油封处的轴颈表面不够光滑，有沟痕或损伤。

⑤ 装油封处的轴颈椭圆度或偏心度过大，以致当轴颈在旋转时，使得油封内圈刃口反复变形。

⑥ 油封在装配时没有平正地压入油封座内，或有时拆换油封时因疏忽而把油封装错了（一是方向装反了；二是安装时骨架自紧油封内弹簧脱落），使油封失去作用。

31. 曲轴和飞轮安装不良有什么影响？

曲轴安装不良，是由于安装时拧紧力矩不符合规定，或紧或松，改变了曲轴的受力状态，既影响了曲轴正常旋转，又使曲轴在支承处磨损不均，此种情况应该避免。此外，如曲轴轴向定位不良，有可能使活塞连杆受到侧向推力而影响正常工作，也有可能使曲轴轴向窜动而使活塞连杆磨损加剧。

安装飞轮时由于拧紧力矩不符合规定而引起飞轮摆动，从而使发动机产生振动，带来不良后果。因此，必须按照操作规范正确安装飞轮。

32. 怎样判断曲轴皮带轮异响？

发动机怠速运转时，如听到发动机前端间歇地发出低沉的“嘎、嘎”金属敲击声，同时看到曲轴皮带轮偏摆，在提高曲轴转速后，声响减弱或消失，此种响就是曲轴皮带轮敲击声，是由于曲轴皮带轮松动而引起的，紧固后异响即会消失。

33. 曲轴磨损的规律是什么？

发动机工作时，曲轴主轴颈和连杆轴颈因摩擦都会产生磨损。主轴颈和连杆轴颈的磨损与负荷有关。通常，直列式发动机连杆轴承的负荷比主轴承负荷大，因而连杆轴颈磨损比主轴颈大。曲轴轴颈磨损的一般规律如下。

（1）连杆轴颈磨损的特点及原因　连杆轴颈的轴向和径向（圆周方向）磨损是不均匀的，轴颈的最大磨损发生在曲轴轴心的一侧，从曲柄轴线算起（顺曲轴旋转方向）45°～75°的扇形面内（图 1-6）。产生这种不均匀磨损的原因在于，曲轴在旋转中，连杆轴颈上承受的合力主要集中在轴颈内侧（即面向主轴颈中心线的一面）；由于上述区域受力大，因而轴承与连杆轴颈配合间隙最小，轴承温度最高，从而使轴承和轴颈的抗磨层强度受到削弱。此外机油中大多数的磨料粒子也是在这个区域与摩擦表面接触，因而使轴颈内侧磨损严重。

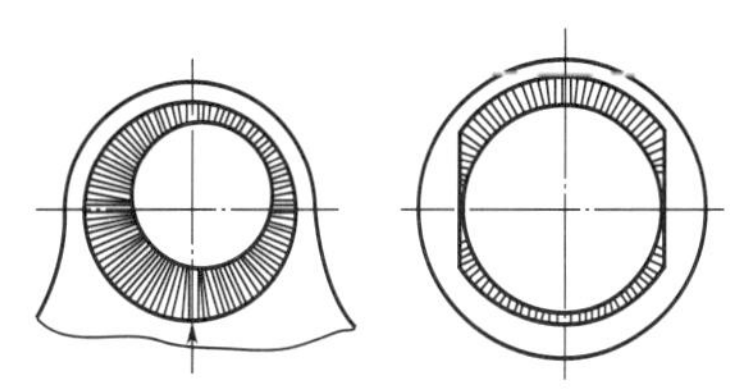

图 1-6　曲轴连杆颈的磨损特点

连杆轴颈沿轴线方向磨损成锥形不是普遍规律，这要看润滑条件和结构设计的特点。例如，通向连杆轴颈的油道是斜的，机油在油道中通过时，在曲轴旋转离心力的作用下，使机油中的杂质随机油上斜面流入轴承的一侧，如图 1-7 所示。由于轴颈的载荷分布不均匀，如图 1-8 所示，所以，轴颈的半部磨损严重。此外，连杆弯曲也会引起轴承颈的锥形磨损。

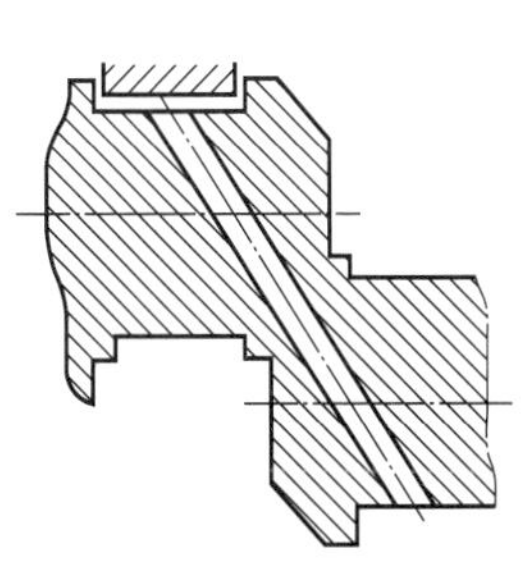

图 1-7　倾斜油道引起的杂质偏积

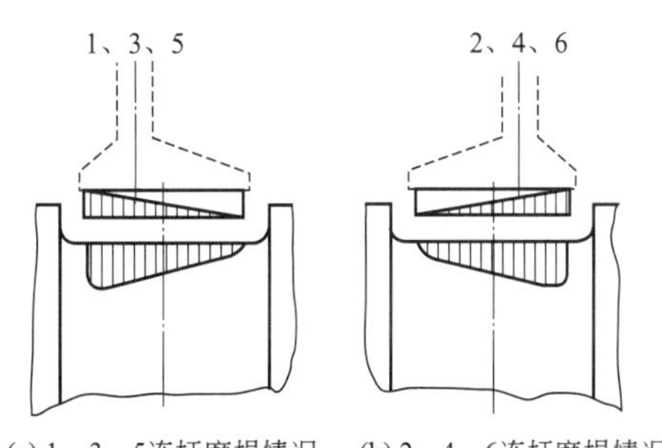

图 1-8　不对称连杆的载荷分布

（2）主轴颈的磨损特点及原因　主轴颈的磨损特点取决于曲轴的结构和受力情况，一般中间轴颈的磨损往往大于两端，这是由于中间受力大的缘故。

主轴颈的磨损与连杆轴颈一样，由于各点的载荷不均匀及摩擦的时间不同，沿径向的磨损是不均匀的，其最大磨损处与曲轴的支承形式及平衡重的配置位置等有关。

主轴颈沿轴线方向的磨损基本是均匀的，一般没有规律性的锥形出现。

34. 怎样组装曲轴飞轮总成？

曲轴飞轮总成的结构如图 1-9 所示。图中的曲轴装在气缸体主轴承座中，以两端中心孔的连线作为旋转中心线，连杆轴颈圆柱面的中心线与旋转中心线平行且相距活塞行程的一半，连杆头装在轴颈处并可转动，这 4 个轴颈呈空间分布：一、四缸的连杆轴颈在一个平面内，二、三缸的连杆轴颈在一个平面内，转角为 180°。共有 4 个连杆轴颈和 5 个主轴颈，即每个连杆曲颈两侧都有主轴颈（称为全支承曲轴）。曲轴端装有正时齿轮，通过齿形带驱动配气机构。前端装有皮带轮驱动水泵和发电机，后端的飞轮结合盘用以安装飞轮，整个曲轴由优质钢锻造经精密加工而成。

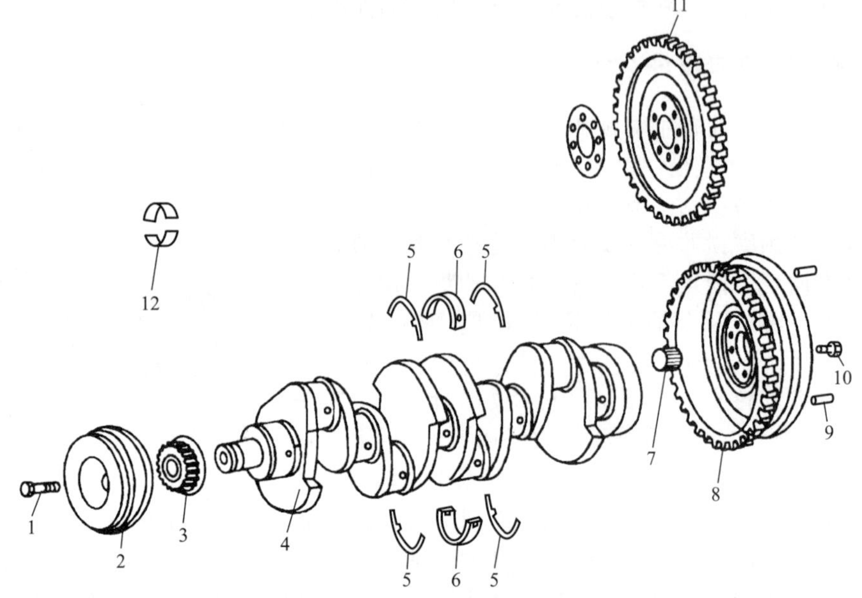

图 1-9　曲轴飞轮总成结构

1—曲轴皮带轮、正时齿轮的轴向紧固螺栓；2—皮带轮；3—曲轴正时齿轮；4—曲轴；5—推力片；6—主轴承；7—推杆轴承；8—飞轮齿圈；9—定位销；10—飞轮紧固螺栓；11—飞轮；12—连杆轴承

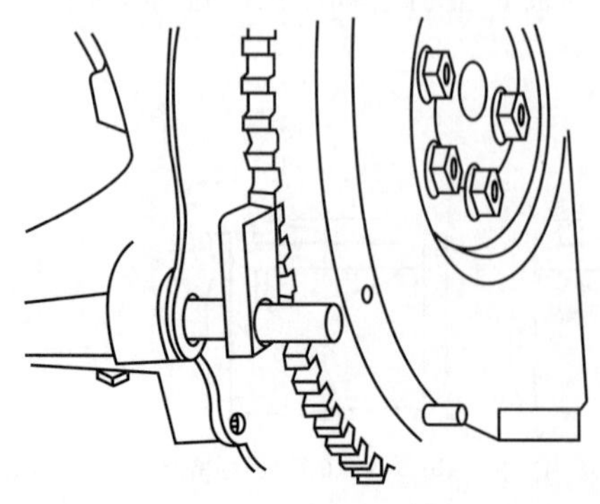

图 1-10　曲轴飞轮的拆卸与安装

曲轴飞轮是周边沉重的铸铁圆盘，靠螺栓固定在飞轮结合盘上，曲轴飞轮能将做功冲程中的能量储存起来，用于克服非做功冲程的阻力，并将动力传递给底盘中的离合器。

曲轴飞轮的拆卸与安装如图 1-10 所示。

（1）曲轴飞轮总成拆卸主要顺序

① 拆下紧固螺栓（紧固力矩为 75N・m）。

② 拆下飞轮内的滚针轴承。

③ 按顺序拆下飞轮及离合器。

④ 更换飞轮端面油封，拆下变速器和离合器

压盘。

⑤ 取出同轴油封，视情况予以更换。

拆卸时要注意观察，记下要点，以免安装时弄错。

（2）曲轴飞轮总成安装　安装曲轴飞轮总成时的步骤与拆卸顺序相反，但要注意以下几点。

① 保持彻底清洁，尤其是油道不可堵塞。

② 紧固适度，应按规定力矩扭紧。

③ 轴承间隙合适，径向间隙以 0.03～0.08mm 为宜，磨损极限为 0.17mm。

④ 不准漏油，应保持曲轴油封与曲轴同心且松紧适度，以免漏油或发热。

⑤ 曲轴留有轴向间隙，以 0.07～0.17mm 为宜。

安装飞轮时，必须注意对准点火正时记号“O”并注意按规定拧紧力矩（75N·m）将紧固螺栓拧紧，不得松动。

35. 怎样检修飞轮与飞轮壳?

飞轮常见的损坏主要是齿圈磨损、打坏、松动和端面打毛；飞轮与离合器摩擦片接触的工作表面磨损或损伤，或因铆钉露头将飞轮工作表面划磨成沟槽。

（1）齿圈的检修　齿圈牙齿单面磨损，可将齿圈翻面，继续使用。装配时，将齿圈加热到 300～350℃，热套在飞轮外周的凸缘上。如果齿圈松动或轮齿损坏连续 4 个以上时，则应更换新齿圈。

（2）飞轮工作面的检修　飞轮工作面磨损成波浪形或起槽，深度超过 0.5mm 时，应更换飞轮并对曲轴和飞轮进行动平衡试验，否则会影响发动机运转的平稳性能。

飞轮上应有点火正时记号“O”，换用新飞轮时要检查有无此记号，若没有，应用号铳打上，以便校正点火正时，如图 1-11 所示。

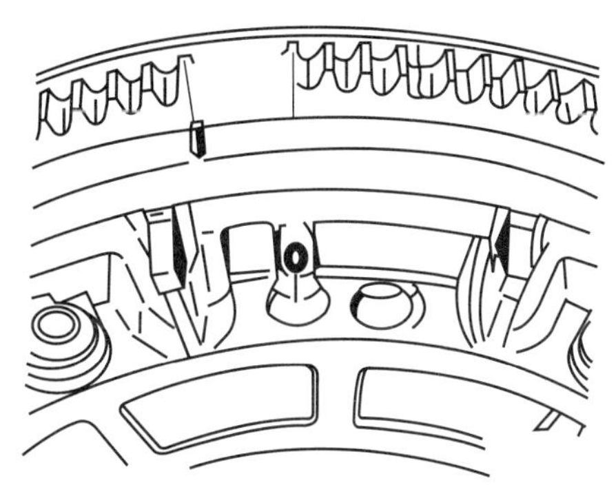

图 1-11　捷达轿车飞轮点火正时标记

飞轮还应进行静平衡试验，其允许不平衡量一般为 0.0098N·m。飞轮与曲轴装合后，飞轮工作面对曲轴两端主轴颈公共轴线的端面圆跳动，在半径 150mm 处，应不得大于 0.15mm，超过时允许在曲轴凸缘盘与飞轮之间加垫片调整。不允许用机械加工方法调整。

36. 怎样判断齿形带噪声?

一般齿形带工作时较为安静，如出现噪声异响，通常是齿形带变硬或松动所引起的。如发生突爆噪声，则是由于齿形带内侧有脏物而瞬时跳越几个齿所致，此时会使气门开闭时刻不准而产生突爆噪声。此外，供油系统中有气阻、气缸中有异物、冷却液泵有故障、连杆轴承或曲轴轴承有故障，也都会有此类突爆噪声产生，理应对症排除。附带说明一下，如机油在高温、发动机高速运转时变稀，会使连杆轴承或曲轴轴承产生“哒、哒”的噪声，此时应换用黏度较高的机油。

若齿形皮带变硬，可观察冷启动后约 5min 内噪声是否消失，从而加以判断，并视条件决定是否更换。

37. 怎样判断飞轮的撞击声？

发动机在怠速运转时，如稍微将转速提高则可听到较沉闷的“噔、噔”声，油门抖动或者急加速时，声响十分明显。如发动机运转稳定，声响稍有减轻，这种现象多半是由飞轮固定螺栓松动所引起的。如松动严重，则响声异常明显，此时应立即停车检查，将飞轮固定螺栓按规定力矩拧紧。不可在发动机运转时检查，以免带来更大危害。

在判断飞轮撞击异响时，可做如下试验：先使发动机怠速运转，然后稍提高转速，出现声响时，关闭点火开关，当发动机即将熄火时，再立即接通，反复几次。若每次关闭点火开关时都能听到撞击声，即可判明为此类故障。

第三节　配气机构故障诊断与排除

38. 怎样调整气门间隙？

上海桑塔纳轿车发动机采用机械式桶形挺杆，气门间隙用下述方法调整。

① 当一缸活塞处于压缩行程上止点时，可调整一缸进、排气门，二缸进气门，三缸排气门。

② 转动曲轴，当四缸活塞处于压缩行程上止点时，可调整四缸进、排气门，二缸排气门，三缸进气门。两次调整完毕。

③ 调整时，用专用工具将挺杆压下，并用尖嘴钳取出挺杆垫片。

④ 用千分尺测量挺杆垫片厚度，再垫入适当厚度的垫片，注意记号朝向挺杆。

新型发动机采用液压式挺杆，维修时，不用调整气门间隙，如磨损过度，则应予以更换。

⑤ 发动机气门间隙：冷机时进气门为（0.20±0.05)mm，排气门为（0.40±0.05)mm；热机时进气门为（0.25±0.05)mm，排气门为（0.45±0.05)mm。

39. 气门磨损与变形对发动机有什么影响？

发动机在运转中，由于气门与气门座的相互撞击、敲打，会引起工作面变宽和起槽；排气门受高温气体的冲击，气门杆在气门导管内不断摩擦，引起气门头的偏磨而漏气；气门经过长期工作，头部锥形工作面，杆部及下端面将产生磨损；此外，如正时皮带断裂，发动机启动不当，也会造成气门变形。已经变形或磨损的气门，必须经修磨后方能使用；磨损过大不能修复的，要更换新气门。

40. 气门导管磨损对发动机有什么影响？

在发动机使用过程中，气门杆与导管会因摩擦而产生磨损。排气门杆和导管的磨损，会使导管孔及排气门杆上产生积炭，而且磨损越严重，积炭越多，气门就会堵塞，使运动减慢；进气门杆与导管之间的磨损会形成间隙，在发动机工作时空气将通过此间隙被吸入气缸，从而使混合气浓度降低。气门导管属于易损件，磨损后的气门导管必须予以更换。

41. 气门座圈磨损对发动机有什么影响？

气门座圈的工作面磨损变宽超过 2mm，工作面烧蚀出现斑点、凹陷，造成气门不密封、混合气泄漏而降低发动机性能，甚至会带来严重后果。因此，磨损的气门座圈不能使用，而应进行铰削或修磨。

42. 气门弹簧弹力下降对发动机有什么影响？

气门弹簧经过长期使用之后，在外力作用下产生塑性变形和弹性疲劳，而使其自由长度缩短、弹力不足、弹簧歪斜甚至变形和折断。气门弹簧自由长度缩短和弹力不足，都将影响发动机的正常运转，而且在顶置式气门装置中，还会造成气门掉入气缸，导致发动机损坏的严重事故。气门弹簧的自由长度及在规定压缩长度内的相应压力，应符合原厂规定，否则应予以更换。

43. 凸轮轴磨损对发动机有什么影响？

凸轮轴控制各缸的进、排气门按发动机一定的工作顺序和时间进行开闭。当凸轮磨损、轴承颈磨损或有擦伤，轴弯曲、键槽磨损或扭曲时，都应及时修理或更换。因桑塔纳轿车发动机的凸轮轴不能通用，当检查凸轮高度时，如凸轮的最小高度低于允许值 47.20mm，则应更换凸轮轴，因为凸轮轴磨损影响进气量和排气。凸轮轴弯曲时，以两端轴颈为支承检查中间两轴颈的径向圆跳动，若不大于 0.05mm，则可暂不修理。轴承盖与轴承座孔用螺栓紧固在一起，检查时，如发现磨损严重，必须立即更换凸轮轴颈。

44. 配气不正时对发动机有什么影响？

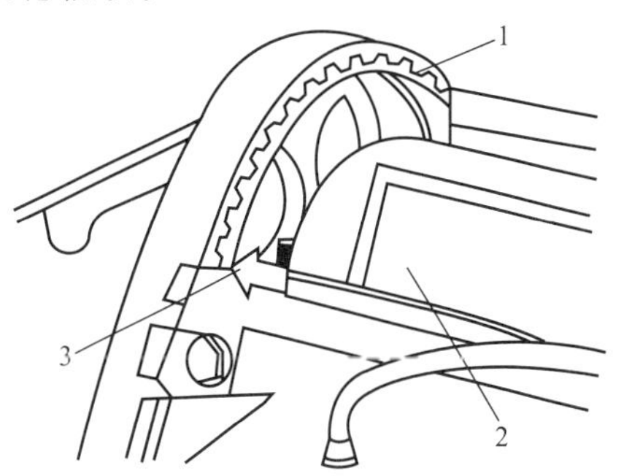

图 1-12　凸轮轴同步带轮标记与气门罩盖平面对齐

1—凸轮轴同步带轮；2—气门罩盖；3—对齐标记

发动机配气必须正时，否则难以工作。通常故障出在齿形皮带上，由于齿形皮带的松动或断裂，有时发生跳齿而使配气不准。故障排除方法，是将齿形皮带的松紧度调整合适（或更换），即先将齿形皮带套在曲轴齿轮和中间齿轮上，并用一个螺栓固定曲轴皮带轮，然后将凸轮轴正时齿轮的正时轮标记与气门罩上平面对齐（图 1-12）。操作时要注意：转动凸轮轴时，曲轴不可置于上止点。

然后将曲轴皮带轮上止点记号和中间轴齿轮上的记号对齐，再按如图 1-13 所示箭头方向转动张紧轮，检查齿形皮带的张紧度，以用两指捏住齿形皮带能转动 90°为宜（图 1-14）。

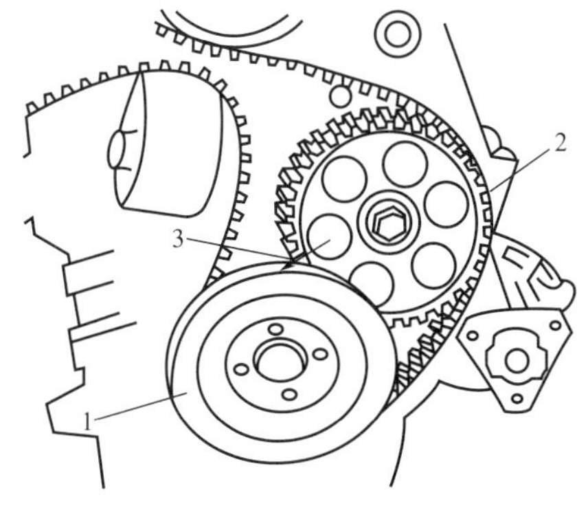

图 1-13　对齐中间轴同步带轮上标记

1—曲轴 V 形带轮；2—中间轮齿轮；3—对齐记号

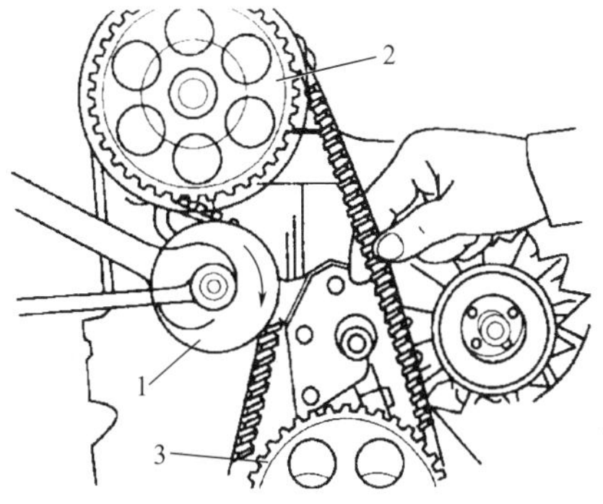

图 1-14　调整同步带张紧度

1—张紧轮；2—凸轮轴同步带轮；3—中间轴同步带轮

至于调整点火正时的方法，在后面点火系统中叙述。

45. 怎样诊断气门脚异响?

（1）故障现象

① 怠速时声响明显、清晰，发出有节奏的“嗒、嗒”响声。

② 中速时，响声更明显。

③ 高速时声响杂乱。

④ 突然降速时声响较明显，且声响在发动机上部。

⑤ 发动机温度变化或单缸断火时响声不变。

（2）故障原因

① 由于气门烧蚀或磨损过重，造成气门脚与推杆之间的间隙过大，挺杆升起时，使推杆与气门脚互相撞击而发出有节奏的声响。

② 气门室内机油润滑不良。

③ 气门推杆弯曲变形。

（3）故障诊断　此声响不上缸，判断时，先拆下气门室上盖，逐缸检查气门脚间隙，或将一定厚度的金属片逐缸垫入进、排气门脚或推杆之间，来判断哪个气门脚间隙过大，此声响为良性声响。如果间隙过大，应该进行调整。

如果气门室内机油润滑不良，只需加足机油或疏通油道。

如果气门推杆产生弯曲变形，则需要校正，严重时应进行更换。

46. 怎样诊断气门座圈松脱?

（1）故障现象

① 声响与气门脚间隙过大的声响相似，但是音量比气门脚间隙过大要大得多，其特点是时大时小并带有破碎声。

② 声响在中速时清晰，高速时杂乱。

③ 单缸断火响声不变，有时更明显。

④ 低温初发时响声易出现。

（2）故障原因

① 座圈质量、材料质量不好，受热后产生变形而松旷。

② 镶配时，选择过盈量不当造成松旷，在工作中冲击振动而松脱出，导致与座孔碰撞。

③ 由于发动机温度变化，座圈在座孔内松动。

（3）故障诊断

① 根据声响确定它的大致位置，再拆下气门室上盖，摇转发动机，用手捏住气门推杆上下移动，检查气门脚间隙。

② 在气门调整螺钉不松的情况下，如有个别气门脚间隙大致相当于气门座圈的厚度时，就可判断为该声响，此声响为恶性声响，必须及时排除。

（4）排除方法　如果座圈和座孔配合不牢，则应更换座圈。

47. 怎样诊断气门自由窜动异响?

（1）故障现象

① 在各种转速均有不干脆的“蹿气门”声响。

② 和工作循环的关系：每跳火一次，出现声响一次。

③ 数缸工作不良，加速困难。

（2）故障原因

① 气门锁销脱落。

② 气门头数断裂。

(3) 故障诊断 拆下气门室盖检查，如锁销脱落，会明显看出；如气门头断裂，可用静车验证法试验；如某缸排气门漏气，则为该缸气门头断裂。此声响属恶性声响，应及时更换排除。

48. 怎样诊断气门卡滞异响?

(1) 故障现象

① 在各种转速下，均有“蹴气门”声响。

② 和工作循环关系：每跳火一次，出现声响一次。

③ 怠速运转，排气管有明显的“喘气”声，多缸工作不良，其中一个气缸没有压力。

(2) 故障原因 排气门与其导管卡滞，不能关闭。

(3) 故障诊断

① 拆下无压力一缸的火花塞，用铁丝插入气缸，触及排气门顶部，摇车试验，如气门不随之上下，表明该气门卡滞。当发生这种情况时，应及时检修，予以排除。

② 如果由于发动机温度不变造成座圈在座孔内松动，则重新镶套。

③ 如果是座圈材质不好，则应该更换座圈。

49. 怎样诊断气门弹簧异响?

(1) 故障现象

① 怠速时有明显的“嚓、嚓”响声，拆下气门室盖后更为突出。

② 中速以上声响变得钝哑甚至消失。

③ 数缸不工作，动力不足，加速困难，发动机振抖严重。

(2) 故障原因

① 由于摇臂轴弹簧与摇臂不实、弹簧与摇臂发生摩擦而出现有节奏的声响。

② 弹簧弯曲，使弹簧与摇臂轴接触面减少。

③ 弹簧过软或折断。

④ 摇臂轴窜动。

(3) 故障诊断 此声响不上缸，在怠速运转时可听到“嚓、嚓”的声响，将发动机转速稳定在声响明显的区域，用手逐个捏住弹簧试验，如果声响明显减弱或消失，则说明是弹簧的故障。若弹簧弯曲，使弹簧与摇臂轴接触面减少，则要校正弹簧或更换。若弹簧折断或过软，也要更换弹簧。若是摇臂轴窜动，则要进行调整。

50. 怎样诊断气门挺杆异响?

(1) 故障现象

① 呈清脆的“嗒、嗒”间断响声，此声响比气门脚声响坚实、清脆。

② 怠速时，声响明显，中速以上减弱或消失。

③ 声响在凸轮轴一侧，拆下气门室侧盖检查，声响清晰。

④ 发动机温度变化或单缸断火响声不变。

(2) 故障原因

① 挺杆与导孔有锥度、失圆或配合松旷。

② 挺杆弯曲变形，不能自由转动。

③ 挺杆端头磨损，有槽沟。

④ 飞溅润滑不良。

(3) 故障诊断　判断时，首先变换油门进行听诊，怠速时有此声响且不上缸。加大油门后，声响减弱或消失。然后拆开气门室盖，让发动机怠速运转，用大起子每次从不同方向撬住两根气门推杆倾听声响，如某缸声响减弱或消失，故障即在此缸。此声响为良性声响，若声响不严重可不排除。

(4) 排除方法

① 若挺杆与导孔配合松旷，应检修或进行调整。

② 若气门挺杆弯曲变形，则应进行校正。

③ 若飞溅润滑不良，则要加足机油或疏通油道。

51. 怎样判断液压气门挺杆异响?

液压气门挺杆因凸轮接触面严重磨损，或因柱塞与油缸之间有脏物，就会产生金属敲击声，或时有时无的“哒、哒”声。此外，如补偿弹簧过软，高、低压油腔进油太慢，则冷机有噪声；如球阀不密封，高、低压油腔进油太快，则热机有噪声；因油道气阻而缺油时，则有一般噪声。出现此类故障，必须对症排除，必要时更换。

在判断液压气门挺杆异响时，可做如下试验。

启动发动机后关停，以橡胶管对进、排气门弹簧座进行导听以检查故障缸；手压液压挺杆试其是否窜动或松动，如有，则可判断为液压挺杆内不存油而导致其失效。

52. 怎样诊断凸轮轴异响?

(1) 故障现象

① 声响比气门挺杆声响钝重，有点像连杆轴承响。

② 在怠速时可听到，中速时声响明显，一般高速时声响消失，有时声响在高速时变得杂乱。

③ 在发响的同时，常伴有发动机凸轮轴一侧振动。

④ 单缸断火，响声不变。

(2) 故障原因

① 凸轮轴与轴承磨损，配合松旷。

② 凸轮轴弯曲变形。

③ 凸轮轴窜动。

(3) 故障诊断　判断时，可不断变化油门开度进行听诊。怠速时，发出杂乱“嗒、嗒”声响，中速时声响明显；高速时，声响消失或杂乱，如借助工具听诊，在凸轮轴一侧可听到声响并感到大振动。此声响属恶性声响，应及时予以排除。

(4) 排除方法

① 若凸轮轴与轴承配合松旷，应进行检修，或更换轴承。

② 若凸轮轴弯曲变形，应进行校正或更换。

③ 若凸轮轴窜动，则应进行轴向间隙调整。

53. 凸轮轴是怎样驱动的?

凸轮轴是由曲轴通过传动装置来驱动的，所用的传动装置有齿轮式、链条式和齿形皮带式。

(1) 齿轮传动　下置凸轮轴式汽油机通常用一对正时齿轮传动，为了使齿轮啮合平顺，减小噪声和磨损，正时齿轮多用斜齿并用不同材料制成。为了保证装配时的配气正时，齿轮上都有正时记号，装配时必须使记号对齐。

（2）链条传动和齿形皮带传动　链条传动噪声小，一般用于中置或顶置凸轮轴式发动机上。曲轴通过链条驱动凸轮轴，在链条侧面有张紧机构和链条导板，利用张紧机构可以调整链条的张力。近年来，在高速发动机上广泛采用氯丁橡胶齿形皮带传动来代替链条传动，显著减小了噪声，且其重量轻、包角大、工作可靠。

54. 顶置凸轮轴配气机构有什么特点?

① 桑塔纳、宝来、迈腾、帕萨特、奥迪系列轿车发动机采用顶置式凸轮轴，凸轮轴通过挺杆直接作用于气门上。这种形式在结构上稍微复杂，但由于不需要推杆，所以往复运动的零件重量大大减轻，惯性力也减少，更有利于高速时精确地打开和关闭气门。

② 凸轮轴直接装在气缸盖上平面和 5 个轴承盖合成的轴承孔内。两者装配好后再精镗轴承孔，以保证各轴承孔的同心度。轴承孔有斜油孔通气缸盖主油道，进行强制润滑。凸轮推动挺杆上的气门间隙调整垫片，调整垫片装在挺杆头部的凹槽内。

③ 筒形挺杆头部的下平面直接接触气门，因此凸轮旋转时，即可直接驱动气门，更有利于增加配气时间，改善发动机充气量。同时，这种结构还可不必多次调整气门间隙，只需在装配时，选择适当厚度的垫片，即可保持规定范围内的气门间隙。

55. 气门磨损和变形的原因有哪些?

① 发动机在运转中，因气门与气门座的相互撞击、敲打，而引起工作面起槽和变宽。

② 排气门受高温气体的冲击，会使工作面氧化熔蚀，出现斑点和凹陷。

③ 气门杆在气门导管内不断摩擦，使配合间隙增大而在管内晃动，引起气门头部的偏磨，关闭不严而漏气。

④ 气门经过长期的工作，还会发生头部锥形工作面、杆部及下端的面的磨损。

⑤ 此外，正时齿带断裂后，启动发动机也会使气门变形损坏。因此，在使用中，如发现发动机工作不正常应及时检修，以免造成发动机机件早期损坏。

56. 怎样更换气门导管?

① 用专用工具，将气门导管压出。若有台肩的导管，可以从燃烧室压出。

② 检查导管座孔、气门座圈孔和火花塞螺孔之间是否出现裂纹。如果裂纹长度不超过 0.5mm，气缸盖可以继续使用，不会影响寿命；如果裂纹长度超过 0.5mm，则必须更换气缸盖。

③ 在新气门导管的外表面涂上机油，用专用工具将导管从凸轮端压入气缸盖，不用加热。带台肩的气门导管压入的力不得超过 10kN，否则将会使台肩断裂。不带台肩的气门导管压入后，露出部分长度应等于带台肩气门导管台肩端的长度。

④ 用铰刀修铰导管内孔。导管与气门杆的配合间隙过小，一般用气门导管铰刀进行铰削。铰削时，应根据气门杆直径大小选择铰刀。吃刀量不能过大，铰刀持平，边铰边试配。

57. 怎样拆卸与检修气门挺杆?

（1）挺杆的拆卸

① 拆下气门室罩。

② 拆下凸轮轴轴承盖，并抬下凸轮轴。

③ 通过气缸盖上的孔取出挺杆，并在挺杆上打出标记，挺杆不可互换。

（2）检查　轿车发动机配气机构使用机械式刚性挺杆。这种机械式挺杆在维修中首先要检查挺杆垫片和挺杆凹槽的磨损情况。如果它们磨损严重，气门挺杆在运动中就不能灵活旋转，会增大凸轮顶起挺杆的横向力，使挺杆在运动中左右摆动，影响挺杆正常工作。还要检查气门挺杆配合间隙，其正常间隙为0.12mm。经验检查法是将挺杆提起少许摇晃，如有明显间隙感觉，即表明挺杆与孔磨损严重，应进行更换或修复。

（3）维修　轿车发动机配气机构改为液压挺杆。这种液压挺杆没有调整垫片，在维修中首先要检查挺杆顶部的磨损情况。如果磨损严重或出现沟槽，需进行更换。另外还要检查挺杆与挺杆孔的配合间隙。液压挺杆中的柱塞和油缸是一对精密偶件，其配合间隙不超过0.005mm。间隙过大时，挺杆在工作中会从间隙渗漏出油，影响挺杆的正常工作。因此，对于液压挺杆要检查这对精密偶件的密封性。先将液压挺杆浸泡在洗油中，推拉柱塞若干次，洗后重新装复。把排出空气后的挺杆放在试验台上，在柱塞上施加200N的力，使其在滑下2mm左右后，测量它的1mm滑降时间。如果测得的值低于标准值，应更换液压挺杆。

58. 气门漏气的原因有哪些?

① 气门与气门座配合部位磨损、烧坏或粗糙，致使密封不严而漏气。

② 气门间隙过小（一般车用发动机的气门间隙为0.25～0.45mm），气门受热膨胀导致间隙消失，关闭不严。

③ 气门座积炭过多，使气门座关闭不严。

④ 气门杆部弯曲变形或气门头翘曲。

⑤ 气门在导管内上下往复运动时有发涩或卡顿现象。

⑥ 气门座发生变形而导致气门封闭不严。

⑦ 气门弹簧折断或弹力不足。

⑧ 气门烧蚀。

59. 为什么气门会烧蚀? 怎样防止?

① 气门烧蚀主要是由于不合理使用造成的。发动机长时间在大负荷条件下工作，超过设计限度，也会使气门早期磨损；同时，还会引起气缸盖、气门座和气门导管变形，破坏气门密封性，影响气门散热，使气门烧蚀。

② 发动机高温易引起润滑油、燃油氧化聚合分解，在气门头和气门杆形成胶状沉积物，使气门密封面腐蚀，并使气门漏气烧蚀。

③ 在使用中，应防止发动机长时间大负荷工作，提高保修质量。维护时，应及时清除积炭，密封不良要及时研磨，气门间隙过小应按标准进行调整。

60. 怎样研磨气门?

① 将气门、气门座及气门导管洗净。

② 在气门杆上涂润滑油，气门工作面上涂一层气门砂，将气门插入导管内。

③ 用皮碗吸住气门顶，以手捻转皮碗杆进行研磨，待工作面磨出一条完整的接触环带后，换用细砂继续研磨。研磨中涂砂应适量，以防气门砂落入导管。当工作面出现一条整齐、灰色、无光的环带时，用煤油冲洗气门、导管及气门座并擦干，用油润滑表面，并用橡胶捻子拍打气门密封口，最后再润滑。

④ 将研磨好的气门做上记号，以防错乱后破坏良好的密封。

61. 怎样安装气门?

① 将气门油封压装于气门导管上，安装时，油封一定要压到位，防止油封变形或损坏。

② 装上气门弹簧和弹簧座，在气门杆上涂少许润滑油，按原次序插入气门导管内，用

专用工具压紧气门弹簧，装上锁片。

③ 三槽结构的气门，必须装用相配套的气门锁片和气门弹簧座。

a. 气门锁片内有相应的凹槽，气门弹簧座表面镀铜或铬，有约 1.5mm 的斜边和外边。

b. 修理时一个凹槽和三个凹槽气门可以混装，但每种气门只能装用规定的气门锁片和气门弹簧座。

62. 怎样安装齿形带？

① 将齿形带套在曲轴齿轮和中间齿轮上。

② 曲轴带轮用一个螺栓固定。

③ 凸轮轴正时齿轮上的标记应与气门室罩平齐。转动凸轮轴时，曲轴不可置于上止点。

④ 曲轴带轮上止点记号和中间轴齿轮上记号应对齐。

⑤ 将齿形带套到凸轮轴正时齿轮上。

⑥ 如图 1-14 所示，按箭头方向转动张紧轮，以张紧齿形带。用拇指和食指捏住凸轮齿轮和中间轴齿轮中间的齿形带刚好可以转 90°。如果张紧程度不符，可松开张紧轮螺母，进行第二次调整。

63. 怎样安装气门室罩？

① 在气缸盖和气门室罩的密封表面上，将密封胶的残渣清理干净，防止安装后发生漏油现象。

② 在干净的气缸盖密封表面上涂以密封胶，涂胶层要均匀、适量。在密封胶开始固化以前，将气门室罩安装在气缸盖上，注意不得把密封胶接触到其他零部件上。

③ 安装气门室罩紧固螺钉，拧紧力矩为 6.4N·m。螺钉不可拧得过紧，以免损坏铝合金的气门室罩。为防止气门室罩变形，在拧紧螺钉时，应按照常用的交叉方式来进行。

64. 怎样检查液压挺杆工作是否正常？

发动机启动正常，有不规则的气门噪声。启动发动机并运转，使散热器的风扇接通运转 1 次。增加发动机的转速至 2500r/min，并运转 2min。

如果挺杆始终有杂音，找出有缺陷挺杆的方法如下。

① 拆下气缸盖罩盖。

② 顺时针方向转动曲轴，直至被检查挺杆的凸轮有尖点向上。

③ 用带有楔形尖端的木棒或塑料棒向下压挺杆。如果在气门将要打开之前的自由行程超过 0.1mm，压下挺杆感觉有间隙，则要更换挺杆。

65. 液压挺杆产生噪声的原因有哪些？

当发动机还没有达到正常工作温度，能听到液压挺杆噪声；而当发动机热起来之后，这种噪声就消失，这种现象就是正常的。

如果所有挺杆都有噪声，可能是因为灰尘或胶粘的润滑油使其卡住；或润滑油的质量不良，起泡沫的润滑油也可能带来这种现象。如果润滑油起泡沫，在润滑油标尺上也将有泡沫。润滑油中有水或润滑油油面太高或太低，都可能引起故障。

如液压挺杆体中的柱塞调整不当，也将引起噪声。

① 如果液压挺杆有噪声，可能是柱塞太紧所致。

② 柱塞弹簧太软或被折断。

③ 球阀泄漏。

④ 柱塞磨损。

⑤ 锁环安装不当或丢失。

⑥ 柱塞的润滑油压力不够。

66. 怎样安装正时齿形带和正时链轮？

① 无活塞在上止点。在曲轴链轮和中间链轮上安装正时齿形带。

② 用一个螺栓固定 V 形带的曲轴带轮（注意安装位置）。

③ 凸轮轴链轮上的标记必须与气缸盖的罩盖平面对齐。

④ V 形带轮上的标记与中间链轮上的标记必须对齐（第一缸活塞在上止点）。

⑤ 将正时齿形带安装到凸轮轴链轮上。

⑥ 转动张紧轮，调整正时齿形带的紧度。在凸轮链轮与中间链轮之间，用拇指和食指捏住正时齿形刚好能扭转 90°，其张紧度是合适的。拧紧张紧轮的紧定螺母。

⑦ 转动曲轴 2 周，检查上述两处标记是否对齐。

第四节　电喷燃料供给系统故障诊断与排除

67. 怎样诊断和排除电喷系统故障？

电喷系统的可靠性比较高，在使用中一般不容易出现故障和损坏现象。多数故障为电气和电子装置的插接件的接触不良而致，接触不良常常是因为其表面氧化物和污染物绝缘所致。拆装或研磨各触点，能改善各连接插接件间的导电性。

判断电喷系统故障对操作人员的技术要求较高，并需要专用的诊断仪，电喷系统故障判断可按下列顺序进行。

① 向车主了解情况：故障产生的时间、表现特征、出现的条件；如果发生，是否已检修，检修的部位等。

② 外观检查：系统各部件外观接线、连接管是否松动或脱落等。

③ 基本检查：接上该车型的故障诊断仪，打开点火开关，运行 5min，检查车上电子控制单元中的故障记忆。

④ 诊查具体原因：按故障记忆提示内容检查线路和传感器。

⑤ 发动机熄火并关闭点火开关，按故障显示或故障码检查需检项目。

⑥ 按查明的原因检修。

⑦ 用故障诊断仪再查询并清除故障记忆，验明故障是否确已排除。

68. 怎样检查电喷系统的外观？

① 在外观检查之前，要确保发动机特别是点火系统没有故障，然后检查全部电线束接头，其中包括：

a. 接头是否松动或脱开；

b. 电线是否断裂或脱开；

c. 引线是否完全固定在接头外壳中；

d. 引线接头中的电线是否存有断裂或擦破，电线是否腐蚀。

② 启动发动机时，应用一块干净的抹布堵塞节气门端部的怠速旁通道，以便倾听是否存有真空泄漏，然后对有关真空管路进行外观检查，确保真空管路的接头连接可靠；看管路是否有折断、压折或破裂现象。

③ 检查油路。

a. 是否有漏油现象。

b. 是否有扭折弯曲问题。

c. 由于管路中的汽油存在高压，直接拧松燃油系统的管接头，燃油会从接头处喷出并可能引起火灾。因此，对油路进行放泄压力应按下列步骤进行。

ⓐ 从压力管接头上取下护帽。

ⓑ 在管接头上安装一个减压阀。

ⓒ 用抹布或适当的容器接冒出的汽油。

ⓓ 慢慢地拧紧减压阀，放卸压力；取下减压阀，装上护帽。

69. 怎样检修与调整电喷系统？

（1）检查电脑　电脑是电喷系统的关键所在，电脑工作不正常将引起电喷系统发生各种各样的故障，甚至无法工作。但是，电脑本身又是最不容易出现故障的部件，一般不要轻易怀疑电脑，也不要轻易去动它，电脑一旦损坏，只能更换，最好能事先准备一个电脑用替代法进行检查。

上海桑塔纳系列轿车采用的电脑有 25 个端子，其排列如图 1-15 所示。如要检查电脑的电阻和电压，应在排除插接件接触不良、线路断路或短路故障后，按照表 1-1 进行。

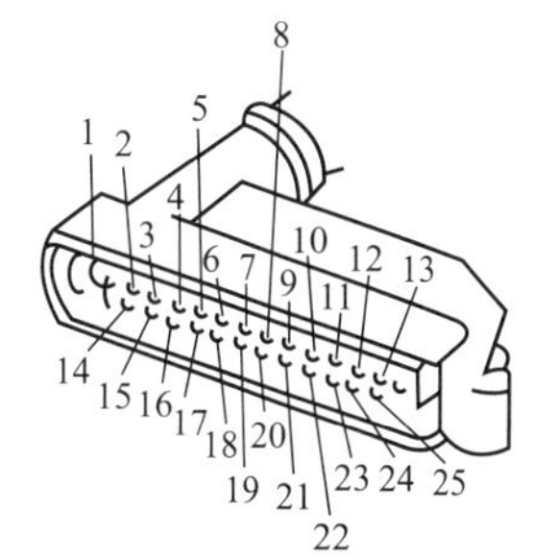

图 1-15　发动机电脑端子排列

表 1-1　检查发动机电脑

端　子	条　件	端子用途	标准值
9	用遥控装置驱动	电源	系统电压
2、5、13 和 25		搭铁端	0
8 和 9		进气温度传感器	160～300Ω
7 和 8	启动时，逐渐踏下油门踏板	空气流量计	电阻值会变化
5 和 8		空气流量计	340～450Ω
21	点火开关“ON”		系统电压
10 和 25		水温传感器	冷机 1080～2750Ω 热机 150～500Ω
4	起动机运转时	启动信号	蓄电池电压
3	遥控装置驱动时，节气门全开	节气门位置传感器	
14	遥控装置驱动时，节气门全闭	节气门位置传感器	
9 和 12 9 和 24		1、4 缸喷油阀电阻器 2、3 缸喷油阀电阻器	3.9～4.5Ω
1	点火开关处于“ON”位置，“1”处有“+”电压	与点火线圈端子 1 连接	
15 和 20	用导线连接端子 15 和 20，再断开点火电脑的插头，并检查插子 16 和 17 间的电阻		应为 0

（2）检查燃油压力调节器　检查燃油压力调节器时，要先行放卸燃油压力。其方法是在压力管接头上取下护帽，再在管接头上安装一个减压阀并慢慢拧紧而放卸压力，然后拆卸压阀，装上护帽。减压时要注意用容器收集冒出的燃油或用毛巾覆盖，如果不减压而随便拧松管接头，高压油将会喷出。

拆卸后的燃油压力调节器可放入汽油中，用打气筒打气清洗球阀附近的脏物；如压力调节器的弹簧失效，则应更换。

检查燃油压力应在发动机冷状态下进行，可将燃油压力表装在电磁喷油阀供油总管旁，并夹紧压力调节器回油管，再驱动电动燃油泵，若油压高于 317kPa，应检查压力调节器。

（3）检查电动燃油泵　电动燃油泵工作良好有三个前提，即机件不磨损（滚柱与泵壁紧密贴合不漏油）、电动机完好、泵内清洁。

检查电动燃油泵时，应从三个方面着手进行。首先检查燃油滤清器是否良好，燃油箱是否有燃油，并且是否清洁，并将燃油泵拆卸进行清洗；同时查看滚柱及泵壁有无磨损，轻微磨损可更换滚柱，严重磨损应更换新泵体；电动机是否完好，可用万用表测量电枢线圈判定。

（4）检查电磁喷油阀　检查电磁喷油阀，主要查看内部油路是否堵塞、针阀是否关闭不严、电磁线圈是否工作正常。检查时，可先采用逐缸断油法找出是哪个缸的电磁喷油阀有故障，再按下列步骤检查：先将 12V 电源电压接到喷油阀接线座一端，把另一端反复分机体时断时续地接触，观察是否有轻微振动感，并察听是否有“咔、咔”的微喷声。如果没有，则检查与喷油阀相连的线路是否有故障；其次检查供油管路是否堵塞；继而检查喷油阀进油口是否堵塞，再检查电磁线圈是否断路和喷油孔是否堵塞。

检查喷油针阀是否关闭不严，要在供油子系统中装一个压力表，增加系统中的压力。在燃油压力迅速下降而又没有泄漏的情况下，如再次夹紧回油管增加油压，压力再次下降，则表明喷油针阀关闭不严。当然，如压力能保持住，就不是喷油针阀关闭不严，而是燃油压力调节器出了问题，需另行解决。至于到底是哪个喷油阀的针阀关闭不严，可以取下各缸的火花塞查看其点火端是否有汽油，如火花塞上有汽油，则与它同缸的喷油阀有故障。

在 20℃时，喷油阀电阻值应为 2.3～2.5Ω。

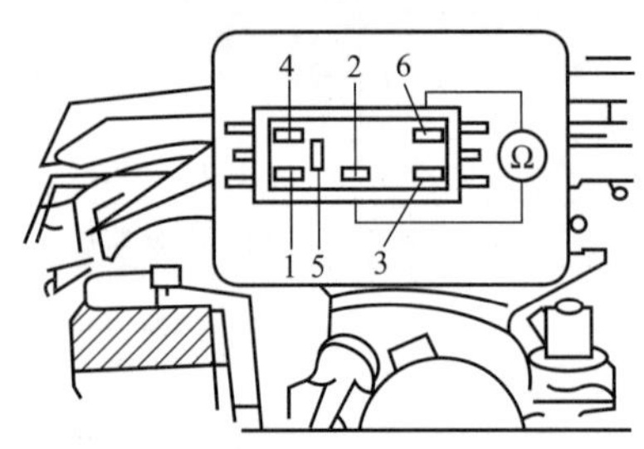

图 1-16　检查喷油阀电阻器电阻

检查喷油阀电阻器的电阻值，如图 1-16 所示，2-6、2-4、2-3、2-1 之间的电阻值应为 5.5～6.5Ω。

（5）怠速调整和一氧化碳含量调整　怠速调整应在发动机工作温度正常，风扇两次停转且点火正时、工作正常时进行。转动怠速调整螺钉即可，应将发动机怠速调整到 850～950r/min。

调整一氧化碳含量时，先去掉调整口密封帽，用旋具细心转动一氧化碳调整螺钉，即可改变排气中的一氧化碳含量。

（6）检查继电器

① 燃油泵继电器的检查。桑塔纳系列轿车燃油泵继电器装在中央集线盒处，检查时，用万用表按表 1-2 所示，在端子与搭铁间测量。

表 1-2　检查燃油泵继电器

插　　头	条　　件	要　　求
1	发动机启动	应有交变电流
50	启动时	“50”处应有正电流
31		应是负极，电阻为 0
15	点火开关处于“ON”位置	应是正极
30		应是正极
87b 87	发动机启动	应是正极，否则更换继电器

② 热启动继电器的检查。当热车启动性能不良时，首先应检查热启动继电器。先拆下热启动节流器中如图 1-17 所示的线束插头，并使此插头搭铁。

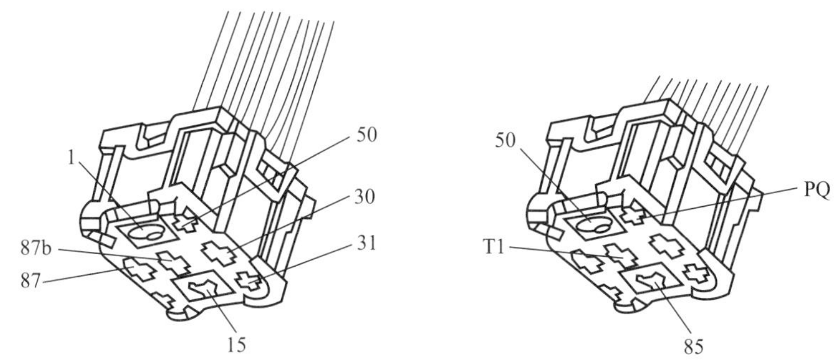

图 1-17　检查热启动继电器

然后，对中央集线盒的继电器线束插头进行测量，如表 1-3 所示。

表 1-3　检查继电器线束插头

插　头	条　件	要　求
50	启动时	应是正极(有电压)
85		应是负极
T1 85		150～500Ω(热机) 1080～1750Ω(冷机)
PQ 85	电路正常,连接继电器,启动时检查	1840～2190Ω(热机) 2770～3880Ω(冷机)

(7) 检查传感器

① 汽油表传感器的检查。检查汽油表传感器时，用一根导线连接插头，点火开关处于“ON”位置，汽油表应指示“满”。否则，表明汽油表传感器工作不灵，应予以更换。

② 节气门位置传感器的检查。检查节气门位置传感器，要先安装遥控装置，即安装检查节气门位置传感器电源线。

驱动遥控装置，检查节气门位置传感器黄色线是否有电压，如有电压则表示正常。再检查红/蓝色线是否有电压，如无电压，则应更换节气门传感器。

检查时，节气门应处于静止状态，如果快速转动节气门，正电压会消失。

接通遥控装置，使节气门全开，检查棕/白色线是否有电压（正极）。若无电压，则调整节气门位置传感器，如调整无效，则应予以更换。

节气门位置传感器的安装如图 1-18 所示。传感器装到节气门体上后，先不要旋转两个螺钉，使节气门全闭，移动节气门位置传感器，当听到“喀、喀”声不再移动时，则固定在这一位置上。

③ 水温传感器的检查。水温传感器用于检测发动机冷却液的温度，它将冷却液的温度信号输入给电控单元（ECU），为其修正喷油量提供依据。当水温低时，适当增加喷油量；当水温高时，使喷油量减少。

发动机在冷状态下，测量水温传感器电阻值应为 1080～2750Ω。

发动机在热状态下，测量水温传感器电阻值应为 150～500Ω。否则，应更换水温传感器。

(8) 检查空气流量计　检查空气流量计电阻值如图 1-19 所示，其电阻值应符合表 1-4 所列数值。若电阻值不符合要求，表明空气流量计不良，应予以更换。

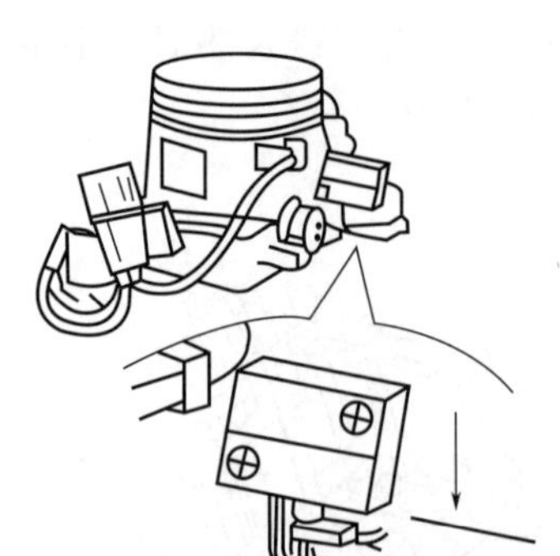
图 1-18 节气门位置传感器的安装

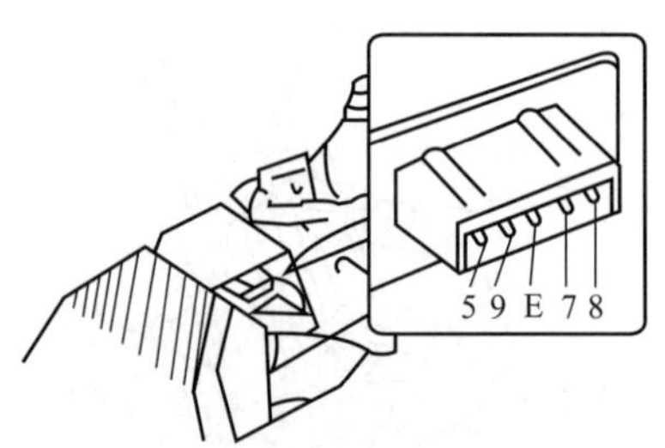

图 1-19 检查空气流量计电阻值

表 1-4 检查空气流量计电阻

所测端子	方 法	标准电阻值
9-8		160～300Ω
8-7	用手转动流量计叶片	根据叶片位置,电阻值在 60～1000Ω 之间变化
8-5		340～450Ω

70. 怎样使用故障诊断仪检查电喷系统故障?

桑塔纳系列轿车电喷系统的故障自诊断功能，是通过下列方法实现的。

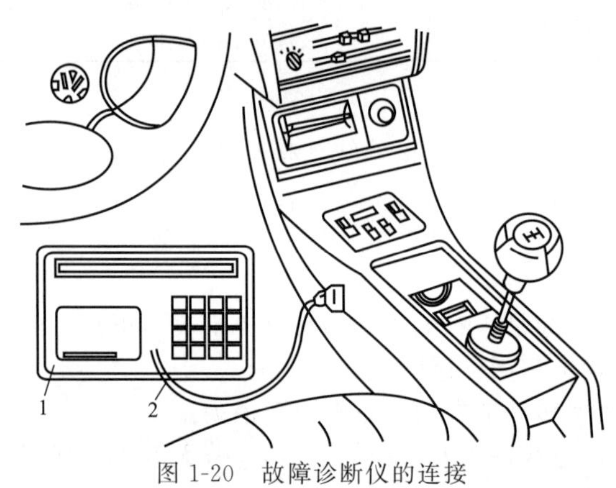

图 1-20 故障诊断仪的连接
1—故障诊断仪 VAG1551；2—电缆 VAG1551/3

在电喷系统中特设有被监控的一系列传感器与执行机构及其故障存储器，当系统出现故障时，则此故障类型及其说明就被储存在故障储存器中，并以故障码的形式显示出来。所谓故障码，就是各类故障的代号，通常以 5 位数字表示。例如控制器损坏这种故障，就以故障码 65535 表示。

故障自诊断系统有多种选择功能，其项目如下：02 读取故障存储器，03 执行机构自诊断，04 进入基本设定，05 清除故障存储器，06 结束输出。

根据所选择的功能，借助于故障诊断仪就可进行故障诊断，其连接如图 1-20 所示。连接之前必须保证蓄电池电压正常，发动机和变速箱搭铁正常以及熔丝正常。然后，在点火开关接通或发动机运转之后，根据故障诊断仪 VAG1551 显示器上的显示说明，按下列步骤来操作故障诊断仪。

① 输入表示“快速数据传输”的代码 1。

② 输入发动机电子系统的“地址指令”01，并用 Q 键确认。

此时显示器上所显示的内容有控制器零件编号、燃油喷射系统、控制器硬件代号。例如显示出 300907311A MOTPC. NIC M1. 5. 4P 1303。

③ 按下“#”键，显示内容如下。

Sehnell Datehübertragung（快速数据传输）HELP（帮助）

Funktion anw? hlen（功能选择）

④ 电喷系统的故障码中包括故障原因及排除方法，其内容详见表 1-5。

表 1-5 AJR 型发动机故障码

故障码	故障系统	故障原因
00513	发动机转速传感器(G28)	(1)G28 线路断路或短路 (2)G28 损坏
00515	霍尔传感器(G40)	(1)G40 线路对正极断路或短路 (2)G40 损坏
00518	节气门电位计(G69)	(1)G69 线路对正极断路或短路 (2)G69 损坏
00522	水温传感器(G62)	(1)G62 线路断路 (2)G62 损坏 (3)G62 线路对地短路
00524	1 号爆震传感器(一、二缸)(G61)	(1)G61 线路对地短路或断路 (2)G61 损坏
00527	进气温度传感器(G72)	(1)G72 线路断路 (2)G72 线路对地短路 (3)G72 损坏
00530	节气门定位电位计(G88)	(1)G88 线路对正极断路或短路 (2)G88 损坏
00540	2 号爆震传感器(三、四缸)(G66)	(1)G66 线路对地短路或断路 (2)G66 损坏
00553	空气流量计(G70)	(1)G70 线路对地断路或短路 (2)G70 损坏
00668	30 号端子电压过低	蓄电池电压低于 10.0V
01165	节气门控制组件(J338)	J338 与发动机 ECU 不匹配
01247	活性炭罐电磁阀(N80)	(1)N80 线路对地断路或短路 (2)N80 损坏
01249	一缸喷油器(N30)	(1)N30 线路对正极断路或短路 (2)N30 损坏
01250	二缸喷油器(N31)	(1)N31 线路对正极断路或短路 (2)N31 损坏
01251	三缸喷油器(N32)	(1)N32 线路对正极断路或短路 (2)N32 损坏
01252	四缸喷油器(N33)	(1)N33 线路对正极断路或短路 (2)N33 损坏

71. 桑塔纳系列轿车电控喷射系统和点火系统有什么特点?

桑塔纳系列轿车的 AJR 型发动机采用了德国博世（BOSCH）公司先进的 Motronic3. 8. 2 电子控制多点燃油顺序喷射系统，它是在 AFE 型发动机 Motrnic1. 5. 4 系统基础上发展起来的。该系统采用热膜式空气流量计检测发动机进气流量，可直接反映发动机负荷，比 Motronic1. 5. 4 系统所采用的绝对压力传感器检测进气支管压力并推算流量的方法更精确。AJR 型发动机的曲轴上装有 1 个 60 齿的信号触发轮，用于产生曲轴转角信号，它比 AFE 型发动机的分电器中由 4 齿触发轮产生的转角信号更为准确。M3. 8. 2 系统能依据进气流量信号更为准确地控制发动机混合气空燃比和点火时间，从而极大地降低了排气污染。

发动机具有自我诊断系统。但是必须用专仪器方可读出控制单元（ECU）中储存的故障码。发动机也同样具有备用功能，例如当水温传感器线路有断路故障时，ECU 就认为水温始终是 19. 5℃。备用功能用于在控制系统、传感器、执行元件发生某些故障时，维持发动运转（当然运转得不好），以便轿车开到修理厂。

采用新的排气系统。将消声器的管径由 50mm 改为 45mm，并对原声器的内部结构进行了调整，从而降低了车内噪声，提高乘坐的舒适性，同时又使发动机保持良好的动力性能。

采用燃油蒸气控制回收系统（AKF 系统）。燃油蒸气控制回收系统采用活性炭罐吸附油箱中挥发的汽油蒸气，在发动机启动后，再把炭罐中吸附的汽油吹出燃烧，减少废气排放，更为节能。

AJR 型发动机上装有 2 个爆燃传感器，比 AFE 型发动机增加了 1 个，使 ECU 能更有效地识别各个气缸的爆燃燃烧，迅速调整点火时间，保护发动机免受劣质汽油引起的强烈爆燃的损害。采用两个点火线圈即使用双火花火系统。

M3.8.2 电子控制燃油喷射系统由空气供给系统、燃油供给系统、控制系统组成，其组件布置如图 1-21 所示。

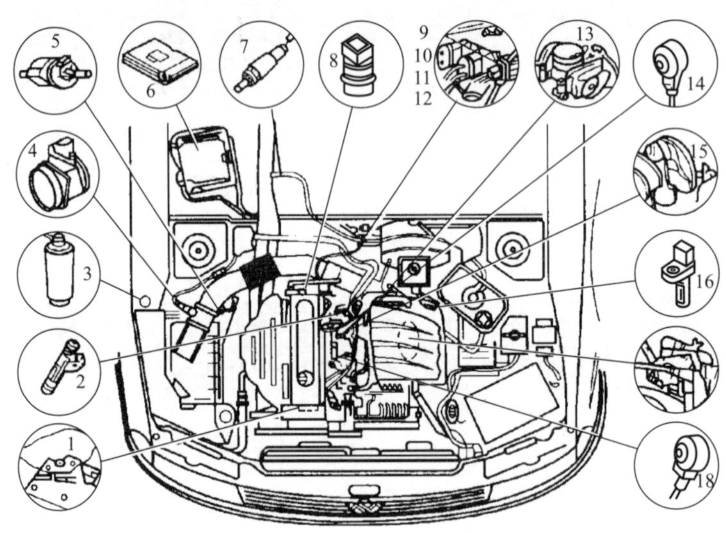

图 1-21 电控系统元件布置

1—霍尔传感器（G40）；2—喷油器（N30、N31、N32、N33）；3—活性炭罐；4—质量型空气流量传感器（C0）；5—活性炭罐电磁阀（N80）；6—发动机中央控制器 ECU（J220）；7—氧传感器（G39）；8—水温传感器（G62）；9—转速传感器插接器（灰色）；10—1 号爆燃传感器插接器（白色）；11—氧传感器插接器（黑色）；12—2 号爆燃传感器插接器（黑色）；13—节流阀体控制组件（J338）；14—2 号爆燃传感器（G66）；15—转速传感器（G28）；16—进气温度传感器（G72）；17—点火线圈（N152）；18—1 号爆燃传感器（G61）

72. 怎样使用自诊断装置?

① 在 AJR 型发动机 ECU（J220）中设有故障存储器，当被监测的传感器或执行元件中出现故障时，则会存入故障存储器中。

② 用大众公司的 VAG1552 或 VAG1551 型故障诊断仪或其他型号的读码器可读出故障码。测试时，打开诊断插口盖板，将故障诊断仪用 VAG1551/3 电缆连接到车上位于变速器操纵杆前的诊断插座上，它将根据输入的指令完成许多功能。

③ 为了检查元件和控制模块间线路有无开路或短路，大众公司还配有 VAG1598/22 测试盒，用于和发动机控制模块线束插头相连接。

④ 大众公司的故障诊断仪有以下 8 种功能。

a. 询问发动机电控单元版本。

b. 读出故障码及显示故障范围。

c. 最终产控制诊断。

d. 基本设定。

e. 清除故障（码）存储。

f. 结束输出。

g. 电控单元编码。

h. 读测量数据块。

⑤ 测试条件：蓄电池电压大于 11.5V，发动机搭铁良好，水温高于 80℃。

⑥ 检测电子控制燃油喷射系统电路。

⑦ AJR 型发动机电子控制燃油喷射系统故障码如表 1-5 所示。

73. 宝来轿车电控发动机由哪些部件组成?

宝来轿车发动机 AGN/AGU 电控系统由电控燃油喷射系统、点火系统、怠速控制系统、活性炭罐蒸发污染控制系统、进气增压控制系统等组成，如图 1-22 和图 1-23 所示。

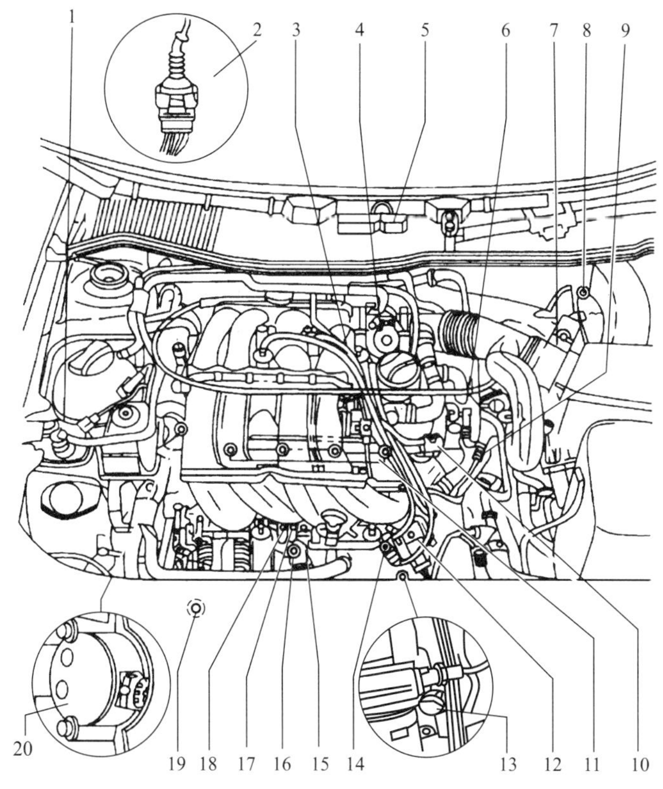

图 1-22　AGN 发动机电控系统（一）

1—活性炭罐电磁阀 1（N80）；2—4 孔插头；3—进气支管转换阀 N156；4—节气门控制单元；5—发动机控制单元 J220；6—凸轮轴调整阀 N205；7—空气流量计 G70 及进气温度传感器 G42；8—离合器踏板开关 F36；9—冷却液温度传感器；10—燃油压力调节器；11—喷油器 N30～N33；12—点火线圈及末级放大器；13—发动机转速传感器；14—爆燃传感器 2（G66）；15—3 孔插头；16—爆燃传感器 1（G61）；17—3 孔插头（用于发动机传感器 G28）；18—3 孔插头（用于爆燃传感器）；19—助力转向压力开关 F88；20—霍尔传感器 G40

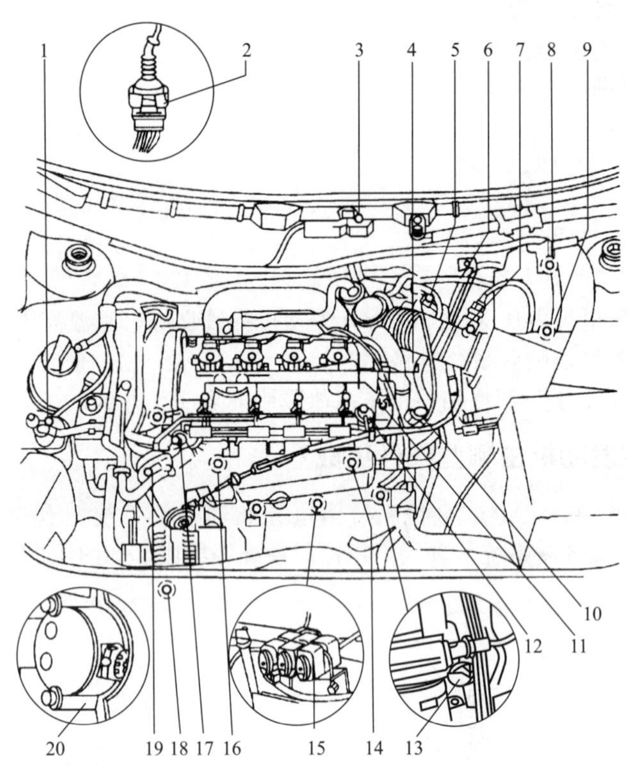

图 1-23 AGU 发动机电控系统（二）

1—活性炭罐电磁阀 1（N80）；2—4 孔插头（用于氧化传感器 G39）；3—发动机控制单元 J220；4—点火线圈；5—增压压力限制电磁阀 N75；6—海拔传感器 F96；7—空气流量计 G70；8—离合器踏板开关 F36；9—末级功率放大器 N122；10—冷却液温度传感器 G62；11—喷油器 N30～N33；12—燃油压力调节器；13—发动机转速传感器 G28；14—爆燃传感器 2（G66）；15—3 孔插头［黑色用于爆燃传感器 1（G61）、棕色用于爆燃传感器 2（G66）、灰色用于发动机转速传感器 G28］；16—爆燃传感器 1（G61）；17—进气温度传感器 G42；18—助力转向压力开关 F88；19—节气门控制单元 J338；20—霍尔传感器 G40

74. 速腾、迈腾轿车电控发动机的结构与维修时应注意什么？

（1）燃油喷射装置结构　燃油喷射装置结构如图 1-24 所示。

如图 1-25 所示为制动灯开关和制动踏板开关 F47（在驾驶员侧脚部空间内）的安装位置。

如图 1-26 所示为加速踏板位置传感器 G79 和加速踏板位置传感器 2（G185）（在驾驶员侧脚部空间内）的安装位置。

氧传感器连接如图 1-27 所示。

（2）维修提示

① 发动机室内的燃油软管只允许用弹簧卡箍锁定，不允许使用固定卡箍或螺纹卡箍。

② 为使电气部件功能正常，需要至少 11.5V 的电压。

③ 不要使用含硅树脂的密封剂。被发动机吸入的微粒在发动机中不能烧毁，因此可能损坏氧传感器。

④ 装备安全气囊的轿车具有碰撞式燃油切断装置。它通过燃油泵继电器断开燃油泵，从而减小碰撞后的轿车失火危险，同时发动机可更好地启动。在打开驾驶员侧门时燃油泵运

转 2s，以便压力在燃油系统中形成。

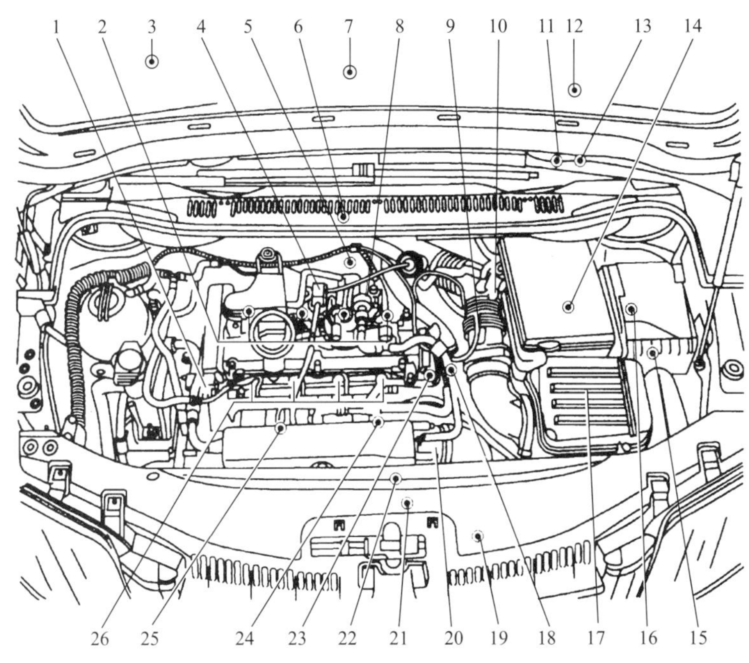

图 1-24 燃油喷射装置结构

1—霍尔传感器 G40；2—带功率输出级的点火线圈；3—氧传感器的插头；4—涡轮增压器循环空气阀 N249；5—三元催化转化器前的氧传感器 G39 与氧传感器加热装置 Z19；6—发动机控制单元 J220；7—三元催化转化器后的氧传感器 G130 与三元催化转化器后的氧传感器加热装置 1229；8—活性炭罐电磁阀（周期性控制）N80；9—空气质量计 G70；10—增压压力限制电磁阀 N75；11—加速踏板位置传感器 G79 和加速踏板位置传感器 G185；12—组合仪表；13—制动灯开关 F 和制动踏板开关 F47；14—离合器位置传感器 G476；15—循环泵继电器 J160；16—燃油泵继电器 J17；17—空气滤清器；18—冷却液温度传感器 G62；19—增压压力传感器 G31；20—节气门控制单元 J338；21—发动机转速传感器 G28；22—进气温度传感器 G42；23—凸轮轴调节阀 N205；24—爆燃传感器 G66；25—爆燃传感器 G61；26—1 缸喷嘴 N30、2 缸喷嘴 N31、3 缸喷嘴 N32、4 缸喷嘴 N33

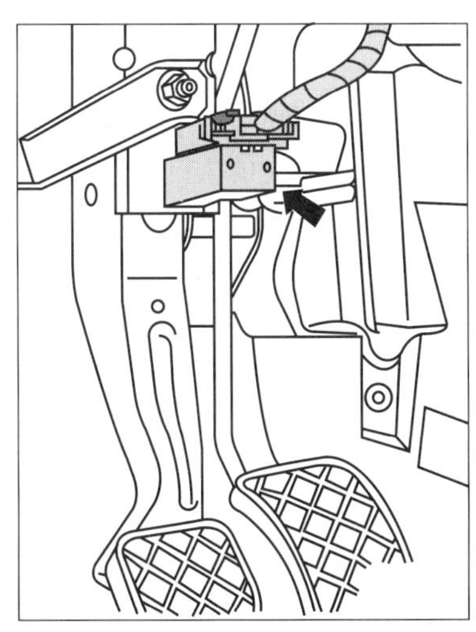

图 1-25 制动灯开关和制动踏板开关 F47 的安装位置

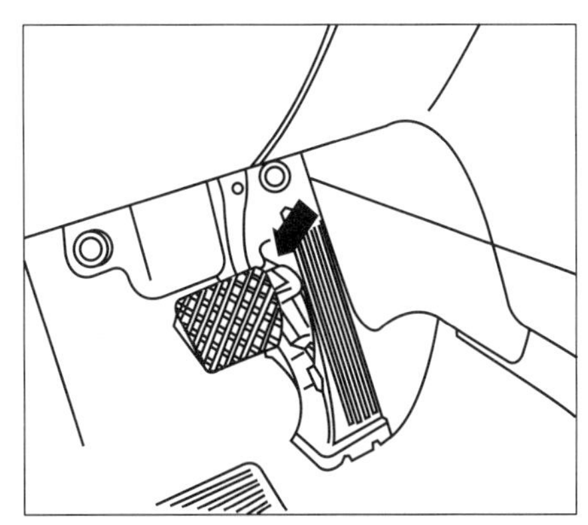

图 1-26 加速踏板位置传感器 G79 和加速踏板位置传感器 2（G185）的安装位置

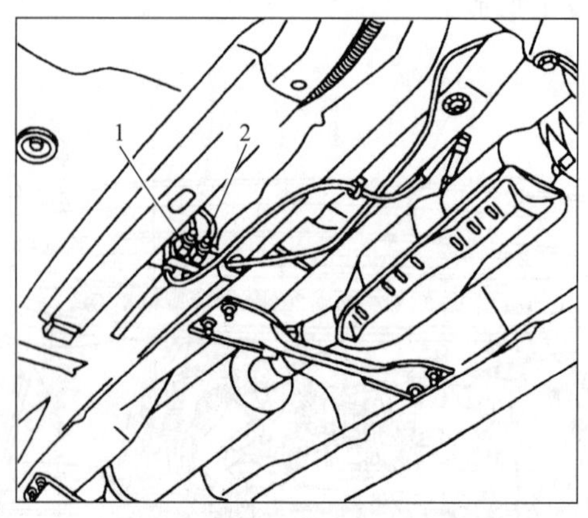

图 1-27 氧传感器连接

1—三元催化转化器后的氧传感器 G130 与氧传感器加热装置 Z19；
2—三元催化转化器前的氧传感器 G39 与氧传感器加热装置 Z19

（3）安全措施 注意：燃油系统有压力，在打开喷射装置的高压部件前，必须降低到一个较低压力。然后用一块抹布围住连接处，并通过小心地打开连接处来卸除剩余压力。

为避免人员受伤和/或损坏喷射装置和点火装置，必须注意下列事项。

① 为安全起见，在打开燃油系统之前必须从发动机室熔丝架中取下 SB33 号熔丝，这是因为燃油泵可能被驾驶员侧车门的触点开关激活。

② 在某些检测中控制单元可能识别和存储故障，因此在结束所有测试和修理后，必须查询故障存储器并删除故障记忆。

③ 在发动机运转时或启动转速时，不得解除或拔出点火导线。

④ 喷射装置和点火装置的导线以及测量仪导线只有点火开关处于关闭状态时才能断开及连接。

⑤ 清洗发动机只能在点火开关关闭时进行。

⑥ 蓄电池的连接和断开只允许在点火开关关闭时进行，否则会损坏发动机控制单元。

⑦ 如果在试车时需要使用检测仪器，必须注意下列事项。

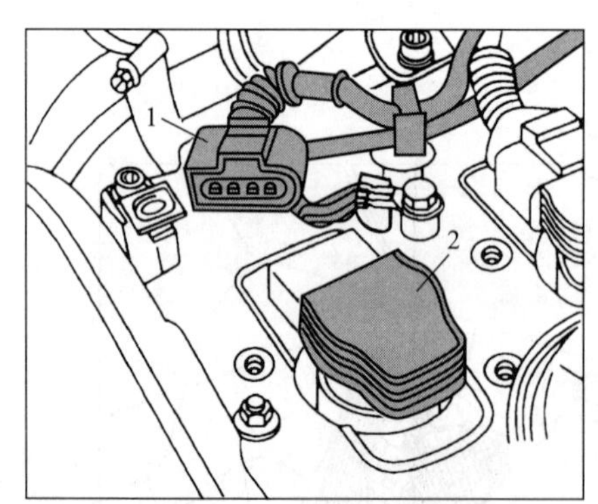

图 1-28 将所有 4 针插头从点火线圈上拔下

1—4 针插头；2—点火线圈

a. 检测仪器必须始终安装在后座椅上，并由第二个人从那里操作。如果在副驾驶员座椅处操纵检测仪器，则发生事故时会由于副驾驶员安全气囊触发而导致坐在那里的人受伤。

b. 如图 1-28 所示，如果让发动机旋转而不启动，则将所有 4 针插头从点火线圈上拔下。

c. 从熔丝架中取下 SB32 号熔丝。

提示：通过取下 SB32 号熔丝，可中断燃油喷油器的供电。

（4）清洁规定 对燃油输送装置和喷射装置进行操作时，必须严格遵守以下 6 项清洁规定。

① 松开前，彻底清洁连接处及其周围区域。

② 将拆下的零件放在干净的垫子上并盖住。不要使用纤维材质的抹布。

③ 如果无法立即进行维修，那么应仔细地将已打开的部件盖住或密封。

④ 只允许安装干净的零件，在马上安装前才允许将配件从包装中取出。禁止使用没有包装的零件（例如保存在工具箱中的零件）。

⑤ 系统打开后尽可能地不用压缩空气操作。尽可能不移动车辆。

⑥ 对拔下的插头进行防污垢和湿气保护。只能连接干燥的插头。

75. 电喷汽油喷射系统易发生哪些故障?

轿车总是在不同工作条件下高速度运动的，总有一些零件不可靠、易损坏、易老化或装配不当、连接不牢靠，从而会造成电控喷射系统发生故障或部分功能失效，导致发动机工作不良或不工作。

（1）电脑故障　电控汽油喷射系统的电脑一般比较可靠，轿车行驶15万千米以上，才可能出现故障。如线路板出现不易看见的裂缝、某集成块损坏、某电容失效、焊脚接头松脱、固定脚螺栓松动等，都会造成电控系统的功能失效或控制系统工作不良。应该对电脑进行测试或读取电脑损坏的故障码，以便及早确定故障部位并及时更换。

（2）传感器故障　传感器主要是用来采集信息并及时发送这些信息，如温度、压力、机械传动、位置变化方式等信号。如果传感器的电阻老化而迟钝、真空膜片破损、弹片弹性失效、回位弹簧失效，都将影响发动机工况，从而使电控系统失控或发动机工作不良，甚至不工作。故须及时检测传感器的电阻、电压，或读取故障码以判断故障位置。

（3）电磁阀故障　电磁阀故障是指用电磁线圈脉冲控制的阀门闭合故障。如电磁喷油阀、怠速控制空气补充电磁阀、点火装置的电磁线圈以及频率计等的工作好坏，将直接影响着轿车的喷油、点火、怠速、启动等工作的正常完成。用闭合角表可测试电磁阀的通电瞬间，看电磁阀是否在正常范围内工作。

（4）空气滤清器和汽油滤清器堵塞　空气滤清器堵塞会造成空气进气量减少，使混合气相对变浓。汽油滤清器堵塞不通畅，会造成混合气过稀，影响启动、转速不平稳、发动机运转无力。

（5）电动燃油泵工作不良　电动燃油泵在无油或油质太差条件下工作时，会造成磨损或烧坏。另外，电动燃油泵受空气流量传感器上的微动开关控制，若开关工作不良或动作迟缓，都会造成油泵供油不足，影响轿车启动和加速性能。

（6）油压调节器故障　电控汽油喷射系统的油压调节器是燃油压力调压阀。其作用是使燃油压力相对于进气管负压的压差保持一定，从而使喷油量仅根据喷油电磁阀的通电时间而确定。如果油压调节器的真空膜片损坏或真空软管漏气，都会造成压力调节器的回油量失调，发动机的喷油量不准确，发动机工作不良。

（7）进气管路漏气　进气管路密封不严，会使管路漏气、空气进气测量不准、混合气太稀，而造成发动机启动困难、怠速不稳、运转无力。

（8）连线、接插件连接故障　电控汽油喷射系统的连线、接插件很多，经常有连线断路或搭铁短路，接插件接头松动，接触不良，使发动机工作失常或不工作，也会造成许多传感器、执行元件的控制信号传递不良，导致发动机不能正常工作。因此在拆装电控系统的元件时，注意不可弄坏连线，要插牢接插件。由故障码指示出某传感器信号不良时，注意检查传感器的连线和接插件是否连接良好。有些故障码的含义是传感器故障，而实际上是传感器的连线或接插件出了问题。

76. 怎样读取发动机故障码?

当控制系统出现故障时，自诊断系统能监控各部分的工作状态，对故障能进行报警，显示故障码，对已排除故障的故障码进行清除。

故障码是用检查发动机（CHECK）灯的闪烁次数来表示的，也有用模拟电压表指针的摆动次数来表示，或采用数字码来显示。

读取故障码的方法：用专用插头插到相应的插孔上；在专用插孔上连接专用试验器，或在专用插孔上连接模拟电压表。

自诊断系统状态的检查方法如下。

① 当打开点火开关，发动机启动前，CHECK（检查发动机）灯点亮，发动机启动时和发动机启动后，CHECK 灯熄灭，说明自诊断系统工作正常。

② 发动机启动后，CHECK 灯仍然亮，并且能提取故障码，说明自诊断系统正常，表明发动机有故障，应根据故障码的提示进行检修。

③ 如果发动机启动前 CHECK 灯不亮；或在使用自诊断系统时，CHECK 灯不按规律显示，或者发动机没有任何故障，但 CHECK 灯仍亮（显示有故障），都说明诊断系统工作不正常。

自诊断系统的检查过程如图 1-29 所示。

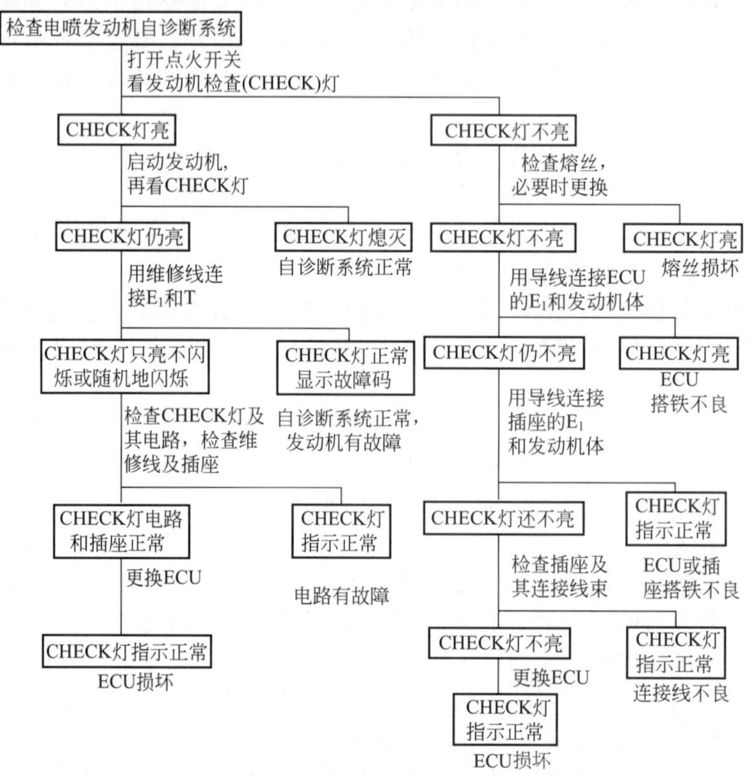

图 1-29 自诊断系统的检查过程

提取故障码时应先查阅其说明书。

① 读取故障码前的检查。蓄电池电压应大于 11V；节气门应完全关闭；自动变速器在空挡；其他电器都应关闭；发动机温度正常。

② 读取过程。打开诊断插座护套，将故障诊断仪 VAG1551 或 VAG1552 的插头与诊断插座连接。

③ 打开点火开关，启动发动机并怠速运行。

桑塔纳系列轿车发动机电控系统故障码见表 1-5，用故障诊断仪读取故障码。

77. 桑塔纳系列轿车发动机电控部件有哪些?

桑塔纳系列轿车发动机电控部件如图 1-30 所示。

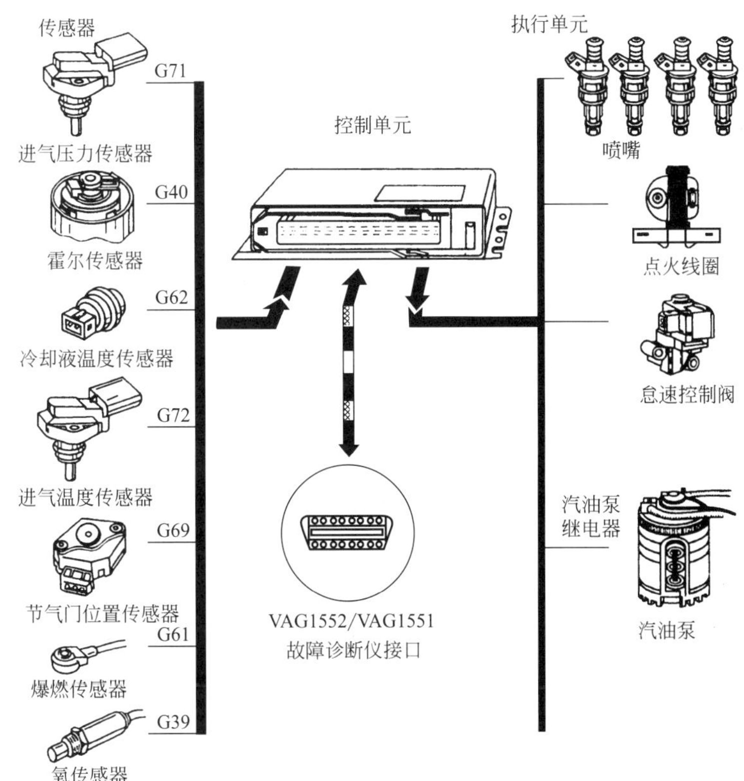

图 1-30　桑塔纳系列轿车发动机电控部件

78. 怎样诊断与排除电控发动机进气系统故障?

进气支管转换阀（2.8L）：进气支管转换阀打开和关闭多路进气支管内的 6 个阀瓣，转换阀是用动力传动系统控制模块（PCM）进行电子控制的真空伺服阀。

转换阀位于质量型空气流量传感器下方，根据发动机转速进行工作。当转速超过 4700r/min 时，转换阀打进气支管内的 6 个阀瓣。

乘员处内置熔丝盒提供 12V 电压给转换阀。在适当的发动机转速下，PCM 提供接地信号（给转换阀通电）。如果进气支管转换阀失效，则无替代功能提供，阀瓣将保持关闭。

79. 怎样诊断与排除电控发动机电脑控制系统故障?

（1）动力传动系统控制模块或发动机控制模块（PCM、ECU 或 ECM）　新的 PCM 或 ECM 安装到车上时，必须用大众轿车专用解码器 VAG1551 或其他专用解码器编码。

PCM 或 ECM 从各处发动机传感器接收输入信号。这些输入信号用于控制怠速转速、燃油供给和点火正时，以使发动机控制和燃油经济性保持在最佳状态，满足排放标准。

维修提示：部件分为输入（传感器）信号装置和输出（启动器）信号装置两组。输入信号装置是控制和产生电压信号的部件，电压信号由 PCM 或 ECM 监控；输出信号装置是由 PCM 或 ECM 控制的。

（2）输入信号装置　轿车输入装置的不同组合因车型不同而异，不是全部的装置都用在所有车型上，可得到的输入信号装置包括下列几种。

① 凸轮轴位置（CMP）传感器。CMP 传感器由一个磁铁外壳和集成半导体电路组成，当以凸轮轴转速转动的触发转轮切割半导体产生的磁声时，将产生电压信号。CMP 传感器和发动机转速/参考信号用于识别 1 缸的上止点（DTC）位置以供调节燃油喷射顺序和点火爆燃。

凸轮轴位置传感器指示 1 缸点火位置。如果凸轮轴位置传感器不起作用，爆燃控制被关闭，点火提前角稍微延迟，因为信号不再被分配到各缸。当检测出凸轮轴位置传感器有故障时，发动机控制模块在曲轴转一周时，给各缸都点火。对喷射系统来说，无凸轮轴位置传感器信号在曲轴转一周内无明显影响。喷射发生在关闭进气门之前，而不是在打开进气门时，这仅对混合气的形成有较小影响。

② 发动机冷却液（ECT）传感器。ECT 是一个负温度系数传感器。冷却液温度上升，传感器电阻降低。PCM 将冷却液温度信息作为修正系数用于下列方面：喷油器脉冲宽度，低温启动加浓，修正冷启动时的喷油正时和点火正时，怠速转速控制，减速燃油切断。

ECT 传感器也用于在预定的温度时激活某些系统，如怠速空气控制、燃油箱通风、加热式氧化传感器控制、爆燃传感器控制。

③ 发动机转速传感器（G28）。发动机转速传感器是转速传感器与参考点传感器的复合体。如果 G28 没有信号输出，发动机则不能启动；发动机正在运转时，如果 G28 信号中断，则发动机立即停转。发动机转速传感器是在工厂调整的，如果拆掉传感器支架，应在气缸体上做出支架位置标记，供重新安装时参考。

④ 加热式氧传感器（HO2S）。HO2S 由二氧化锆制成，同时内外表面镀上铂。如果燃油混合稀（氧过量），HO2S 将向 ECM 发送低压信号（约 100mV）；如果燃油混合气浓（缺少氧），HO2S 将向 ECM 发送高电压信号（约 900mV）。HO2S 是一个测量排气中氧含量的加热式传感器。

PCM 根据各个氧传感器接收的电压信号，调节每列气缸中注入的燃油量。

⑤ 爆燃传感器（KS）。爆燃传感器（KS）工作如同话筒“听取”点火爆燃。当发生爆燃时，点火正时将延迟直到爆燃消除。发动机上的爆燃传感器安装在发动机气缸体上。

⑥ 质量型空气流量（MAF）传感器。由于采用完全自适应氧传感器控制，所以 CO 调整电位计被取消。热线空气质量传感器用于测量进入发动机的空气流量。传感器壳体中有一个挡板，以避免空气扰动和脉冲。用传感器信号计算喷油量、点火正时和燃油箱通气。

⑦ 电子节气门（E-Cas）。节气门不是通过拉索和加速踏板来操纵的。加速踏板与节气门之间无机械机构相连，节气门是通过节气门控制器按发动机控制模板块内已设定好的程序来控制的。

加速踏板位置由加速踏板位置传感器（有 2 个，是可变电阻，装在同一壳体内）通过发动机控制模块控制，该传感器与加速踏板是一体的。加速踏板位置（驾驶员意愿）是发动机控制模块的一个主要输入参数。

当发动机不运转但接通点火开关时，发动机控制模块按加速踏板位置传感器信号来控制节气门控制器，也就是说，当加速踏板踏到整个行程的一半时，节气门控制器也将节气门打开到同样尺寸（即节气门打开约一半）。

发动机运转时（带负荷），发动机控制模块可以不依靠加速踏板位置传感器打开或关闭节气门。因此可出现这种情况：尽管加速踏板只踏到整个行程的一半，但节气门已完全打开。这样做的优点是避免了节流损失。该优点在某些工况还可以减少有害物质排放和降低油耗。

如果认为电子节气门（E-Cas）仅由一个或两个部件构成，那是完全错误的。更确切地说，电子节气门是一个系统，它包括用于确定、调整及监控节气门位置的所有部件，如气门位置传感器、节气门控制模块、EPC 警报灯、发动机控制模块等。

⑧ 电子节气门故障报警灯。打开点火开关后，发动机控制模块检查与电子节气门功能关系密切的部件。接通点火开关后，发动机控制模块接通 EPC 警报灯。启动发动机后，如果发动机控制模块未查出电子节气门有故障且发动机控制模块控制警报灯的功能正常，那么 EPC 警报灯熄灭。如果在发动机运转时，电子节气门发生故障，发动机控制模块会接通 EPC 警报灯（该故障可查故障表）。同时，发动机控制模块故障存储器会记录该故障。

⑨ 进气温度（IAT）传感器。IAT 传感器位于进气支管侧面。从 IAT 发送的信号用于稳定怠速并校正点火正时。如果传感器或线束损坏，IAT 将使用替代温度值 20℃。如果这种情况发生，冷启动故障可能发生在温度低于 0℃时。

⑩ 其他信号装置。PCM 管理的信息范围很广，PCM 通过数据线连接到其他电子装置或系统部件上，用这些附件信号可以在不同系统间交换信息。

80. 怎样诊断电控发动机燃油控制系统？

（1）燃油供给　通过燃油调压器调节燃油压力。真空膜片式燃油调压器位于燃油导管和回路侧（支管），安装于燃油导管燃油回路，根据进气支管压力来调节燃油压力，它能保持喷油器处的压力恒定，当进气支管压力变化时，调压器将提高或降低燃油系统压力，见表 1-6。

表 1-6　燃油压力规范　　单位：kPa

编号	项目	压力值
①	发动机怠速（系统压力）	约 300
②	发动机怠速（系统压力）	约 350
③	发动机冷机（剩余压力）	约 220
③	发动机热机（剩余压力）	约 300

①表示连接燃油调压器真空软管。

②表示不连接燃油调压器真空软管。

③表示 10min 后。

（2）燃油控制　通过电源继电器将蓄电池（系统）电压送给喷油器。喷油器的电源不使用外部电阻器。由于燃油喷射是连续的，每个喷油器有单独的功率输出级。PCM 通过向每个喷油器输出一个接地信号来控制喷油器的开启时间。

（3）怠速控制

① 节气门控制器。节气门控制器通过怠速开关、节气门定位电位计把节气门位置信号输送给发动机 ECU，ECU 根据此信号控制节气门定位器动作，使发动机怠速调节到规定的怠速范围之内。

② 怠速控制阀。当节气门板和怠速开关 CTP 关闭时，怠速空气控制（IAC）阀通过调节进入发动机的空气控制发动机怠速转速。IAC 阀安装在节气门壳体上。

IAC 阀在一个周期性的 DC（占空比）电压下工作。PCM（动力系统控制模块）向 IAC 开关供应周期性的电压以调节发动机怠速运转，经过预热的发动机，怠速转速为 720～820r/min。占空比随着发动机载荷和发动机工况的变化而变化。怠速系统是自适应系统，所以不需要调整。

（4）点火系统　点火系统是分电器点火。电子点火系统由于没有运动部件，所以不会产生振动，因此不会干扰爆燃传感器系统。系统维修方便，不需进行定期调整。FSI 系统中的点火部件包括能量输出级和单线圈（点火线圈与功率放大器集成一体）。

① 爆燃延迟。爆燃传感器由压电晶体组成，压电晶体位于进气支管下每个缸盖上的金属和塑料壳体中。发动机内的振动使晶体产生微小电压。PCM（动力系统控制模块）用这个电压信号来确定不同的正时延迟。

缸体上都安装了两个爆燃传感器，使用两个爆燃传感器可使系统更精确、更灵敏。

发生爆燃时，延迟点火正时直到爆燃消除。由于发动机各个气缸的爆燃界限不同，所以爆燃调节需要按选择的气缸进行。

在冷却液温度为40℃或更高时，开始爆燃控制。发生爆燃气缸的点火角被同步延迟到最大12°或直到爆燃停止。

如果气缸继续爆燃，PCM将从优质燃油点火转换到普通燃油点火，这样可以将点火提前角再延迟3°。

② 单线圈点火系统。带4个点火线圈的单线圈点火系统（点火线圈和功率放大器一体），通过火花塞插头直接插在火花塞上。

③ 双头点火线圈。PCM通过能量输出端控制每个双头点火线圈。能量输出端在发动机后的舱壁上。点火线圈点火时，火花能同时提供给两个气缸。一个火花塞在压缩冲程发火点燃混合气，同时另一个火花塞在排气冲程发火。

（5）排放控制系统

① 蒸发排放系统。车辆在启发动前，EVAP（燃油蒸发控制系统）炭罐存着燃油箱和其他相关系统部件中产生的蒸气。发动机运行时，蒸气从EVAP炭罐中排出，并在燃烧过程中消耗掉。

② 炭罐电磁阀。ECM（发动机控制模块）确定炭罐电磁阀占空比来调节从燃油蒸发炭罐进入发动机的燃油蒸气流量。当没有电流供给阀时，它将保持在开启位置。当发动机冷启动时，阀关闭（100%占空比）。当关闭发动机时，炭罐电磁阀内部的弹簧止回阀关闭，防止燃油蒸气进入支管。在发动机重新启动时会产生浓的混合气。

81. 怎样检查燃油压力调节器？

电控燃油喷射发动机广泛采用膜片式燃油压力调节器，油路的压力靠调压弹簧的预紧力进行调节，其结构如图1-31所示。当油路中油压超过油压调节器调压弹簧弹力时，油压调节器阀门打开，超过的多余汽油流回油箱。油压调节器的膜片上腔通进气支管，并引入进气支管负压。喷嘴喷出的油量是通过改变喷油信号的持续时间来控制的，而进气支管内的真空度是变化的，为使喷油器油压和进气支管内变化的真空度之差保持恒定，所以将进气支管负压引入油压调节器。

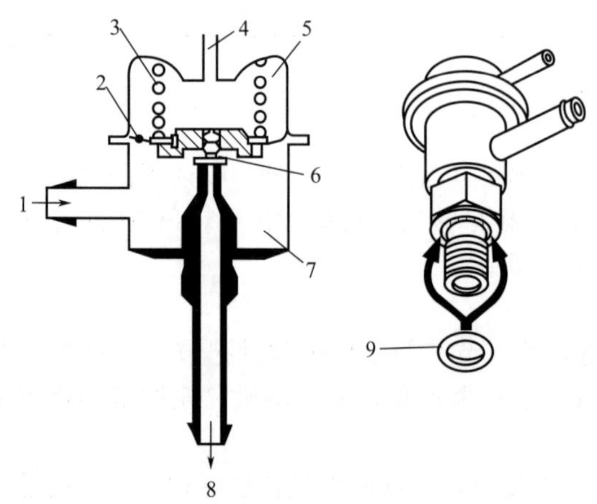

图1-31 燃油压力调节器

1—进油接头；2—膜片；3—调压弹簧；4—真空管接头；5—真空室；6—阀门；7—燃油室；8—回油管接头；9—O形密封圈

① 发动机动力不足或有“回火”现象，可以用手捏住回油管，如果有好转，说明调压弹簧过软或损坏，使油路压力过低、供油不足。

② 发动机排气冒黑烟或消声器有“放炮”现象，可以用手捏住进油管，如果有好转，说明调压弹簧过硬或卡住，使油路压力过高，供油过多。

③ 每次拆检或更换燃油压力调节器，必须更换O形密封圈。

82. 怎样诊断与排除电动燃油泵的故障？

在电动燃油泵中，驱动油泵的电动机和泵做成一体，装在一个壳体内，工作时泵内充满燃油，故也称为湿式泵，这样可使电动机充分冷却。对串联式安装方式来说，燃油泵可以安装在输油管中的任何位置，但噪声较大，且易产生蒸气气泡，不利于热燃油输送。将燃油泵安装在燃油箱内不易产生气阻和燃料泄漏，有利于热燃油输送，且噪声较小。

电动燃油泵如图1-32所示。

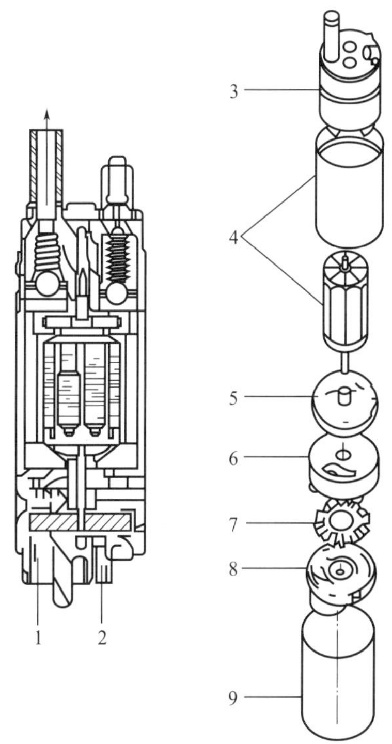

图1-32 电动燃油泵

1—进油口；2—蒸气出口；3—油泵盖；4—电动机；5—高压泵；6—泵体；7—叶轮；8—进油部件；9—壳体

电枢叶轮驱动滚柱元件并产生压力。进油端转子为蒸气分离器和滚柱部件。油泵内的压力溢流阀将燃油泵的最大压力控制在410～620kPa。多余的燃油经过压力调节器和回油管返回油箱。稳定的燃油流量可以防止产生气阻。

(1) 故障现象

① 发动机加速不良，发动机工作无力。

② 发动机启动困难或不能启动。

③ 发动机工作不平稳。

④ 电动油泵不转动。

在车上检查方法如下。

① 打开点火开关至"ON"位置，听油泵有运转声为正常。

② 听到回油管有燃油回流声音为正常；如果用手捏住供油管，能感觉到有压力，或将捏瘪的油管松开，油管会立即复原为正常。

③ 松开回油管接头，打开点火开关至"ON"位置，油管往外喷油为正常。

④ 在油路密封良好的情况下，测量油路油压，也可以判断燃油泵的好坏。

(2) 故障原因

① 燃油泵供油不足，泵油压力低。

② 油泵继电器引线熔丝烧断。

③ 油泵继电器导线或插头有故障。

④ 油泵继电器主继电器不工作。

⑤ 油泵继电器没有搭铁。

(3) 排除方法

① 用一根跨线分别连接蓄电池正极和燃油泵继电器"F_p"端子，打开点火开关，不启动发动机，听有无燃油泵运转声音。若听不到响声，说明油泵不工作。

② 用万用表测量电动油泵两端子间的电阻，一般为2～3Ω，如果电阻很大，说明油泵电动机接触不良或断路。必要时，应更换电动油泵。

③ 更换熔丝或继电器。

④ 检修电路导线。

【故障实例】

车型：奥迪 2.0 轿车。

故障现象：发动机冷启动困难，热车容易启动，启动后工作良好。

故障原因：电动燃油泵单向阀密封不良导致燃油系统异常泄压。

排除方法：检测燃油系统压力，怠速时油压为 340kPa，加速时油压上升，进行燃油压力保持试验，燃油系统压力无法保持。

更换燃油泵后，燃油系统压力正常，车辆停放一夜后也可以顺利启动发动机。

83. 怎样检修喷油器？

根据作用不同可分为主喷油器和冷启动喷油器；根据喷油器电磁线圈电阻值的高低又可分为低电阻值喷油器和高电阻值喷油器。单点喷射系统只有一个主喷油器和冷启动喷油器；在多点喷射系统中每个气缸安装一个喷油器，在进气总管上只装一个冷启动喷油器。

（1）在车上检查喷油器

① 在发动机运转中，把手指放在喷油器上，感到有振动为正常，或者用金属杆抵在喷油器上，有喷油声为正常，如图 1-33 所示。

② 在发动机运转中，拔下某缸喷油器的控制导线插头，如发动机转速下降或不稳，说明该缸喷油器工作正常；否则，说明该缸喷油器工作不良。

（2）检测喷油器电磁线圈电阻　低电阻值的喷油器，应用精度高的数字万用表检查（图 1-34）。冷启动喷油器电阻值在 2～5Ω 为正常，低电阻值主喷油器在 1.5～3Ω 为正常，高电阻值主喷油器约 13Ω 为正常。线圈不能有短路、断路、搭铁现象，否则应更换。

（a）感觉振动

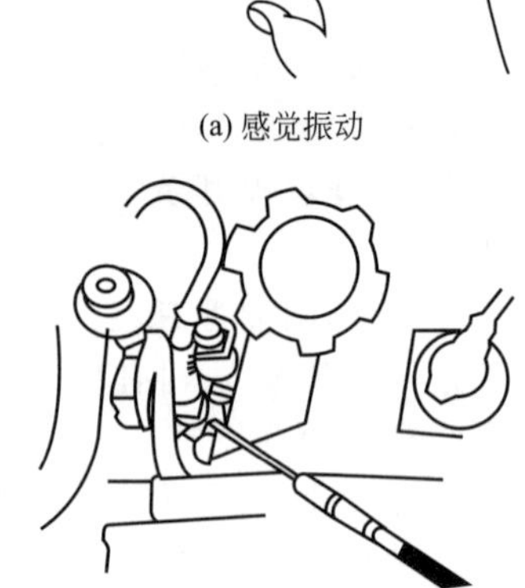

（b）听喷油声

图 1-33　用经验方法检查喷油器

（3）喷油试验

① 喷雾试验。拆下喷油器，连接上供油管和蓄电池或连接 3V 电源，用导线碰蓄电池正极，喷油干脆，停泊及时为正常。

② 滴油试验。不给喷油器通电，但电动燃油泵继续泵油，喷油嘴滴油量每分钟大于 1 滴为正常。

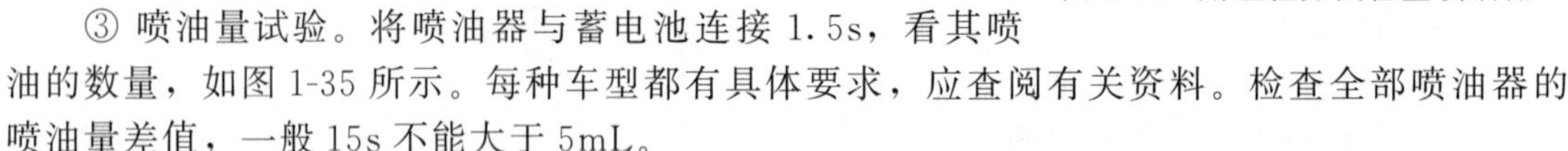

③ 喷油量试验。将喷油器与蓄电池连接 1.5s，看其喷油的数量，如图 1-35 所示。每种车型都有具体要求，应查阅有关资料。检查全部喷油器的喷油量差值，一般 15s 不能大于 5mL。

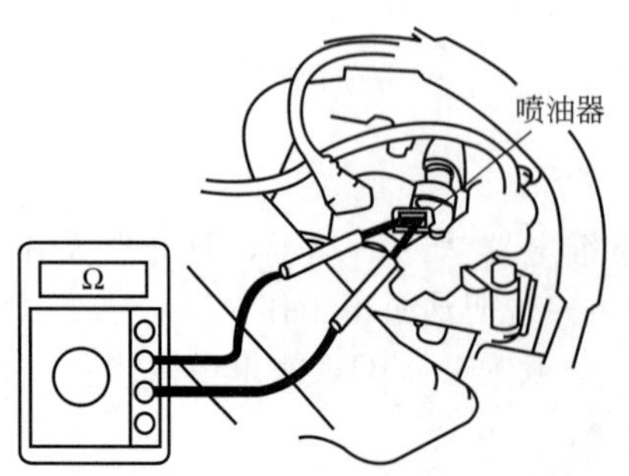

图 1-34　检测喷油器电磁线圈电阻

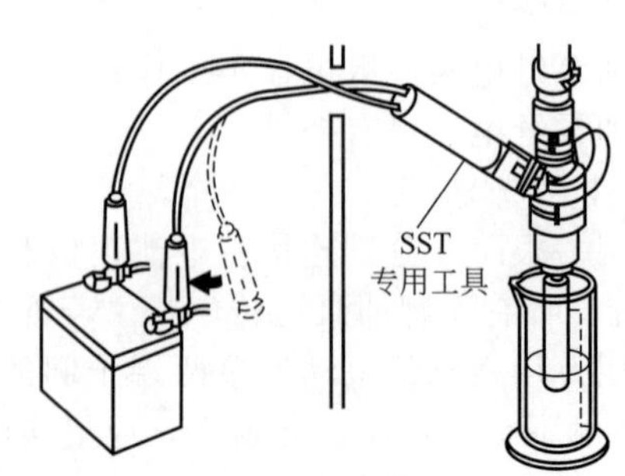

图 1-35　喷油器喷油量试验

④ 简易检查法。可用两节干电池（约3V）与喷油器连接，向喷油器吹气。不通电时吹不动，不漏气；通电时能吹动为正常。

84. 怎样拆卸和安装轿车喷油器?

（1）喷油器的拆卸

① 拔下燃油分配管上喷油器的插头及怠速控制阀的插头。

② 卸下进气软管和节气门接管连接。

③ 拔下燃油分配管上的回油管。

④ 由于进油管内有燃油压力，应用干净的旧布盖上进油管，防止燃油喷溅，并将进油管拆下。

⑤ 拔下燃油压力调节器的真空管。

⑥ 拆下怠速调节阀连接体与进气支管连接的内六角螺钉，将怠速控制阀和连接体一同拆下。

⑦ 拆下燃油分配管上喷油器支架的固定螺栓。

⑧ 拆下燃油分配管内六角固定螺栓。

⑨ 将燃油分配管连同喷油器一起从缸体上拔下。

⑩ 拆下喷油器与燃油分配管的连接卡簧，从燃油分配管上拔出喷油器。

（2）喷油器的安装

① 更换损坏的密封垫和密封圈及喷油器O形圈，并在喷油器O形圈上涂上润滑油。

② 将喷油器装入燃油分配管并装上卡簧。

③ 将喷油器支架安装在燃油分配管上。

④ 将喷油器装入缸体上的喷射口内，并将燃油分配管安装在进气管上，用10N·m的力矩拧紧螺栓。

⑤ 安装燃油压力调节器上的真空管。

⑥ 安装进气软管和回油管，并将固定螺母拧紧。

⑦ 安装怠速控制阀和连接体，用10N·m的力矩拧紧螺栓。

⑧ 安装喷油器的插头和怠速控制阀的插头。

85. 怎样检修进气支管压力传感器?

进气支管压力传感器与进气温度传感器制成一体，安装在进气系统的动力腔上，其外形如图1-36所示。该传感器连接器有四个连接端子与ECU连接，其连接电路如图1-37所示。

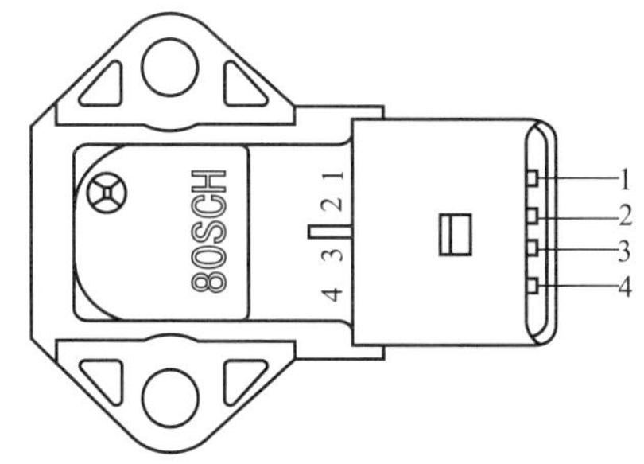

图1-36　进气支管压力传感器外形
1—搭铁；2—进气温度信号输出端子；
3—电源（+5V）端子；4—传感器信号输出端子

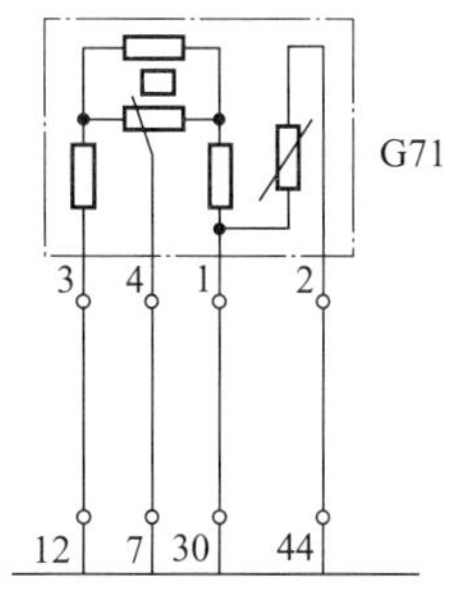

图1-37　进气支管压力传感器与ECU连接电路

（1）故障诊断　在发动机运转过程中，当进气支管压力传感器出现故障时，ECU 可以检测到故障并进行存储，且使发动机进入故障运行状态。用 VAG1551 或 VAG1552 故障诊断仪，通过故障诊断插座可以读取有关故障信息，为排除故障提供了方便。故障诊断仪 VAG1551 与 VAG1552 的区别是，前者带打印功能，可将有关信息打印，而后者无打印功能。

（2）电阻检查　关闭点火开关，拔下 ECU 线束连接器和进气支管压力传感器线束连接器。用万用表的 RX1 挡检查 ECU 和传感器有关端子间的电阻，其电阻应符合表 1-7 的规定值。如果电阻过大或为无穷大，说明线束与端子接触不良或有断路，应进行检修。

表 1-7　进气支管压力传感器线束电阻值

检查项目	检查部位	标准电阻/Ω
传感器正极导线	ECU 的 12 端子至传感器 3 端子	<0.5
传感器信号线	ECU 的 7 端子至传感器 4 端子	<0.5
传感器负极导线	ECU 的 30 端子至传感器 1 端子	<0.5
温度传感器信号线	ECU 的 44 端子至传感器 2 端子	<0.5

（3）电压检查　用万用表直流电压挡检查电压时，打开点火开关，检查进气支管压力传感器连接器 3 与 1 端子间的电压，标准值应为 5V 左右；当打开点火开关时，发动机不运转，检查进气支管压力传感器信号输出端子 4 与搭铁 1 端子间的电压，标准值应为 3.8～4.2V；当发动机怠速运转时，信号电压应为 0.8～1.3V；当加大节气门开度时，信号电压应上升。如果信号电压经检查不符合上述规定，说明传感器已经损坏，应更换。

86. 怎样检修进气温度传感器?

进气温度传感器是用来测量发动机进气温度的，并将进气温度的信号传给 ECU。

进气温度传感器一般用热敏电阻制作，温度越高，电阻值越低。

由于空气温度直接影响着进气密度，使空气进气总量发生变化，所以须根据进气温度修正进气总量，从而达到修正供油量、得到精确空燃比的目的。

进气温度传感器多安装在空气滤清器内或进气总管、进气导管内，如图 1-38 所示，也有的直接安装在空气流量计内，使得进气量的测量更精确。

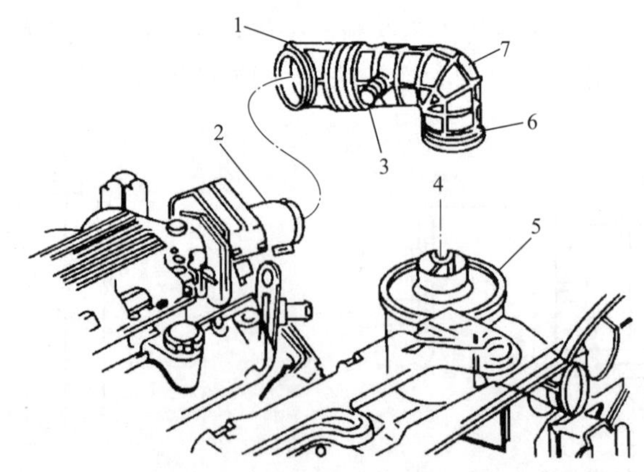

图 1-38　进气温度传感器安装位置

1,6—卡箍；2—节气门体；3,4—进气温度传感器；5—空气滤清器；7—进气导管

（1）检测传感器的供电电压 拔下进气温度传感器/进气压力传感器线束插头，接通点火开关，用数字式万用表电压挡测试线束插头中端子 2 和端子 1 之间的电压，其电压值应为 5V。

（2）检查传感器电阻值 关闭点火开关，拔下进气温度传感器/进气压力传感器线束插头，用数字式万用表电阻挡测试传感器插座中端子 1 和端子 2 间的电阻。其电阻值随进气温度高低变化，如图 1-39 所示。在 20℃时应为 2.2～2.7kΩ，在 30℃时应为 1.4～1.9kΩ，在 40℃时应为 1.1～1.4kΩ。

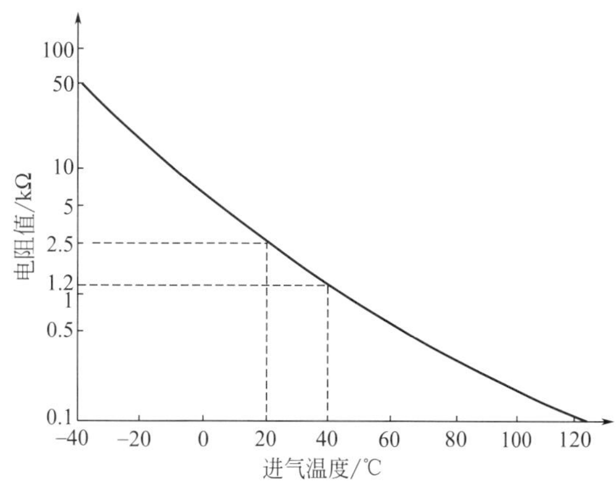

图 1-39 进气温度传感器电阻特性曲线

（3）检测传感器信号电压 插上传感器线束插头，启动发动机，用数字式万用表电压挡测试传感器插接器中端子 2 和端子 1 间的电压，其电压值随进气温度变化，为 0.5～3V。

87. 怎样拆卸和安装节气门体？

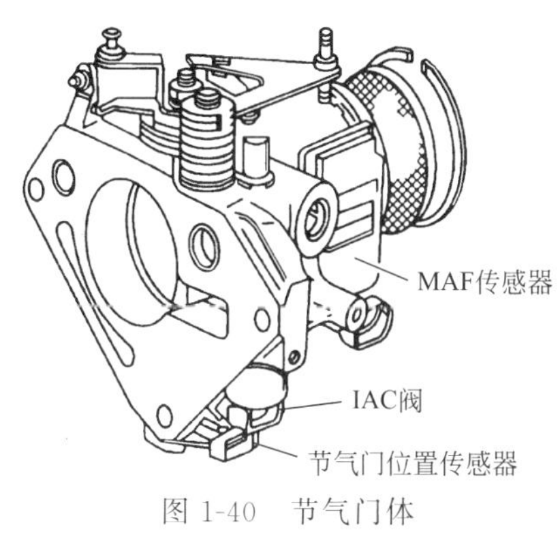

图 1-40 节气门体

（1）拆卸节气门体（图 1-40）

① 拆下后进气管。

② 拆开怠速控制阀和节气门位置（TPS）传感器电器接头。

③ 拆下节气门体和垫片。

④ 从节气门体上拆下怠速控制阀和 TPS 传感器。

（2）安装节气门体 安装步骤按与拆卸相反顺序进行，应注意以下几点。

① 安装前，一定要清除所有表面上黏结的旧垫片等残留物。清除时要小心，不要损坏铝制件加工表面，不要使用电动工具来清洁铝制件加工表面。

② 如果有必要应更换节气门体，要确保压印在新节气门体上的编号与换下的节气门体上的编号一致。

③ 以 18N·m 的力矩拧紧节气门体与进气增压室的连接螺栓。

桑塔纳和捷达系列轿车都采用线性输出型节气门位置传感器，它的结构外形和与 ECU 的连接电路如图 1-41 所示。

当节气门位置传感器发生故障时，发动机 ECU 可以诊断到，并使发动机进入应急状态运行，利用 VAG1551 或 VAG1552 故障诊断仪，通过其插座可以读取故障信息。可用万用表测量电源电压和信号电压，节气门位置传感器检修标准见表 1-8，如电压值与表中标准值出入较大，则更换传感器。

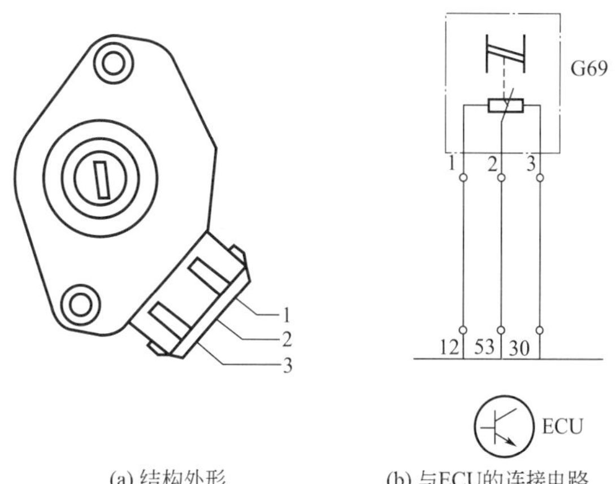

图 1-41 发动机线性输出型节气门位置传感器

1—电源电压（5V）；2—信号输出端子；3—搭铁端子

当检查电阻时，应关闭点火开关，拔下导线连接器，ECU 和传感器两插头上各端子间的电阻值应符合表 1-8 的规定。如果电阻过大或过小，说明线束端子接触不良，应进行修理。

表 1-8 节气门位置传感器检修标准

检测项目	检测条件	检测部位	标准值
TPS 电源电压	点火开关在“ON”位置	1 端子-3 端子	约 5V
TPS 信号电压	①节气门关闭 ②点火开关在“ON”位置	2 端子-3 端子	0.1～0.9V
	①节气门全开 ②点火开关在“ON”位置	2 端子-3 端子	3.0～4.8V
TPS 正极导线	拔下 ECU、传感器插头	12 端子-1 端子	<0.5Ω
TPS 信号线	拔下 ECU、传感器插头	53 端子-2 端子	<0.5Ω
TPS 负极导线	拔下 ECU、传感器插头	30 端子-3 端子	<0.5Ω

88. 怎样诊断与排除节气门位置传感器故障？

国产轿车采用开关型节气门位置传感器。节气门位置传感器是将节气门位置转换成不同位置的电信号传送给轿车控制电脑。节气门位置传感器安装在节气门上，其主要元件是装在节气轴上的一个可变电阻，节气门打开的角度变化，变成轴的转动，引起电阻值变化，从而电压信号发生变化，轿车控制电脑就接收到不同位置的节气门开度。

节气门位置传感器安装位置如图 1-42 所示。节气门位置传感器的结构如图 1-43 所示。节气门位置传感器的参考电压为 5V，怠速时控制电压信号为 0.2～0.74V；节气门全开时，电压变化到 4.0V 以上。

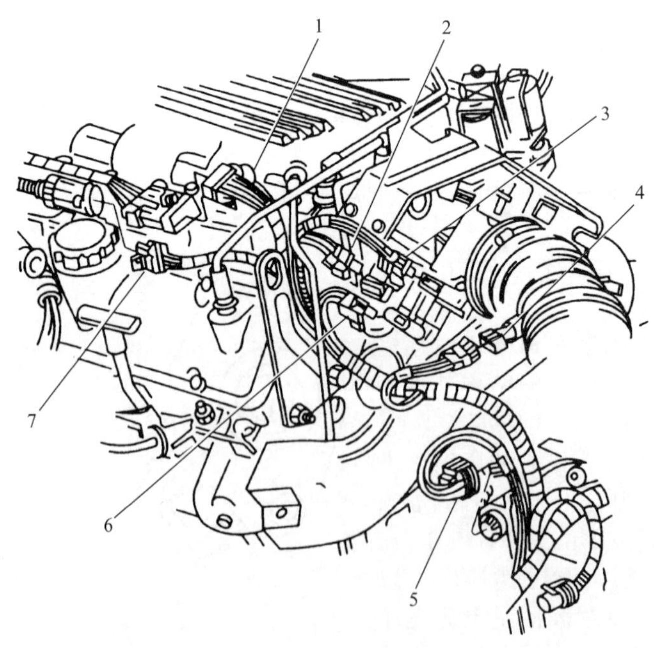

图 1-42 节气门位置传感器安装位置

1—发动机配线束；2—LAC 接头；3—空气流量传感器；4—进气温度传感器；5—变矩器离合器接头；6—节气门位置传感器；7—ECM 线束

当轿车的耗油量和功率，以及加速反应快慢，怠速位置不确定等方面发生故障时，都需要检查节气门位置传感器，所以最好每年清除一次节气门上的积炭和灰尘。

（1）故障现象

① 怠速工作不正常。

② 发动机加速不良、功率不足。

（2）故障原因

① 节气门关闭不严。

② 无怠速信号或无全负荷信号。

③ 节气门位置信号不准确。

（3）故障排除

① 检查节气门拉索有无发卡现象。

② 将辅助软管夹紧，观察怠速，如不降低，应检查节气门是否能关闭、怠速空气道有无堵塞。

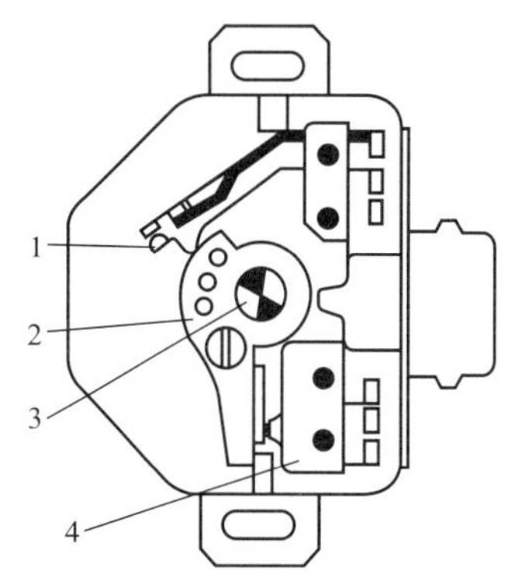

图 1-43　节气门位置传感器的结构
1—节气门全开触点；2—节气开度杆；3—节气门转轴；4—怠速触点

③ 拔下节气门位置传感器线束插头。用万用表测量怠速触点和全负荷触点导通情况；当节气门全闭时，怠速触点应导通；当节气门全开时，全负荷触点应导通。在其他开度下，两触点均应不导通，否则应更换节气门位置传感器。

89. 怎样清洗节气门体?

发动机工作一段时间后，节气门处会聚积灰尘和杂质，使进气量减少，发动机电脑就会控制节气门开度增大以增加进气量。当节气门脏污严重时，节气门开度就会超出设定的范围，并且出现发动机工作不良的故障，有时会怠速自动熄火。另外，节气门电动机、节气门位置传感器电位计或触点损坏，也会造成怠速不稳或加速不良等故障，应及时进行检修。清洗节气门体时应掌握以下要点。

① 节气门应该拆下清洗才能彻底清洗干净。节气门阀片圆弧边缘、节气门轴及节气门体内壁是重点清洗部位。

② 清洗节气门时一般使用罐装压力清洗液。清洗液具有腐蚀性，应事先拆下节气门密封圈。注意不要使清洗液通过节气门轴进入节气门位置传感器和节气门电动机，否则会造成部件的损坏。

③ 拆卸和安装节气门体时，要注意保护易损的塑料部件，如空气滤清器与节气门体之间的塑料连接管及节气门体的冷却水管，否则会引起冷却液的泄漏。不要漏装或损坏密封垫，否则会使进气系统漏气，导致怠速不稳。

④ 清洗时需要反复开启节气门，不要打开节气门后猛地松开使节气门关闭，这样容易损坏节气门位置传感器和节气门阀片。

⑤ 安装节气门拉线时，要保持拉线润滑良好，应检查或调整拉线的松紧度，确保节气门拉线运动的灵活性，并应有一定的自由度，但自由度不应过大，否则会使加速出现过慢的现象。

⑥ 安装节气门体后必须要做自适应设定。因为节气门体清洗后，怠速时节气门的开度就会减小，为了使发动机电脑可以适应这种变化，就需要使用专用诊断仪进行自适应设定。

90. 怎样检测节气门位置传感器?

节气门位置传感器的作用是将节气门开度大小及开启、关闭快慢的状态变为电压信号送给电控单元（ECU），ECU 根据节气门开度大小，获得发动机怠速、部分负荷、全负荷、启动、加速和减速信息。ECU以此作为判断发动机不同工况的依据，用来修正喷油时间和点火提前角等。

桑塔纳发动机节气门位置传感器安装在节气门下方，与节气门轴保持联动。它是一种可变电阻型节气门位置传感器，如图1-44所示。节气门开度不同，电阻值不同，从而又将节气门开度转变成电信号输入ECU。节气门位置传感器输出的信号电压值与节气门的开启角成正比，节气门开度越大，发动机动力越大。

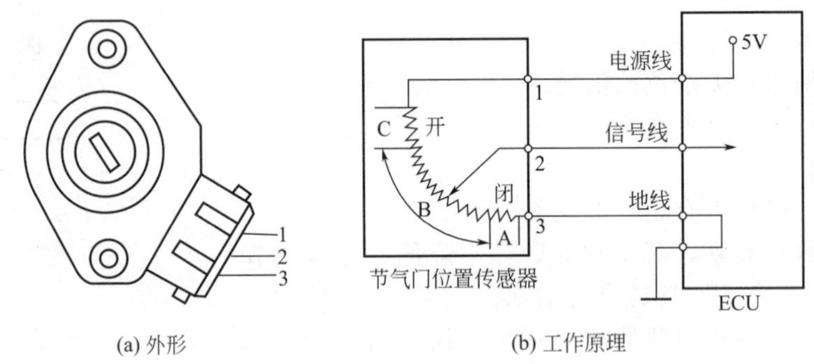

图1-44 节气门位置传感器

1—5V电源；2—节气门位置传感器信号；3—接地

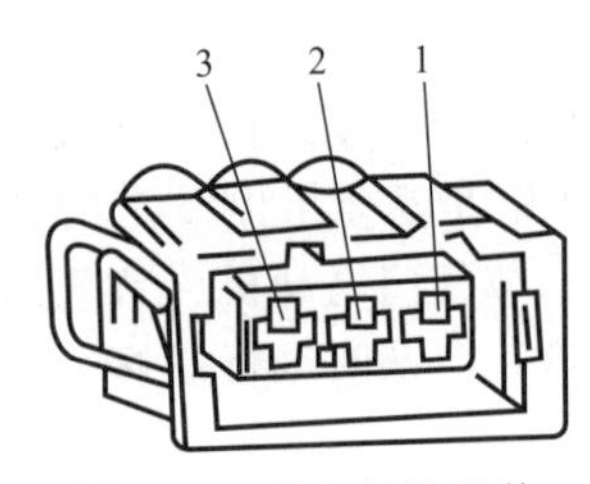

图1-45 节气门位置传感器线束插头

（1）检测节气门位置传感器的供电电压 节气门位置传感器线束插头如图1-45所示。拔下传感器线束插头，当接通点火开关时，用数字式万用表的电压挡测试线束插头中的端子1和端子3之间的电压，其电压值应为5V。

（2）检测传感器电阻值 关闭点火开关，拔下节气门位置传感器线束插头，用数字式万用表电阻挡测试传感器插座中的端子1和端子3之间的电阻，其电阻值应为1.95～2.10kΩ。当测试端子2和端子3时，随节气门轴的转动，由全闭到全开，其电阻值应在1.10～2.08kΩ之间连续变化。

（3）检测传感器信号电压 插上传感器线束插头。接通点火开关，用数字式万用表电压挡测试传感器插接器中端子2和端子3之间的电压，当节气门关闭时，其电压值应为0.1～0.9V；当节气门全开时，其电压值应为3.0～4.8V。

91. 怎样检测霍尔式凸轮轴位置传感器？

桑塔纳、捷达系列轿车采用的霍尔式凸轮轴位置传感器安装在进气凸轮一端，其结构如图1-46所示。主要由霍尔式传感器和信号转子组成。

发动机工作时，曲轴位置传感器和凸轮轴位置传感器产生的信号不断地输入ECU。当ECU同时接收到曲轴位置传感器大齿缺对应的低电位信号和凸轮轴位置传感器窗口对应的低电位信号时，可以识别出1缸活塞在压缩上止点、4缸活塞处于排气行程，并根据曲轴位置传感器小齿缺对应输出的信号控制点火提前角。

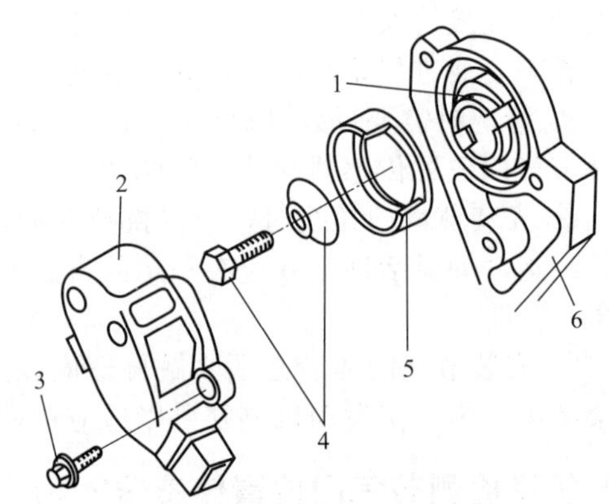

图1-46 霍尔式凸轮轴位置传感器

1—进气凸轮轴；2—凸轮轴位置传感器；3—固定螺钉；4—定位螺栓与座圈；5—信号转子；6—气缸盖

由于凸轮轴位置传感器与曲轴位置传感器同时输出信号，凸轮轴位置传感器信号作为判缸信号，所以凸轮轴位置传感器也叫做同步信号传感器。

霍尔式凸轮轴位置传感器与 ECU 的连接电路如图 1-47 所示。该传感器（G40）导线连接器有三个接线端子，1 为传感器电源正极端子，2 为传感器信号输出端子，3 为传感器电源负极端子。这三个端子分别与 ECU 的 62 端子、76 端子和 67 端子相连。

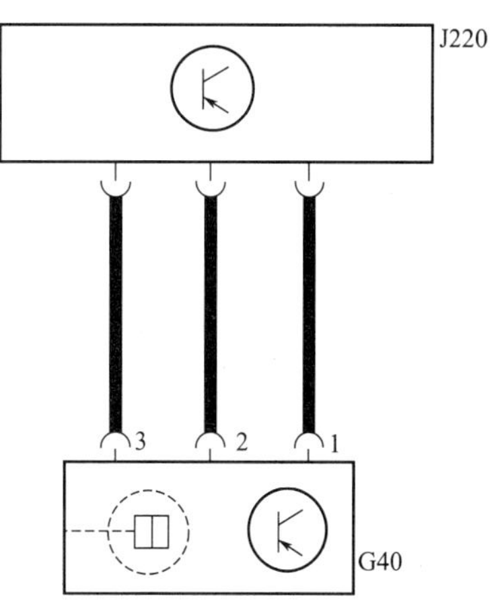

图 1-47 霍尔式凸轮轴位置传感器与 ECU 的连接电路

1—电源正极端子；2—信号输出端子；3—电源负极端子

当凸轮轴位置传感器出现故障使信号中断时，ECU 可以检测到故障信息，使用 VAG1551 或 VAG1552 故障诊断仪可以读取传感器的有关信息。故障码显示出凸轮轴位置传感器有故障时，可以用万用表检查传感器电源电压和导线电阻进行故障的判定及排除。

传感器电源电压的检测。断开点火开关，拔下传感器导线连接器插头，用万用表的正、负表笔分别与连接器 1 端子与 3 端子相连接，接通点火开关时，电压应为 4.5V 以上。如果电压为零，说明线束存在断路或短路，或 ECU 有故障；当断开点火开关后，应继续检查导线是否断路或短路。

导线电阻的检测，用万用表检查传感器的 1 端子与 ECU 的 62 端子、传感器的 2 端子与 ECU 的 76 端子、传感器的 3 端子与 ECU 的 67 端子的电阻，各导线间电阻值应不大于标准值。如果电阻过大或为无穷大，说明导线接触不良或断路，应进行检修或更换线束。

【故障实例】

车型：桑塔纳系列轿车。

故障现象：轿车行驶无力，燃油消耗过高。

故障原因：检查发现正时齿带安装位置不正确。

故障排除：使用诊断仪查询，故障码是 00515——霍尔传感器 G40 断路/对正极短路。正确安装正时齿带，故障排除。

92. 怎样检修与排除爆燃传感器故障？

爆燃传感器的作用是把发动机产生爆燃时传到气缸体上的机械振动转换成电压信号，输入电脑作为爆燃控制信号。爆燃传感器安装在气缸体上，靠近起动机和机油滤清器。

爆燃传感器分为共振型、非共振型和火花塞座金属垫圈型三种。

① 共振型爆燃传感器由与爆燃具有相同共振频率的振子和能够检测振子振动压力并将其转换成电压信号的压电元件构成。

② 非共振型爆燃传感器是用压电元件直接检测爆燃信息，并将振动压力转换成电压信号输出。

③ 火花塞座金属垫圈型传感器，是在火花塞的垫圈部位装上压电元件，根据燃烧压力直接检测爆燃信息，并将振动压力转换成电压信号输出。该类型爆燃传感器一般每缸火花塞都安装一个。

发动机产生爆燃时，爆燃传感器输出电压波形，在示波器上能观察到。

爆燃传感器的拆卸和安装方法如下。

① 拆开蓄电池负极搭铁线。

② 将轿车升起。

③ 拆开爆燃传感器线束接头。

④ 从车上拆下爆燃传感器。

安装爆燃传感器按拆卸相反顺序进行。要确保螺纹清洁，螺栓拧紧力矩为 19N·m，不要拧得过紧。

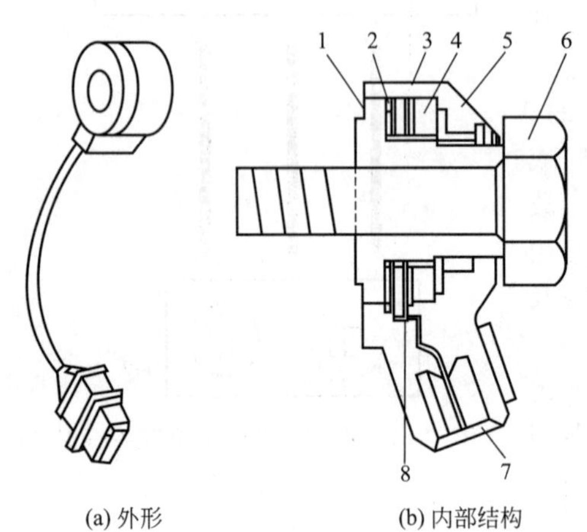

图 1-48 压电式爆燃传感器的结构

1—套筒；2—绝缘垫圈；3—压电元件；4—平衡重；5—壳体；6—固定螺栓；7—插座；8—电极

桑塔纳、捷达系列轿车采用压电式爆燃传感器，其结构如图 1-48 所示，主要由套筒、压电元件、平衡重、壳体和插座等组成。

桑塔纳和捷达系列轿车的压电式爆燃传感器检测方法基本相同。发动机工作过程中，如果爆燃传感器发生故障，使其监测爆燃信号中断，ECU 会使各缸的点火提前角推迟 15°，轿车在行驶途中，会感到动力不足。为了避免爆燃传感器传输误爆燃信号，必须保证爆燃传感器固定螺栓紧固有效、不松动。捷达、桑塔纳轿车爆燃传感器固定螺栓标准拧紧力矩为 20N·m。

桑塔纳、捷达轿车的两个爆燃传感器 G61、G66 安装在进气道一侧缸体侧面，如图 1-49 所示。捷达轿车一、二缸爆燃传感器 G61 是黑色插头，三、四缸爆燃传感器 G66 是棕色插头。桑塔纳 2000GSi 型轿车一、二缸爆燃传感器 G61 是白色插头，三、四缸爆燃传感器 G66 是蓝色插头。其与 ECU（J220）的连接电路如图 1-50 所示。

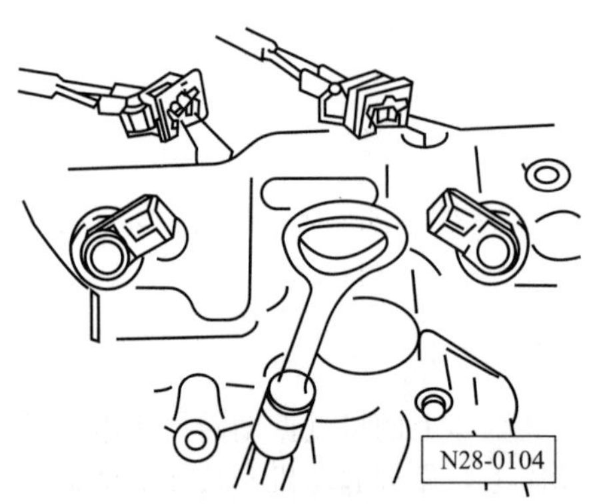

图 1-49 桑塔纳、捷达系列轿车爆燃传感器的安装位置

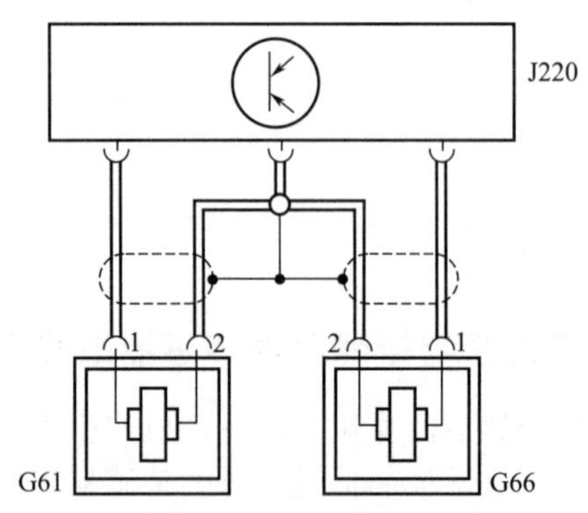

图 1-50 桑塔纳、捷达轿车爆燃传感器与 ECU 的连接电路

当爆燃传感器发生故障使信号中断时，ECU 可以检测到，并将发动机的点火提前角推迟 15°，可以利用 VAG1551 或 VAG1552 专用诊断仪，通过诊断插座读取有关故障的信息。

爆燃传感器连接器插头与插座上端子的位置如图 1-51 所示，检修时用万用表的 $R\times100$ 挡检查传感器的电阻。检查时，关闭点火开关，拔下传感器线束插头，检查结果应符合表 1-9 的规定值。

传感器线束电阻的检查，应断开点火开关，拔下 ECU 和传感器线束插头，检查两插头上各端子间导线电阻，应符合表 1-9 规定值。如果电阻过大或为无穷大，说明线束与端子可能接触不良或存在断路，应及时排除。

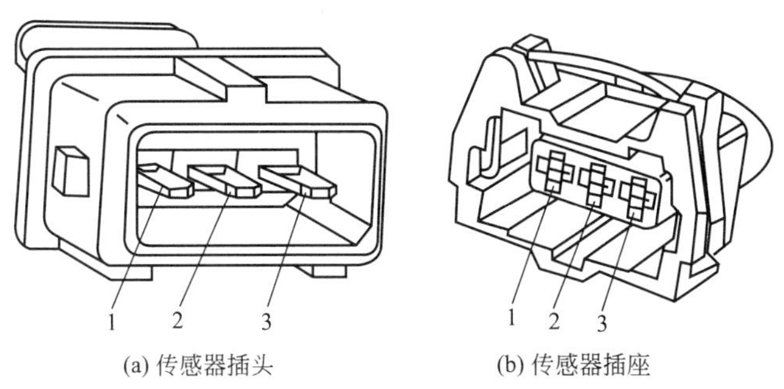

(a) 传感器插头　　(b) 传感器插座

图 1-51　爆燃传感器插头与插座上端子的位置

1—信号端子（+）；2—信号端子（-）；3—传感器屏蔽线端子

表 1-9　捷达桑塔纳系列轿车爆燃传感器检修标准

检查项目	检查条件	检查部位	标准值
传感器的电阻	断开点火开关，拔下传感器插头	传感器插座上 1、2 端子	＞1MΩ
		传感器插座上 1、3 端子	＞1MΩ
		传感器插座上 2、3 端子	＞1MΩ
传感器正极信号线	拔下 ECU、传感器插头	ECU60 端子与传感器插头 1 端子	＜0.5Ω
传感器负极信号线		ECU68 端子与传感器插头 1 端子	＜0.5Ω
		ECU67 端子与传感器插头 2 端子	＜0.5Ω
传感器屏蔽线	拔下 ECU、传感器插头	发动机搭铁点（控制模块旁边）与传感器插头 3 端子	＜0.5Ω

发动机转速在 1600～5200r/min 时，若 1 号爆燃传感器电路出现断路或短路，会显示故障码 52；当 ECU 中的爆燃控制程序电路出现故障时，会显示故障码 53；发动机转速在 1600～5200r/min 时，若 2 号爆燃传感器电路出现断路或短路，会显示故障码 55。

可用万用表和示波器检查爆燃传感器的电阻及输出信号情况，进一步判断故障。

① 爆燃传感器电阻检查。关闭点火开关，拔下爆燃传感器连接器插头，用万用表的电阻挡检查爆燃传感器的接线端子与外壳间电阻。若导通，说明传感器已经损坏，必须更换。

② 爆燃传感器输出信号的检查。当发动机怠速运转时，用示波器检查爆燃传感器的接线端子与搭铁，应有脉冲波形输出。如果设有脉冲波形输出，说明传感器已经损坏，必须更换。

93. 怎样检修与排除氧传感器故障？

氧传感器用于检测实际空燃比与理论空燃比的偏差情况，轿车控制电脑接收到空燃比的偏差值后，及时修正喷油量，使实际空燃比与理论空燃比相一致，使废气污染最小。

氧传感器是控制发动机汽油喷射量的主要感测器，它及时反映出实际空燃比与理论空燃比的差距，以便及时修正发动机喷油量，使发动机电控单元进行闭环控制。

氧传感器安装在排气支管上，它在 400℃以上才正常工作，多装在不易降温的位置，即排气支管集合部，同时又不靠近缸体的热源。

氧传感器是用氧化锆的陶瓷材料作敏感元件，其内外表面覆盖一层铂，内侧通大气，外侧暴露在废气中，如图 1-52 所示。

（1）故障现象

① 不能对空燃比进行反馈控制，发动机燃油消耗增高，轿车排放 CO 含量超标。

② 怠速不稳，发动机有抖振现象。

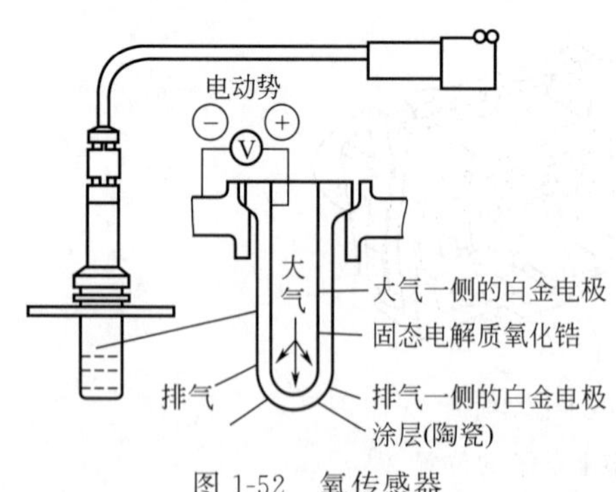

图 1-52 氧传感器

(2) 故障原因

① 使用含铅汽油，铅沉附于氧传感器表面，使之不能产生正常信号。

② 氧传感器表面积炭。

③ 氧传感器内部线路断路。

④ 陶瓷元件破损。

(3) 故障排除

① 检查氧传感器接头和配线。

② 检查外壳和绝缘体有无破损。

③ 检查传感器探头上有无一层白色粉状覆盖物。

④ 发动机暖机运转，传感器和搭铁相连。选择 2V 直流量程。不要动 ECM 和氧传感器之间的电器连接。在氧传感器接头处使用测试线。发动机保持 2500r/min 稳定转速，在 10s 内，电压应在 0.2～0.8V 正常范围内变化至少 8 次。

⑤ 断开点火开关，拆开电器接头。用欧姆表测量端子 C 和 D 之间的电阻。额定电阻值应为 3.5Ω（20℃时）和 14Ω（350℃时）。在上述测试中，如果有任何一项不能达标，都应更换氧传感器。

(4) 氧传感器的拆卸和安装

① 拆开蓄电池负极搭铁线。

② 将轿车升起。

③ 拆开氧传感器导线接头。

④ 拆下氧传感器。

安装氧传感器按与拆卸的相反顺序进行，安装时，在氧传感器的螺纹上涂抹防粘剂，拧紧力矩为 41N·m。

【故障实例 1】

车型：桑塔纳系列轿车。

故障现象：发动机不能工作在最佳状态，燃油和有害气体的排放量增加。

故障排除：用 VAG1551 或 VAG1552 故障诊断仪，通过故障诊断插座读取氧传感器的有关信号。主要是检查加热电源电压和氧传感器的信号输出电压。如果电压值不符合规定，说明氧传感器损坏，应当更换。检查时，应关闭点火开关，拔下 ECU 和传感器线束连接器，检测两连接器上各端子之间的电阻，应符合表 1-10 规定，如果电阻过大或为无穷大，说明线束端子接触不良，应进行检修。

表 1-10 桑塔纳系列轿车氧传感器的检修

检修项目	检修条件	检修部位	标准值
电源电压	点火开关在“ON”位置，怠速	两根导线间的电压	12～14V
信号电压	发动机启动，怠速	灰色与黑色导线间的电压	在 0.1～0.9V 之间变化
模拟故障检测信号电压	发动机启动，怠速，拔下油压调节器软管并将管口堵住	灰色与黑色导线间的电压	显示 0.9V，然后开始摆动
加热元件电阻	拔下氧传感器连接器	传感器连接器两根白色导线端子	0.5～20Ω
信号正极线	拔下 ECU 和氧传感器连接器	28 端子和 4 端子	<0.5Ω
信号负极线	拔下 ECU 和氧传感器连接器	10 端子和 3 端子	<0.5Ω

续表

检修项目	检修条件	检修部位	标准值
加热元件正极导线	关闭点火开关、拔下氧传感器连接器	点火开关15端子和氧传感器连接器1端子	<0.5Ω
加热元件负极导线	关闭点火开关、拔下氧传感器连接器	氧传感器连接器2端子和搭铁端子31	<0.5Ω

注：对于氧传感器连接器，1端子为加热元件正极（白色导线）；2端子为加热元件负极（白色导线）；3端子为氧传感器信号负极（黑色导线）；4端子为氧传感器信号正极（灰色导线）。

【故障实例2】

车型：捷达系列轿车。

故障现象：发动机怠速不稳，排气管冒黑烟。

故障原因：氧传感器损坏，电压不变化，ECU不能准确控制喷油量。

故障排除：用VAG1551查询故障码为00525，含义为氧传感器G39无信号。读数据块，氧传感器电压为0.45V，不变化。检测氧传感器G39电路，正常，更换氧传感器，故障消失，怠速工作正常。

94. 怎样检修怠速电喷车控制阀？

桑塔纳系列轿车发动机怠速控制阀采用EWD3型贴装式，直接贴装在节气门体的进气管道上，在电脑的控制下，改变进气旁通道窗口的开启截面积，调整旁通道的进气流量，使发动机保持最佳怠速转速。该怠速控制阀为旋转滑阀式，其结构如图1-53所示，主要由电磁线圈、铁芯、永久磁铁、旋转阀等组成。永久磁铁和旋转阀刚性连接并套装在阀轴上，平时在弹簧作用下，保持某一位置。工作时，它可在限定范围内在轴上正转和反转。旋转阀的角位移决定旁通道进气窗口开启的截面积，因而也决定旁通道进气流量和怠速转速。

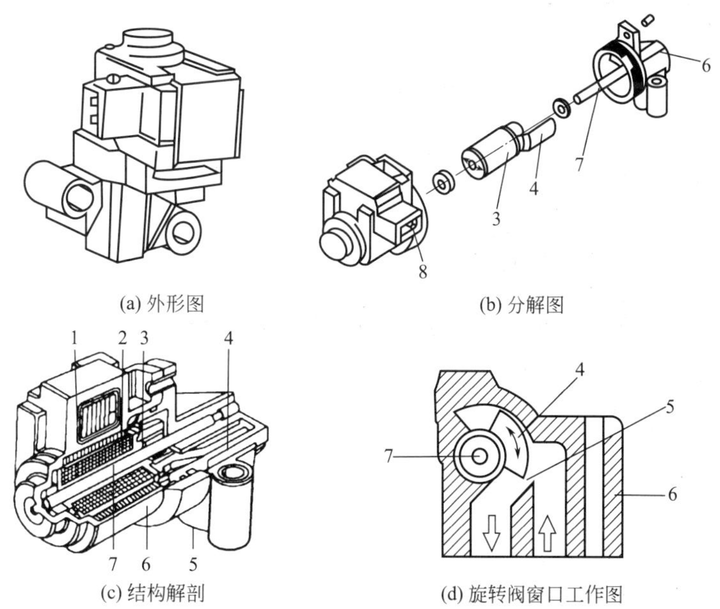

图1-53　怠速控制阀

1—电磁线圈；2—铁芯；3—永久磁铁；4—旋转阀；5—窗口；6—壳体；7—阀轴；8—电插座

当电磁线圈通电时，在永久磁铁产生一定旋转力矩，永久磁铁开始从原始位置转动并带动旋转阀转动一个角度。改变电磁线圈的通电方向，可以改变永久磁铁和旋转阀的转动方向；改变电流线圈电流的大小，可以改变永久磁铁和旋转阀的转动角度的大小，如图1-54所示。其结果是改变了进气旁通道窗口的开启截面，增加或减少了怠速旁通道的进气流量。

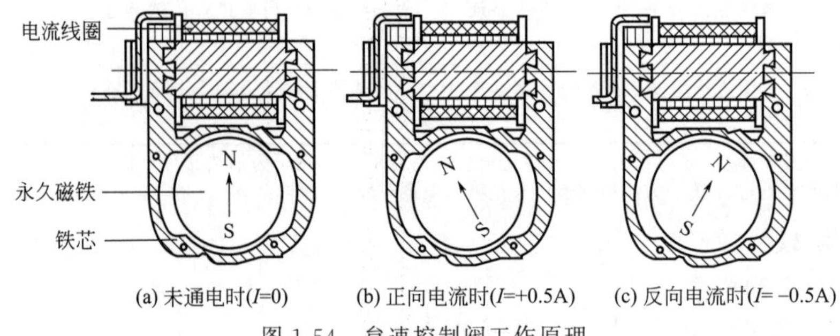

图1-54 怠速控制阀工作原理

在发动机运行过程中，当怠速控制阀发生故障时，发动机转速会升至1100r/min。

（1）检测怠速控制阀电磁线圈的电阻值 关闭点火开关，拔下怠速控制阀线束插头，用数字式万用表电压挡测试怠速控制阀插座中端子1和端子2之间的电阻，其电阻值应为15～20Ω。否则，更换怠速控制阀。

（2）检查怠速控制阀的供电电压 拔下怠速控制阀线束插头，用数字式万用表电压挡测试怠速控制阀插座中端子1和端子2之间的电压，当点火开关接通时，其电压值应接近12V。

（3）动态检测 插上怠速控制阀线束插头。启动发动机时，测试传感器插接器中端子1和端子2之间的电压，随着温度升高，其电压值由开始时的近12V降至某一数值，接着又逐渐上升，怠速稳定后其电压值基本保持稳定。

95. 怎样拆卸和安装曲轴位置传感器？

曲轴位置传感器用来检测每缸的曲轴转角位置，从而得出每缸活塞的上止点的曲轴转角位置，将此位置转换成电信号传送给控制电脑，作为点火正时和喷油时间的调整参数。

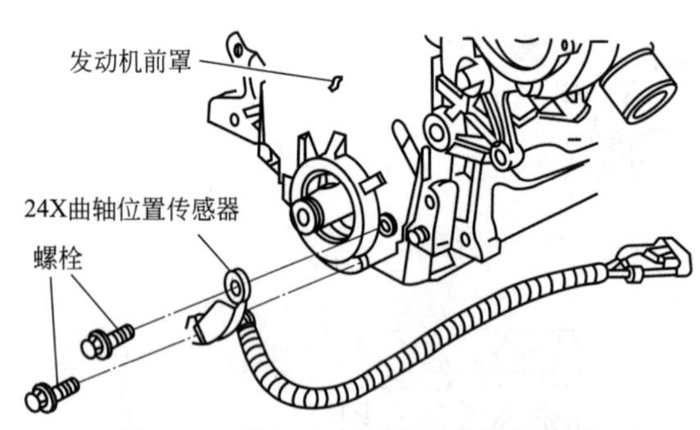

图1-55 霍尔式24X曲轴位置传感器

通用轿车的霍尔式24X曲轴位置传感器安装在曲轴前端，与曲轴一起旋转，如图1-55所示。霍尔信号发生器由永久磁铁、导磁板和霍尔集成电路等组成。曲轴每转1周，24X曲轴位置传感器产生24个"通断"脉冲信号。

3X曲轴位置传感器靠近曲轴，是一种霍尔效应开关，如图1-56所示。在曲轴平衡轴后面安装了1个同心环，同心环随着曲轴转动时，磁场便以一定的时间间隔通过环上的槽孔到达3X"霍尔效应"开关，但3X"霍尔效应"开关接通3X信号电路的搭铁，使信号电路通电，当磁场被同心环挡住时，"霍尔效应"开关便断开3X信号电路的搭铁，使信号电路断电。于是点火电脑通过3X的"通断"脉冲信号来判断曲轴位置。

（1）3X曲轴位置传感器拆装步骤

① 拆开蓄电池负极搭铁线。

② 从传感器上拔下电器接头。

图 1-56　3X 曲轴位置传感器

③ 拆下传感器固定螺栓和传感器。

④ 检查传感器 O 形圈有无破损或泄漏。安装新传感器时，应用机油润滑 O 形圈。

安装传感器时按与拆卸的相反顺序进行，传感器固定螺栓拧紧力矩为 10N·m。

（2）24X 曲轴位置传感器拆装步骤

① 拆开蓄电池负极搭铁线。

② 从皮带轮上拆下皮带。

③ 将轿车举升，拆下平衡轴和曲轴连接螺栓。

④ 拆下平衡轴。

⑤ 拆开传感器线束，再拆下传感器。

安装传感器时按与拆卸的相反顺序进行，在螺栓上涂上密封剂，拧紧力矩为 150N·m。

96. 怎样排除电喷发动机无怠速的故障?

（1）故障原因

① 节气门开度调整不当。

② 怠速步进电动机故障。

③ ECU 怠速控制芯片工作不良。

④ 火花塞故障。

⑤ 喷油器堵塞。

⑥ 气门密封不严，使怠速失控。

（2）排除方法

① 调整节气门开度，当止动调整螺钉刚接触到节气门联动机构卡臂时，再将螺钉拧进 1.5～2 圈。

② 更换怠速步进电动机。

③ 更换 ECU 怠速控制芯片。

④ 更换工作不良的火花塞。

⑤ 清洗或更换堵塞的喷油器。

⑥ 检查并修理密封不严的气门。

97. 怎样诊断与排除电喷发动机加速不良的故障?

电喷发动机加速不良的主要原因有以下几点。

① 节气门位置传感器故障。节气门位置传感器以输出电压变化率信号来反映加速的快慢。当节气门位置传感器出现故障或调整不当时，电脑接收不到正确的加速信号，也就无法调整喷油量及点火时刻，造成发动机加速无力。

② 燃油系统压力过低。当电动燃油泵、油压调节器等有故障造成油路油压过低时，虽然电脑给加速和加浓信号，但由于喷油压力过低，使发动机得不到加速时需要的喷油量，造

成发动机加速无力。

③ 点火时间过迟或过早。当点火时刻过迟或过早时，由于点火系统不能给出加速时的准确的点火时刻，造成发动机加速不良。

④ 火花塞工作不良。主要是花火塞间隙过大过小，火弱、淹死、击穿、积炭、断火、不跳火。

⑤ 空气流量计（进气管压力传感器）故障或真空管路漏气。当空气流量计（进气管压力传感器）出故障或真空管路漏气时，就不能向电脑提供正确的空气量信号，电脑也就不能输出正确的喷油脉冲信号，从而使发动机加速无力。

⑥ 喷油器工作不良。

电喷发动机加速不良的检查如图 1-57 所示。

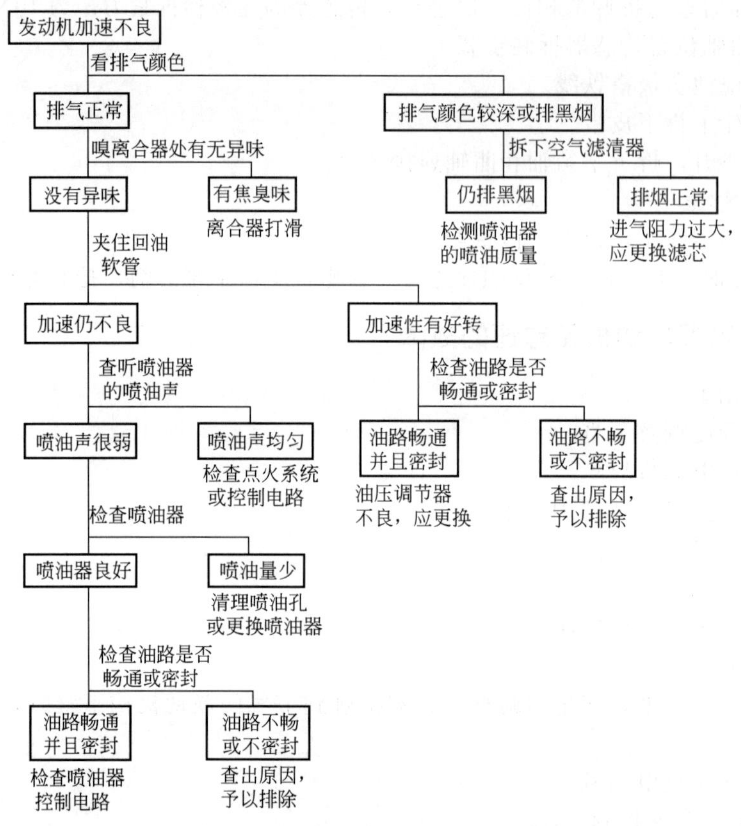

图 1-57 电喷发动机加速不良的检查

【故障实例 1】

(1) 车型 迈腾轿车。

(2) 故障现象 使用中，轿车行驶无力，发动机加速不良，怠速时运转不平稳，急加速时进气管有回火现象。

(3) 故障原因 混合气过稀，电喷系统对空燃比失控。迈腾轿车采用热线式空气流量计，热线由金属铂丝制成，伸入到节气门体的旁通气道中。因气流的冷却作用而使电阻值发生变化。加大流过热线的电流，使热线电阻值随温度升高而升高。在调节过程中，空气流量计传给 ECM 的电压信号随空气流量的变化而变化。使用低质燃油，进气管产生回火，使过多的杂质和积炭胶结在金属铂丝上，当空气流量计的热线被沾污后，污物影响热辐射，使冷却效应降低。传给 ECM 的电压信号便会偏低，造成混合气过稀。

（4）故障排除 拆下空气流量计，用化油器清洗剂喷洗，除掉热线上的污垢，使空气流量计正常工作。更换不合格的燃油，发动机工作正常。

【故障实例 2】

（1）车型 奥迪 A6 轿车。

（2）故障现象 发动机急加速不良，有回火现象，缓加速正常。

（3）故障原因 混合气过稀，空燃比失控。

（4）故障排除 使用 VAG1552 进行发动机故障查询，空气流量传感器、节气门开度、冷却液温度传感器、进气温度传感器的信号数值均在规定范围内。对各执行器元件进行测试也都正常。检查点火正时和配气相位及气缸压力，均正常。检查前保险杆后的进气管压力传感器，连接松动，拧紧松动处故障排除。

98. 怎样检修与排除电喷发动机转速忽高忽低的故障?

（1）故障原因

① 燃油泵工作不良，使油路油压过低。

② 真空管泄漏。

③ 汽油中有杂质，使主喷油器的喷油量不稳定。

④ 温度传感器、温控开关、电脑（ECU）等工作失常，使冷启动喷油器误动作。

⑤ 废气再循环（EGR）阀工作不正常，或控制失常。

（2）检查内容与步骤 如图 1-58 所示。

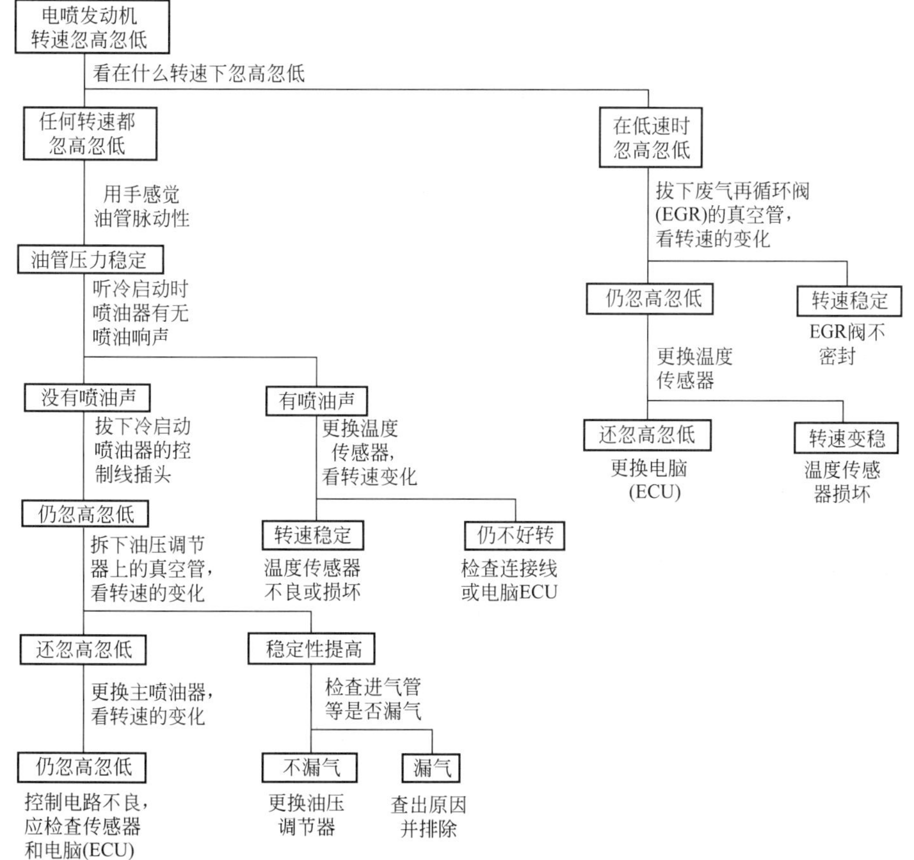

图 1-58 电喷发动机转速忽高忽低的检查内容与步骤

99. 电喷发动机怠速不稳容易熄火的原因有哪些？

（1）氧传感器工作不良或损坏　发动机每次工作循环的喷油量由装在排气管中的氧传感器反馈给电脑，电脑根据此反馈信号修正喷油量，达到燃烧最完全的目的。氧传感器正常输出电压信号在0.2～0.9V之间变化，在节气门打开过程中，如果其电压信号无变化，说明氧传感器损坏。使用含铅汽油，会使氧传感器“中毒”失效。由于氧传感器失效，电脑得不到氧传感器的反馈信号，也就无法修正喷油量，使怠速时供给发动机过浓或过稀的混合气，造成发动机怠速工作不稳。

（2）点火过早或过迟　当点火过早或过迟时，由于不能准时点燃混合气也会造成怠速工作不急。

（3）火花塞损坏、高压线路漏电或断路　当火花塞损坏，高压线路漏电、断路，都会造成发动机缺缸工作，使其怠速不稳。

（4）排气再循环（EGR）系统工作不良　现代轿车有些安装有EGR系统。EGR系统工作时，将一部分废气再引进气缸中，降低气缸中的燃烧温度，以达到降低NO_x的排放目的。正常情况下，在怠速时EGR阀处于关闭状态，并不进行废气再循环。当EGR阀积炭或其他原因，造成EGR阀在怠速时关闭不严，致使在怠速时仍有废气进入气缸中，造成怠速工作不稳。

（5）喷油器故障　当喷油器损坏、堵塞或其控制线路有故障时，也会造成发动机怠速不稳。

（6）电脑线路故障　若电脑线路接头松动或接触不良，也会造成发动机怠速时断油或断火，使发动机工作不稳，怠速发抖。

100. 电喷发动机燃油消耗过大的原因有哪些？

① 进气管压力传感器损坏或其上的真空管路漏气。电控燃油喷射的喷油量由进气管压力传感器、发动机转速、水温传感器、节气门位置传感器等信号组成，主要提供供油信号。当进气管压力传感器损坏或其上真空管脱落时，电脑便判断发动机处于大负荷状态，做出加浓喷油处理，使混合气过浓，燃油消耗过多。

② 燃油压力调节器不良或其上真空管脱落。当燃油压力调节器不良或其上真空管脱落时，造成燃油压力过高，从而使燃油喷射过多。

③ 水温传感器不良或其线路断路。当水温传感器不良或其上线路断路时，电脑判断发动机处于冷状态下工作，提供过浓的混合气，燃油消耗增加。

④ 电脑不良或其线路有故障。

⑤ 燃油蒸气净化罐和气阀工作不良。

101. 电脑控制点火系统有何特点？

电脑控制点火系统的特点是将点火系统与燃油喷射系统复合在一起，由电脑（ECU）来控制，结构简单，工作可靠。电脑控制点火系统主要由点火线圈、分电器、火花塞、带抗干扰元件的连接插座、爆燃传感器、点火导线等组成。

电脑控制点火系统可分为有分电器式点火系统（非直接点火）和无分电器式点火系统（直接点火）。

（1）有分电器式点火系统　它的特点是点火线圈产生的高压经过分电器的配电器进行分配，也就是由分火头和分电器盖组成的配电器进行分配，按发动机的点火顺序将高压电分配到各缸，使各缸火花塞依次跳火点燃混合气。有分电器式点火系统工作时，分火头与分电器盖之间有一定间隙，高压电跳过此间隙时要产生火花，该火花的产生要消耗电能，又会对电路产生干扰。如图 1-59 所示为桑塔纳轿车有分电器式点火系统的组成。

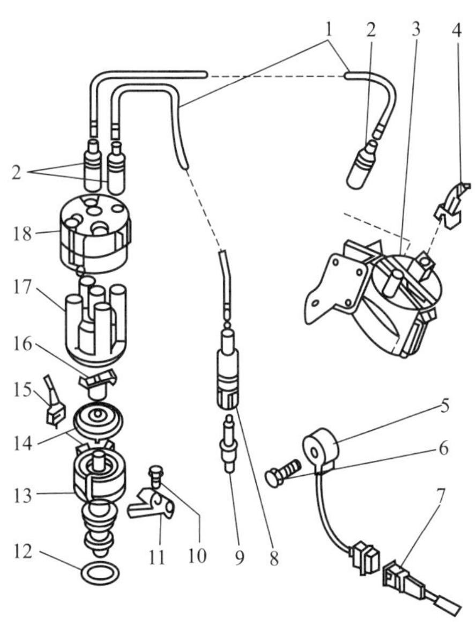

图 1-59 桑塔纳轿车有分电器式点火系统

1—高压线；2,8—火花塞绝缘插头；3—点火线圈；4—点火线圈线束插头；5—爆燃传感器；6—固定螺栓；7—爆燃传感器线束插头；9—火花塞；10—固定螺栓；11—分电器固定压板；12—密封圈；13—分电器壳；14—防护盖；15—霍尔传感器线束插头；16—分火头；17—分电器盖；18—防护罩

(2) 无分电器式点火系统 它主要由点火控制器、点火线圈、火花塞和高压线等组成，如图 1-60 所示。

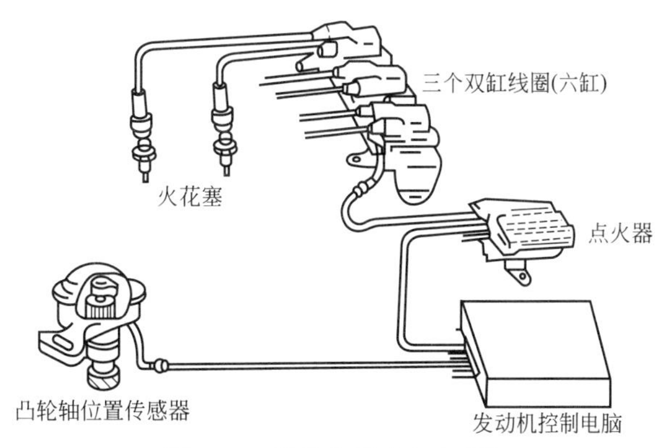

图 1-60 无分电器式点火系统

在直接点火系统中，点火线圈的高压线直接与火花塞相连，不需要分电器。发动机工作时，电脑根据曲轴位置传感器、凸轮轴位置传感器、节气门位置传感器和水温传感器等检测的发动机转速、转角、负荷和温度等信号，计算点火时刻和点火线圈一次绕组通电时间，并将计算结果输送到点火控制器，由点火控制器直接控制点火线圈一次电流的接通与断开。点火线圈产生的高压直接输送到火花塞点燃混合气。直接点火系统的点火方式可分为两缸同时点火方式（图 1-61）和独立点火方式（图 1-62）两种。

① 两缸同时点火方式是指两个气缸共用一个点火线圈，其二次线圈的两端分别与两个气缸上的火花塞相连。当一个气缸处在压缩行程上止点时，另一个气缸处于排气行程上止点，曲轴旋转 360°后两缸所处的行程正好相反。

一个点火线圈上有两个火花塞串联同时点火，对点火能量不会产生明显的影响。这是由于压缩缸的压力较高，放电较困难，所需要的击穿电压高，而处于排气的缸压力小，接近大气压力，放电容易，所需的击穿电压低。因此，当两缸同时跳火时，阻抗几乎都在压缩缸的火花塞上，而在排气缸的火花塞上电能损失很小。

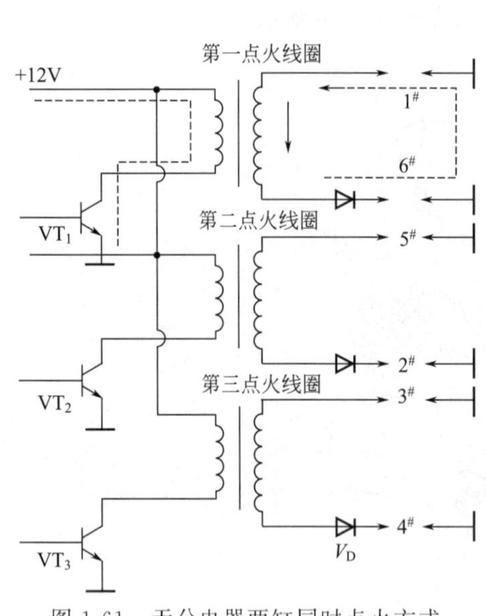

图 1-61 无分电器两缸同时点火方式

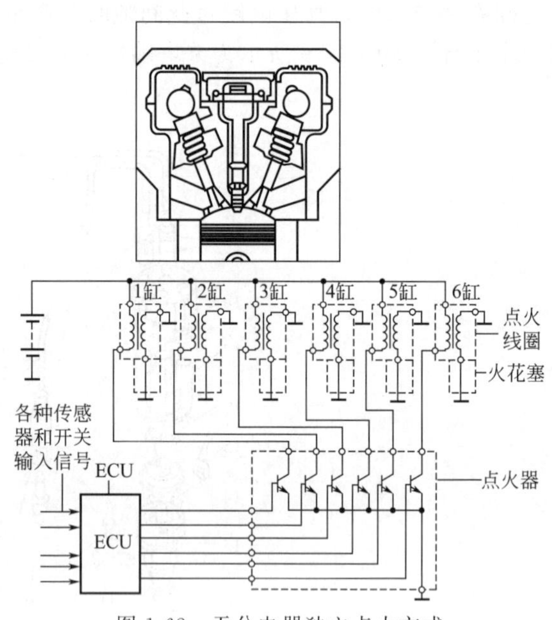

图 1-62 无分电器独立点火方式

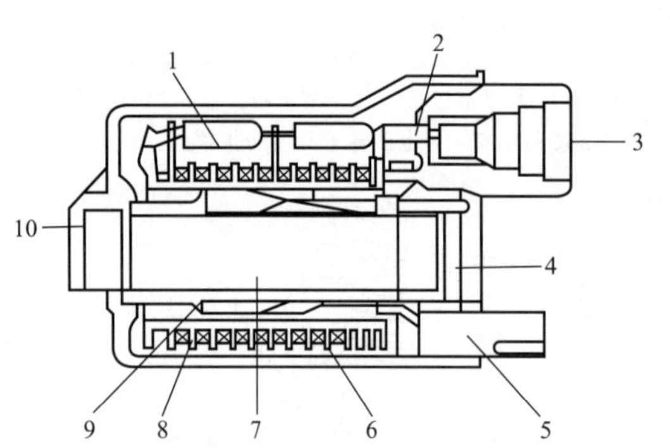

图 1-63 无分电器点火系统闭磁电路点火线圈

1—高压二极管；2—高压引线；3—盖；4—充填材料；5—低压接线柱；6—外壳；7,10—铁芯；8—二次线圈；9—一次线圈

② 独立点火方式是指每个气缸的火花塞上都配备一个点火线圈，单独对该缸进行点火，如新型桑塔纳、捷达、速腾、迈腾、奥迪等。这种点火方式很适合在四气门发动机上使用，可以将火花塞安装在双凸轮轴中间，在每缸火花塞上直接压装一个无分电器直接点火系统，由于没有分电器和高压线，因而能量传导损失和漏电损失小，故障率低。它全部采用小型闭磁电路点火线圈，如图 1-63 所示。它的铁芯是封闭的，磁通全部通过铁芯内部，铁芯导磁能力很强。点火线圈的一次线圈与二次线圈没有连接，各自独立构成回路，并在二次线圈中串联了一个高压二极管。它的作用是避免功率三极管导通时，点火线圈互感的电压造成误跳火现象。

捷达 GTX 型轿车直接点火系统采用同时点火方式，发动机两个气缸共用一个点火线圈，在点火线圈上有两个高压插孔，用两根高压线分别与两个气缸的火花塞相连，点火时两个气缸同时进行点火，四缸发动机有两个点火线圈（N、N128），这两个点火线圈与点火控制器制成一体。另外还包括电子控制单元 J220、霍尔式一缸上止点位置传感器 C40、热膜式空气流量（传感器）计 G70、冷却液温度传感器 G2、进气温度传感器 G72、节气门控制组件 J338 等。

102. 霍尔式电子点火系统技术数据是多少？

国产轿车的霍尔式电子点火系统的结构与组成基本相同。上海桑塔纳轿车霍尔式电子点火系统组成：霍尔式传感器 452 型分电器、ZJ751 型点火控制器和 JDQ171 型高能点火线圈。该点火系统的技术数据见表 1-11。

表 1-11　桑塔纳轿车点火系统的技术数据

<table>
<tr><td>点火顺序</td><td colspan="4">1-3-4-2</td></tr>
<tr><td rowspan="2">点火线圈</td><td colspan="2">一次侧绕组电阻值</td><td colspan="2">AFE1.2～1.4Ω;AJR0.52～0.76Ω</td></tr>
<tr><td colspan="2">二次侧绕组电阻值</td><td colspan="2">AFE6～8kΩ;AJR2.4～3.5kΩ</td></tr>
<tr><td rowspan="2">高压线
(含插头)</td><td colspan="2">中央高压线电阻值</td><td>AFE1.2～2.8kΩ</td><td>AJR1.9～2.2kΩ</td></tr>
<tr><td colspan="2">分缸高压线电阻值</td><td colspan="2">AFE4.6～7.4kΩ;AJR5.8～6.2kΩ</td></tr>
<tr><td rowspan="2">离心提
前特性</td><td colspan="2">发动机转速/(r/min)</td><td>2300</td><td>4800</td></tr>
<tr><td colspan="2">点火提前角/(°)</td><td>14～18</td><td>22～26</td></tr>
<tr><td rowspan="2">真空提
前特性</td><td colspan="2">真空度/kPa</td><td>6～12</td><td>20</td></tr>
<tr><td colspan="2">点火提前角/(°)</td><td>—</td><td>5～7</td></tr>
<tr><td rowspan="4">点火正时</td><td>发动机型号</td><td>发动机转速/(r/min)</td><td>初始点火提前角/(°)</td><td>要求</td></tr>
<tr><td>JV 型</td><td>800±50</td><td>6±1</td><td>拔下真空管</td></tr>
<tr><td>AFE 型电喷</td><td>800±50</td><td>12±1</td><td>可调</td></tr>
<tr><td>AJR 型电喷</td><td>800±30</td><td>12.0±4.5</td><td>不可调</td></tr>
<tr><td rowspan="3">火花塞</td><td>博世生产规格</td><td>螺栓螺纹尺寸</td><td>型号</td><td>间隙/mm</td></tr>
<tr><td>8DC</td><td>14-6DC</td><td>N7YC</td><td rowspan="2">JV/AFE0.7～0.9
AJR0.9～1.1</td></tr>
<tr><td>9DC</td><td>14-7DTU</td><td>N711YC</td></tr>
</table>

103. 怎样检查与调整桑塔纳系列轿车发动机点火正时?

① 转动曲轴，使一缸活塞处于压缩上止点位置，与飞轮上的正时标记对齐，如图 1-64 所示。

② 凸轮轴齿形轮上的标记与气门室罩盖齐平，如图 1-65 所示。

③ 分火头应指向分电器壳体上的第一缸标记，如图 1-66 所示。

④ 按 1-3-4-2 顺序，插好各缸高压线。

⑤ 启动发动机，达到正常工作温度，在怠速状态突然加速，判定点火时间，如不当，则进行调整。

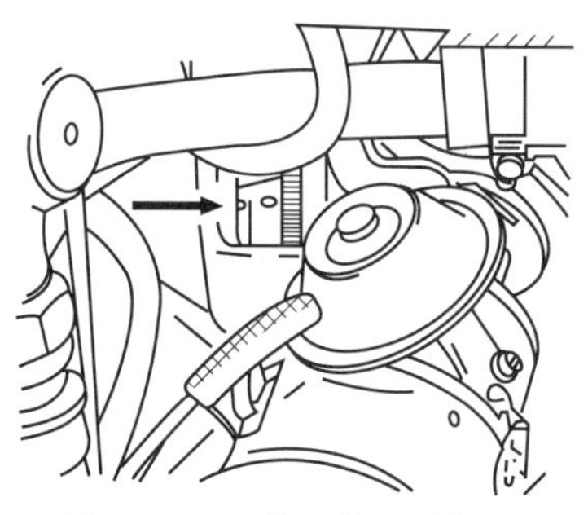

图 1-64　飞轮上的正时标记

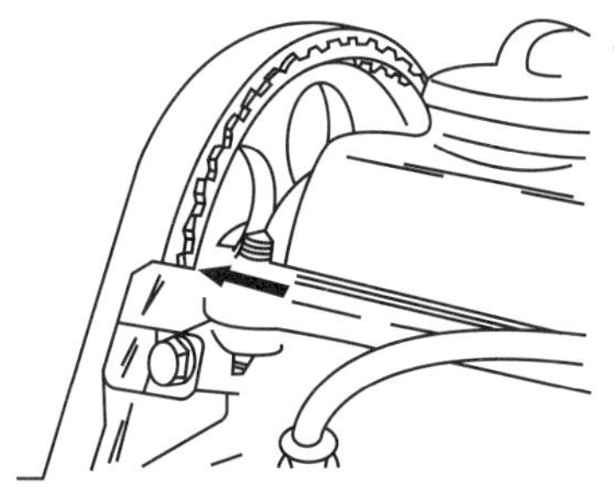

图 1-65　凸轮轴齿形轮上的标记

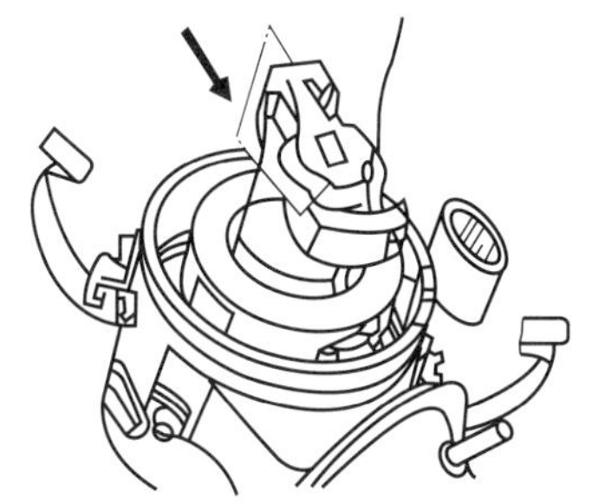

图 1-66　分火头所指方向标记

104. 怎样诊断与排除点火过早的故障?

(1) 故障现象　启动发动机时，曲轴反转。急加速时，发动机产生明显的爆燃声。启动发动机的阻力很大。

（2）排除方法

① 检查分电器点火调节情况，如不当，应予以调整。

② 检查断电器触点间隙是否过大，必要时，进行调整。

③ 检查点火提前装置是否有故障，必要时，进行检修或换用新件。

105. 怎样诊断与排除点火过迟的故障？

（1）故障现象　发动机不易启动，轿车行驶无力，消声器响声沉重，加速发闷，急加速节气门回火，消声器有排火现象，发动机温度高，排气管冒黑烟。

（2）排除方法

① 检查分电器点火提前角调整情况，不当时，应予以调整。

② 检查断电器触点间隙是否过小，必要时，进行调整。

③ 检查点火调节装置是否有故障，必要时，应检修或换用新件。

第五节　润滑系统故障诊断与排除

106. 机油压力警告灯的作用是什么？

大众系列桑塔纳、捷达、宝来、速腾、迈腾轿车发动机均装有机油压力警告灯，其由油压控制器进行控制，信号分别来自装在润滑油道中高、低压段的两个油压传感器以及高压线圈送来的脉冲。当低压传感器处油压低于30kPa或高压传感器处油压低于180kPa时，油压警告灯亮，以示润滑油不足或润滑系统发生故障。如发动机转速超过2000r/min时，蜂鸣器会发出报警声，驾驶员必须停车检查，否则将会使发动机严重损坏。

107. 怎样诊断与排除发动机怠速时机油压力警告灯不熄灭故障？

（1）故障原因　低压开关是常闭触点，当机油压力达到（30±15）kPa时触点断开；高压开关是常开触点，当机油压力达到（180±30）kPa时触点闭合。如果低压开关动作失准或触点粘连，就会出现提高转速警告灯才熄灭或根本不熄灭的现象。

（2）故障排除　拆下机油低压开关，测量怠速时机油压力为50kPa。更换低压机油压力开关，润滑系统工作正常。

108. 怎样检查发动机机油压力？

检查机油量是否符合规定：发动机应处于正常工作温度；散热器风扇必须启动转动过一次；机油压力警告灯在点火开关打开后必须亮起。

奥迪轿车A6发动机机油压力开关的安装位置如图1-67所示。在油底壳右侧机油滤清器后面，有A、B两个机油压力开关。开关A的接通压力为180kPa，开关B的接通压力为30kPa。

检查机油压力：

① 装有自动变速器的轿车，检查时，应拆下油底壳上变速器润滑油冷却器管道支架。

② 检查机油压力前，应在发动机下部放置一个油盆。

③ 拆下机油压力开关或传感器，装上机油压力检测仪，如图1-68所示。

④ 启动发动机，怠速时ANQ、AWL型发动机为120～160kPa，APS、ATX型发动机不小于150kPa；2000r/min时，ANQ型发动机为250～450kPa，AWL型发动机为350～

450kPa，APS型发动机为350～450kPa。

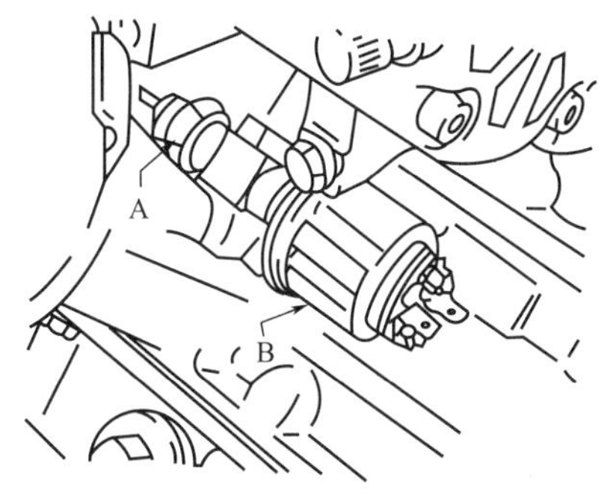

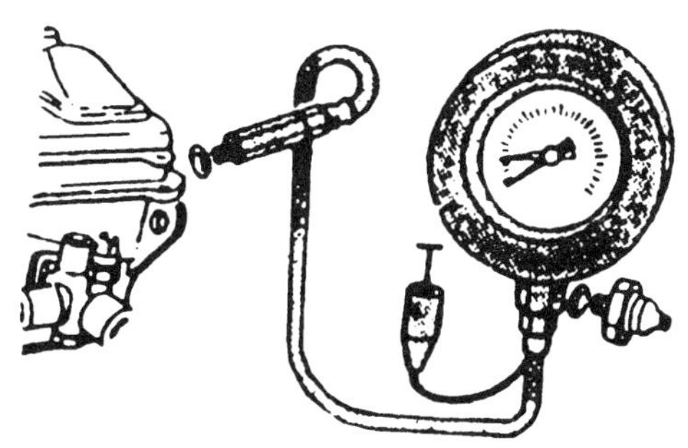

图1-67 奥迪A6发动机机油压力开关的安装位置

图1-68 检查机油压力

109. 为什么机油消耗过多?

发动机良好，机油消耗很少。但在下列情况下，会出现机油消耗过多故障。

① 活塞环因结胶卡死在环槽内，或活塞环磨损严重。出现此类情况，应及时检查并予以排除。

② 机油选用不当，黏度过小。此时应更换机油，按原厂规定牌号选用。

③ 机油加得过多，超过了规定刻度。应按标准加注，放掉多余的机油。

④ 曲轴箱通风装置被堵塞。应经常检查与疏通。

⑤ 气门杆油封损坏。应更换气门杆油封。

⑥ 气门导管磨损严重。应及时更换气门导管。

110. 机油压力过低是什么原因?

① 机油不足。按规定补充润滑油即可排除。

② 机油滤清器滤网堵塞。应通过清洗机油滤清器的方法来排除。

③ 机油油管接头漏油或进入空气。此时应检修机油管路，排除管路中的空气。

④ 机油泵限压阀弹簧失效或调整不当。出现此类故障，应调整限压阀并更换失速的弹簧。

⑤ 连杆轴承或曲轴主轴承间隙过大。应检查连杆轴承和主轴承间隙，必要时更换轴承来排除。

111. 机油压力过高是什么原因?

① 机油泵限压阀弹簧压力调整过大。出现此类故障，应对机油泵限压阀弹簧压力进行调整，即可排除。

② 选用机油牌号不合要求，黏度过大。按原厂家规定，正确选用机油即可。

③ 机油管堵塞。出现此类情况，应清洗机油管道进行排除。

④ 主轴承或连杆轴承间隙过小。出现此类故障，应对主轴承和连杆轴承的装配间隙进行调整，即可排除。

112. 机油消耗量过大是什么原因?

（1）故障现象　机油的耗油量比平时多，须经常加注机油。

（2）故障分析　机油消耗量过大，不仅造成浪费，污染环境，而且窜入气缸燃烧后的积炭，会污火花塞和增大气缸磨损。

引起机油消耗量过大的原因主要有以下几点。

① 机油的渗漏损失。发动机的各密封面紧固不严、油封老化损坏等，都会造成机油的渗漏。

② 机油窜入燃烧室被烧掉。机油窜入燃烧室有四种途径。

a. 气门挡油圈失效，不能防止过多的机油通过气门导管进入燃烧室。

b. 进气门杆与气门导管磨损严重，造成两者之间的间隙过大，在进气行程中，气门室罩中机油油液就会沿该间隙吸入进气道进入燃烧室。

c. 活塞环和气缸壁之间的间隙过大。活塞或气缸磨损后，活塞环与气缸壁不能很好贴合，活塞环的刮油作用减弱，机油进入燃烧室，当活塞环断裂或活塞环黏结在环槽内时，机油也会窜入燃烧室。

d. 曲轴箱通风阀粘连。曲轴箱通风阀如果发生粘连而不能移动，将失去对通风量的控制，曲轴箱中过多的机油便通过曲轴箱通风管进入进气管。

③ 机油加注过多。发动机曲轴旋转时将大量机油溅入气缸燃烧，不但增加机油消耗，而且使曲轴的运动阻力增大，减小发动机输出功率。

（3）故障诊断与排除　当机油的耗油量比平时多时，首先检查是否有渗漏。可从发动机外部观察，查看的主要部位有曲轴油封、缸盖罩密封面、放油螺塞、油底壳结合面、机油滤清器、正时链轮盖结合面等，看是否有渗漏，如有，应采取紧固或更换密封垫或更换部件等方法予以排除。另外，观察发动机的排气颜色，若冒蓝烟，表明有机油进入燃烧室。应按照前述的a～d四种途径逐一排查，气门挡油圈失效时更换挡油圈；进气门杆与气门导管之间的间隙过大时（磨损极限为0.80mm），可用专用工具铰扩气门导管，然后选加大气门杆尺寸的气门和加大的油封；若是活塞环和气缸壁之间的间隙过大，可通过测量气缸的压缩压力来判断，气缸内的压力正常值为900～1400kPa，如果测量的数值低于极限值750kPa，表明气缸、活塞或活塞环的磨损过大，应拆下分别检查和更换；对于曲轴箱通风阀粘连，应更换通风阀，为避免通风阀粘连给发动机的运转带来麻烦，应按生产厂保养规定及时更换通风阀。

113. 机油滤清器工作不良是什么原因？

机油滤清器衬垫损坏而漏油，又无补垫更换时，可用厚度相当的硬纸数层，按原垫形状剪出也可代用；机油滤清器滤芯过脏堵塞，又无新滤芯更换时，可将脏滤芯用汽油清洗干净，待其晾干后装复，即可继续使用。

114. 机油黏度过大或过小对发动机有什么影响？

机油黏度与发动机的功率大小、运动零件的磨损量、活塞环的密封程度、润滑油及燃料的消耗量、发动机的冷启动性等有密切的关系。

机油黏度过大会带来以下几方面的不良影响。

（1）发动机低温启动困难　机油黏度大，启动时转动曲轴所需的力矩大，因而转速低，不易着火。

（2）启动过程零件磨损加剧　机油黏度大，在发动机启动时上油很慢。此时，零件表面最容易出现短暂的干摩擦或半干摩擦，引起零件表面的严重磨损。据试验，发动机启动到机油进入摩擦表面这段时间的磨损量约占总磨损量的1/3。随着机油黏度的增加，启动过程的磨损量还会成倍增加。

（3）功率损失大　机油黏度大，不仅摩擦表面的阻力会增加，而且曲轴搅油的阻力也大，发动机的内部功率损失增多，输出功率减少，油耗相对上升。

（4）清洗作用差　黏度大的机油，流动速度慢，单位时间通过滤清器的次数少，不能及时将零件表面磨下的金属磨屑等杂质带走，因而清洗作用差。

（5）冷却作用差　黏度大的机油，循环流动速度慢，散热效能差，易使摩擦表面出现过热。

机油黏度过小，也会带来以下几方面的不良影响。

（1）油膜容易破坏　黏度小的机油，在高温摩擦表面不易形成足够厚度的油膜，且油膜承载能力小，在载荷作用下很容易被破坏而流失，机件得不到正常润滑，因而磨损较大。

（2）密封作用差　黏度小的机油，密封效能差，气缸易漏气，不仅会降低发动机的功率，而且会使大量的废气窜入曲轴箱，使曲轴箱的机油稀释、变质、结胶。

（3）机油耗量增大　黏度小的机油容易蒸发，特别是缸壁和曲轴箱的机油蒸发后会进入燃烧室，造成烧机油，不但增大了机油的消耗量，而且燃烧不完全，容易形成积炭、发动机冒烟、功率下降等。

可见，发动机机油黏度过大或过小都不好。选择发动机机油除了根据发动机工作条件选用不同质量等级外，还必须根据季节和地区的气温情况，选用适当黏度指标的油品，这样才能保证发动机正常工作和良好的润滑条件。

115. 多级机油有什么特点？使用中应注意什么？

多级机油又称稠化机油，国外使用最广，美国载货轿车使用稠化机油已达40%以上，有些国家达到了60%～80%。稠化机油发展如此迅速的原因，是因为它能满足发动机寒区润滑及启动的要求，可以冬夏通用。此外，它还能节约燃料和降低发动机的磨损。

在寒区工作的轿车，如果机油黏度很大，冬季发动机就难以启动和保证良好的润滑，为此，应采用黏度小的机油。但是黏度小的机油，又难以满足发动机正常工作时气缸、活塞等高温机件的可靠润滑。所以，普通机油不能冬夏通用，属于单级机油。而稠化机油是由低黏度机油加入增黏剂及其他添加剂制成的。在低温下，增黏剂这种高分子化合物卷曲成小球状，使低黏度机油的黏度增加不多。而在高温下，机油黏度变小时，增黏剂却膨胀伸长，增大了机油的内摩擦，使机油黏度在高温下下降不多，因而能同时满足低温和高温下的使用要求。

多级机油在使用时，应注意以下几点。

① 多级机油和其他机油不能混储，因混合后虽然能使用，但对低温使用性能有影响。

② 使用时，发动机机油压力稍低，说明流动阻力小，循环畅通。如仍担心润滑不良，可将油压调高些。

③ 使用一段时间后，机油颜色变黑，这是加入的清净分散剂使机件上沉积物分散于油中的结果，属正常现象。

④ 不同厂家生产的不同牌号的多级机油可以混用，但不能混储。

116. 发动机使用的机油为什么会变质？

（1）氧化变质　在正常使用情况下，由于轿车发动机油底壳内的机油与空气接触及受热，所以会逐渐被氧化。随着油中的酸性物质、胶质、沥青质慢慢增多，机油的颜色渐渐变黑，黏度逐渐下降。因而到了规定的换油期，需换新油。

由于国产新型轿车对机油的要求十分严格，所以选用什么样的机油，何时更换，如何更换，都应遵守厂方的规定。

目前世界各国对换机油里程并无统一规定，都是由各厂家自己规定换机油周期的。例如美国石油学会推荐的换油期冬季为 30 天，夏季为 60 天，一般不超过 3200km。福特、通用等轿车制造厂建议换机油里程是 900km，美国实际换机油里程是 5300km 左右，日本实际换机油里程一般要求 5000km 左右，而我国则一般要求实际里程 6000km 左右换机油。

发动机机油使用到何时更换，具体换油指标如何，目前还没有定论，因而各国的规定只能作为参考。根据使用经验，国产新型轿车和引进轿车的换机油期，在缺乏油料的情况下可适当延长。延长时间的长短，关键是判断机油在使用中的好坏。

（2）机油中有水　若有时换油不久，机油很快变质，颜色由深蓝变黄，或是先变黑，然后突然变灰，这是因为油中渗入水分的缘故。油底壳中的机油渗入了水后，由于发动机的振动、运动机件的搅拌及发热等因素，使油水融合而变黄或变灰，大大地降低了机油的润滑能力。

机油中有水促进油泥的形成，加速机油变质。同时还会减弱添加剂的抗氧化物性能和分散性能，促进泡沫的形成，造成乳化，破坏了油膜。实验证明，当水分达到 1%时，机件磨损率提高 2.5 倍。

（3）其他　除上述原因外，机油很快变质的原因还可能是以下原因。

① 使用不当。在使用中由于发动机窜气严重，致使带有油气的废气从胶管倒流入空气滤清器，会造成空气滤清器中的泡沫塑料滤网积满了机油。驾驶员有时出于无奈，往往将气门室罩后面与空气滤清器连接的胶管拆掉，直接用一根胶管从气门室罩后面引到外边，将废气直接排入大气。这样做带来的不良后果之一是，有可能使油底壳机油很快变质。

这是因为轿车发动机曲轴箱采用封闭强制通风，在空气滤清器旁边有一根胶管与气门室罩后端相连，空气滤清器中的新鲜空气经滤网过滤后进入气门室，再进入曲轴箱。曲轴窜上来的废气经气门室罩前的胶管，进入进气管被重新燃烧利用。

如果把气门室罩后面的胶管引到外边排入大气，则新鲜空气无法进入曲轴箱，曲轴箱的通风装置将失去作用，必然会导致发动机在工作时，有一部分可燃气体和废气经活塞及气缸壁间隙窜入曲轴箱。燃油蒸气凝结后会稀释机油，废气的酸性物质和水蒸气将侵蚀零件，使机油性能变差，稀化、老化或结胶。

② 保养不当。二级保养时应检查曲轴箱通风管路是否堵塞，各接头处是否有松胶和漏气。三级保养时，则应及时拆下通风管路进行清洗和检修。

③ 清洗方法不对。在清洗发动机油底壳的过程中，如果机油滤清器和机油散热器散热困难，气缸内活塞与气缸之间虽有活塞环密封，但发动机工作时，难免有燃烧气体漏入曲轴箱内。若活塞环严重磨损，则此现象会更严重。这样一来，曲轴箱内的气体的压力会升高。若曲轴箱内压力高于外界大气压力时，就会对活塞运行有一定阻力，且会使机油由油底与气缸结合处向外渗漏。另外，由于泄漏到曲轴箱的气体含有二氧化硫，故会使机油很快变质，缩短了机油的使用期。

（4）鉴别机油变质的方法　除了观察机油的颜色外，还可用下述之一的简便方法诊断。

① 嗅觉法。闻油壳内的机油，如果汽油味很浓，说明大量未燃汽油窜入油底壳内。

② 对比法。在一张滤纸上分别滴上一滴新机油和使用过的机油，用放大镜检查油滴的品质。若油滴中黑点较少，颜色较浅，与四周浸润痕迹界线不明显，说明机油可用；反之，油滴中有较多的硬沥青质炭粒，且呈黑褐色，表明机油已变质，应及时更换。

③ 倾注检查法。取油底壳内的机油 200mL，当它从容器中慢慢地向外边倒时，应仔细加以观察。此时，若机油均匀，无浑浊，表明油中无胶质和水分，可继续使用。

④ 过滤法。取油底壳中的机油 100mL，用 200mL 无铅汽油将它稀释，然后过滤干燥，当杂质质量超过 2g 时，应更换机油。

（5）更换机油　应使发动机运转一段时间，停车后立刻将油底壳中的废油放出。因为这时机油的温度仍高，其中所含的机械杂质尚在悬浮状态，易与废油一同排出。与此同时，不要忘记放尽机油滤清器中的机油。

117. 机油浓比稀好吗？

有的人看书或听师傅讲，认为用黏度很大的机油比黏度小的机油好，如果机油油膜薄，怕保不住油膜，觉得用黏度大的机油保险。这种看法是不全面的，因为机油的黏度大，流动性差，机油的内摩擦阻力也大。由于机油的黏度选用偏大将在使用中造成燃料过分消耗、功率降低和发动机机件磨损增加等不良状况，所以在能保证机件的有一定厚度油膜的条件下，机油的黏度选小的一点为好。黏度小的机油内摩擦阻力小，发动机刚启动时，旋转自如，发动机启动容易，散热良好，能保证发动机发出最大的功率。

118. 发动机机油液面为什么增高？

① 气缸垫安装不当，水漏到油底壳中。

② 气缸垫裂缝或气缸体裂缝使水漏到油底壳中。

③ 水泵水封漏水时，由于水泵上的小孔被泥堵死，使机油渗到机体内。

④ 湿式气缸套密封圈损坏导致漏水。

119. 怎样比较机油黏度？

可利用对比进行检验。将两个小勺用绳子连接在一起，把两种机油分别装入两个勺内，同时用同样的角度把油倒出，哪种机油流得慢则哪种机油黏度大，另外一种则黏度小。

120. 行驶中机油压力突然升高怎么办？

轿车在行驶时，发现机油压力突然升高，应立即停车熄火查明原因。否则将冲裂机油滤清器外壳盖或机油传感器，甚至烧毁轴瓦。引起机油压力升高的原因如下。

① 机油黏度过大。

② 机油主油道有堵塞之处。

③ 缸体内有堵塞之处。

④ 机油滤清器堵塞。

⑤ 机油限压阀调整不当。

⑥ 新装配的发动机轴承间隙过小等。

因是在行驶中油压突然升高，所以首先应检查机油滤清器滤芯是否堵塞，旁通阀弹簧是否压缩过多、过硬。对于轿车，还应检查机油限压阀柱塞是否卡滞。经检查上述良好，则可能是润滑系统油路堵塞。凸轮轴正时齿轮打碎后，其碎屑容易堵塞油道，烧毁轴瓦。对此必须清理油道，那种错误认为机油压力越高润滑效果越好的看法是不对的。机油压力突然升高，必须及时检查，查出原因，清洗滤芯和油道，更换不合适的零件。

121. 行驶中机油压力突然降低怎么办？

行驶中机油压力突然降低，报警器指示灯亮，驾驶人员应停机检查。机油压力过低的原因如下。

① 曲轴箱缺机油。

② 发动机温度过高。

③ 机油黏度太稀。

④ 轴承间隙过大。

⑤ 回油阀控制压力太低。

⑥ 指示仪表损坏。

⑦ 机油泵磨损或限压阀漏油。

机油压力突然降低，还可能是由于轴承螺钉松动、折断或烧瓦所引起的，这时可从机油口处听到曲轴箱内轴承发出不正常的响声。确定故障原因后，应及时检修排除。

122. 机油尺油管向外漏油怎么办?

（1）发动机行驶中从机油尺油管处不断向外排机油的原因

① 油底壳内的机油油面过高。

② 油底壳内气压过高。对该故障可首先检查油底内的机油油面高度，如油面高度合适，则引起窜机油的原因肯定是油底壳内气压过高所致。

（2）引起油底壳内气压过高的原因

① 机油温度过高。

② 曲轴箱通风口堵塞，使油底内壳的废气及机油蒸气无处泄压。

③ 发动机气缸密封不良，气缸内的高压气体泄进油底壳。若油底内壳气压过高，应首先检查发动机温度和机油温度是否正常。如温度过高，可根据前面发动机过热故障的检查和排除方法予以解决。若发动机温度正常，应进一步检查是否气缸密封不良而向下窜气。

（3）引起气缸向下窜气的原因

① 个别气缸拉伤。

② 个别活塞环不对口。

③ 活塞环粘在环槽内。

④ 发动机磨损严重，气缸间隙过大。若气缸密封不良可参考前面气缸漏气故障的诊断方法予以检查排除。当气缸密封不良向下窜气而足以引起从油尺管向外窜油时，如是个别气缸则该缸肯定工作不良，发动机将有“缺腿”现象。若各缸都磨损使气缸间隙超限而引起窜气，则发动机动力性和经济性明显下降。诊断时结合这些故障现象综合进行分析。

发动机曲轴箱通风口的位置有些设置在气门室盖上，与加机油口共用；有的设在发动机的一侧。如通风口被油泥等物堵塞，曲轴箱内的气压就会升高，被曲柄连杆机构搅动飞起的油雾，在高压气体的带动下，就将从油尺管里喷出来，对此情况应清洗通气口，确保通风口的畅通。

123. 怎样清洗机油油道?

发动机在工作过程中，机油的作用非常重要，除了起润滑、减少摩擦的作用，还起到冷却以及清洁的作用，因此确保机油不间断循环流动的各条大小油道的畅通，也显得非常重要。在发动机的修理中，除必须对各润滑系统的组成部分进行必要的检查和修理外，特别是在发动机大修后，装配前必须对各油道进行彻底的清洗和疏通，以保证润滑油的畅通无阻。

发动机机油油道的清洗，一般方法如下所示。

① 用细铁丝缠上干净的布条，再蘸些干净的煤油，通洗曲轴上的油道，要保证曲轴上的油道都能互相贯通。对缸体中各隔板上油道，应用细铁丝缠上布条通洗。对其他各小油道，凡能用铁丝通洗的都应进行通洗，最后用压缩空气吹净，直到油道内已无油污及杂物时为止。

② 气缸体上油道通洗，应先拆下主油道的油堵塞，用蘸上煤油的细圆毛刷插入油道内来回拉动疏通。

③ 各连杆轴承油孔和活塞销衬套油孔可用煤油清洗，再用压缩空气吹净。如不具备压

缩空气，也可用打气筒代替使用。

④ 油道全部疏通清洗吹净后，应重新安装好油道堵塞。装紧各油管接头并检查有无松动和漏油现象。

124. 怎样拆卸与检测机油泵？

机油泵是润滑系统中的重要部件，它的技术状况直接影响润滑系统的正常工作。机油泵经长期工作受到磨损时，将造成压力降低和泵油量减少，以及其他机械故障。

拆下机油集滤器和油管，用厚薄规检查机油泵传动齿轮齿面间隙与机油泵的轴向间隙，如图 1-69 和图 1-70 所示。

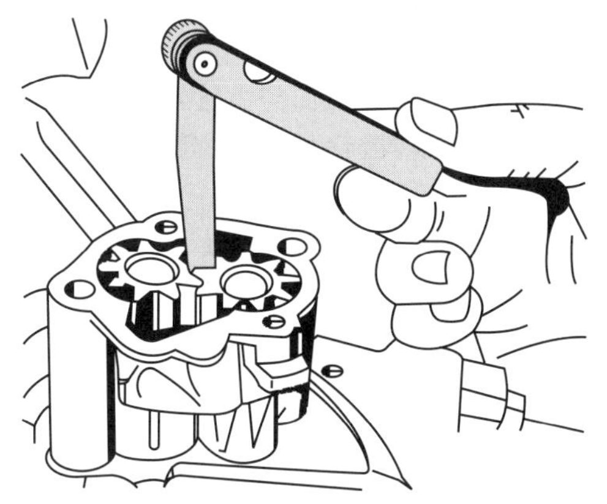

图 1-69 检查机油泵齿轮齿面间隙

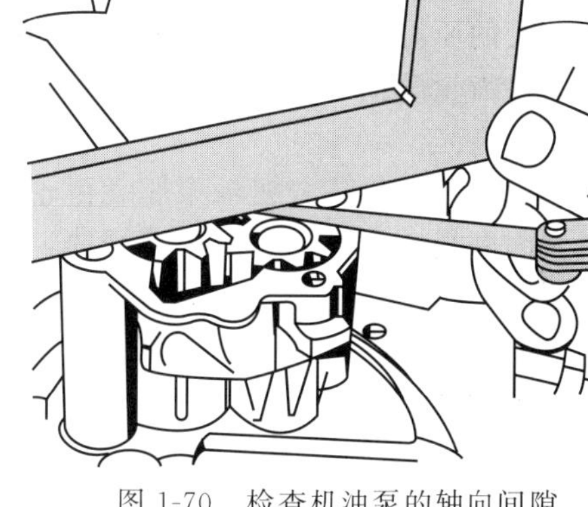

图 1-70 检查机油泵的轴向间隙

机油泵传动齿轮齿面间隙磨损极限为 0.20mm；机油泵轴向间隙磨损极限为 0.15mm。

拆下机油泵紧固螺钉，分开泵盖和泵壳，取下衬垫和被动齿轮。

如果更换传动齿轮，应用锉刀锉掉传动齿轮横销头部，铣出横销，压下传动齿轮。

清洗分解后的全部零件，以便对零件进行检测。

125. 怎样装配与试验机油泵？

装配时按与分解的相反顺序进行，边装边复查各部位配合情况，如齿轮的啮合间隙，主、被动轴与壳体，主动轴与齿轮轴孔的配合等。更应检查调整主、被动齿轮与泵盖之间的间隙，一般应在 0.05mm 左右，最大不得超过 0.15mm。若此间隙过大，机油泵工作时，机油便从此间隙窜漏，使供油压力降低，此故障可通过减薄泵盖与壳体之间的衬垫加以调整。检查方法是，在主动齿轮与泵盖之间，加入一段铅丝，装上泵盖拧紧螺钉，然后拆下泵盖，测量被压以后的铅丝的厚度，即为间隙。

机油泵装复后，是否恢复了技术状态，必须经过试验。通常采用经验检查法，用手转动装复后的机油泵传动齿轮，应转动自如，无卡阻现象。将机油灌入机油泵内，用拇指堵住油孔，转动泵轴时应有油压出，并感到有压力。

机油泵装车后，外接压力表观察机油压力。在发动机温度正常的情况下，怠速时，机油压力不应低于 30kPa。当发动机高速运转时，机油压力不应大于 200kPa。如不符合标准，应调整限压阀。其调整方法是，机油压力过低，可以在限压阀弹簧一端加厚垫圈，增大弹簧张力，使机油压力增加；机油压力过高，可在限压阀螺塞与泵盖之间加垫片，减小弹簧张力，使机油压力降低。如果由于球阀关闭不严而影响机油压力，应更换新件。若机油泵和限压阀均无故障，应检查机油是否过稀，机油表和传感器是否良好，曲轴轴承和连杆轴承间隙是否过大等。

126. 怎样检修机油泵？

国产轿车发动机大多数采用齿轮式机油泵。机油泵的损坏，主要有泵壳破裂、齿轮磨损、泵盖磨损、主动轴和轴孔磨损。

（1）泵壳磨损　检查油泵轴孔的磨损程度，螺孔是否损坏，泵壳有无裂纹。机油泵壳主动轴孔与轴的配合间隙应为 0.03～0.075mm，最大不得超过 0.20mm。若间隙超过规定，或晃动泵轴有明显松旷感觉时，应将主动轴镀铬或镶套。

（2）齿轮磨损　检查主、被动齿轮啮合间隙，可用塞尺在圆圈三等分处测量。桑塔纳轿车发动机机油泵啮合间隙标准值为 0.05mm，磨损极限值为 0.02mm，超过此值，应更换齿轮。

齿隙增大的原因，是由于齿轮的磨损，或主动轴与泵壳、被动轴与齿轮轴孔之间的磨损引起的。如果齿轮磨损不严重，可将齿轮转面使用，主、被动齿轮与传动齿轮齿面上如有毛刺，可用油石磨光。

（3）泵盖磨损　齿轮式机油泵驱动齿轮啮合时产生的轴向力一般都向下，它使齿轮端面与泵盖内表面磨损。泵盖如有磨损或翘曲，凹陷超过 0.05mm，应以车削或研磨的方法进行修复。泵盖上装有限压阀时，还应检查弹簧的弹力和阀体，必要时应更换。

（4）主动轴和轴孔磨损　用千分表检查泵轴是否弯曲，如果摆针摆差超过 0.06mm，应进行校正。主动轴与轴套孔的配合间隙，使用极限为 0.15mm。从动轴如有明显单面磨损，可将其压出，把磨损面调转 180°再压入孔内继续使用。主动轴上端铆固的传动齿轮与泵壳尾端之间的间隙，一般为 0.025～0.075mm，最大不超过 0.15mm，超过时可在泵壳尾端焊修或加垫调整。

127. 怎样检修内外齿轮式机油泵？

日产轿车发动机采用内外齿轮式机油泵：主动齿轮为内齿轮，被动齿轮为外齿轮，以同方向转动，将油储存在内外齿轮间的月牙块间，以产生吸送油作用。其结构如图 1-71 所示，由内齿轮、外齿轮、泵体、泵盖、限压阀和机油集滤清器等组成。

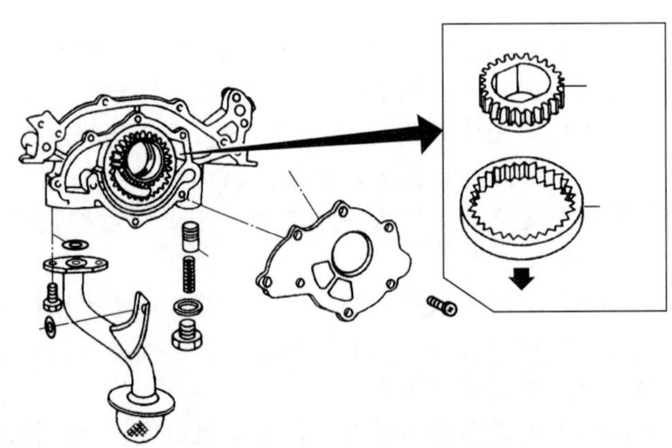

图 1-71　内、外齿轮式机油泵

用塞尺检查泵体与外齿轮间隙、内齿轮与月牙块间隙、外齿轮与月牙块间隙，如图 1-72 所示。用塞尺检查泵盖与内、外齿轮端间隙，如图 1-73 所示。各部间隙数据见表 1-12。

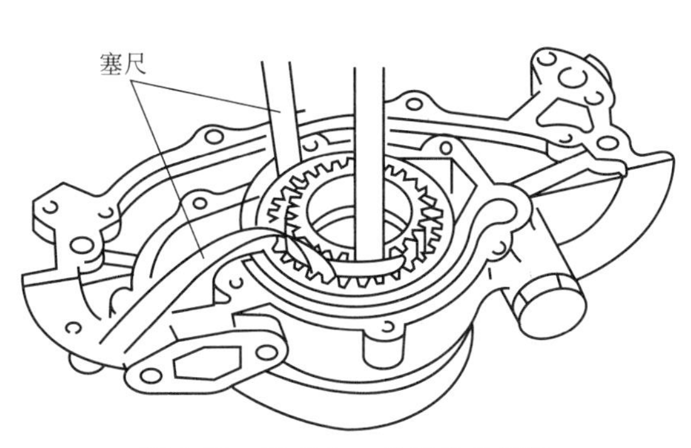

图 1-72 检查内、外齿轮的间隙

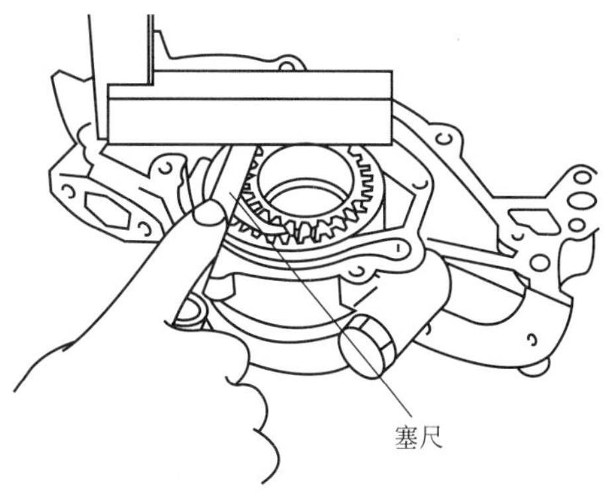

图 1-73 检查泵盖与内、外齿轮端间隙

表 1-12 内外齿轮机油泵各部间隙 单位：mm

泵体与外齿轮间隙	0.11～0.20
内齿轮与月牙块间隙	0.12～0.23
外齿轮与月牙块间隙	0.21～0.32
泵盖与内齿轮间隙	0.05～0.09
泵盖与外齿轮间隙	0.05～0.11

128. 怎样处理机油泵响声?

机油泵发响多因齿轮磨损过甚或轮轴松动所致。诊断时，应在发动机温度正常情况下进行。用旋具触在机油泵附近，耳朵贴在柄处听诊，同时可反复改变发动机的转速，若听到异响并振动很大，则说明为机油泵发响。若听到均匀不大的响声，且无明显振动，则属正常现象。也可从机油表的压力读数予以判断，如齿轮磨损严重发响，势必导致机油压力偏低。响声不大严重，可照常使用；严重时，应予以更换或修复。

129. 齿轮式机油泵常见故障有哪些?

桑塔纳、帕萨特轿车均采用齿轮式机油泵。齿轮式机油泵常发生故障的部位如下。

① 驱动齿轮轴与轴孔的磨损。

② 机油泵齿轮磨损，或泵盖磨损漏油，使机油泵泵油量减少，发动机机油压力下降。

③ 限压阀调节油压失效。

④ 机油泵进油管滤网堵塞。

⑤ 机油泵轴弯曲或轴向间隙过大。

130. 更换机油的周期怎样决定?

发动机所用机油，在经过一定时期的使用后，由于外界杂质（包括固体的和液体的杂质）的掺入，以及机油本身所产生的一些化学变化，将使机油渐渐失去它的润滑性能。因此，必须及时加以更换。

不同牌型的轿车，对于换油周期的规定，常有一定差异。决定换油周期的主要依据如下。

（1）发动机所用燃料的种类　燃用柴油的发动机较燃用汽油的发动机易将机油冲淡，因此，换油周期便规定得比较短。燃用煤气的发动机，因为煤气内常含有固体杂质，易使气缸壁上的机油变脏、含有杂质，因此也应较勤地换油。

（2）运转温度的高低　经常在寒冷地带使用的发动机，其燃油较易凝结混入机油中，因此，必须勤换油；反之，经常在温暖地带使用的发动机，其换油周期可较长。

（3）负荷情况　在经常超负荷运转的发动机中，进入气缸的机油被炽烈火焰烧掉，不易积炭和污损油质；反之，在经常超轻负荷运转的发动机中，进入气缸的机油不易烧净，常结成积炭，使润滑油变质。在后一种情况下，换油便应较勤。如果因为负荷大而金属磨损多，则应考虑缩短换油期。

（4）使用地区的道路和气候情况　在灰砂多的道路上，气缸壁表面的机油易变脏、含有杂质，因此，必须较勤地换油。在潮湿地区使用的轿车，曲轴箱内易凝结水滴，因此也应勤换油；反之，若在洁净的道路上、在干燥的气候情况下使用轿车，则换油的周期可较长。

（5）发动机的技术情况　新（或翻新）的轿车，在磨合期内应较勤地换油，此后，换油期可酌情延长。

总之，由于各种轿车的设计和使用情况不同，它们发动机的换油周期也不同。

131. 为什么冷车时机油压力正常，热车机时油压力下降？

发动机冷车启动时，机油压力正常，热车后压力逐渐降低，如果确已检查证明机油压力表、机油泵和调压阀等无故障，则应检查机油的数量、质量、油路及发动机轴承的松紧程度。如曲轴箱通风不良，温度增高，在热车时机油黏度低，若遇油管或接头处略有漏油现象，以及曲轴、连杆、凸轮轴轴承等处磨损较多，超过规定的配合间隙，就能使机油压降至很低。

132. 润滑系统在使用中应注意什么？

① 要选用合格的机油。必须按说明书中的要求加注机油，加注的机油内不允许混入水、灰尘和杂质等。

② 要经常检查油底壳油面高度，并保持油面高度不过高，也不过低。新修的发动机应加入略多的机油，经运转后，停车检查油面高度，多则放，少则添。

③ 发动机启动前，应检查地面上有无漏机油，然后再启动发动机。

④ 在运转中，应注意油压和油温，发现不良现象时应及时停车检查，并排除故障。

⑤ 注意观察并记载机油消耗量，当出现不正常情况应及时找出原因，并排除故障。

⑥ 定期清洗润滑系统部件，保证润滑系统经常清洁、畅通。

⑦ 发现润滑油变质变色、油底壳沉积物过多或油中混入水、燃油时，应及时更换，并应严格执行冬夏交替的季节性换油。

133. 干摩擦的异响怎样诊断？

由于机油盘上机油很少或无机油，发动机长期在缺少润滑的情况下工作，连杆轴承、曲轴轴承以及活塞与气缸之间由于干摩擦会产生轻微异响，高速时更为明显，按规定添加机油即可排除。故障虽容易排除，但切不可轻视，长期缺少机油润滑的发动机，各机件无谓地增大磨损，会降低性能，引发各种故障，缩短发动机的使用寿命。

134. 怎样检修发动机曲轴箱通风装置？

电喷型汽油机上设置的曲轴箱强制通风系统，是为了防止燃烧室中的废气通过活塞环与缸壁之间的间隙进入曲轴箱时引起机油变质和被稀释，防止废气中的硫遇水生成硫酸腐蚀发动机零件，防止曲轴箱中的废气过多，防止温度过高，导致机油黏度下降，影响发动机润滑。因此，曲轴箱通风装置不能被认为可有可无，要在维修中应给予重视，发动机曲轴箱通风不良时一定要修好。

电喷型汽油机有曲轴箱通风管，可将废气引出，通过一个单向阀直接引入气缸盖罩盖或空气滤清器后部的进气软管。在发动机工作时，由于进气管中空气流动而产生吸力，打开单向阀，将曲轴箱中的废气吸入燃烧室中燃烧，这样还对发动机的经济性有利，减少对大气的污染。

维修中，要检查曲轴箱周围是否有机油泄漏，检查曲轴箱通风单向阀是否堵塞，如发现通风不良，应换装新的通风单向阀。如果通风管被拔掉，就失去了强制通风能力，应装好，并使单向阀正常工作。

135. 奥迪 A6 轿车发动机曲轴箱的强制通风装置有什么特点?

奥迪 A6 轿车采用强制通风系统，防止曲轴箱气体进入大气，污染环境。曲轴箱内的可燃气体通过每个气缸盖罩由一个校验孔和一个浮子针阀流入进气系统，通风空气的流向随节气门的开启和关闭而发生变化。

① 在怠速工况时曲轴箱内的空气流向如图 1-74 所示。曲轴箱的通风空气来自节气门体旁的进气腔内的一个孔。空气进入右气缸，从左气缸盖流出。进气腔内浮子针阀在怠速时关闭，曲轴箱内的可燃气体经节气门体的校验孔进入进气腔。校验孔能限制进入进气支管的可燃气体量。

② 节气门部分开启或全开时的曲轴箱通风如图 1-75 所示。当节气门开启时，进气腔内浮子针阀打开。曲轴箱内可燃气体经过两个气缸盖被吸入进气支管。

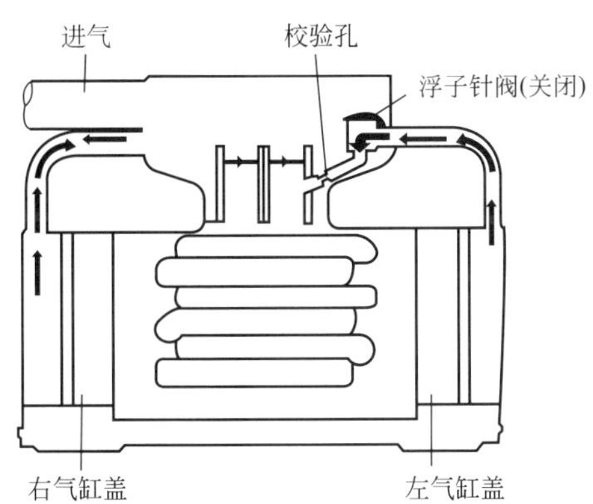

图 1-74　在怠速工况时曲轴箱内的空气流向

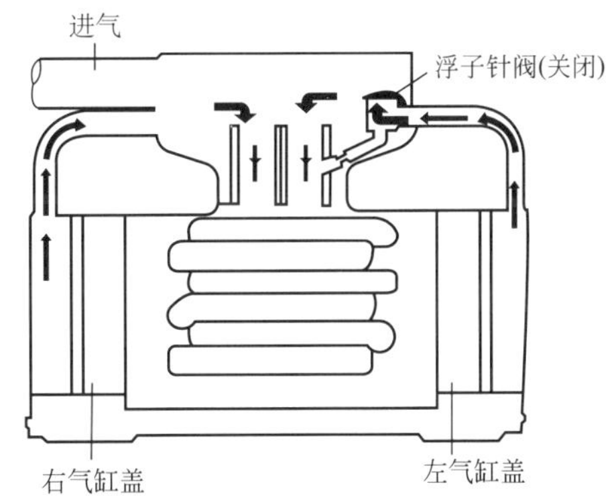

图 1-75　节气门部分开启或全开时的曲轴箱通风

发动机工作几年后（10 万～20 万千米），由于气缸及活塞环的磨损，气缸窜气量增加，废气含量增加，曲轴箱内部分机油的蒸发常造成曲轴箱通风不良压力增高，发动机机油上窜，应定期清洁曲轴箱通风系统。

第六节　冷却系统故障诊断与排除

136. 怎样检查散热器是否漏水?

(1) 检漏

① 在轿车上检漏。拆掉并堵塞水箱的进出水管（避免渗漏），然后加水至加水口座平面

以下 10～20mm 处。用水箱性能检验器，借助专用接头装在加水口位置上，使用检验器的打气筒向散热器内施加 8×10^4Pa 的压力，表指针读数不应有下降现象（观察时间不得少于 5min）。如有下降说明有渗漏，应拆下散热器做检查。

② 在水槽中检漏。将空水箱的进出水管堵死，从加水口位置通入压力为 0.03～0.08MPa 的压缩空气，如有气泡浮出，则出现气泡处即为渗漏点，宜做好标记备修。

（2）冷却管堵塞的检验　拆掉散热器出水管，从加水口快速倒入一桶热水（不可溢出），然后用手摸散热器芯体各处，未升温区的上部边缘即为堵塞位置。

137. 怎样诊断与排除发动机水温过高故障?

发动机通常采用压力循环水冷式冷却系统。它由水泵、储水箱、散热器、节温器、风扇等组成，如图 1-76 所示。

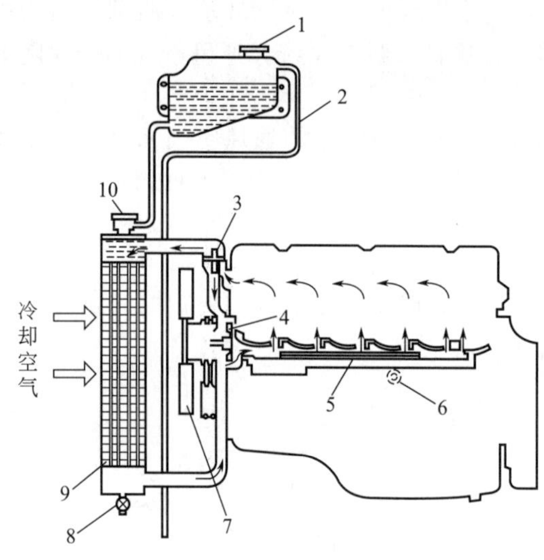

图 1-76　冷却系构造组成

1—储水箱；2—通气管；3—节温器；4—水泵；5—油冷却器；6,8—放水螺塞；7—风扇；9—散热器；10—散热器盖

冷却系统工作失常会引起发动机过热，造成动力下降或产生突爆，甚至造成活塞卡缸、拉缸等恶果。冷却系统工作失常与冷却系统漏水或风扇、水泵、散热器等工作不良有关。

（1）故障现象　发动机水温过高。

（2）故障原因

① 气缸盖、气缸体和气缸垫漏水。由于连接螺栓和气缸盖螺栓松动；气缸垫、气缸盖和气缸体的接合面脏污、腐蚀或有毛刺，妨碍了接合处的压紧；接合面弯曲或变形，也会使盖、垫和体不能压紧；由下气缸盖或气缸体过热或冷冻，产生裂纹而漏水；气缸盖水道有堵塞，不能很好地循环，引起发动机水温过高。

a. 水泵漏水。水泵安装松动或安装不当、损坏；水泵壳体有裂纹或有砂眼和变形；水泵轴弯曲或轴套和轴磨损松动，轴承松动。

b. 散热器和散热管漏水。由于冻裂或腐蚀而漏水；散热器安装不当而变形；风扇离散热器近而碰坏散热器；放水塞或放水开关处漏水；散热器芯子堵塞，不能上下循环，使水积聚在上储水室里，导致冷却水流出溢水；连接软管长期使用，因腐蚀而穿透或裂开；软管松旷，软管安装位置不当而漏水。

② 冷却水不足。由于漏水或蒸发而使水面低而不足，引起发动机水温过高。

③ 风扇皮带过松。皮带长期使用，因腐蚀而变形；皮带轮磨损或水泵轴变形也会使皮带松动，都会引起风扇不转动或转速低，使散热器冷却不好，从而引起冷却液温度过高。

④ 水泵失去泵水作用。水泵轴磨损和弯曲，水泵轴承缺油，使轴承磨损及松旷；叶轮固定销或叶轮固定螺栓松脱，叶轮片破裂，叶轮与泵壳间的间隙过大，叶轮被泥污或其他杂物阻塞；水泵吸力降低，压力不足，影响水的循环效果；水泵管堵塞，水不能流通等都会使水泵不泵水，引起发动机温度过高。

⑤ 节温器损坏而失灵。节温器受损，发动机长时间超负荷运转，温度过高，如膨胀筒破裂，阀门不能正常开启和关闭，水垢过多，将主阀门卡住，阀门不起作用，冷却水只进行小循环，不能与散热器进行大循环，故水温过高。

⑥ 散热器积聚水垢、铁锈和杂质，造成管道和散热芯管淤塞，阻碍了水的循环流动；散热器芯管破裂而漏水；上下水室因受腐蚀而形成斑点、小孔或裂开而漏水；管芯部与上下焊接部位松脱；其他部位因受碰撞而损伤、漏水等，都会引起发动机水温过高。

⑦ 气缸水套内生锈或积垢过多。由于气缸在长期使用中使水套内沉积了沉渣、水垢或生锈，减少了水套的容积，使冷却水的流量减少，影响了冷却水的循环；由于水垢层导热性不良，降低了冷却效果；水垢日积月累也会堵塞水套、水泵进水口、散热器，阻碍了水的循环流通，这些都会使发动机温度过高。

⑧ 分水管腐蚀而不起分水作用。分水管是插入水套内的，由于生锈和水垢，会把分水管口堵塞，起不到分水的作用，使发动机冷热不均。

⑨ 长时间的超负荷低速挡行驶。由于超负荷大、时间长、扭矩大，使机件磨损大。润滑差，冷却水流速低，使发动机温度过高。

⑩ 点火时间过迟。离心点火提前装置的某处发卡或飞块被卡，弹簧损坏，使发动机的点火提前角不能随着发动机转速升高而增加。

⑪ 风扇离合器故障。风扇离合器发生了故障.使风扇的转速不能随着冷却水的温度提高而增高。

（3）故障诊断

① 当轿车在行驶中水温表的指针指到100℃时，冷却水沸腾并从回水管溢出。加速时，发动机有杂乱的金属敲击声，需要立即停车检查。检查有无漏水处，水量是否少，风扇皮带是否松旷而打滑或断裂。如都正常，则检查水泵的泵水情况。

② 如果上述均无故障，则用手摸发动机和散热器，若发动机的温度很高，而散热器的温度并不高，可将出水管处的节温器取出，再试发动机，若水温正常了，可断定节温器有故障，失效。如果取出节温器，发动机还过热，则检查水箱管是否堵塞。

③ 如果用手摸发动机缸体各部冷热不均，可能是分水管堵塞，不起分水作用，或者气缸水套内生锈，污垢过多。

④ 漏水严重而缺水，或者是在冬季水箱冻阻，发动机过热。指针指向100℃，用手摸水箱却冰手，说明水箱冻了。如果用手摸上水槽感到烫手，而下水槽冰手，说明有冻阻之处。冷却系统最容易冻结的地方为下水室，如水泵的接管处，水箱中心处，即风扇叶片旋转处。轻冻时车辆不能启动，严重时会把水箱或发动机冻裂，造成严重的经济损失，驾驶员要特别注意。要说明的是，现在轿车在冬季多数用的冷却液为防冻液，尤其是在北方或高原地带。如果没有用防冻液或车辆没有放进暖库，若发动机内采用自来水冷却，停车时必须把冷却水放净。

⑤ 如果上述均无问题，车辆仍功率不足，并且车发闷而提不起速来，则要检查点火时间是否过迟。

（4）故障排除

① 散热器。

a. 检查。散热器的故障无非是渗漏和淤塞。散热器的渗漏可用密封试验器检查，也很直观。还可以用压缩空气检查淤塞，可将上下水室、管芯和进出管分开检查。

另外，检查散热器的水容量，即两个散热器，一个是新的，一个是被检查的，往里倒水进行比较，加水量多的是没有被堵塞的，如果加水量少，说明有堵塞处，再逐步检查。

b. 故障排除。上下水室腐蚀不严重，有漏水之处或外表有裂缝，可用镀锡法修理。

散热器芯底板和散热管焊缝脱离而发生漏水，可用烙铁烙补法进行修补，即把损坏或脱焊之处清除干净，用烙铁直接焊接或焊补，但是焊处周围需要加热。

散热器的散热管除补焊外，当少数散热管损坏时，还可以用接管法修理。

如果散热管内外都损坏，并且芯管损坏也比较长，则应换管。

如果轿车在行驶中，发现散热器有少量漏水现象，可用一小块肥皂将漏处密封，或在水箱热时，用鸡蛋清涂在水箱漏水处，水箱别盖上盖，待鸡蛋清热干后就密封了，可解决临时漏水问题，到修理厂后要及时焊补好，方可再出车。

② 清除水箱和水套的污垢。冷却系统由于长期使用，水箱和水套的内表面集结了一层水垢、锈和油污等，影响了冷却水的流量，甚至堵塞，大大地影响了散热，这样就必须对水箱和水套进行冲洗，清洗可用清水加压，也可用混合物。

任何方法都必须事先把节温器取出再进行清洗，清洗后再装上。

③ 分水管更换。当分水管腐蚀或损坏，不起分水作用时，会使发动机冷却不均匀，需要更换。如果分水管没有损坏，而只是污垢太多，可清除管内的污垢，然后对正进水口，轻轻敲装进去。

④ 水泵。

a. 检查。如果水泵出了故障，水泵的泵水压力就要减小，影响冷却水的循环流动，散热不好。检查泵水压力时，用手握住散热器与缸盖连接的出水胶皮管，使发动机由怠速逐渐加到高速，如手感到水的流量也在加大，证明水泵没问题；如果手没感觉到水量变化，说明水泵有损坏之处，应拆卸水泵检修。把水泵拆开，清洗干净，逐项检查。检查水泵体是否有裂纹，泵轴、轴承有无磨损，并对叶轮、键槽及密封垫等进行检查。

b. 故障排除。如果轴与轴承旷量很大，有噪声，可更换新的。如轴没有弯曲或磨损很小，只换轴承，否则全换。皮带轮的锥形套和半圆键磨损、旷动，也要更换。

如果水泵因胶木水封磨损不均而引起漏水，可拆下，在玻璃上放研磨膏，将其磨平，还可把纱布放平，磨平。若磨损严重，需要更换。

若泵体有裂纹，可将裂缝处削成一小条斜焊口，将泵体预热，用焊条焊好，焊后用加热的冷却粉盖上，慢慢冷却。

如果螺孔的螺纹脱扣，可加大孔径，以改螺纹，或焊上后再改螺纹。

壳体和盖的连接平面若有变形，若不严重可修平，否则要换盖。

⑤ 节温器。

a. 检查。把节温器从出水管口处卸下，放到一个装热水的容器内。最好把节温器悬在容器里，不要放到底，用温度计测量水的温度。让水温逐渐提高，当水温提高到70℃左右时，节温器阀开始开启。当水温到80℃时，节温器阀门应全开启。如果初开和全开时水的温度都超过了上述温度，发动机就会过热。

b. 故障排除。节温器膨胀破裂或者腐蚀，一般都是更换新件，如果没有新件可更换，应对节温器进行修理。

⑥ 风扇。拆下风扇后，先检查风扇叶片表面是否有裂缝，再取一个样板检查一下风扇叶片的角度是否符合规格，风扇叶片的铆钉有无松动。叶片如有裂缝，则应更换。如果铆钉松动，可用锤子敲打几下，铆紧即可。如叶片有变形，可按样板修正。

硅油风扇离合器如果失灵，可旋松圆头内的六角螺钉，将锁止板移动位置，使锁止板端部的指销插入主动轴的孔中，再紧圆柱头内六角螺钉。如果感温器失灵，阀片不转动，进油孔打不开，密封垫圈损坏漏水，需要修理和更换垫圈。

138. 发动机水温过低对机件有什么影响?

当天气很冷，轿车刚起步或下坡逆风行驶时，会因为散热过多而使温度过低，用手触摸就可发现。水温过低会危害发动机。究其原因，一是汽油不易雾化，影响燃烧，同时冷却水传走热量过多，会使发动机功率降低、耗油增多；二是一部分汽油在气缸壁上凝结，破坏润滑油膜，并流入曲轴箱中冲淡机油，燃烧后一部分生成物在气缸内与冷凝水结合而生成酸性物质腐蚀气缸，使发动机磨损显著增加。试验证明，如冷却液温度自85℃降到30℃，发动机功率约降低8%，油耗增加30%～40%，磨损增大约6倍。为了提高功率，减少磨损，节约燃料，必须经常注意防止水温过低。

139. 怎样正确使用封闭式冷却系统?

国产轿车发动机广泛使用封闭式冷却系统，如图1-77所示。散热器盖是密封的，增加了一个膨胀水箱。工作时，冷却液蒸气进入膨胀水箱内，冷却后流回散热器，可防止冷却液的大量蒸发损失，并可提高冷却液的沸点温度。该冷却系统一般都使用加有防腐添加剂的防冻液，它比普通自来水对冷却系统金属的腐蚀性要小很多，并有利于提高散热性能。封闭式冷却系统可保证发动机长时间不用加冷却液。在使用中，必须保证冷却系统密封，才能收到效果。膨胀水箱内冷却液不能注满，加注冷却液必须在“LOW”（低）和“FULL”（充满）线之间。

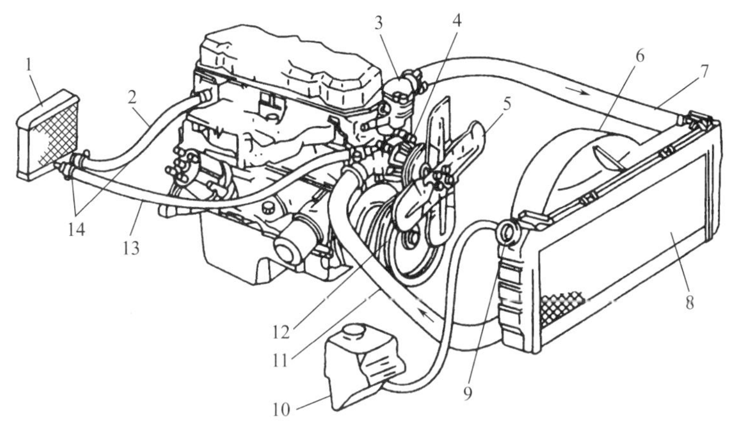

图1-77　封闭式冷却系统

1—暖风机；2—暖风机进水软管；3—节温器；4—水泵；5—冷却风扇；6—护风圈；7—散热器进水软管；8—散热器；9—散热器盖；10—膨胀水箱；11—散热器出水软管；12—风扇传动带；13—暖风机出水软管；14—管箍

冷却系统的作用是使发动机在各种工况下保持正常的工作温度，防止发动机温度过高。为使发动机在冬季启动后能迅速升温以及防止发动机温度过低，发动机安装有冷却强度调节装置，如节温器、百叶窗和风扇离合器等。在发动机启动后，保证发动机迅速升温，在短时间内达到正常的工作温度80～90℃。

140. 冷却系统中的冷却液是怎样循环的?

国产轿车发动机冷却系统中的冷却液循环路线如图1-78所示。冷却液强制循环路线如图1-79所示。冷却液经过水泵增压后，进入发动机缸体水套，从水套吸收热量而升温，然后流入气缸盖水套，通过气缸盖水套经节温器进入散热器，利用散热器外壁的空气流进行散热，最后经散热器出水管返回水泵。冷却液经过如此强制循环，完成降低发动机温度的任务。

冷却液循环分为无旁通阀型和有旁通阀型两种类型。

（1）无旁通阀型　节温器安装在气缸出水口处，无论冷却液温度如何，冷却液都流入旁通水路。

① 当发动机冷却液温度低时，节温器关闭，切断冷却液流入散热器的通路。水泵将冷

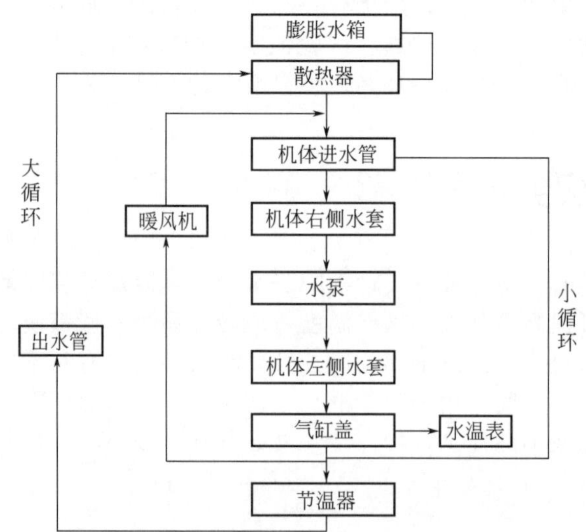

图 1-78　国产轿车发动机冷却系统中的冷却液循环路线

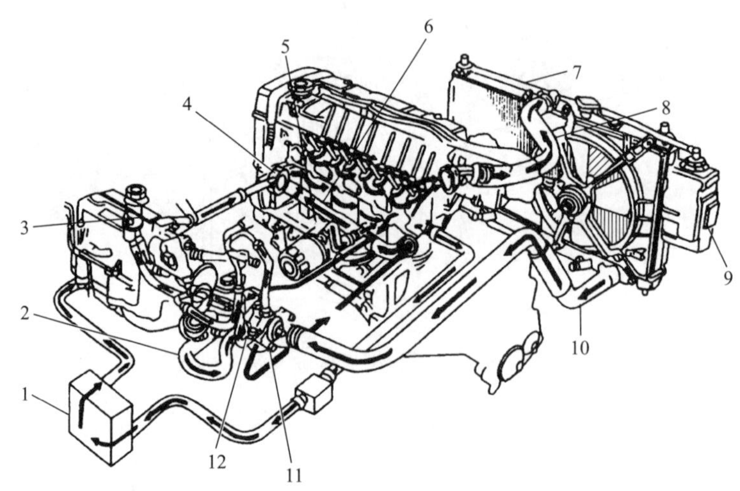

图 1-79　冷却液强制循环路线

1—水暖器；2—旁通管；3—热气排气口；4—水泵；5—机油冷却器；6—连接管；7—散热器；8—水管；9—膨胀水箱；10—水管；11—节温器；12—旁通阀

却液直接压入气缸体及气缸盖的水套，然后通过旁通水路回到水泵，进行水路的小循环，如图 1-80 所示。

② 当冷却液温度升高时，节温器阀门打开，使冷却液流到散热器，冷却液经过散热器冷却后流回水泵，进行水路的大循环。同时冷却液也流过旁通水路，如图 1-81 所示。

（2）有旁通阀型　节温器安装在水泵入水口处，根据冷却液的温度，由旁通阀控制冷却液是否通过旁通水路。

① 当发动机冷却液温度低时，节温器关闭，旁通阀打开，水泵将冷却液压到气缸体与气缸盖水套，然后流经旁通水路回到水泵，进行水路的小循环，如图 1-82 所示。

② 当发动机冷却液温度升高时，节温器打开，旁通阀关闭。冷却液流到散热器，经过散热器冷却后，冷却液经节温器回到水泵，进行水路的大循环，如图 1-83 所示。

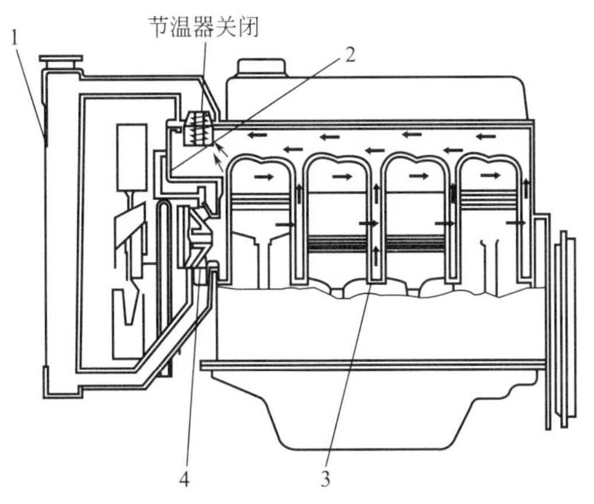

图 1-80 无旁通阀型节温器关闭

1—散热器；2—旁通水路；3—冷却水套；4—水泵

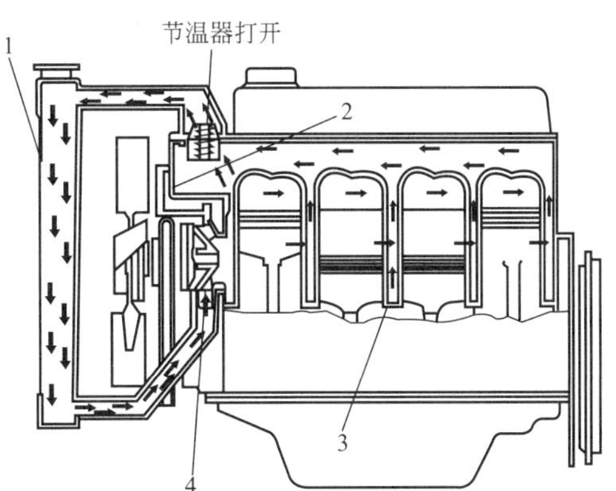

图 1-81 无旁通阀型节温器打开

1—散热器；2—旁通水路；3—冷却水套；4—水泵

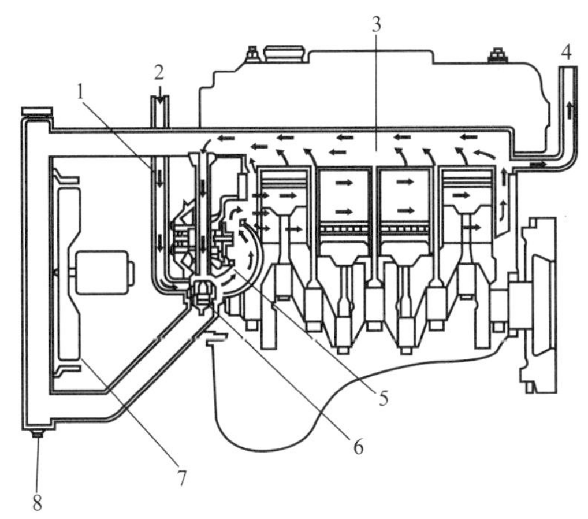

图 1-82 有旁通阀型节温器关闭

1—旁通软管；2—来自暖风；3—冷却水套；4—至暖风；5—水泵；6—节温器；7—冷却风扇；8—散热器

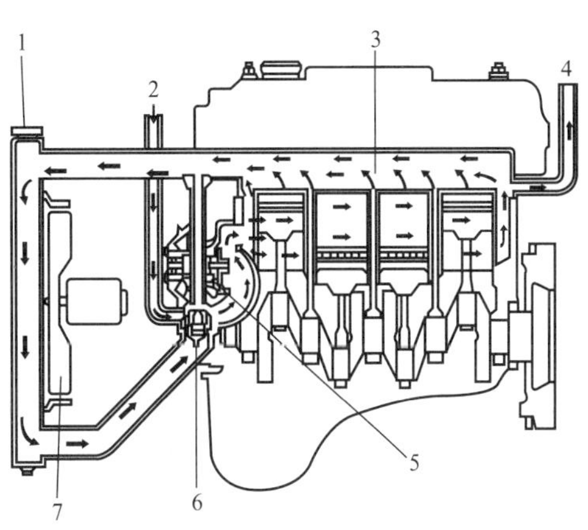

图 1-83 有旁通阀型节温器打开

1—散热器；2—来自暖风；3—冷却水套；4—至暖风；5—水泵；6—节温器；7—冷却风扇

（3）节温器的安装

① 节温器应水平安装在发动机上，并且节温器阀应向上，如图 1-84 所示。

② 当更换冷却液时，在冷却液注入散热器后，必须排除冷却系统内的空气。

③ 有的发动机安装有旁通阀与节温器组合装置，此时不可拆除节温器。因为如果拆除节温器，发动机工作时，大部分冷却液就会流过旁通水路，而不流过散热器，起不到散热作用，导致发动机温度过高。

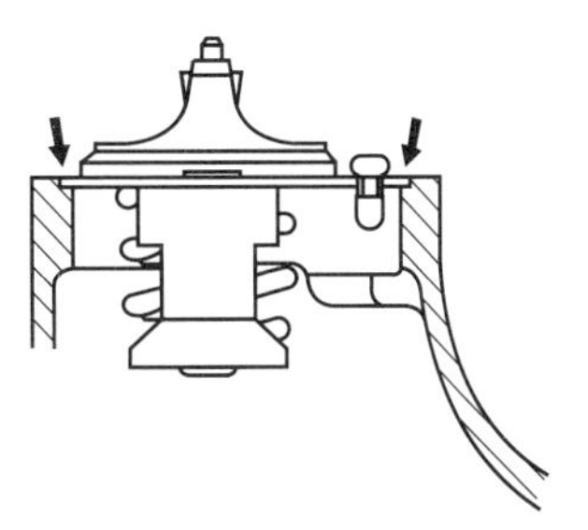

图 1-84 节温器的安装方向

这里需要提醒的是，有些驾驶员和修理工不了解冷却系统的两种不同类型，错认为拆除节温器可以降低发动机温度，而实则拆除节温器将导致发动机过热。

141. 怎样拆装散热器?

桑塔纳、捷达系列轿车散热器的结构如图 1-85 所示，拆装顺序如下。

① 在发动机冷却后，才允许进行散热器的拆卸。首先将蓄电池的正、负极导线拆下，再拆下蓄电池。

② 拆下散热器盖。

③ 拆下散热器出水口连接管，将冷却水放干净。

④ 拆卸温度传感器和电动机导线。

⑤ 拆下散热器进水连接管和旁通水管。

⑥ 拆卸散热器和风扇总成。

散热器的安装程序，与其拆卸程序相反，并注意找正安装位置，拧紧螺栓，上好软管接头，注意上好管接头处的密封圈。

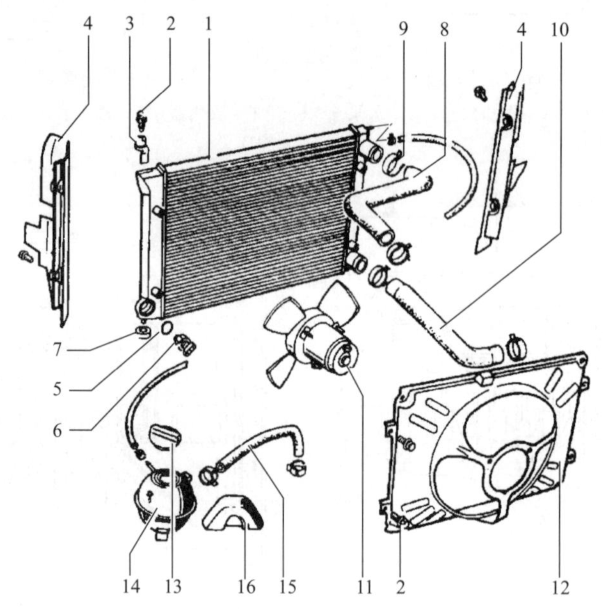

图 1-85 桑塔纳、捷达系列轿车发动机散热器的结构

1—散热器；2—螺栓；3—支架；4—空气导板；5—O 形圈；6—电动风扇热敏开关；7—橡胶垫圈；8—上水管；9—卡箍；10—下水管；11—风扇；12—散热器护风圈；13—膨胀箱盖；14—膨胀箱；15—连接管；16—护罩

142. 怎样检修散热器?

散热器的主要异常是管道沉积水垢，散热片与散热管堵塞，散热管裂纹或脱焊而漏水，以及机械损伤等。

(1) 清洁散热器外表　首先用水冲洗散热器芯，清除其表面的灰尘，如有油污，应用汽油洗净。然后从外部查看散热器上、下水室及芯子，不得有渗漏现象，散热器框架不得有断裂和脱焊现象。散热器芯上如果嵌有杂物，可用细钢丝进行清理。如果散热器片有倒伏，应予扶正，散热器如有扭斜、变形，应压校平整。

检查散热器的紧固情况，散热器应当紧固可靠，前后晃动应无松动现象。散热器与水泵风扇叶片间距离应保持适当。

检查散热器盖。散热器盖与散热器加水管间的密封垫如有损坏，应更换。在车辆使用中，如果发现发动机出水管被吸瘪，则说明散热器盖的进气阀门损坏，应检修或更换散热器盖。

检查补偿散热器的连接管是否有漏气或堵塞现象，发现有漏气或堵塞现象应予以排除，以防补偿散热器的冷却液回不到散热器内。

（2）清洗散热器　发动机大修时必须清洗散热器，以去除散热器内的水垢。先拆除节温器，往冷却系统中加入专用清洗剂和水后，运转发动机 20min。待冷却后排出水和清洗剂，再把水流从软管上直接引入散热器，冲洗出松动脱落的水垢。还要进行逆向冲洗，即水在压力作用下以与正常流向相反的方向冲洗散热器。清洗散热器还可采用拆下散热器放入洗涤器中清洗的方法，即将洗涤器内加入含有 3%～5%的碳酸钠水溶液并加热到 80～90℃；将散热器放入洗涤器中 5～8h 后取出；再将散热器放入温水池中清洗干净。

（3）检查散热器泄漏情况　散热器经外部清洗及清除水垢后，进行水压试验，检查是否漏水。其方法是，在散热器水道中通入 49～98kPa 的压缩空气，并浸在水中，观察散热器的冒气泡的情况及部位，冒气泡处即为漏水部位，应及时做出标记，以便焊修。

（4）散热器损伤的修理　上、下水室和外层散热管破漏可用锡焊修复。破漏处较大时，可用铜皮烫锡后，对破漏处进行锡焊修补；如果内层水管破漏，可将外层散热片剪下，用尖烙铁直接焊修。损坏严重时，允许将个别水管压扁，焊死继续使用或更换新水管。这种方法因为散热片与散热管修复不易全面，散热效率降低，所以更换和堵焊的散热管数量受一定限制。一般散热器散热管的更换数量应不多于 25%，堵焊的散热管应不多于 3 根。超过此限度，应更换散热器。

散热器修复后，应再次进行密封性试验，按规定压力加压后，1min 内不允许有渗漏现象。对多处有泄漏的散热器应予以更换。对少量几处泄漏的散热器，应予以焊补或用散热器堵漏剂进行修复。

143. 怎样拆装桑塔纳、捷达系列轿车水泵？

桑塔纳、捷达系列轿车发动机水泵的结构如图 1-86 所示。水泵总成从发动机上拆卸下来后的分解顺序如下：

① 把水泵本体壳部夹紧并固定在夹具中或虎台上。

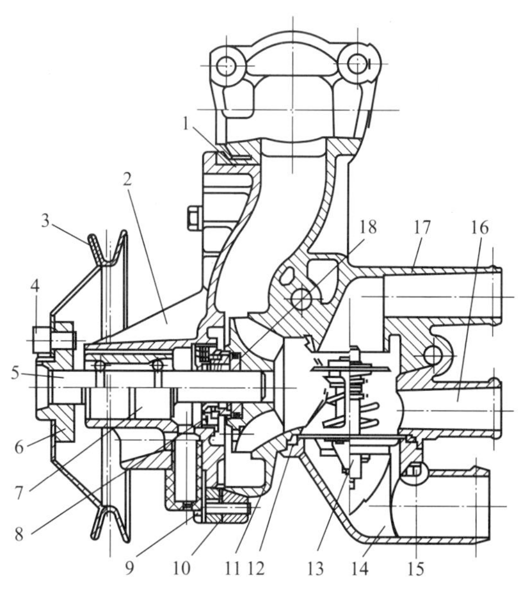

图 1-86　桑塔纳、捷达系列轿车发动机水泵的结构

1—密封垫；2—水泵前壳体；3—水泵皮带盘；4—皮带轮螺栓；5—水泵轴；6—水泵轴凸缘；7—轴承；8—水封；9—水泵壳连接螺栓；10—密封垫；11—水泵壳体；12—密封圈；13—节温器；14—水泵主进水口；15—进水管紧固螺栓；16—热交换器（暖风）回水进水泵口；17—小循环进水口；18—水泵叶轮

② 拧松皮带盘紧固螺栓，拆下皮带盘。

③ 分解前盖与泵壳，但注意分批拧松紧固螺栓。

④ 用拉具拆卸皮带轮凸缘。

⑤ 用拉具拆卸水泵叶轮，应小心操作，防止损坏叶轮。

⑥ 压出水泵轴和轴承。

⑦ 分解水泵轴与轴承。

⑧ 压出水封、油封。

⑨ 放松泵本体壳，换位夹紧，拆卸进水口接头的紧固螺栓，取下该接管。

⑩ 拆卸下密封圈。

⑪ 拆卸下节温器。

⑫ 更换所有衬垫及密封圈。

捷达轿车发动机冷却系统的结构如图 1-87 所示。安装时基本顺序与拆卸顺序相反，除了更换密封件外，其余各零部件均应进行清洗、检查、测量，合格件才能使用。应特别注意水泵叶轮与水泵壳的轴向间隙，水泵叶轮与壳体的径向密封处的间隙。注意轴承的润滑条件。

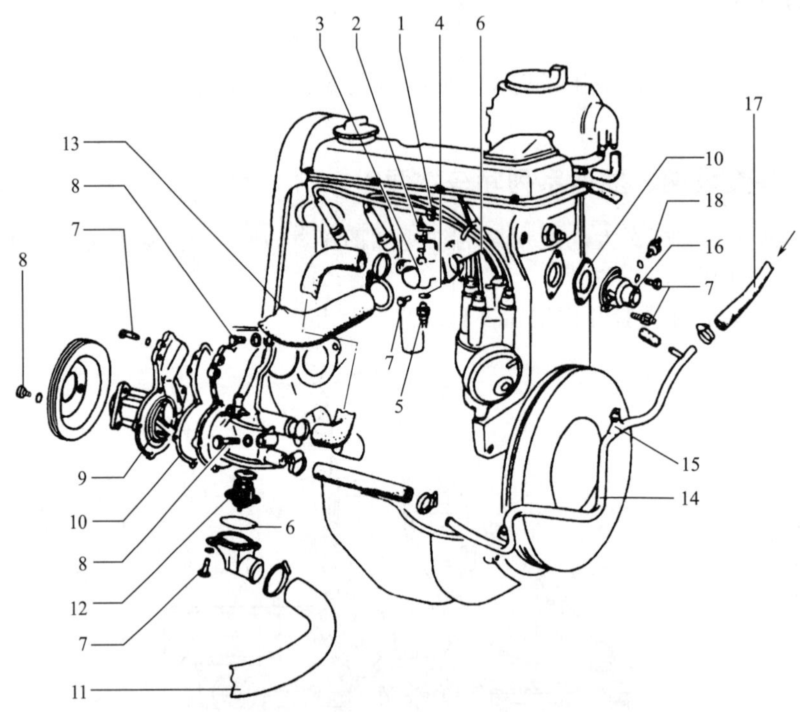

图 1-87 捷达轿车发动机冷却系统的结构

1—自动阻风门热敏开关；2—混合气预热器热敏开关；3—管接头；4,6—O 形圈；5—水温表传感器；7,8—螺栓；9—水泵；10—密封垫；11—下水管；12—节温器；13—上水管；14—冷却液连接管；15—通向储液罐；16—通向热交换器；17—来自热交换器；18—温度传感器

144. 怎样检修水泵?

国产轿车在使用中如果水泵出现故障或损坏，可做以下检查和修理。

（1）水泵的检查

① 检查泵体及皮带轮有无磨损及损伤，必要时应更换。

② 检查水泵轴有无弯曲、轴颈磨损程度、轴端螺纹有无损坏。

③ 检查叶轮上的叶片有无破碎、轴孔磨损是否严重。

④ 检查水封和胶木垫圈的磨损程度，如超过使用限度应更换新件。

⑤ 检查轴承的磨损情况，可测量轴承的间隙，如超过 0.10mm，则应更换新的轴承。

（2）水泵及座的修理

① 水泵取出后，可按顺序进行分解。分解后应将零件进行清洗，再逐一检查，看其是否有裂纹、损坏及磨损等缺陷，如有严重缺陷者应予以更换。

② 水封及座的修理：水封如磨损起槽，可用砂布磨平，如磨损过甚应予以更换；水封座如有毛糙刮痕，可用平面铰刀修理或在车床上修理。在大修时应更换新的水封组件。

③ 在泵体上具有下列损伤时允许焊修：长度在 30mm 以内，不伸展到轴承座孔的裂纹；与气缸盖接合的凸缘有破缺部分；油封座孔有损伤。

④ 水泵轴的弯曲不得超过 0.05mm，否则应更换。

⑤ 叶轮叶片破损应予以更换。

⑥ 水泵轴孔径磨损严重应更换或镶套修复。

⑦ 检查水泵轴承是否转动灵活或有异常响声，如有说明轴承有问题，应予以更换。

⑧ 水泵装配好后，用手转动一下，泵轴应无卡滞、叶轮与泵壳应无碰擦。然后检查水泵排水量，如有问题，应查找原因并排除。

145. 水泵异响是什么原因?

① 轴上的叶轮松动。

② 水泵轴后端间隙过大。

③ 转子叶片与泵体壁相摩擦。

④ 水泵轴承缺少润滑油。

⑤ 轴与轴承之间间隙过大。

⑥ 叶轮销断裂。

⑦ 水泵轴承损坏。

⑧ 水泵的密封件太硬。

146. 怎样拆卸与检修散热器盖?

（1）散热器盖的安装　散热器盖安放在加水口上后，对准加水口上的外缘缺口，用手向下轻压，然后旋转一个角度，使盖与加水口上缘扣紧，当旋转到盖的对称凸耳的中心线与溢流管中心线相一致时，即为正确的安装位置。

（2）散热器盖的拆卸　在发动机热状态下开启散热器盖时，应停机后 15min 或温度低于 100℃时，用抹布保护手慢慢松开散热器盖直到安全锁舌处，在这个位置任何蒸气和沸腾的冷却液均可通过溢流管排出，然后拆下散热器盖。

（3）散热器盖的检修　检查散热器盖上的密封垫是否有老化变形、弯曲、起泡等现象，如有应予以更换；检查散热器盖上压力阀和真空阀是否有变形、损伤和锈蚀等现象，如有应予以更换；检查弹簧是否有变形、弹力失效和阀门工作不正常等现象，如有应予以更换；检查盖与阀座间水垢存积状况，清除水垢，保持阀的正常工作。

147. 怎样检修节温器?

（1）节温器的拆卸

① 在发动机处于停机、冷态时，进行节温器的拆卸作业。

② 将蓄电池负极导线拆下。

③ 按规定的程序，把冷却系统的冷却液排放干净。

④ 取下散热器的连接管，拆掉出水套管，将节温器取出。

（2）节温器的安装　安装程序与拆卸程序相反，但应注意：

① 发动机大修后的节温器，应使用新的密封垫。

② 安装完毕后，加注冷却液，启动发动机运转，看看是否有渗漏现象。

（3）节温器的检修

① 外观检查：检查节温器的阀门、弹簧是否有变形、失效、污物等，如有予以清理或更换。

② 检查节温器：将节温器置于盛水容器内，逐渐加热，观察节温器始开和全开时的温度，如果开启温度不符合规定，则应更换节温器，如图 1-88 所示。

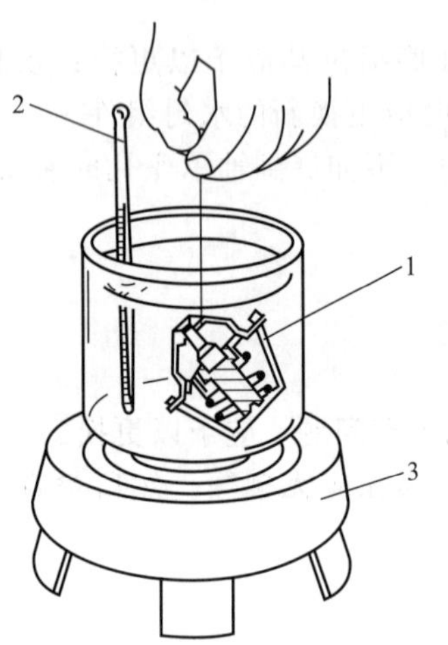

图 1-88　检查节温器性能

1—节温器；2—温度计；3—加热器

148. 怎样清洗冷却系统？

（1）简单清洗　洗涤时，应放净旧冷却液，将发动机冷却系统加满清洁水（自来水），启动发动机运转 5min 后放出。放出的水若比较污浊，应重复上述步骤，直至水清为止。

（2）彻底清洗　当发动机散热性能不好、发动机冷却系统水垢过多时，可使用专用的散热器清洗剂进行清洗。冷却系统洗涤步骤如下。

启动发动机，使其达到正常的工作温度后，停止发动机转动并放净冷却液，将混有清洗剂的清洗液加入到冷却系统中。启动发动机，使发动机温度达到正常工作温度并怠速运转 20～30min，然后使发动机停止转动，放出清洗液。

用清洁的水冲洗冷却系统 5min 后将发动机内注满清洁的水，再启动发动机使其运转 10min 后放出即可。如果排出的液体较脏，应继续用清水反复清洗直到放出清水为止。

清洗冷却系统时，如果发动机温度低于正常温度 85℃时，则节温器阀不能打开，清洗液只做小循环，并不在散热器和缸体水套中循环。所以，必须保持在正常温度。

在清洗冷却系统后，应再次检查散热器的冷却液情况。如果发现散热器口有气泡出现，说明冷却系统内混有空气。常见的原因是气缸内的气体进入冷却系统，应到维修厂排除故障。

（3）冷却液使用注意事项　冷却液及其添加剂均为有毒物质，切勿接触，并应置于安全场所；冷却液的使用浓度（体积分数）为 40%～60%；放出的冷却液不宜再使用，应严格按有关法规处理废弃的冷却液；凡更换缸盖、缸垫、散热器时，必须更换冷却液；发动机热态时，冷却系统内仍处于高温高压状态，此时切勿打开散热器盖，以防烫伤；发现冷却液大量损耗，则必须待发动机处于冷态时，方可添加冷却液，以免损坏发动机；紧急情况下，若全部加入纯水，在低温地区则须尽快按规定添加冷却液添加剂，使冷却液浓度恢复正常状态，以防止结冰，造成零件损坏；冬季来临前应检查一下冷却液浓度，并按规定调配浓度，保证冷却液具有足够的防冻能力。

149. 怎样预防水温过高？

水温过高，将使发动机过热而产生以下危害。

① 气体膨胀较大，使进气量减少，发动机功率降低。

② 机件膨胀较多，配合间隙减小，甚至可能使活塞与气缸咬住；同时润滑油变稀，润

滑情况恶化，使运动机件迅速磨损。

为了防止冷却液温度过高，使用中必须采取以下措施。

① 保持冷却系统的外部和内部清洁，是提高散热效能的重要条件。散热器外部沾有泥土、油污或散热片因碰撞而变形时，均影响风量的流过，使冷却液温度过高，应及时清洗和修整。冷却系统内积有水垢、泥土或油污时，都会影响冷却液的传热。冷却液内含的矿物质越多，沉积的水垢也越多，而水垢的传热能力只有金属的几十分之一。因此，应加注原厂规定的冷却液。

② 保持冷却液数量充足。当发动机处于冷态时，冷却液液面在膨胀水箱内位于最高和最低标志之间。桑塔纳轿车冷却系统膨胀水箱内装有自动液位报警装置，当液面过低时，位于仪表板中的冷却液温度液面警告灯会连续闪烁。当液面低于最低位置时，应及时添加冷却液。

③ 保持风扇皮带张紧力适当。皮带过松，使水泵转速降低，影响冷却液的循环，并加速皮带的磨损。但过紧又会使水泵轴承和皮带磨损。皮带上不能有油污。

④ 防止发动机在大负荷情况下工作时间过长。发动机负荷很大时，引起冷却水温度过高，因此，轿车在爬坡时，为防止冷却水温度过高，应及时换入低速挡，以适当减轻发动机负荷。

150. 发动机熄火后风扇为什么还在运转？

轿车发动机广泛采用温控风扇，如大众系列桑塔纳和捷达等轿车发动机散热风扇是由散热器内温控开关来控制的。当水温达到 93～98℃时风扇开始运转，当水温降到 88～93℃时，风扇停止转动。如果发动机熄火后，散热器温度仍高于 88～93℃，风扇继续运转是正常的。

当水温警告灯点亮，应立即停车检查冷却液液面是否太低，若低应添加冷却液，查看风扇是否运转。

151. 怎样检查与调整风扇 V 形带松紧度？

风扇 V 形带过松，风扇、水泵转速低，发动机会过热；发电机转速低，充电率不足；V 形带打滑，磨损大，使用寿命短。风扇 V 形带过紧，水泵轴承和发电机轴承受力过大，易磨损，水泵和发电机使用寿命短。调整风扇 V 形带松紧度的操作步骤如下。

① 拇指以 40N 的力压在风扇和发电机带轮之间的 V 形带上，检查 V 形带压下的距离，一般为 10～15mm，如图 1-89 所示。

② 不符合规定时，旋松发电机支架和调节支架的螺栓，将发电机向外或向内移，当 V 形带松紧度符合规定时，将支架螺栓固定。

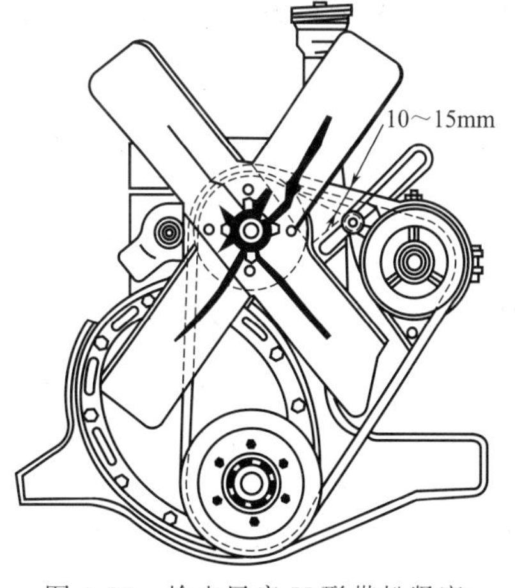

图 1-89 检查风扇 V 形带松紧度

152. 风扇皮带过紧或过松对发动机有什么危害？

风扇皮带太紧，增加它本身所受的拉力。十字形四叶式风扇的夹角为 90°，第一叶的撞击和第二叶、第三叶、第四叶的撞击间隔相等的时间，使振波继续加强，声响加大。X 形风扇因叶片的夹角角度不等，第一次撞击和第二次撞击的时间间隔不均，使振波减弱，声响减小。

153. 风扇 V 形带产生噪声的原因有哪些？

① V 形带磨损或老化。

② V 形带与带轮的沟槽配合不良。

③ V 形带太紧。

④ V 形带或带轮上有油。

⑤ 带轮破裂或折断。

⑥ 带轮没有安装好，带轮螺栓松动。

⑦ V 形带过松。

154. 怎样检查风扇电动机工作是否正常？

把风扇电动机的正极与蓄电池的正极相连，把风扇电动机的负极与蓄电池的负极相连，如图 1-90 所示。如风扇旋转，表明工作正常，否则应更换风扇电动机。

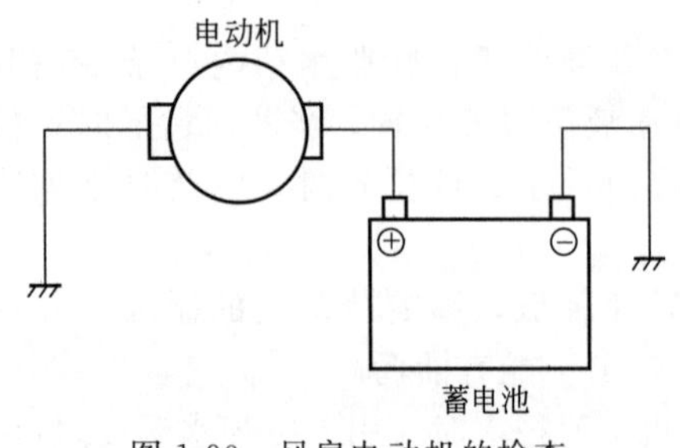

图 1-90 风扇电动机的检查

155. 风扇产生噪声的原因有哪些？

① 风扇叶片变曲。

② 风扇叶片与毂连接处断裂。

③ 风扇叶片不平衡。

④ 风扇叶片撞击散热器。

⑤ 风扇轴端隙过大。

⑥ 风扇轴与轴承的配合间隙过大。

⑦ 风扇轴承损坏。

⑧ 轴承缺少润滑油。

156. 怎样检查冷却系统温控开关？

将温控开关放入水中，把万用表选为电阻挡，将两个表笔分别接在温控开关的接线端和外壳上，改变水的温度，观察万用表指针的变化。当水温达到 92℃左右时，温控开关开始导通，万用表指针指示接通。当冷却水温开始下降时，温控开关仍然导通，当冷却水温降至 87℃左右时，万用表指针应指示断开。

157. 怎样检查冷却液温度表感应塞？

检查冷却液温度表感应塞如图 1-91 所示。使冷却液温度升高并测量其电阻值是否在标准值内，在 70℃时其电阻值应为（104.0±13.5）Ω。安装发动机冷却液温度表感应塞时，将密封胶涂于螺纹部位并拧紧。

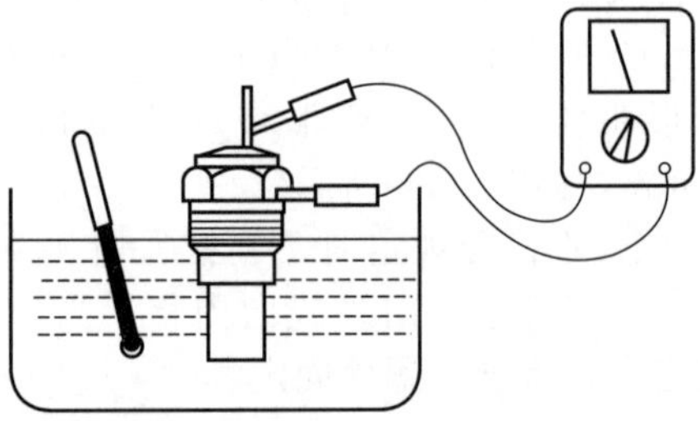

图 1-91 检查冷却液温度表感应塞

158. 怎样更换发动机冷却液？

发动机冷却液使用过久应进行更换，其方法步骤如下。

① 将车放在平地位置，将冷却液放在容器内。

② 拧下散热器盖。如发动机温度过高，则不要急于将散热器盖打开，以防热水烫伤。检查冷却液质量。

③ 将散热器放水开关拧松。如使用四季通用的防冻液，一般可使用两年无须更换。如采用乙醇和水配成的防冻液，因为仅能在冬季使用，故冬季过后，即应完全放净，并将整个

冷却系统冲洗干净。

④ 将放水开关关好，向冷却系统内注满清水或四季通用的乙二醇-水防冻液，并按标准加至膨胀水箱“FULL”的标记，约占膨胀水箱容积的2/3。不可加满冷却液，必须留有蒸气的膨胀余地。

⑤ 在加冷却液快加满时，可启动发动机，使冷却液循环，循环时会把冷却系统内的空气排出，并使加水口冷却液面降低，应按标准补足。

⑥ 必须使用优质冷却液，其防沸功能的沸点在107℃以上，如散热器盖密封良好，沸点可达110℃以上。冷却液的沸点越高，冰点就越低，一般冰点为－50～－25℃，能有效地防止冬天结冰。在冷却液内添加有阻垢剂，阻垢率达98%，因而不会产生水垢。冷却液中有防腐剂，能有效地对金属表面起保护作用。如果使用劣质冷却液会使发动机腐蚀。

159. 为什么在发动机加机油口盖内发现一层灰白色黏状物?

灰白色物质是机油和水蒸气形成的。若加机油口盖挂满了乳白色机油，可能是气缸垫密封不良，致使冷却水流进油底壳造成的。

检查气缸垫是否密封不良，应拆下散热器盖，检查冷却液质量，如果冷却液面浮有斑状油滴，即判断是气缸垫损坏了。

160. 为什么发动机罩有潮湿现象?

主要原因是水泵水封损坏，冷却水从密封处泄漏出来，滴在曲轴带轮上后，在离心力的作用下，水被溅得到处都是。出现这种现象后，将会使发动机温度过高，应及时检修水泵，消除漏水现象。

161. 怎样检查散热器是否渗水?

(1) 散热器盖的检查　将散热器盖检验器装到散热器上，并对散热器盖加压，检查压力的大小，其压力应大于或等于极限值。标准值为73.5kPa，极限值为63.7kPa。若测得的压力低于极限值，应更换散热器盖。

(2) 散热器密封性能的检查　将散热器加满水，然后连接上压力测试器，如图1-92所示。推动测试器，使压力升到11.8kPa，检查压力是否下降。发现漏水处应进行焊修，必要时更换散热器。

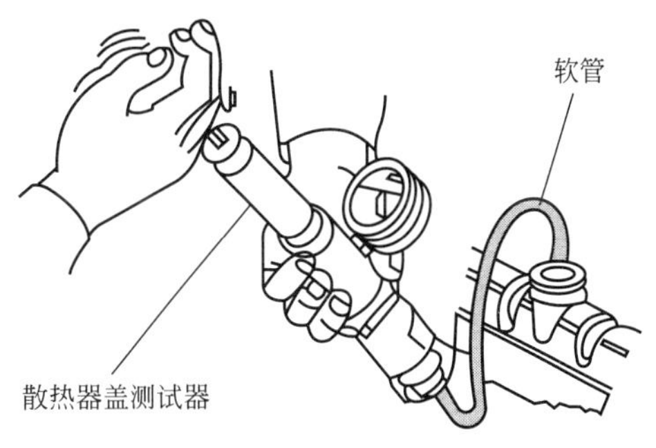

图1-92　散热器密封性能的检查

162. 怎样检查硅油风扇离合器?

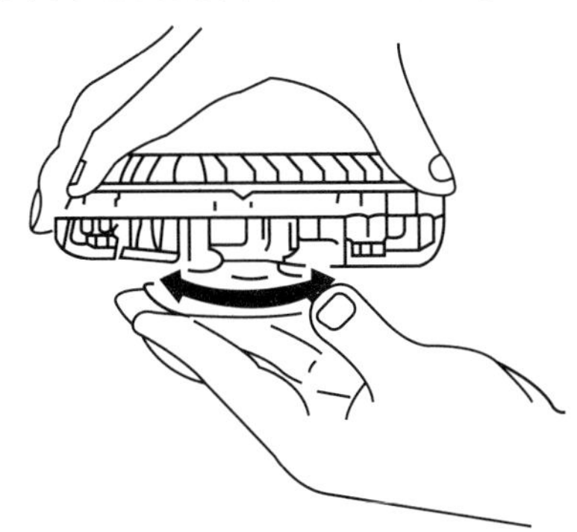
图1-93　检查硅油风扇离合器和双金属弹簧

(1) 硅油风扇冷状态检查　车辆在过夜之后，硅油风扇的驱动片和从动片仍残留有硅油，由于硅油黏度很高，这时在未启动发动机前，用手拨动风扇应感到有阻力。然后将发动机启动，使其在冷状态下以中速运转1～2min，以便使工作室内的硅油返回储油室。这时，在发动机停止转动以后，用手拨动风扇应感到轻松。

(2) 硅油风扇热状态检查　启动发动机，在水温接近90～95℃时，仔细观察风扇转速的变化。如风扇转速迅速提高，以致达到全速时，将发动机熄火，用手拨动风扇，感到有阻力为正常。

(3) 离合器和双金属弹簧的检查　检查离合器有无漏油现象。检查双金属弹簧是否良好，如图 1-93 所示。必要时更换硅油离合器总成。

163. 怎样检查电动风扇故障?

目前轿车广泛采用电动风扇，使发动机低温时风扇不转动。电动风扇由电动机、风扇、继电器和水温感应器（开关）组成。继电器和水温感应器组成控制电路，控制电动风扇工作。当冷却水温达到 95℃以上时，感应器接通继电器控制电路，继电器工作，将电动风扇电源接通，风扇转动。当冷却水温降至 87℃时，感应器切断继电器控制电路，继电器停止工作，将电动风扇电源电路断开，风扇停止工作。

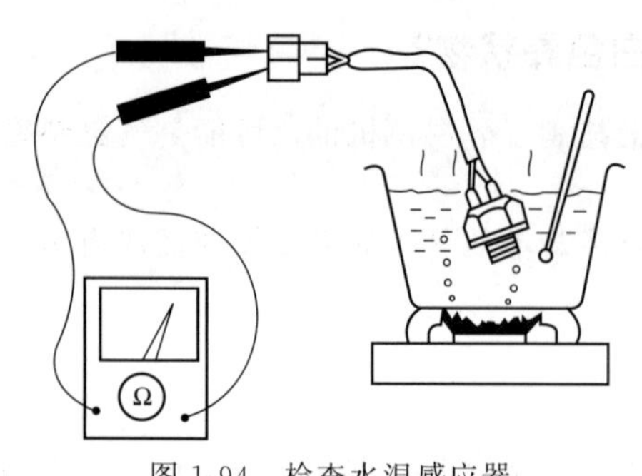

图 1-94　检查水温感应器

① 在车上检查时，应将点火开关旋至“ON”位置（受水温感应器控制的风扇应脱离其温度控制），观察风扇，转动应平稳，用电流表测量其电流应在其标准范围内。

② 检查水温感应器，如图 1-94 所示，当水温达到 95℃时，感应器应将电路接通，否则应更换感应器。

③ 风扇叶片应无破损、弯曲、变形等，否则应更换。

④ 检查电动风扇电枢线圈、磁场线圈应无断路、短路及搭铁。

164. 怎样检修电动机冷却风扇及热敏开关?

电动冷却风扇是由冷却液温度作用的热敏开关控制的。风扇 1 挡，转速为 1600r/min，工作温度为 93～98℃；风扇 2 挡（快速），转速为 2400r/min，工作温度为 105℃，关闭温度为 93℃～98℃。

冷却液温度高于 98℃时风扇不转，应先检查熔丝是否熔断。如果熔丝良好，再拔下热敏开关插头，将两插片接通。此时若风扇仍不转，表明电动冷却风扇损坏，应予更换；若两插片接通后风扇转动，表明热敏开关损坏，应更换热敏开关（热敏开关应以 25N·m 的力矩拧紧）。

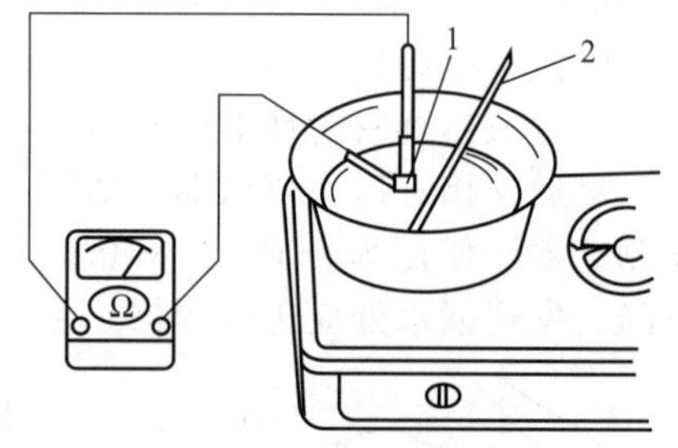

图 1-95　热敏开关的检查
1—热敏开关；2—温度计

热敏开关也可用万用表检查，如图 1-95 所示。将热敏开关拆下并放入水中，然后逐渐加热并用万用表电阻挡测量热敏开关接线端与外壳间的电阻。当水温达 93～98℃时，万用表指针应指示热敏开关断开（电阻为无穷大），否则表明热敏开关损坏，应更换。

165. 怎样修理散热器零件?

(1) 上、下储水室

① 拆下储水室，应由两人配合工作，先在储水室顶面焊两个钩环或钢片。每人各持一个 0.5kg 重烙铁解焊缝，手提钩环，使水室与主片分离。为避免加热时间过长使主片与冷却管同时脱焊，可将散热器直立于水槽中使水淹没芯部。

② 储水室的局部出现少量腐蚀针孔时，可用烙铁在此局部热镀一层焊料，作为暂时性修补。

③ 储水室碰伤塌陷的修复。在凹坑的底部焊一个钩环。在拉起的同时，以小锤修整四周，使表面平整。然后将钩环解焊。

（2）疏通冷却管

① 在修理厂内，可将散热器拆下，在清洗槽内用10%～15%的苛性钠或工业苏打（每升水溶100g左右）溶液将铜质散热器浸没并煮半小时。在加热过程中，应不断摇动散热器，加速溶液流动。煮毕用热水冲洗（但不可用此方法来修理铝散热片的散热器）。

② 在大修厂里，可将上储水室拆掉，直接用通条疏通。

（3）更换冷却管 大修中，应尽力恢复散热器的性能。对于临时应急掐死、折断的冷却管须拆除，以便换用新管。电阻加热片是用直径约3mm的电炉电阻丝加热压扁制成的，宽约10mm，厚约0.6mm，插入冷却管部分应用云母片包好，以便与冷却管绝缘。

插入电阻加热前，应预先将冷却管整形，以便插入。

通电加热至焊料完全熔化后，滞留半分钟迅速断电，均匀用力拉出散热管。对于中间剪断处，可从两端同时拉出（或再加热一次拉出），换新冷却管时，须先在管外表浸镀一层焊料（宜使用三号或四号锡铅焊料）。用烙铁熔融主片主孔中的焊料，用布揩净，使孔宽敞。直立芯体，将管内衬以通条，前端宜略收回，借助通条插入芯体，串通全长后将通条抽出。修整冷却管两端，并略扩口。插入电阻加热片，通电焊合。最后，用小烙铁将管与主片焊合。

（4）梳理散热片 为保证散热器的散热效率，减小其通风阻力，降低风扇动力消耗，应及时将倒伏的散热片扶正。

166. 发动机漏水有哪些原因?

一般采用水冷的轿车，行驶中发动机过热，冷却液消耗过甚，刚刚驶过路面上有点滴水渍。

发动机在发生漏水故障时有下述现象。

① 散热器、气缸体水套、水管及接头等处破损，使冷却液流失，水泵漏水。

② 气缸筒有裂纹、渣孔，或气缸垫损坏，密封不严，冷却液渗入气缸筒并随工作过程被排出机外。

③ 湿式缸套下水封损坏或缸体有缺陷，冷却液流入曲轴箱油底壳内。

④ 突然感到行驶无力，发动机发出“扑噜、扑噜”声响。或停放过夜，次日发动机突然不能启动。

167. 发动机漏水时怎样检查?

① 用原车机油尺检查机油时，如油面增高、油质变差，同时伴有冷却液消耗过多，说明气缸冷却水套下部有渗漏处。

② 检查油底壳内的机油有无水珠。汽油泵膜片破裂，也会造成汽油混入油底壳内，使机油油面升高。

③ 气缸垫烧坏漏水时，水箱水变少，发动机外部有水渗出。

④ 机油内混有汽油时，黏度下降，显著变稀；机油内混有水时，颜色变浅，水分和机油经曲轴旋转的激烈搅拌后，常呈现出浮黄色、气缸体须做压力试验，确诊漏水部位，并及时更换变质的机油。

168. 为什么发动机运转时散热器正常，停车后却“开锅”?

发动机运转时，水套中的水是流动的，虽然气缸内温度很高，但水未加热到沸腾就流走了。机器带负荷突然停车后，气缸内温度仍然很高，水泵停转，水泵中的水停止流动，迅速被气缸壁和气缸盖壁加热，有时直至沸腾，因此这是一种正常现象。一般水冷发动机停车后最好怠速转 2～3min，使水温降低一些，就可避免开锅。现在轿车都装有电子扇，停车时水温一高电子扇便开始运转，减少了“开锅”现象。

有电子扇的轿车不会出现停车“开锅”现象，如果电子扇损坏，有可能“开锅”。

169. 冷却水泵为什么吸水量小？

冷却水泵所吸的水量应该满足发动机冷却的需要。如果冷却水泵出现吸水量小甚至不吸水的情况，主要原因有以下几点。

① 水泵的传动齿轮松动或有损坏。

② 水泵叶轮轴上的键销脱落或固定螺钉松脱，以致引起叶轮在轴上滑动。

③ 水泵叶轮被污泥或其他杂物所堵塞。

④ 水泵叶轮磨蚀过甚。

⑤ 水泵叶轮与泵壳的间隙太大（一般规定水泵叶轮两面的间隙不应超过 0.3mm 左右）。

⑥ 水泵吸水管堵塞。

⑦ 水源的高度低于水泵的高度过多。

170. 怎样预防发动机水套生锈？

水遇到铁、铝和空气中的氧会发生化学作用，而变成铁锈或铝锈。气缸水套由合金铝和生铁铸成，水中免不了有气泡存在，于是冷却系统内金属件逐渐锈蚀，甚至不能使用。在散热器内阻塞水道的固体，铁锈占 90%。

空气的来源，多半因散热器上水箱水面过低，在高速时冲入散热器的水流甚急，带进一部分空气泡。等到空气泡随水流进入水套后，水套内的锈蚀作用可能较平常加快 30 倍。空气泡的另一个来源是水泵一边吸水一边泄漏，发动机转动时，由此漏缝吸进空气。

水的温度，也能加快锈蚀作用。如在 80℃正常工作温度时的锈蚀作用较 20℃时更快些。

水内含有矿物盐，对冷却系统金属尤其不列，天然水（硬水）内包含的石灰质和其他矿物质，能在水套内结水锈，可以加速锈蚀。水锈日积月累的结果，几乎可以填塞水套，对冷却系统的影响很大。

为保持冷却系统优良的性能，除了做好经常性的保养和清除工作之外，还必须设法防止锈蚀的作用，如果处理得当，可以减少 95%的铁锈。

防锈应注意不使冷却系统缺水，保持冷却系统的封闭性，不能漏气，以及尽可能加注清洁的软水和防冻液。另外还可以加一种防锈剂，其为可溶性油液或盐类，它的作用是防锈，但不能排斥原有的铁锈。在加注前要将冷却系统冲洗干净。合格的防冻液内，已加入适量的防锈剂，所以冬季加用优良的防冻液前，不必再加防锈剂。

171. 冷车启动时，水温很快升高是什么原因？

冷车初启动时水温很快升高，冷却水“沸腾”，多为节温器主阀门脱落并横卡在散热器进水管内，阻碍了冷却水的大循环。因为这种故障能使冷却压力迅速升高，当内部压力达到一定程度时，便突然冲击卡滞的主阀门改变其方位，突然导通大循环水路，此时沸腾的水便迅速冲击散热盖。

气缸垫若烧坏，有时也能使水箱向外溢水和排出气泡，呈现冷却水沸腾现象。因为气缸垫烧蚀和缸盖、缸套出现裂纹，使高压气体窜入水套，因而会冒出激烈的水泡。

第二章 底盘部分故障诊断与排除

第一节　离合器故障诊断与排除

1. 怎样检修离合器操纵机构?

（1）离合器分离轴承的检查　用手转动分离轴承，应灵活自如，没有过大的噪声和阻力。分离轴承为封闭式，不能拆卸清洗或充加润滑剂，若损坏时必须更换。

（2）检查离合器踏板衬套的磨损　若衬套与踏板轴间隙过大，应从踏板上冲出衬套并更换。

（3）离合器分离叉轴衬套的磨损检查　若与离合器分离叉轴的间隙过大时，应更换衬套。

（4）离合器拉索的检查　如图2-1所示，检查离合器的拉索内线3，若有断股、开焊，应更换。用拉索注油器2套住拉索内线3，用油壶4向拉索注油器2加油后，再旋动注油器的螺栓1，将机油压入拉索内，并保证拉索内线3应在外皮内滑动自如。

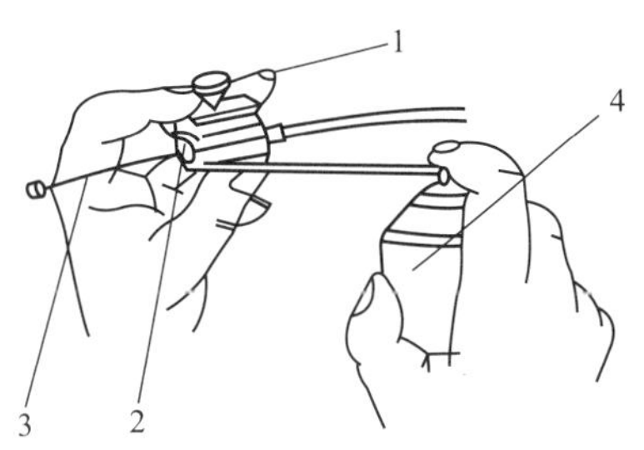

图2-1　离合器拉索的注油
1—螺栓；2—拉索注油器；
3—拉索内线；4—油壶

2. 怎样诊断与排除离合器分离不彻底故障?

（1）故障现象　发动机怠速运转，踩下离合器踏板，原地挂挡有齿轮撞击声，且难以挂入，情况严重时，会导致发动机熄火。

（2）故障原因及排除方法

① 离合器自由行程过大，当踩下踏板时不能使膜片弹簧充分压缩。排除方法是进行调整。

② 从动盘正反面装错，造成从动盘仍与飞轮有摩擦。排除方法是重新装配。

③ 从动盘翘曲变形，使从动盘与飞轮或压盘仍有摩擦。排除方法是进行校正从动盘。

④ 从动盘花键毂在变速器一轴（输入轴）上移动不灵活，造成从动盘与压盘或飞轮仍有摩擦，使离合器分离不彻底。排除方法是更换从动盘。

3. 怎样诊断与排除离合器起步发抖故障?

（1）故障现象　起步时，离合器不能平稳结合，而产生抖动。

（2）故障原因及排除方法

① 从动盘的钢片或压盘发生翘曲、变形，造成从动盘不能正常与飞轮或压盘接合。排除方法是更换从动盘或压盘。

② 飞轮与从动盘的接触面偏摆，造成飞轮与从动盘不正常接触。排除方法是修复飞轮。

③ 从动盘上缓冲片或减振弹簧折断，造成从动盘不正常工作。排除方法是更换从动盘。

④ 从动盘上铆钉松动或露出，造成铆钉与飞轮或压盘接触。排除方法是更换从动盘。

⑤ 压盘总成与飞轮的固定螺栓松动，造成从动盘与压盘不正常接触。排除方法是紧固螺栓。

4. 怎样诊断与排除离合器打滑故障?

(1) 故障现象　当放松离合器时，轿车不能起步；加速时发动机转速上升，但车速不相应升高；上长坡时，离合器冒烟且有煳味。当拉紧驻车制动器进行起步试验时，发动机本应熄火，若不熄火，表示离合器确实打滑，如图 2-2 所示。

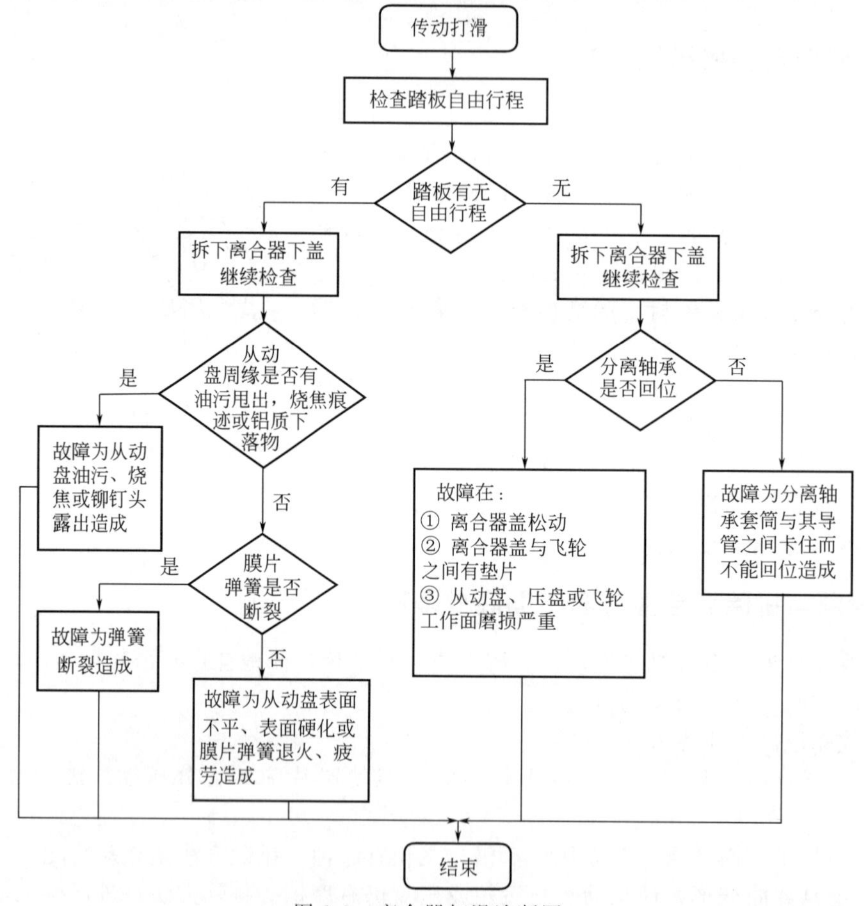

图 2-2　离合器打滑诊断图

(2) 故障原因及排除方法

① 离合器踏板自由行程太小或没有，膜片弹簧力全部或部分作用在操纵机构，而使从动盘不能很好地与飞轮及压盘压紧。排除方法是调整离合器自由行程。

② 从动盘上有油污，造成从动盘表面摩擦力减小。排除方法是去除从动盘油污并排除漏油故障。

③ 从动摩擦片、压盘和飞轮工作面磨损严重，厚度减薄。排除方法是更换从动盘。

④ 弹簧退火，膜片弹簧疲劳或开裂。排除方法是更换压盘总成。

⑤ 离合器压盘与飞轮之间固定螺钉松动。排除方法是紧固螺栓。

⑥ 分离轴承套筒与其导管之间因油污、尘泥或卡住而不能回位。排除方法是清洗导管。

5. 怎样诊断与排除离合器异响故障?

（1）故障现象　离合器分离或接合时发出不正常响声，如图 2-3 所示。

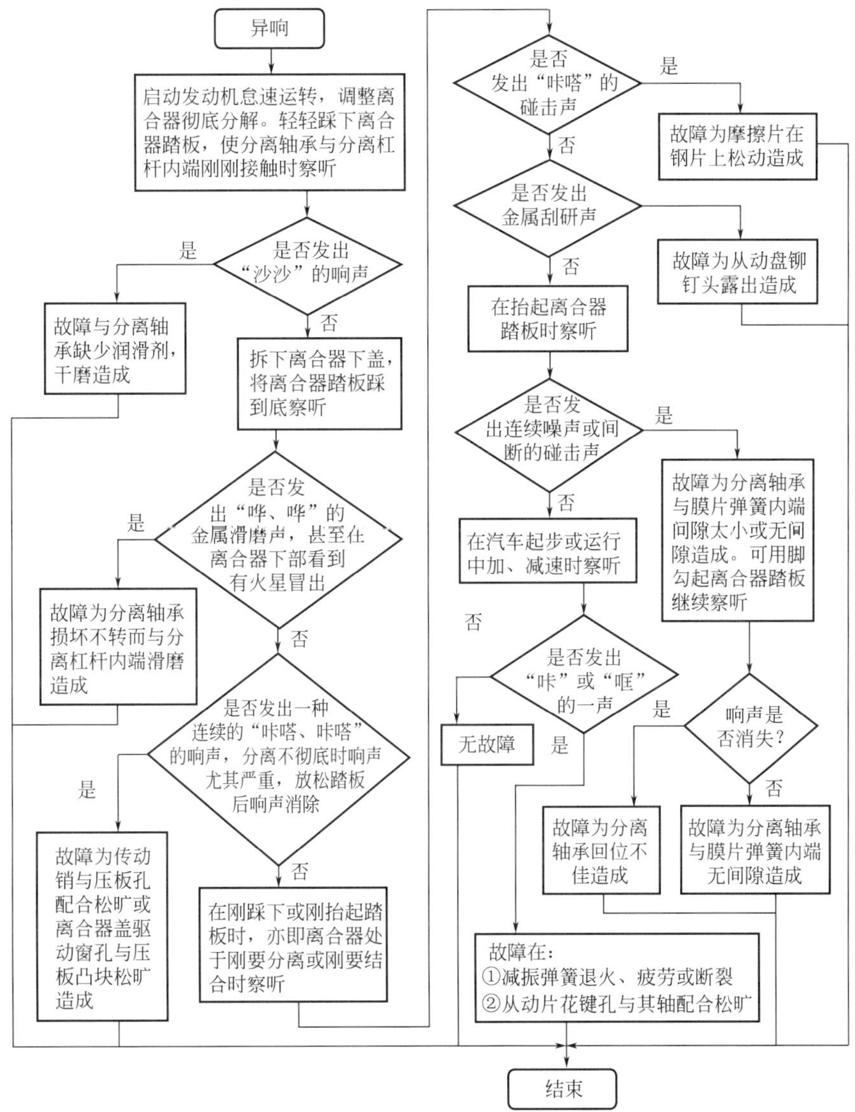

图 2-3　离合器异响诊断图

（2）原因及排除方法

① 分离轴承缺少润滑剂干磨或轴承损坏。排除方法是更换分离轴承。

② 从动盘花键孔与轴配合松旷。排除方法是更换从动盘。

③ 从动盘摩擦片铆钉松动或铆钉头露出。排除方法是更换从动盘。

④ 分离轴承套筒与其导管之间有油污、灰尘，或分离轴承回位弹簧与离合器踏板回位

弹簧疲劳、折断、脱落，造成分离轴承回位不佳。排除方法是清洗更换损坏零件。

⑤ 从动盘减振弹簧退火、疲劳或折断。排除方法是更换从动盘。

6. 怎样检查与调整离合器踏板自由行程？

为了保证离合器可靠地工作，在离合器分离轴承和分离杠杆内端之间，必须有一定的间隙（一般为 3m 左右），这个间隙反映在踏板上有一段不起作用的距离，就叫离合器踏板自由行程。自由行程数值的大小是由离合器传动机构中的传动比与分离轴承和分离杠杆之间的间隙换算出来的。

轿车在使用中，离合器频繁地分离和接合，摩擦片渐渐磨损变薄，分离杠杆内端就后移，使分离杠杆与分离轴承之间的间隙逐渐减小，离合器踏板自由行程也随之减少，这将会影响发动机动力的正常传递，并易引起一系列故障。所以，当轿车行驶一定里程后，必须检查与调整离合器踏板自由行程，使之恢复到规定的数值。

7. 踩下离合器踏板出现响声是什么原因？怎样消除？

当踩下离合器踏板时，听到有“沙、沙”声，可以判断是由于分离轴承润滑不良，与分离杠杆内端接触时产生的响声。如加油润滑后仍发响，则为分离轴承磨损或损坏，应更换或修理。

轿车离合器片长期使用后，踩下踏板至离合器开始分离时，听到清脆的响声，而放松踏板后，响声消失，这是中间压盘销孔和传动销磨损后，在离合器开始分离时引起中间压盘销孔与传动销产生冲击而发响。消除响声的方法，可将磨损的传动销旋转 90°安装，改变其原来的工作面，以减小销与孔的配合间隙。如销孔磨损较严重，则应扩孔、镶套进行修复。

另外，离合器片花键毂与钢片的接合铆钉松动或离合器花键槽与变速器主轴花键齿磨损松旷，也会发出类似的响声。可将发动机熄火，卸下飞轮底壳，踩下踏板，用旋具拨动进行检查，必要时应进行更换或修复。

8. 使用离合器时应注意哪些事项？

离合器在使用中应注意如下事项。

① 定期检查与调整离合器操纵机构。清除泥土，及时拧紧所有的连接螺栓；润滑离合器分离轴承。

② 正确驾驶操作。轿车在行驶中，离合器工作频繁，每分离和接合一次，都要产生大量的热，而这些热量又不能在很短的时间内迅速消失，过多地使用离合器，会使其温度过高，引起摩擦片急剧磨损或开裂，压盘受热变形以及压紧弹簧退火等，严重影响离合器的正常工作，缩短使用寿命。所以驾驶员必须严格遵守操作规程，正确使用离合器。有些驾驶员习惯把脚放在离合器踏板上，或使用半脚离合器，使离合器处于半联动工作状态；有些驾驶员还使用二挡起步或猛抬高离合器等，这样会产生冲击，对离合器和传动机件带来不良后果。

③ 出车前应检查离合器踏板自由行程，当发现自由行程已经消失或很小时应及时调整，以免影响离合器正常工作。如果调整分离拉杆螺母已不能达到要求的踏板自由行程时，则应暂时调整分离杠杆上的调整螺母。

④ 离合器压盘弹簧常因离合器摩擦片产生高温而退火、变软和缩短，所以在更换摩擦片的同时，应注意检查压紧弹簧的长度和弹力。否则装复以后，离合器会产生打滑而无法排除。

⑤ 离合器摩擦片磨损变薄而自由行程消失后，由于机件损坏或调整螺母锈死而无法调

整的，应及时送修。不能只依靠降低分离杠杆内端高度的办法来恢复自由行程，因为这将会加速离合器从动盘的磨损，并引起飞轮和压盘表面拉伤，压紧弹簧退火。同时，由于分离杠杆内端高度降低，减少了离合器的工作行程，使离合器分离不彻底，变速器换挡困难，加速机件损坏。

9. 怎样检修离合器压盘?

（1）压盘端面跳动的检查　如图 2-4 所示，将压盘 1 固定在芯轴上，用百分表 2 检查其端面跳动，使用极限为 0.2mm。如压盘 1 铆接点损坏或开铆，应更换压盘。

（2）膜片弹簧高度的检查　如图 2-5 所示，若膜片弹簧高度发生变化，表示膜片弹簧 2 弹力不足，必须更换。可用卡尺 1 检查膜片弹簧 2 的高度，其与标准高度相差不应大于 0.5mm。

（3）膜片弹簧小端磨损的检查　用卡尺检查离合器压盘上膜片弹簧的小端与分离轴承接触磨损的痕迹，深度不得大于 0.6mm。

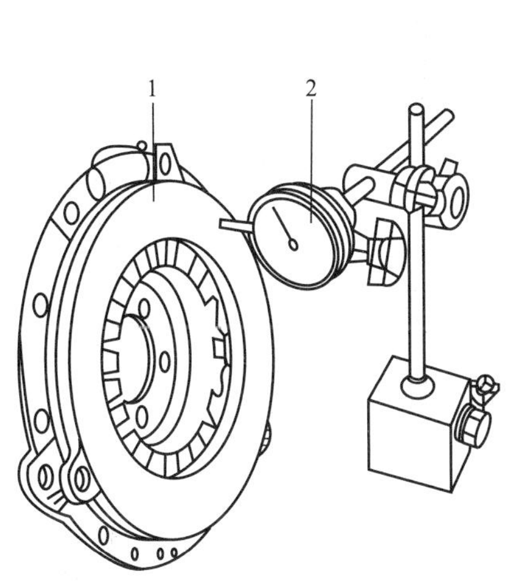

图 2-4　压盘端面跳动的检查

1—压盘；2—百分表

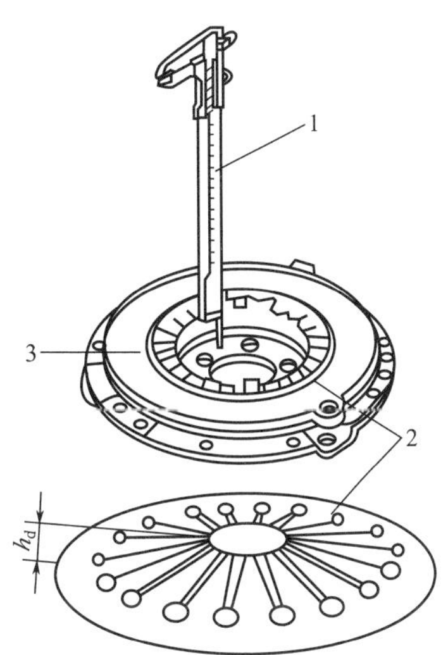

图 2-5　膜片弹簧高度的检查

1—卡尺；2—膜片弹簧；3—压盘

10. 离合器打滑有哪些现象?

离合器打滑可通过轿车的如下表现进行判断。

① 轿车起步或上坡时，感到动力不足。严重时会从离合器内散发出烧焦的气味。

② 将轿车停放在平坦场地，拉紧驻车制动器的操纵手柄，如有条件，在车轮前部用三角木将车轮挡住。启动发动机，将变速器挂入低速挡或二挡。稍微“轰”一下油门，抬起离合器踏板，使离合器结合。此时，若发动机熄火，说明离合器没有打滑故障。如果约 3s 后发动机熄火，则证明这种症状是离合器开始打滑的前兆。若发动机不熄火运转，即可断言离合器打滑。

③ 轿车加速时，车速不随发动机转速的提高而正比增大，行驶无力。

④ 燃油消耗量增加。

11. 为什么发动机怠速时离合器发响?

因为离合器中间主动盘与飞轮之间的三个小弹簧弹力太弱，当离合器分离时，中间主动盘发生晃动，撞击传动销而发响。增加小弹簧弹丝直径（由 1.4mm 改为 1.8mm），加大弹力，基本上可消除响声。

12. 离合器摩擦片应具备哪些条件？

离合器摩擦片一般是由石棉、胶黏剂和辅助材料混合热压而成。它应具有一定硬度，耐冲击，吸水与吸油率低，摩擦系数大，耐磨耗和耐热的性能。

近年来，由于对轿车污染要求严格，因此对石棉粉尘也加以限制。石棉粉尘被吸入肺部后，会引起病变，这一点已被医学证实。因此，要求新型离合器摩擦片内不应有石棉成分。

13. 离合器为什么不回位？

（1）故障危害性

① 会加速磨坏离合器分离轴承和分离杠杆。

② 将导致离合器摩擦片磨损、烧蚀、破裂以致打滑。

③ 容易使离合器总成过热，导致主压盘弹簧退火失效，隔热片烧蚀、破裂、脱落，从而造成换挡困难或同时打滑的故障。

④ 加剧飞轮工作表面的磨损。

（2）检查方法

① 首先检查离合器踏板回位弹簧是否折断或过软，必要时应予更换。

② 检查离合器踏板脚导孔与踏板轴之间是否因缺油锈蚀而发紧，必要时应拆修，使两者转动灵活。

③ 检查修理，使分离叉轴在飞轮壳轴承孔中转动灵活自如。

④ 与分离叉轴端相连接的离合器拉臂如变形或离合器拉杆弯扭，应拆下校正。

⑤ 与离合器踏板脚拉杆上的锥形调节螺母相配合的拉臂圆锥面若严重磨损，将使踏板回位时“别劲”，应拆下修理或更换。

14. 怎样清洁与润滑离合器部件？

要定期调整离合器的操纵机构；清除泥土，及时扭紧所有连接螺栓；按照规定润滑离合器踏板轴。保养离合器时，要注意含油轴承不能浸泡于煤油或汽油中，可用抹布擦去油污并予以清洁；若发现轴承失效，应及时更换。各种离合器对分离轴承的润滑方法均不相同：在离合器一侧有润滑脂加注杯的，润滑时，可将杯盖旋入 2～3 圈，使润滑脂经油管挤入轴承座内，当杯内无润滑脂时，应旋下油杯盖，向盖内加入 2/3 的 2 号钙基滑脂；无加注杯只有加油孔的，通常是在轴承座毛毡上加机油进行润滑，在规定保养期中每次加注 5～8g 机油。

15. 组装离合器时应注意什么？

组装就是把组装成一体的离合器盖和压盘组合件，以及从动盘、中间压盘、离合器轴等安装在发动机上。安装时，除按与拆卸时的相反顺序进行装配外，还应注意如下几点。

① 将从动盘套装在离合器轴的花键上，检查前后移动是否灵活自如，否则会使离合器分离不彻底。

② 从动盘的安装方向必须正确，即单盘式离合器要求从动盘盘毂短毂的一端或有挡油盘的一边朝前。如果装错，不仅离合器难以装复，更严重的是离合器不能正常工作和造成机件损坏。

③ 为使离合器轴与从动盘、飞轮三者同心，双盘式离合器前、后从动盘花键孔齿位应相对，以便安装离合器轴和飞轮壳。在未将离合器盖组合件装上飞轮之前，应用从动盘定心

轴（专用工具）插入从动盘花键孔及飞轮中心的轴承孔中，将从动盘定位，待把离合器盖组合件装上飞轮后再取下，否则，离合器轴因从动盘被压紧，不能移动对正飞轮中心的轴承孔而装不上。

④ 为保证离合器在从动盘厚度超过规定时仍能彻底分离，可在离合器盖与飞轮中装适当厚度的垫圈，同时在每个紧固螺栓上，在它们之间加装相同厚度的垫圈，以免拧紧固定螺栓时使离合器盖变形。

⑤ 为了不破坏离合器的动平衡，在安装时应使离合器盖与飞轮以及中间压盘与飞轮之间的装配记号对正。

⑥ 为保证离合器轴或变速器第一轴前轴承（飞轮中心孔内轴承）和分离轴承润滑良好，防止润滑脂溅至离合器摩擦面降低摩擦力，应使用钠基润滑脂，并不要注入过多，一般为空腔的 1/2～2/3 即可。

16. 离合器的使用与维护有哪些内容?

① 离合器的使用寿命主要由设计决定，但也与行驶条件和驾驶方式有很大关系。在市区行驶，离合器使用频繁，其寿命比经常行驶在高速条件下的车辆要低得多。经常维护和正常使用离合器，可以大大延长离合器的使用寿命。

② 在使用中为减少离合器的冲击，要求其结合要平稳，分离要彻底，保证轿车平稳起步，传动系统换挡时工作平顺。同时要求它动力传导要可靠，必要时又能打滑，防止传动系统过载。

③ 桑塔纳轿车要求新车在行驶 7500km 以上或使用 6 个月内，对离合器的操纵机构的自由行程和离合器的功能进行检查。踏板的自由行程为 15～20mm。

④ 离合器功能的简单检查方法是，启动发动机，完全拉起驻车制动，挂进一挡后，如果这时想使车辆行驶，那么，发动机的转速必然下降或熄火。如果情况不是这样，或是发动机的转速下降很少，则说明离合器摩擦片已经打滑，应检查离合器自由行程，检查摩擦片是否过硬或烧毁。如果钢片翘曲，也应予以更换。

17. 怎样诊断与排除从动盘摩擦片的磨损?

（1）故障原因

① 正常磨损。

② 驾驶员频繁操作离合器，由于过热造成过快的磨损。

③ 膜片弹簧弹力不足。

④ 离合器踏板自由行程过小，或无自由行程。

（2）故障排除　对于①～③，应更换从动盘，如果弹簧压力不足或压盘表面受损，则更换压盘总成，同时应改变驾驶方式；对于④，应调整离合器踏板的自由行程。

18. 怎样诊断从动盘被油污?

（1）故障原因

① 后主油封或输入轴油封泄漏。

② 花键、从动盘和输入轴上润滑脂太多。

③ 压盘螺栓松动或离合器盖裂纹。

（2）故障排除

① 检查泄漏处，更换泄漏的油封和从动盘。

② 减少输入轴花键处的润滑脂。

③ 紧固螺栓或更换压盘总成。

19. 怎样诊断与排除从动盘接合不完全故障?

(1) 故障原因

① 压盘位置不正确或变动。

② 压盘、膜片弹簧、分离拨叉弯曲变形。

③ 从动盘受损变形。

④ 离合器安装偏差。

(2) 故障排除　对于①和②,应更换压盘总成及从动盘;对于③,应更换从动盘;对于④,应检查飞轮、从动盘、压盘总成的位置及跳动,并根据需要校正。

20. 怎样诊断与排除分离轴承卡住故障?

(1) 故障原因

① 装配中轴承变形。

② 轴承不合格。

③ 轴承未经润滑。

④ 离合器安装偏差。

(2) 故障排除　润滑、安装新轴承;检查有无偏差并校正。

21. 怎样诊断与排除分离轴承接触面受损?

(1) 故障原因

① 压盘总成不合适或分离拨叉变形、弯曲受损。

② 分离轴承本身质量不合格。

③ 分离轴承安装偏差。

(2) 故障排除

① 更换压盘和分离轴承总成。

② 更换分离轴承总成。

③ 检查校正部件的跳动;检查输入轴和分离轴承;更换受损的轴和分离轴承。

22. 怎样诊断与排除从动盘卡滞在变速器输入轴花键上故障?

(1) 故障原因

① 装配时,从动盘毂花键受损。

② 输入轴花键制造粗糙、受损。

③ 从动盘和输入轴花键处生锈。

(2) 故障排除　清洁、打磨、润滑从动盘和输入轴花键,如花键严重受损,则更换从动盘和输入轴。

23. 怎样诊断与排除离合器从动盘表面烧结故障?

(1) 故障原因

① 在大负荷和较大加速下频繁操作。

② 由于驾驶员频繁操作离合器,使得从动盘和压盘过热及过快磨损。

(2) 故障排除　用砂纸打磨飞轮,更换压盘和从动盘,改变加强方式。

24. 怎样检修液压操纵系统？

（1）离合器主缸的拆卸与分解

① 取下离合器踏板与主缸推杆叉的连接轴销。

② 从主缸上拧下进油管和出油管接头。

③ 拧下主缸固定螺栓，拉出主缸。

在解体离合器主缸前，应排净主缸中的制动液。主缸分解过程是，取下防尘罩，用螺丝刀或卡环拆下卡簧，拉出主缸推杆、压盖和活塞。

（2）离合器工作缸的拆卸和分解　拧下工作缸进油管接头，再拆下工作缸固定螺栓，即可拉出工作缸。

工作缸的分解过程是，拉出工作缸推杆，拆下防尘罩，然后用压缩空气将工作缸活塞从缸筒内压出来。

（3）主缸和工作缸的检修　主缸和工作缸是离合器液压操纵系统的主要部件，其工作性能是否良好会直接影响离合器的工作情况。当缸筒内壁磨损超过 0.125mm，活塞与缸筒壁的间隙超过 0.20mm，皮圈老化及回位弹簧失效等情况出现时，应更换相应零件。

（4）离合器主缸和工作缸的装配　主缸和工作缸的装配，按与拆卸和分解的相反顺序进行，但装配时应注意以下事项。

① 零件在装配前要用非腐蚀液体清洗干净，并在活塞、皮碗、皮圈、缸套等零件上涂一层制动液。装合后，推杆和缸筒内应运动灵活，在放松（不工作）位置时，主缸皮碗和活塞头部应位于进油孔和补偿孔之间，两孔都开放。工作缸上带有塑料支承环，安装时在其表面要涂上一层薄薄的润滑油，工作缸推杆末端也要涂上润滑脂润滑。

② 安装离合器工作缸时，需要用一个杠杆克服弹簧的弹力，将其压向变速器壳相应的孔中后，方能将固定螺栓旋入。

（5）离合器液压系统中空气的排出　离合器液压操纵系统在经过检修之后，管路内可能进入空气，在添加制动液时也可能使液压系统中进入空气。空气进入后，由于缩短了主缸推杆的工作行程，从而使离合器分离不彻底。因此，液压系统检修后或怀疑液压系统进入空气时，就要排出液压系统中的空气。排出方法如下。

① 用千斤顶顶起轿车，然后用支架将轿车支住。将主缸储液罐中的制动液加至规定高度。

② 在工作缸的放气阀上安装一根软管，接到一个盛有制动液的容器内。

③ 排空气时，要有两人配合工作，一个人慢慢地踩离合器踏板数次，感到有阻力时踩住不动，另一个人拧松放气阀直至制动液开始流出，然后拧紧放气阀后再抬脚。

④ 连续按上述方法操作几次，直至流出的制动液中不见气泡为止。

⑤ 空气排净之后，需要再次检查及调整踏板自由行程。

第二节　手动变速器故障诊断与排除

25. 怎样诊断与排除变速器漏油？

（1）故障现象　变速器盖周边、壳体侧盖周边、加油口螺塞、放油口螺塞、第一轴回油螺纹、第二轴油封（或回油螺纹）或各轴承盖等处有明显漏油痕迹。

（2）故障原因

① 结合平面变形或加工粗糙。排除方法是研磨结合平面。

② 结合平面处密封垫片太薄、硬化或损坏。排除方法是更换损坏的密封垫。

③ 变速器盖、壳体侧盖和轴承盖等处固定螺钉松动或拧紧顺序不符合要求。排除方法是重新紧固。

④ 油封与轴颈的安装不同心、油封装反、油封本身磨损、硬化或轴颈与轴不同心。排除方法是更换油封。

⑤ 回油螺纹与轴颈的安装不同心、回油螺纹沟槽污物沉积严重或有加工毛刺阻碍回油。排除方法是修复回油螺纹。

⑥ 油封轴颈磨损成沟槽。排除方法是修复损坏轴颈或更换。

⑦ 加油口、放油口螺塞松动或螺纹损坏。排除方法是重新紧固或更换。

⑧ 壳体有铸造缺陷或裂纹。排除方法是更换新的壳体。

⑨ 通气孔堵塞，造成箱内压力太大。排除方法是疏通通气孔。

26. 装配变速器时有哪些要求？

① 变速器装配前应检查各部零件是否符合乎规定的要求，并修除毛刺。

② 旧齿轮应尽量保持原有成对磨合的关系。但个别齿轮牙齿磨损过多，间隙超过0.45mm时，可进行选配或换用新齿轮，使间隙得以减小。选配或换用后，齿轮间隙最好降到0.30mm以下。

③ 在一对齿轮中的一个齿轮面，涂上一层薄薄的颜色，转动齿轮检查齿面接触情况。接触良好者，其接触痕迹应在齿面的中间部分；其面积在牙齿高度方向上应不小于70%，在长度方向上应不小于75%。

④ 在装配之前，应将所有零件彻底清洗，并用压缩空气吹净或擦干。

⑤ 各部轴承及键槽叉轴和齿轮安装时，应涂以齿轮油。

⑥ 在装配过程中，应按照零件相互配合的技术标准进行装配，不要用锤子在零件表面上直接敲击，以防止打手或断裂。

27. 怎样诊断与排除变速器异响？

(1) 故障现象　变速器齿轮的啮合声、轴承的运转声等噪声太大；变速器发出干磨撞击等不正常响声。

(2) 故障原因

① 滚动轴承缺油（如第一轴前轴承），钢球磨损失圆，滚道有麻点、脱层、伤痕，内外滚道在轴上或壳体内转动，或轴承间隙太大。排除方法是补充机油，更换损坏的轴承。

② 齿轮加工精度或热处理工艺不当等造成齿轮偏摇或齿形发生变化。排除方法是更换损坏的齿轮。

③ 齿隙过大或花键配合间隙太大。排除方法是更换损坏的同步器毂及轴。

④ 修复过的齿面没有对毛刺、凸起等进行修整。排除方法是修复齿面。

⑤ 齿面剥落、脱层、缺损、磨损过甚或换件修复中齿轮未成对更换。排除方法是更换损坏的齿轮。

⑥ 第一轴、第二轴弯曲变形。排除方法是更换变形的轴。

⑦ 壳体轴承孔搪孔镶套修复后，使两孔中心距发生变动或使两轴线不平行。排除方法是更换损坏的壳体。

⑧ 经修复后的拨叉弯度不对或拨叉磨损后单边堆焊太厚，致使相关齿轮位置不准。排除方法是更换拨叉。

⑨ 第二轴紧固螺母松动或其他各轴轴向定位失准。排除方法是重新装配。

⑩ 自锁装置凹槽、钢球磨损过甚或自锁弹簧疲劳、折断，造成挂挡时越位。排除方法是更换拨叉轴、钢球或弹簧。

⑪ 个别轮齿断裂。排除方法是更换损坏的齿轮；

⑫ 齿轮油不足、变质、规格不符合要求或油中有杂物。排除方法是补充或更换符合要求的机油。

28. 怎样诊断与排除变速器跳挡?

（1）故障现象　轿车重载加速或爬坡时，变速杆有时从某挡自动跳回到空挡位置。

（2）故障原因

① 同步器接合套与拨叉的轴向间隙太大。排除方法是更换同步器接合套或拨叉。

② 自锁装置凹槽、钢球磨损严重或自锁弹簧疲劳、折断，自锁钢球未进入凹槽内。排除方法是更换损坏的拨叉轴、钢球或自锁弹簧。

③ 常啮齿轮轴向间隙或径向间隙太大，各轴轴向间隙或径向间隙太大。排除方法是更换有关零件并调整间隙。

④ 由于离合器壳后孔中心位置变动、离合器壳与变速器壳接合平面相对曲轴轴线的垂直度变动或第一轴、第二轴轴承过于松旷等原因，造成第一轴、第二轴、曲轴三者不在同一轴线上。排除方法是更换损坏壳体或磨损的轴承。

29. 怎样诊断与排除变速器乱挡?

（1）故障现象　在离合器分离彻底的情况下，要挂挡但挂不上或要摘挡摘不下；有时要挂某挡，结果挂在别的挡上。

（2）故障原因

① 互锁装置损坏。排除方法是更换互锁装置。

② 变速杆下端长度不足、下端工作面磨损过大或变速叉轴上导块的导槽磨损过大。排除方法是更换磨损的零件。

③ 变速杆球头定位销松旷、折断或球头、球孔磨损过大。排除方法是更换磨损或损坏的零件。

30. 怎样诊断与排除变速器换挡困难?

（1）故障现象　变速杆在换挡时困难，费力。

（2）故障原因

① 离合器不分离。排除方法是使离合器分离。

② 拨叉轴弯曲。排除方法是校正或更换拨叉轴。

③ 变速器内机油黏度太大。排除方法是更换机油。

31. 怎样诊断与排除空挡时变速器响?

轿车挂挡行驶时，变速器出现响声，其主要原因如下。

① 润滑油黏度不当。如夏季过稀，冬季过稠，变速器工作时得不到良好润滑，应根据要求更换合适的润滑油。

② 缺油。

③ 轴承松旷发响。这是由于轴承日久磨损，轴向或径向间隙过大；轴承内、外座圈与轴颈（孔）配合松动；轴承钢珠（针）破裂，引起响声。

④ 同步器磨损发响。

⑤ 齿轮发响。这是由于齿轮牙齿磨损过于严重，间隙增大，运转中齿面啮合不良；齿面有疲劳剥落或个别牙齿损坏折断；齿轮与轴上的花键配合松旷或齿轮轴向间隙过大；轴弯曲或轴承松旷等。

⑥ 主轴轴向间隙过大或里程表齿轮磨损。变速器空挡时发响的原因主要是轴承磨损松动，轴向或径向间隙过大；轴承润滑不良；第二轴磨损或弯曲，止推片或垫片损坏。应根据响声部位出现的故障进行检查、调整、润滑或修复更换。

32. 怎样诊断与排除变速器挂不上挡？

（1）主要原因

① 叉轴弯曲，轴与导向孔严重锈蚀。

② 换挡叉紧定螺栓松动。

③ 操纵杆调整不良。

④ 同步系统损坏。

（2）排除方法

① 应拆开变速器盖，检查换挡叉轴是否弯曲，如弯曲，应校正轴；若导向孔锈蚀，应除锈修复。

② 紧固换挡叉固定螺栓。

③ 正确调整操纵杆。

④ 更换损坏的同步系统零件。

33. 怎样检查变速器拨叉？

变速器拨叉的检验可用量具进行。检查时，将被测拨挡叉装在心轴上，用止动螺钉固紧，心轴装在靠板上，用螺母锁紧。用游标尺测量拨挡叉工作端面与靠板平面间的距离；再测出上动螺钉至靠板平面的距离；计算出拨挡叉工作面与止动螺钉中心线间的距离。转动靠板及移动游标尺，可以测出拨叉工作面与轴孔中心线的不垂直度。

不同车型变速器的拨挡叉，换用不同心轴即可。各型拨挡叉换算测量高度，可预先计算好，刻在靠板上，以使查用。

34. 怎样检修变速器叉轴？

先将换挡叉上的螺栓拆下，然后，并用 V 形铁将两端架起，用百分表进行检验和校正。再用比叉轴销细的铜棒（或铁棍）用手锤将叉轴敲出，向外敲打时，应用手垫上布，堵住钢珠的孔眼，以免其从孔眼中弹出伤人或丢失。

变速叉轴弯曲，端头严重起毛，应将两端头起毛部分打磨、磨平，并用 V 形铁将两端架起，用百分表进行检验和校正。

若叉轴的钢球磨损过甚或弹簧折断等，应予以更换；若弹簧弹力弱，可在弹簧下面加装适当厚度的垫圈，以增加其弹力，但不可垫得过多，使弹簧压死而失去弹力，引起挂挡困难。

35. 怎样磨合变速器？

（1）磨合与试验的目的和规范　变速器磨合与试验的目的，主要是为了改善各运动配合副的工作表面状况，检查和确保变速器修理与装配的质量，例如各挡齿轮的工作情况，噪声鉴定，换挡机构是否轻便灵活，有无跳挡、乱挡、漏油及轴承发热等情况。

变速器装合后，在专门的试验台上进行一定时间的试验磨合，能将工作表面上的凸起磨掉一些，增大了实际接触面积，减少了单位面积上的载荷，避免了变速器各使用配合副的剧烈磨损，这是很必要的。

变速器的磨合，分有负荷和无负荷两个阶段来进行。因为有些修理中的隐患只有通过有负荷试验才能发现，所以只有无负荷试验是不够的。

磨合试验时，各车型变速器第一轴的转速都有规定，一般为1000～1500r/min。

各挡试验时间主要取决于试验时能发现装配质量问题所需要的时间。各挡运转时间一般不少于15min。

磨合试验所用机油温度一般不低于15℃，磨合中温度升高不超过40℃，磨合后放掉机油，用煤油、柴油各占50%的混合液清洗。

(2) 磨合的设备　磨合的驱动装置可采用同步转速为1500r/min的电动机，也可用轿车发动机驱动。

磨合加载的形式很多，根据制动力矩的产生方式，可以分为以下几种：液力制动器；电磁涡流制动器；封闭式加载装置；交流发电机及直流发电机制动器；机械制动器等。

由于电涡流制动器在低速下有较大的制动力矩，且制动力矩随转速变化较小，改变激磁强度还可以使制动力矩在很大范围内变化；加上它结构简单，工作可靠，因此被大多数修理厂所采用。

封闭式加载装置虽能节约功率，但它需要两个相同的变速器，而且工作时要挂同一挡位，修理厂一般不采用。直流发电机制动器需要整流设备，但成本较高，一般修理厂也不采用。机械式制动器，虽然结构简单，容易制造，但性能不稳定，也限制了它的发展。

(3) 磨合后的要求及检查项目　经磨合的变速器，应符合下列技术要求：齿轮在任何挡位都不允许有跳挡、乱挡现象；换挡时应轻便自如，灵活可靠；各挡齿轮运转或换挡时无异响；所有的密封装置都不得漏油。

磨合后应检查各齿轮齿面，啮合印痕应在齿的中部，新齿轮啮合面积应不小于工作面积的1/2，原有齿积不小于2/3。不符合要求时应用油石或手砂轮修磨后重新磨合，否则，应成对更换齿轮。

(4) 电脉冲磨合　有的轿车修理厂采用电脉冲齿轮磨合机。磨合时间只有30min，磨合面的硬度高，耐磨性好，不需要用砂轮修磨齿面。

电脉冲磨合的原理是，利用15000Hz脉冲电流通过两个齿轮之间产生电火花。电火花放电区有很强的磁场，使该区的介质电离和金属气化，在能量高度集中的细微质点上产生高达10000℃的高温，因此齿轮表面突出点逐渐被脉冲放电形成了金属气体、离子和熔态金属微粒。金属的气体和离子被机油吸收，而熔态金属微粒被挤移到齿轮的不平表面，同时受到机油冷却而淬火。

电脉冲磨合机是在一般专用磨合台上加装一套脉冲发生器构成的，导通的脉冲电流是通过变速器第二轴上的接触器（相当于电刷），使磨合的两齿轮之间形成正负电极，为防止从外壳处短路，应在中间轴上进行绝缘（可用尼龙或胶木套）。

36. 怎样更换变速器润滑油？

行驶回来到修理厂后进行更换，因此时油温较高，流动性好，能将机油和沉淀物放净。放油时，应观察油液中是否有发亮的金属屑，以判断变速器的磨损情况。机油放净后，应清洗变速器，清洗后再按规定要求加入符合标准的新润滑油。

37. 变速器发热的原因是什么？

(1) 故障现象　轿车行驶一段路程后，用手触摸变速器，有烫手感觉。产生上述故障现象的原因如下。

① 轴承装配过紧。

② 缺少机油或机油黏度太小。

③ 齿轮啮合间隙过小。

（2）故障原因及排除　应结合发热部位，逐项检查，调整间隙，添加或更换合格的机油。

第三节　自动变速器故障诊断与排除

38. 怎样维修保养自动变速器换挡操纵机构？

必备的专用工具及设备：VAG1331 扭力扳手、塞尺。在维修运行的发动机之前，移动变速杆到“P”挡并施以手制动。

（1）检查换挡机构

① 变速杆位于“P”挡，点火开关打开。

a. 制动踏板未压下。变速杆被锁止，不能从“P”挡移出；变速杆锁止电磁阀锁止了变速杆。

b. 制动踏板压下。变速杆锁止电磁阀释放变速杆，它能移到驱动挡位。

② 变速杆在“N”挡，点火开关打开。

a. 制动踏板没有压下。变速杆被锁止，不能从“N”挡移出；变速杆锁止电磁阀锁止了变速杆。

b. 制动踏板压下。变速杆锁止电磁阀释放了变速杆，它能移到驱动挡位。变速杆位于“1”“2”“3”“D”和“R”挡时，起动机不能运转。

当车速以大于 5km/h 行驶时挡位挂入“N”挡，变速杆锁止电磁阀不能锁止变速杆，变速杆能进入驱动挡；当轿车以小于 5km/h（几乎停止）的速度行驶时，变速杆进入“N”挡，变速杆锁止电磁阀在 1min 后起作用，变速杆不能移出“N”挡，直到制动踏板被踩下。

（2）检查和调整变速杆拉索

① 检查变速拉索。

a. 移动变速杆进入“P”挡。

b. 从变速杆或换挡轴上撬下变速杆拉索，以使它能自由移动。注意，不要弯曲或扭曲变速杆拉索。

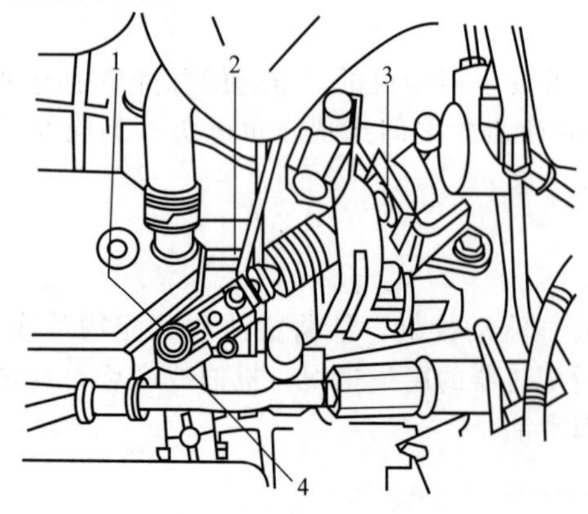

图 2-6　调整变速杆拉索

1—球座；2—螺栓；3—弹性挡圈；4—选挡轴

c. 移动变速杆从“P”挡到“1”挡。

d. 检查变速杆拉索前面的保护套，如果必要，则更换拉索。

e. 移动变速杆进入“P”挡。变速杆机械部分和变速杆拉索能自由移动，如果必要，则更换新的变速杆拉索或变速杆的机构部分。

f. 压下变速拉杆拉索。

② 调整变速拉索。

a. 移动变速杆进入“P”挡。

b. 松开在变速杆拉索前球座 1 上的螺栓 2，如图 2-6 所示。

c. 移动变速器上的变速杆到“P”挡，锁止杆在锁止车轮时必须起作用，两个前轮被锁止（不能在同一方向旋转）。

d. 紧固螺栓 2（8N·m）。如果弹性挡圈 3 被拆下，必须更换。

（3）检查锁止机构　当变速杆在“P”挡位置时，能拔下点火钥匙为锁止机构正常，否则为不正常。

（4）分解和组装换挡操纵机构　用润滑脂（备件号 G052142A2）润滑支座和接触表面。如图 2-7 所示，分解和组装换挡操纵机构。

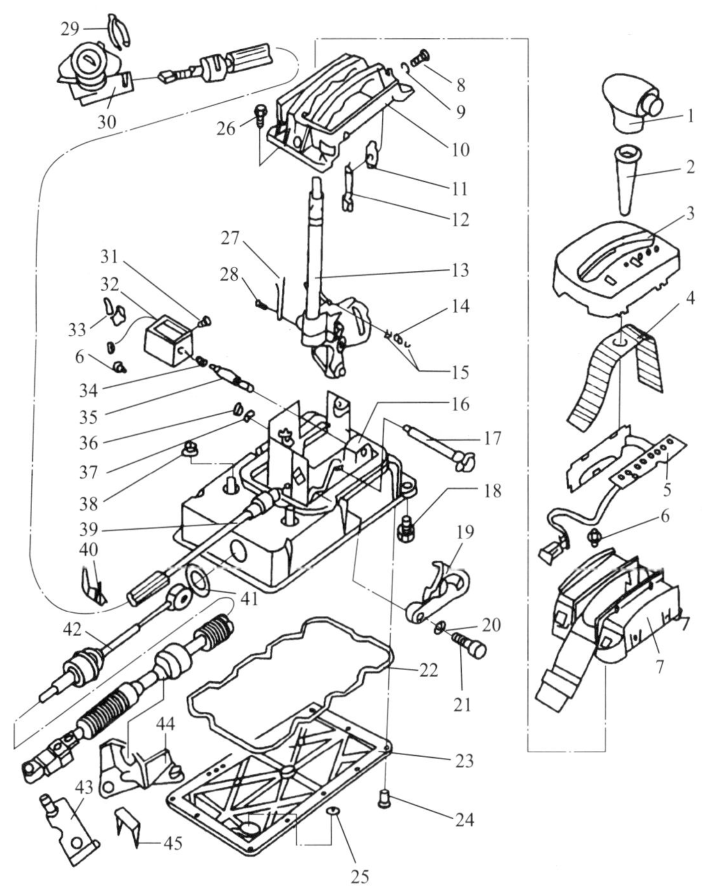

图 2-7　分解和组装换挡操纵机构

1—变速杆手柄；2—套管；3—罩盖；4—罩盖带；5—变速杆位置显示屏；6—保持架；7—底座（右）；8—螺栓（7N·m）；9,20—垫片；10—锁止座；11—板；12—带滚柱的定位弹簧；13—变速杆；14—滚柱；15—弹性挡圈；16—变速杆壳体；17—支撑螺栓；18—螺栓（25N·m）；19—锁止杆；21,24—螺栓；22—密封垫；23—盖板；25—O 形环；26—螺栓（8N·m）；27,34—弹簧；28—螺栓（4N·m）；29—夹子；30—转向盘锁；31—螺栓（2 个）；32—变速杆锁止电磁阀（13N·m）；33—索缆夹；35—锁销；36—螺栓（13N·m）；37—垫圈；38—螺母（25N·m）；39—锁止拉索；40,45—弹性挡圈；41—密封垫；42—变速杆拉索；43—杆；44—支撑架

① 拆卸和安装变速杆锁止电磁阀 N110。

a. 拆卸。

• 在有收音机密码的车上查询收音机密码，断开蓄电池接地线。

• 用两个旋具压下变速杆手柄上的套管 5，向上拉出变速杆手柄，如图 2-8 所示。

• 拆卸中央仪表台和附件。

• 从锁止杆上拆卸锁止拉索。

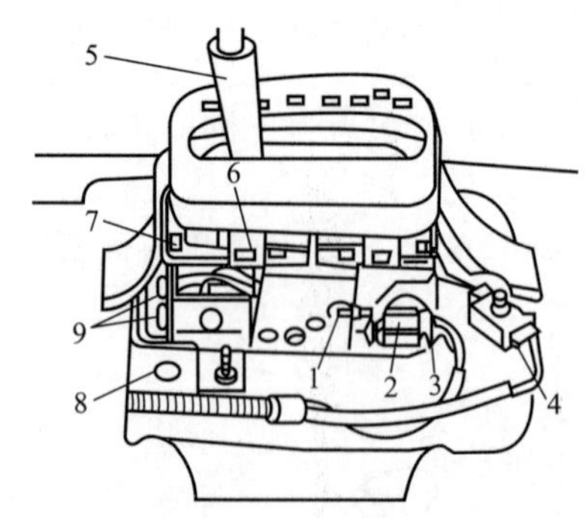

图 2-8 拆装变速杆锁止电磁阀

1—索缆夹；2—插头；3—电磁阀；4—显示屏插头；5—套管；6—凸块夹；7—角定位；8—保持架；9—固定螺栓

• 从变速杆壳体上拆开索缆夹 1，注意不要损坏线束。

• 使用旋具从变速杆壳体中仔细撬出插头的保持架。

• 断开变速杆锁止电磁阀 3 和变速杆位置显示屏插头 4。

• 用手压住凸块夹 6，松开变速机构罩盖并撬下，从四个角定位 7 仔细撬下底座并拆下，注意变速杆位置显示屏的触簧。

• 拆下锁止扇形凸轮（2 个螺栓），将变速杆放在“1”挡。

• 拆卸保持架 8（2 个螺母）。

• 拆卸电磁阀固定螺栓 9。

• 拆卸前部选挡机构固定螺母。

• 举起轿车，通过松开夹紧套来拆卸排气系统。

• 拆卸前部和后部的隔热罩。

• 拆卸选挡机构后面的固定螺栓，从下面支撑选挡机构，不要弯曲或扭曲变速杆拉索。

• 把变速杆放入“1”挡，将电磁阀连同锁销及弹簧一同从变速杆壳体上拆下。当操作这些时，如有必要，可轻微来回移动变速杆。

b. 安装。安装按与拆卸相反的顺序进行。

• 调整锁止拉索。

• 检查点火钥匙，拔下锁止机构。

• 检查选挡机构。

② 拆卸和安装变速杆拉索。

a. 拆卸。

• 将变速杆放入“1”挡。

• 从杆/选挡轴 4 上向上拉出变速杆拉索，拆下支撑架上的弹性挡圈 3，如图 2-6 所示。

• 举起轿车，通过松开夹紧套，来拆卸排气系统。

• 拆卸前部和后部的隔热罩。

• 从变速杆壳体上拆卸盖板。

• 用旋具刀从选杆上撬下变速杆拉索。

• 向下拉出固定变速杆拉索的变速杆壳体上的弹性挡圈。仔细从变速杆壳体中拉出变速杆拉索。

b. 安装。

• 检查保护套是否损坏，保护套仅能和变速杆拉索一同更换。

• 在安装前要稍微用润滑脂润滑拉索后部的球座。

• 检查保护套是否正确安装，不要安装已扭曲的保护套，不要弯曲或扭曲变速杆拉索。

• 变速杆和选挡轴放入“P”挡，前轮被锁止。

• 将带有新垫圈的变速杆拉索装入变速杆壳体并装到位。

• 把变速杆拉索压到变速杆上。

• 把新的变速杆拉索弹性挡圈安装到变速杆壳体上。弹性挡圈的后部倾斜部分朝向变速杆壳体。

• 移动变速杆从“P”到“1”挡位置，变速杆机械部分和变速杆拉索必须自由转动，如果必要，则更换新的变速杆或拉索变速杆机构部分。

• 将变速杆放入“P”挡。
• 松开变速杆拉索前部球座的螺栓。
• 将变速杆拉索放入支撑架/变速箱上，并拉到杆/变速杆上。
• 安装新的弹性挡圈，将变速杆拉索固定到支撑架/变速箱上。
• 紧固螺栓（8N·m）。
• 将带有新密封垫的盖板安到变速器壳体上。
• 安装前部和后部的隔热罩。
• 连接排气系统，紧固夹紧套。
• 检查变速机构。

③ 拆卸和安装变速杆。

a. 拆卸。

• 在带有收音机密码的车上查询收音机密码，断开蓄电池的接地线。
• 用两把旋具将套管和手柄从变速杆上卸下。
• 拆卸中央仪表台和附件。
• 从选挡机构锁止杆上拆下锁止拉索。
• 从变速杆壳体上拆下索缆夹，不要损坏线束。
• 用旋具从变速杆壳体中仔细撬出插头的保持架。
• 断开变速杆锁止电磁阀和变速杆位置显示屏的插头。
• 用手压住夹子，松开选挡机构罩盖，并撬下。
• 从四个角仔细撬下底座，并拆下，注意变速杆位置显示屏的触簧。
• 拆下变速杆机构前部的紧固螺母。从杆/选挡轴上拉下变速杆拉索。
• 拆下支撑架上的弹性挡圈。
• 举起轿车，松开夹紧套，拆开排气系统。
• 拆卸前部和后部的隔热罩。
• 从变速杆壳体上拆下盖板。
• 用旋具将变速杆拉索从变速杆上撬下。
• 向下拉出固定变速杆拉索的变速杆壳体上的弹性挡圈，从变速杆壳体中仔细拉出变速杆拉索。
• 拆下变速机构后部的紧固螺栓。
• 从下面支撑选挡机构拆下电磁阀的紧固螺栓。
• 将变速杆放入“1”挡，将电磁阀连同锁销和弹簧一起从变速杆壳体上拆下，此时，可轻微往复移动变速杆。
• 用锤子仔细将支撑销敲出，拆下变速杆。

b. 安装。安装按与拆卸相反的顺序进行。

• 调整变速杆拉索。
• 调整锁止拉索。
• 检查点火钥匙，拔下锁止机构。
• 检查换挡机构。

④ 拆卸和安装锁止拉索。

a. 拆卸。

• 在带有收音机密码的车上查询收音机密码，断开蓄电池接地线。
• 从点火开关上拉下锁止拉索夹子。另外，下面的工作必须做：拆下方向盘、仪表台左侧饰板、方向柱饰板和方向柱调整手柄来获得更多的空间；转动点火开关到“ON”挡；变速杆放入“P”挡。

• 从锁止拉索上拔下夹子。

• 从方向盘锁中拔出锁止拉索。

• 用两把旋具从变速杆上压下套管，向上拔出变速杆手柄。

• 拆卸中央仪表台及附件。

• 从锁止杆上拆下锁止拉索。

• 压下固定夹上的两个爪，如图 2-9 中箭头所示，从选挡机构中拔出锁止拉索。

b. 安装。安装时确保锁止拉索的布置正确。锁止拉索不要被扭曲，安装后调整锁止拉索。

• 将变速杆放入“1”挡。将锁止拉索插入变速杆壳体的支持架中，直到固定夹中的两个爪子张开，如图 2-9 中箭头所示。

• 将点火钥匙转到“ON”挡。

• 将锁止拉索插入方向盘锁中。

• 将夹子压入锁止拉索，确保夹子安装到位。

c. 调整。

• 锁止拉索正确安装。

• 拆下中央仪表台。

• 变速杆放入“P”挡。

• 拔下点火钥匙。

• 向前移动滑套 1，如图 2-9 所示。

• 通过向上压拆下夹子 2。

• 参见图 2-8，拔下显示屏插头 4，向上拆下套管 5。

• 用手压住凸块夹 6，松开换挡机构罩盖并撬下。仔细撬底盘的四个角并拆下。

• 将 0.8mm 塞尺塞入锁止杆和变速杆滚柱之间，如图 2-10 所示。

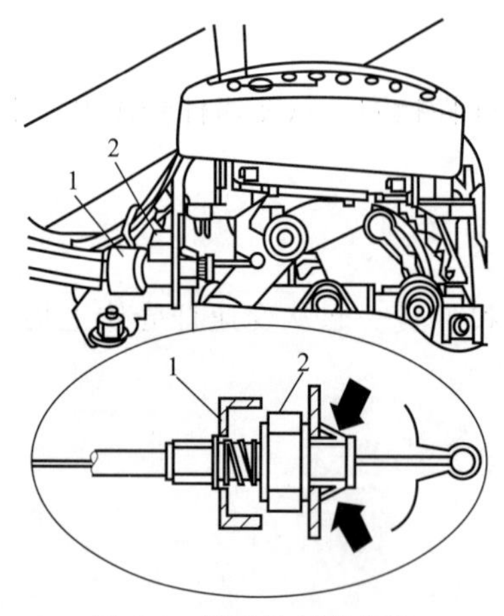

图 2-9　锁止拉索的安装

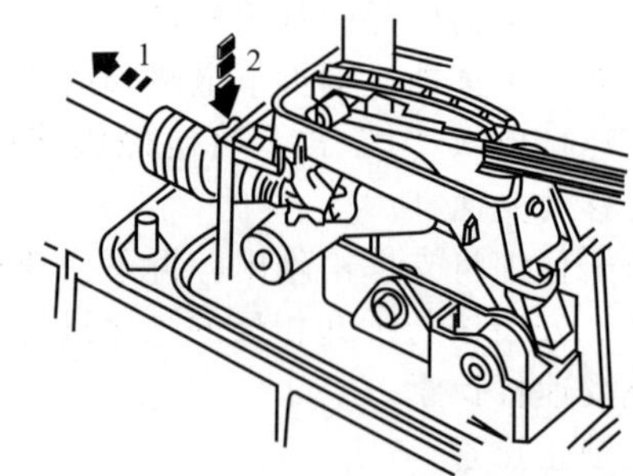

图 2-10　调整锁止拉索

• 按图 2-10 中箭头 1 方向向前轻轻地拉锁止拉索外部滑套，按箭头 2 方向向下压红色夹子，直到把它安装上。

• 压入滑套盖住夹子。

• 检查点火钥匙，拔下锁止机构。

39. 怎样检查自动变速器？

必备的专用工具及设备：诊断、测试和信息系统及 VAS5051。所有以前能由 VAG1551/1552 执行的功能，也能被 VAS5051 在轿车自诊断的模式下执行。

① 连接轿车诊断、测试和信息系统 VAS5051。

② 拆下自诊插座盖板 1，如图 2-11 所示。

③ 关闭点火开关，用自诊断线 VAS5051/1 或 VAS5051/3，将测试仪 VAS5051 与自诊断插头连接上。

④ 打开测试仪，测试仪需要大约 3min 运行起来。

⑤ 打开点火开关，选择触屏上“轿车自诊断”按钮。

⑥ 自动变速器仅能像“故障诊断”部分所讲述的那样进行检查，在完成自诊断后，损坏的原因不能被查出和识别。

⑦ 检查换挡点。

⑧ 检查失速转速。

⑨ 检查主油压（如果可能，主油压检测应该在坡路上进行）。

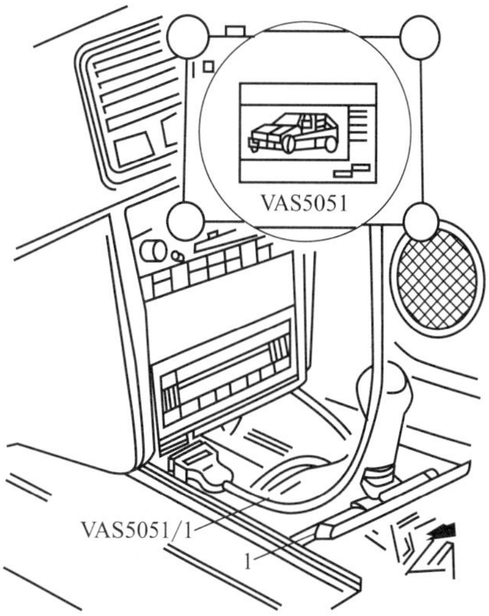

图 2-11 将 VAS5051/1 插入自诊断插头

必备的专用工具及设备：VAG1702 压力检测仪。

执行检查的条件：查询故障存储器，当故障存储器被查询时，显示屏应显示“无故障记忆”；ATF 液面正常。

a. 从主油压孔上拆下螺栓，必须更换螺栓。

b. 连接压力检测仪 VAG1702 并紧固碟形螺栓，启动发动机。

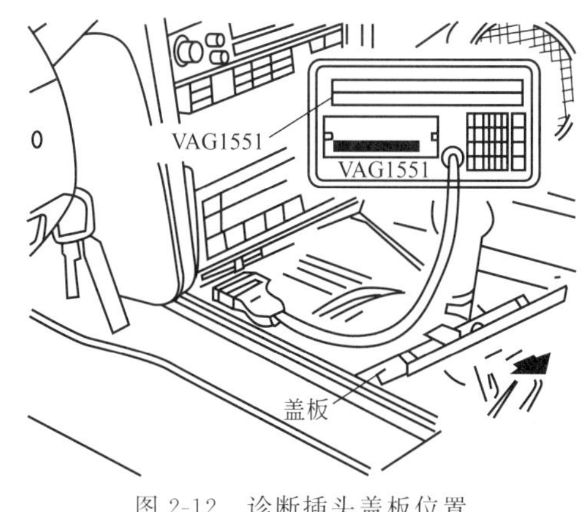

图 2-12 诊断插头盖板位置

c. 给压力检测仪 VAG1702 排气，此时应松开碟形螺栓，当排气完成后再紧固。

d. 如果使用 VAG1551，则拆下诊断插头的盖板，如图 2-12 所示。

e. 关闭点火开关，用诊断线 VAG1551/3A 连接故障检测仪 VAG1551。

显示屏显示：

V. A. G-SELF-DLAGNOSIS HELP 1-Rapid data tranfer1) 2-Flash code output1)

交替显示。

f. 启动发动机。

g. 按键“快速数据传递”模式，显示屏显示：

Rapid data transfer Q Enter address word××

h. 按键 0 和 2（输入自动变速箱地址码 02），显示屏显示：

Rapid data transfer HELP Select function××

i. 按键 0 和 8（按 08“读取测量数据块”功能被选择），显示屏显示：

Rapid data transfer Q 08-Read measured value block

j. 按 Q 键确认，显示屏显示：

Rapid measured value block Enter display group number××

k. 按键 005（005 选择“显示组号 005”）。

l. 按 Q 键确认，显示屏显示：

Read measured value block5 30℃ 0011011 0 900rpm

第一个显示区显示 ATF 油温，允许 ATF 油温升到 60℃。

怠速时主油压值为：D 挡 $(3.4\sim3.8)\times10^5$ Pa；R 挡 $(5\sim6)\times10^5$ Pa。

如果偏离规定值，则查找原因，见表 2-1。

表 2-1 怠速时油压故障

可能原因	处理方法
怠速转速太高	调整发动机
ATF 泵损坏	检查 ATF 泵，如有必要，需更换
滑阀箱中控制问题	更换滑阀箱

m. 关闭点火开关。

n. 同时压下锁片并拔下电磁阀插头，启动发动机。

发动机转速在 2000r/min 时，主油压压力应为：D 挡 12.2～12.4Pa；R 挡 23.0～24.0Pa。

o. 如果实际值与规定值有偏差，则查找原因，见表 2-2。

表 2-2 发动机转速在 2000r/min 时检查油压故障

可能原因	处理方法
ATF 油泵损坏	检查油泵，如有必要，需更换
滑阀箱中控制问题	更换滑阀箱

p. 检测后，断开压力检测仪 VAG1702，将新螺栓安装到主油压孔上，并用 15N·m 的力矩安装电磁阀插头。

q. 一旦插头安装完毕，即查询和清除故障存储器。

r. 如有必要，安装隔声板。

40. 怎样拆装自动变速器?

必备的专用工具及设备：支架 10-222A、管夹 3094、支撑设备 3300A、变速器支架 3282、调整板 3282/2、变速器吊架 3336、支轨 VW457/1、支脚 10-222A/1、扭力扳手 VAG1331、扭力扳手 VAG1331、发动机/变速箱千斤顶 VAG1383A、套管 V/175。

为了保证支轨 VW457/1 安到副车架上，需要打出一个孔，孔的直径为 8.5mm。

（1）拆卸

① 在带有收音机密码的车上查询收音机密码，断开蓄电池搭铁线。

② 拆下发动机罩盖。

③ 拆下蓄电池。

④ 拆下蓄电池支架。

⑤ 如果空气滤清器安装在发动机罩左侧，其拆卸步骤如下。

a. 拔下进气软管和空气流量计插头。

b. 拔下真空软管。

c. 然后拆下螺栓。

d. 拆下空气滤清器总成。

⑥ 拔下变速器上里程表传感器插头，插头有带线束和不带线束的两种。

⑦ 拆下变速器上的电器插头。

⑧ 从变速器的支架上拆开线束套管并推到一边。

⑨ 拆下动力向软管支架和线束保持支架。

⑩ 将变速杆放入“P”挡，并用旋具从换挡轴/杆上撬下变速杆拉索，不要松开螺栓。

⑪ 拆下变速杆拉索支持架上的弹性挡圈，并拆下变速杆拉索，不要弯曲变速杆拉索。

⑫ 从发动机和变速器紧固螺栓上面拆下地线的螺栓。

⑬ 断开启动机上的电器插头，并从支持架上拔出。

⑭ 拆下启动机上的线束护套支架。

⑮ 拆下启动机上面的发动机固定螺栓。

⑯ 使用管夹 3094 夹紧 ATF 冷却器软管并从 ATF 冷却器上拆软管。

⑰ 用干净塞子密封好 ATF 冷却器，拆下上面的发动机和变速器的紧固螺栓。

⑱ 安上带有支脚 10-222A/1 的支架 10-222A，并在这个位置支撑发动机和变速器。

⑲ 拆下左前轮紧固螺栓。

⑳ 举起轿车，拆下左前轮。

㉑ 拆下隔声板。

㉒ 拆下进气空气冷却器和涡轮增压器之间的管。

㉓ 拆下右侧隔声板。

㉔ 拆下 ATF 油底壳保护板。

㉕ 从起动机下面拆下动力转向压力油管支架，其紧固螺栓位置。

㉖ 拆下起动机。

㉗ 装有新型 1.4L 发动机的轿车，从保持架上拔下氧传感器插头，从变速器箱上拆下保持架。

㉘ 如果发动机上安装内等速万向节的保护罩，则从右侧拆下。

㉙ 将驱动与变速器法兰断开，举起右侧的驱动轴并固定。

㉚ 拆下振动支架。

㉛ 从变矩器护板上拆下螺母护帽，使用专用工具套管 V/175 从变矩器上拆下螺母。

㉜ 将曲轴旋转 120℃。

㉝ 新型 1.4L 发动机的轿车，松开右驱动轴上面的变矩器螺栓。

㉞ 向左旋转方向盘至锁止位置，将左侧三角臂上球头结的螺栓安装位置做上标记，并拆下螺栓。

㉟ 从三角臂上拆下左侧的连接杆，并将连接杆向上旋转。

㊱ 向外推车轮轴承座，从副车架和变速器间穿出左驱动轴。

㊲ 抬起驱动轴并用钢索将其固定到悬挂支架上。

㊳ 从支架上拆下左装配座的六角螺栓，仔细使发动机和变速器倾斜，此时，应把支架10-222A上的转轴大约放低60mm。

㊴ 从变速器上拆下左边支架。

㊵ 用螺栓将支轨VW457/1固定到副车架上的振动支架固定孔上。

㊶ 在副车架和支轨VW457/1之间要有6mm间隙，采用六角螺栓M8×25进行操作。

㊷ 安装支撑设备3300A，并用螺栓固定。

㊸ 装用1.4L发动机的轿车，将支撑设备插在变速器和排气系统之间。

㊹ 向前拧动支撑设备3300A使发动机变速器倾斜。

㊺ 安装变速器支架3282，为了拆下自动变速器01M，变速器支架3282与调整板3282/2应一起安装（在调整板上的符号表示所需支撑的类型）。

㊻ 将带有变速器支架3282的千斤顶移到变速器下，并支起变速器。

㊼ 将安全支撑销放到油底壳，并固定到变速器壳体上。

㊽ 对于带有驱动轴的轿车，旋转变速器法兰，直到法兰平面垂直。

㊾ 拆下发动机和变速器的连接螺栓，从发动机上压下变速器，此时，应将变矩器从驱动盘上压出。

㊿ 推着变矩器对着ATF油泵。

(51) 将动力转向压力油管绕过变速器，轻微放低变速器。

(52) 使用变速千斤顶上的转轴使变速器倾斜，当降低变速器时，确保护板（轮罩侧）小心通过轮罩。

(53) 旋转变速器并小心地放低，要确保右侧的连接法兰不接触发动机或支撑设备3300A，并且多功能开关不能接触副车架。

(54) 确保变矩器不要掉出来。

（2）安装　安装按与拆卸相反顺序进行。当安装变矩器时，要确保两个驱动销装入ATF油泵内齿轮的槽内。安装前，确保正位销套正确安装到位。安装变速器前，观察变矩器与驱动板的接触情况。

① 更换拉索的弹性挡圈。

② 检查变速杆拉索调整情况，如有必要需调整。

③ 检查和添加ATF油。

④ 执行自诊断并进行基本设定。

a. 自动变速器01M自诊断。

b. 拧紧力矩如下。

变矩器与驱动盘：60N·m。

变速器与发动机：60N·m。

变速器与油底壳/发动机：25N·m。

⑤ 将球铁链连到三角臂上。

⑥ 将三角臂安到副车架上。

⑦ 将驱动轴安到驱动法兰。

⑧ 将车轮螺栓安到轮毂上。

⑨ 更换变速器与车身螺栓，按要求拧紧螺栓。

螺栓A：60N·m+90°。

螺栓B：60N·m+90°。

⑩ 更换变速器后面支座螺栓，按要求拧紧螺栓。

螺栓 A：20N·m+90°。

螺栓 B：40N·m+90°。

⑪ 在自由状态下安装发动机和变速器支座。

⑫ 自动变速器的运输。在运输自动变速器时可以使用变速器吊架 3336，也可使用变速器支架 3282。

a. 将变速器吊架 3336 固定到变速器壳体的法兰上，如图 2-13 所示。

b. 安装位置销时，应能从链条方向看到 8 个孔。

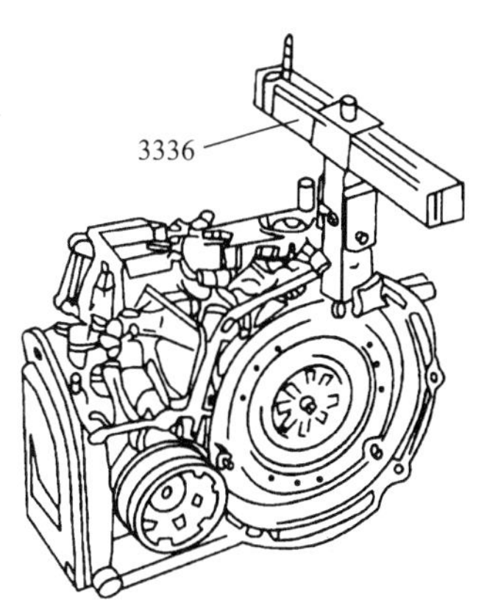

图 2-13 变速器吊架 3336 与变速器的安装

41. 怎样检查和补加自动变速器油?

必备的专用工具及设备：故障检测仪 VAG1551、诊断线 VAG1551/3、储油罐 VAG1924 以及诊断、测试和信息系统 VAS5051。

大众 ATF 油作为备件提供：容量 0.5L，备件号 G052162A1；容量 1.0L，备件号 G052162A2。

检查完自动变速器油面高度，必须更换螺塞上的密封圈。

所有以前能被 VAG1551/1552 执行的功能，也同样能被 VAS5051 在轿车自诊断模式下执行。

(1) 检查 ATF 油面高度　执行检测条件：变速器未进入应急状态，自动变速器油温不超过 30℃；轿车水平；变速杆位于“P”挡。

① 拆下隔声板。

② 将储油罐 VAG1924 固定到车上。

③ 如果使用检测仪 VAS5051，则在点火开关关闭情况下，将诊断线 VAG5051/1 或 VAG5051/3 与诊断插口连接上。拆下诊断插头罩盖。

④ 打开检测仪器。

⑤ 启动发动机。

⑥ 选择触屏上“轿车自诊断”按钮。从这以后，检测仪 VAS5051 指示操作者下一步工作。

⑦ 如果使用 VAG1551，则拆下自诊断插头的罩盖。关闭点火开关，用诊断线 VAG1551/3 连接故障检测仪 VAG1551。

显示屏显示：

V. A. G-SELF-DIAGNOSIS　HELP 1-Rapid data tranfer1) 2-Flash code output1)

交替显示。

⑧ 启动发动机。

⑨ 按键 1 选择“快速数据传递”模式，显示屏显示：

Rapid data transfer　HELP Enter address word×

⑩ 按键 0 和 2（02 输入“变速箱电子系统”地址码），显示屏显示：

Rapid data transfer　HELP 02 Gearbox dlectronics

⑪ 按 Q 键确认，显示屏显示：

Rapid data transfer　HELP Select function××

⑫ 按键 0 和 8，显示屏显示：

Rapid data transfer　　　Q 08-Read measurde value bolck

⑬ 按 Q 键确认，显示屏显示：

Rapid measured value block Enter display group number××

⑭ 按键 005（005 选择“显示线号 005”）。

⑮ 按 Q 建确认，显示屏显示：

Rapid measured value block 5 30℃　0011011　0 900r/min

第一个显示区显示自动变速器油温：35～45℃。

⑯ 举起轿车。

⑰ 将容器放在变速器下面。

⑱ 从油底壳上拆下 ATF 油塞，放出溢流管内的自动变速器油。自动变速器油从孔中滴出，自动变速器油不需要补加。

⑲ 装上新密封圈，用 15N・m 的力矩拧紧螺塞，自动变速器油面检查完成。

⑳ 如果仅是溢流管中的自动变速器油从孔中流出，那么把密封塞和固定端盖安装好。

（2）补加自动变速器油

① 用旋具撬下密封塞的固定端盖，端盖的锁止部位将被损坏，因此，必须更换新端盖。

② 从加油管上拔下密封塞。

③ 用 VAG1924 加自动变速器油，直到自动变速器油从溢流孔中流出。自动变速器油过多或过少都会影响变速器功能。

④ 将新的密封圈装到螺塞上，并安装到加油管上，用 15N・m 的力矩拧紧。

⑤ 换用新的密封圈端盖，锁止端盖，将密封圈固定。

42. 怎样拆装变速器油冷却器及加油管?

① 如图 2-14 所示，拧下空心螺栓 1，从自动变速器壳体上拆下自动变速器油冷却器 3，安装时必须更换 O 形密封圈 2 和 6，安装顺序与拆卸顺序相反。

② 从自动变速器侧面拆下加油管 9。更换 O 形密封圈 10 后方可安装加油管，检查完油面高度后拧紧油塞。

43. 怎样拆卸自动变速器行星齿轮系统?

必备的专用工具及设备：支撑板 VW309、支撑座 VW313、变速器支撑板 VW353、压板 VW402、压力工具 VW412、套管 VW415A、套管 VW418A、套管 3110、装配环 3267、变速器支撑架 3336、扭力扳手 VAG1331。

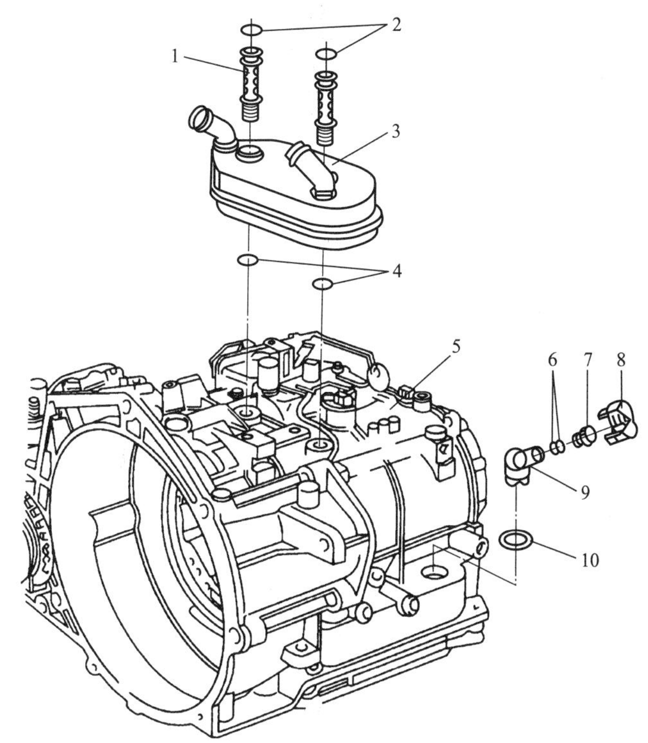

图 2-14　自动变速器油冷却器及加油管的拆装

1—空心螺栓（35N·m）；2,4,6,10—O 形密封环；3—自动变速器油冷却器；
5—变速器壳体；7—油塞；8—端盖；9—加油管

行星齿轮系统如图 2-15 所示。首先将变速器装于变速器支撑架 3336。

① 排出自动变速器油。将储油槽放在变速器下，拆下螺塞和 ATF 溢流管，排放自动变速器油。

② 密封自动变速器油冷却器油口。

③ 拆下变矩器。

④ 用螺栓将变速器固定到装配架上，拆下变速器支撑架 3336。

⑤ 拆下带密封垫的变速器壳体端盖。

⑥ 拆下油底壳。

⑦ 拆下自动变速器油滤网。

⑧ 拆下带传输线的滑阀箱。

⑨ 拔下密封塞。

⑩ 拆下 ATF 油泵螺栓。

⑪ 将螺栓（M8）均匀拧入自动变速器油泵螺栓孔内，将自动变速器油泵从变速器壳体压出。

⑫ 将滤网安装在自动变速器油冷却器的管上。

⑬ 将带有隔套、制动片、弹簧和弹簧盖的所有离合器拔出。离合器 K1 和 K3 压在一起，如果其中一个离合器需分解或更换时，离合器 K1 必须从 K3 上压出。

⑭ 将旋具插入大太阳轮孔内，以松开和紧固小输入轴螺栓。

⑮ 松开小输入轴螺栓，拆下小输入轴螺栓垫圈和调整垫片。

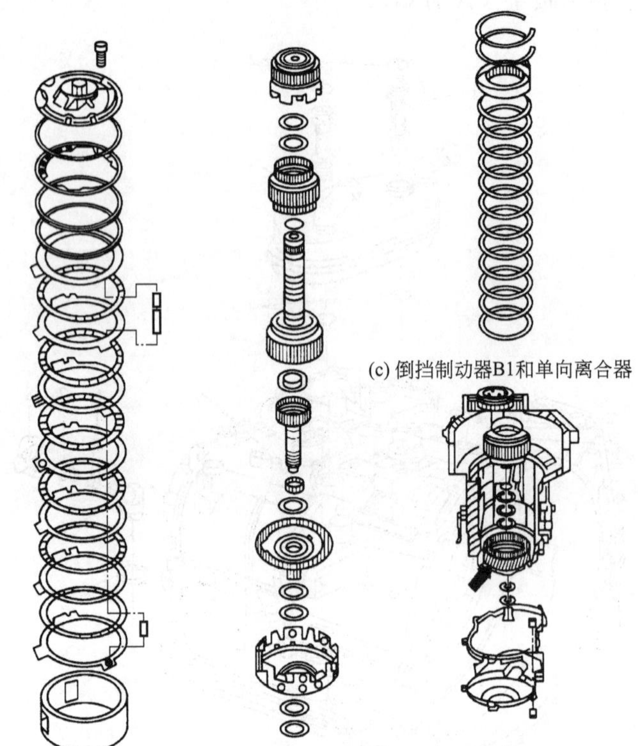

图 2-15 行星齿轮系统

⑯ 行星支架推力滚子轴承留在变速器/主动齿轮内，拔下小输入轴。

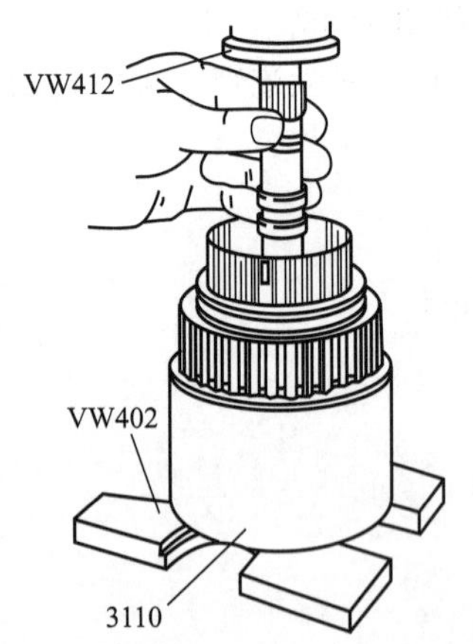

图 2-16 离合器 K1 与 K3 的分解

⑰ 拔出大输入轴。

⑱ 拔出大太阳轮。

⑲ 拆下变速器转速传感器 G38。

⑳ 拆下隔离管弹性挡圈和单向离合器弹性挡圈。用钳子夹在单向离合器的定位楔上，把单向离合器从变速器壳体上拔出。

㉑ 拔下带碟形弹簧的行星齿轮支架，拆下倒挡制动器的摩擦片，分解行星齿轮系统时，不需拆下主动齿轮。

㉒ 将离合器 K1 从 K3 压出，如图 2-16 所示（离合器 K1 和 K3 压在一起，如果其中一个离合器要分解或更换时，离合器 K1 必须从 K3 上压出）。确保内工具压力表面是平的并且没有损坏，将套管 3110 的销对着压板 VW402，要压开时，压涡轮轴。

44. 怎样调整自动变速器行星齿轮系统？

行星齿轮系的调整部位，如图 2-17 所示。

（1）行星支架的调整　必备的专用工具及设备：支撑板 VW309、支撑座 VW319、变速器支撑板 VW353、测量装置 VW382/7、千分表。

① 安装行星支架及轮齿轮系统。

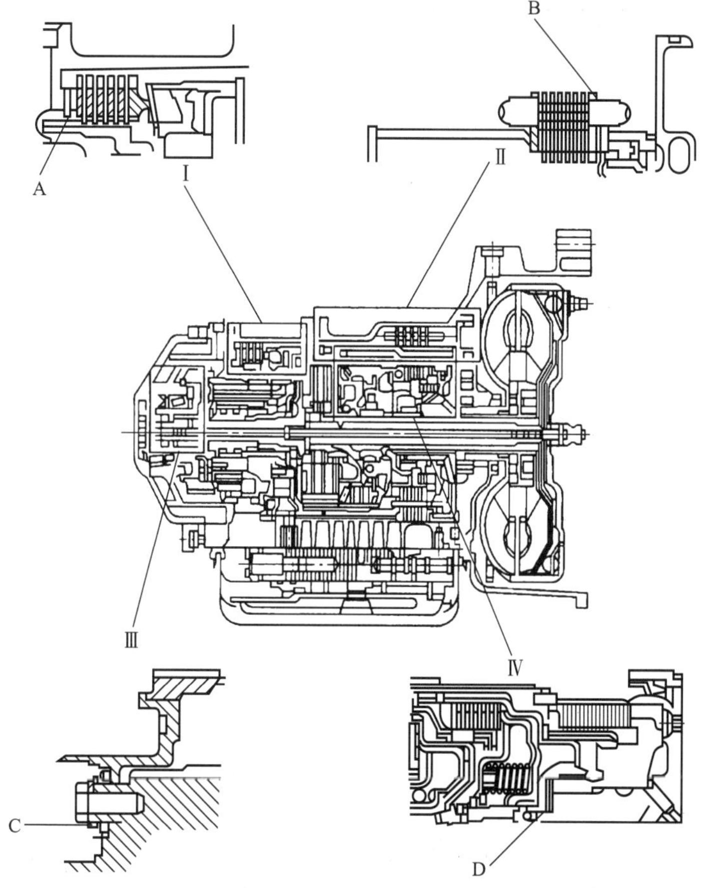

图 2-17　行星齿轮系调整部位示意图

倒挡制动器 B1；2 挡和 4 挡制动器 B2；行星支架；离合器间隙

A，C，D—调整垫片；B—外片或调整垫片

② 当调整行星支架时，除了调整垫片外，将调整部件装入变速器壳体。

③ 测量调整垫片 A。

④ 将旋具插入大太阳轮孔内，以松开和紧固小输入轴螺栓。

⑤ 装入带垫圈的小输入轴螺栓，但不装调整垫圈，拧紧力矩为 30N・m。

⑥ 安装千分表到测量装置 VW382/7。

⑦ 以 1mm 预紧力将千分表装到螺栓头中间，将千分表置于“0”位置，向上移动小输入轴并读出测量值，选择调整垫圈厚度，见表 2-3。

如测量值为 2.00mm，查表应装入厚度为 1.7mm 的调整垫圈。

表 2-3　行星支架调整垫圈表

测量值/mm	调整垫圈/mm
1.26～1.35	1.0
1.36～1.46	1.1
1.46～1.55	1.2
1.56～1.65	1.3

续表

测量值/mm	调整垫圈/mm
1.66～1.75	1.4
1.76～1.85	1.5
1.86～1.95	1.6
1.96～2.05	1.7
2.06～2.15	1.8
2.16～2.25	1.9
2.26～2.35	2.0
2.36～2.45	2.1
2.46～2.55	2.2
2.56～2.65	2.3
2.66～2.75	2.4
2.76～2.85	2.5
2.86～2.95	2.6
2.96～3.05	2.7
3.06～3.15	2.8
3.16～3.25	2.9

⑧ 拆下小输入轴螺栓，把已确定的调整垫圈安装到小输入轴上，将小输入轴螺栓连垫圈一同拧紧，拧紧力矩为30N·m。

⑨ 测量行星齿轮支架。将千分表装到测量装置VW382/7上，并将表触点顶到小输入轴螺栓上，上下移动小输入轴并从表上读出间隙值，间隙值最小为0.23mm，最大为0.37mm。

⑩ 如果已拆下倒挡制动器B1和单向离合器并调整过行星齿轮支架，那么在安装行星齿轮支架前，应装上倒挡制动器B1并组装行星齿轮系统。

（2）调整倒挡制动器B1　必备的专用工具及设备：支撑板VW309、支撑座VW313、变速器支撑板VW353、压板VW402、深度尺、导板、塞尺。

① 如图2-18所示，安装倒挡制动器B1。

② 确定调整垫片A的厚度。测量时，变速器壳体必须装在配台上，以使主动齿轮朝下。调整垫片A的厚度是由间隙尺寸“x”确定的，如图2-19所示。

③ 查表2-4确定调整垫片。

表2-4　制动器B1调整垫片表

间隙尺寸“x”/mm	调整垫片A的厚度/mm
2.36～2.45	1.0
2.46～2.55	1.1
2.56～2.65	1.2
2.66～2.75	1.3
2.76～2.85	1.4
2.86～2.95	1.5

续表

间隙尺寸“x”/mm	调整垫片 A 的厚度/mm
2.96～3.05	1.6
3.06～3.15	1.7
3.16～3.25	1.8
3.26～3.35	1.9
3.36～3.45	1.0+1.0
3.46～3.55	1.0+1.1
3.56～3.65	1.1+1.1
3.66～3.75	1.1+1.2
3.76～3.85	1.2+1.2
3.86～3.95	1.2+1.3
3.96～4.05	1.3+1.3
4.06～4.15	1.3+1.4
4.16～4.25	1.4+1.4

注：按表确定调整垫片厚度，按备件目录查找零件号。

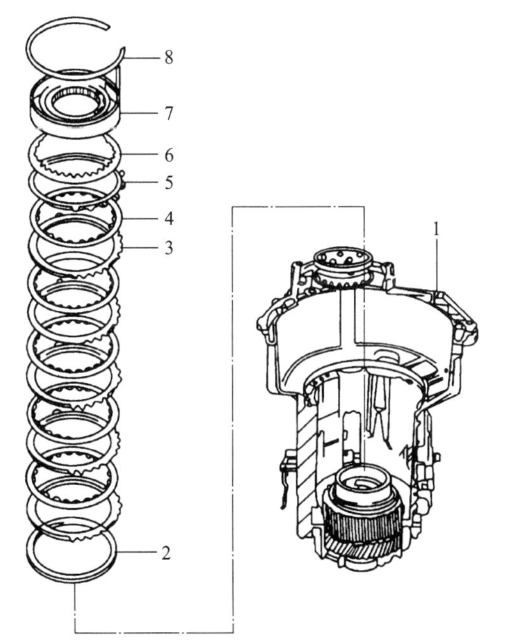

图 2-18　倒挡制动器 B1 的安装

1—变速器壳体；2—调整垫片；3—外片 B1；4—内片 B1；5—压片；6—碟形弹簧；7—单向离合器（带有 Bl 活塞）；8—弹性挡圈

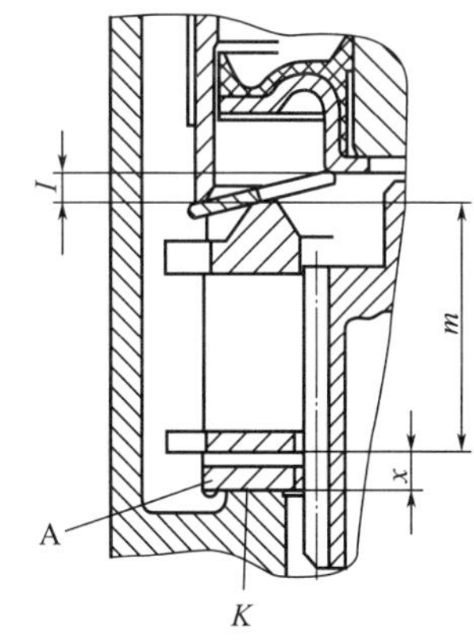

图 2-19　制动器 B1 各部位尺寸

A—调整垫片；x—间隙尺寸；I—单向离合器活塞位置；m—带压片的片组高度；K—恒定值 26.9mm（K 是由变速器结构高度确定而不可调的）

④ 确定 B1 调整垫片厚度以后，再进行检查测量。将单向离合器的部件都装上，并用弹性挡圈固定，用塞尺“A”测量制动片间间隙，间隙值最小为 1.25mm，最大为 1.55mm。

（3）离合器 K1 和 K2 间隙的调整　必备的专用工具及设备：支撑板 VW390、支撑座 VW313、变速器支撑板 VW353、多功能尺架 VW387、深度尺、导板、千分表。

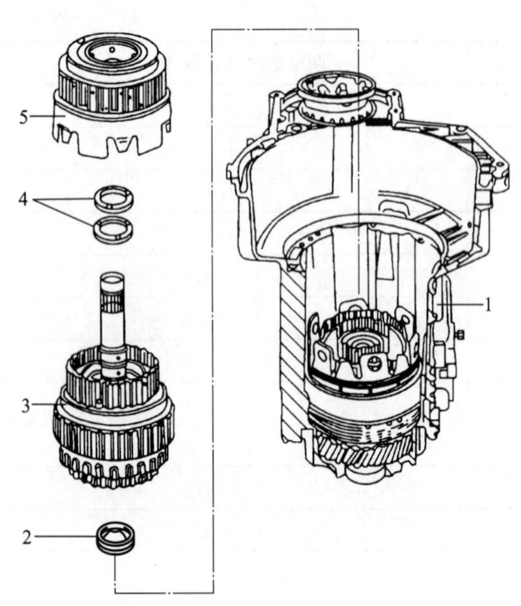

图 2-20 离合器 Kl 和 K2 的安装

1—变速器壳体；2—带垫圈的推力滚子轴承；3—1～3 挡离合器、3～4 挡离合器；4—调整垫圈；5—倒挡离合器 K2

① 调整离合器间隙时，除了调整垫片外，所有的部件都按图 2-20 安装。行星支架安装和调整完毕，变速器壳体安装在装配台上，主动齿轮朝下。

② 离合器装配后，各部位间隙尺寸转运合适。

③ 装上自动变速器油泵后测量离合器间隙，将千分表支架固定到变速器壳体上，并以 1mm 预紧力把千分表对在涡轮轴上，轻轻上下移动涡轮轴并读出表上间隙值，间隙值最小为 0.5mm，最大为 1.2mm。

（4）调整 2 挡和 4 挡制动器 B2　必备的专用工具及设备：支撑板 VW309、支撑座 VW313、变速器支撑板 VW353、调整工具 3459、深度尺、导板。

① 如图 2-21 所示，除了调整垫片 11 和 B2 外片 10 及弹簧帽 6 之外，安装其余部件。

② 安装垫圈，光滑面朝向最后内片，

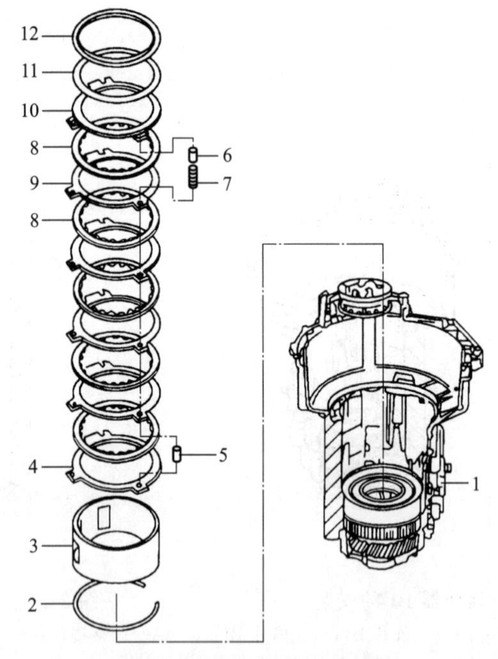

图 2-21 制动器 B2 的安装

1—变速器壳体；2—弹性挡圈；3—B2 隔套；4—外区 B2；；5—弹簧帽（装上第一个外片后进行）；6—弹簧帽；7—弹簧；8—B2 内片；9—B2 外片（厚 2mm）；10—B2 外片（厚 3mm）；11—调整垫片；12—垫圈

将专用工具 3459 安装到垫圈上，并旋转以使 3 个夹子定位到 ATF 油泵孔上，如图 2-22 所示。再用螺栓将专用工具 3459 固定到油泵法兰上，并用 5N · m 的力矩追紧，使 B2 各片组压在一起。专用工具 3459 提供一个力通过垫圈作用在片组上。

③ 将 3 个弹簧帽安装到压簧上。

④ 安装最后的外片（厚 3mm）。

⑤ 安装确定调整垫片，并将垫圈安装到调整垫片上，光滑面朝向调整垫片。

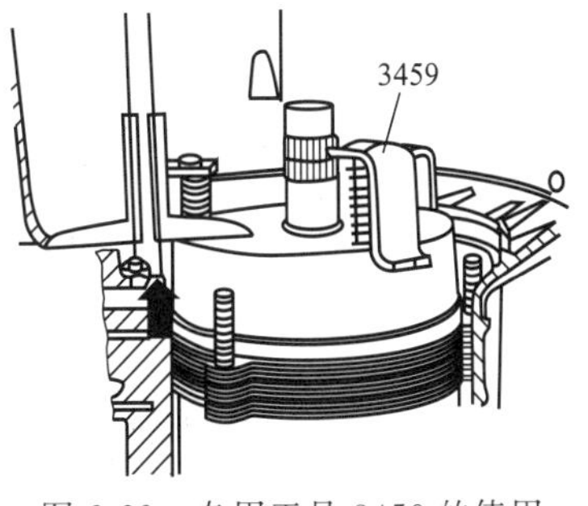

图 2-22 专用工具 3459 的使用

（5）分解和组装 ATF 油泵

① 如图 2-23 所示，分解 ATF 油泵。

② 安装 ATF 油泵时，应检查活塞环位置是否正确。如图 2-24 所示，将活塞环装入槽内，压缩活塞环使其接在挂口上，确保活塞环接口相互钩住，不可从槽内单面拧下活塞环。

③ 安装前须用 ATF 油浸润，安装时稍微转动活塞。

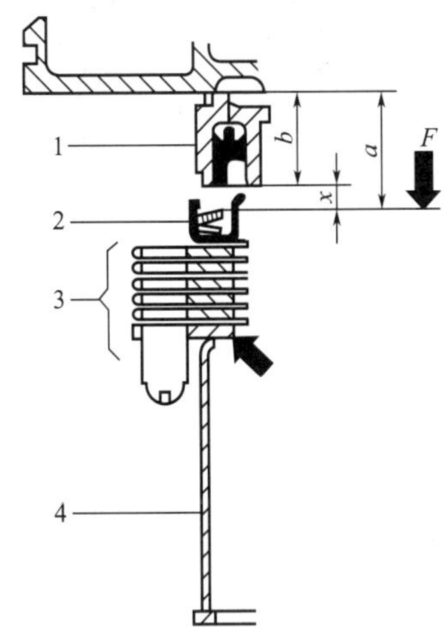

图 2-23 制动器 B2 的调整

1—ATF 油泵；2—垫片；3—B2 组片；4—隔套

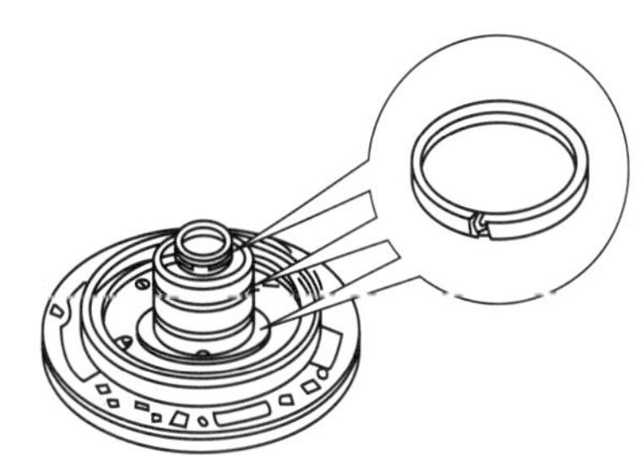

图 2-24 检查活塞环位置

如果外齿轮安装错误，ATF 油泵在安装后会出现转动困难的现象。

（6）分解和组装带 B1 活塞的单向离合器

① 如图 2-25 所示，分解和组装单向离合器。

② 装弹簧时，应使弹簧（如图 2-26 中箭头所示）牢固装入保持架内。

③ 安装带弹簧和辊子的保持架。安装时，大凸缘（如图 2-27 中箭头所示）朝上。装入后右旋（图示位置俯视）保持架，使其固定。

（7）分解和组装 1～3 挡离合器 K1 必备的专用工具及设备：压板 VW401、压板 VW402、压力工具 VW412、压力法兰 VW442、套管 40-203/1。

① 将离合器 K1 从 K3 上压出。

② 如图 2-28 所示，拆下支撑环 1 和内外支架 2。

③ 拆卸弹性挡圈 3，其厚度不同，拆下后做好标记。安装时应在同一位置，向下压带弹簧挡圈的活塞盖，直到弹簧挡圈（如图 2-29 中箭头所示）进入槽内。

④ 拆卸压盘 4。安装时光滑面朝向内片，阶梯面朝向内片支架，与内片支架一起安装。

⑤ 拆卸内外片、波形弹簧垫片和弹性挡圈。

⑥ 拆卸活塞盖、弹簧圈和活塞等。

⑦ 安装活塞、弹簧圈和活塞盖，其中活塞在安装前应用 ATF 油浸润唇口。

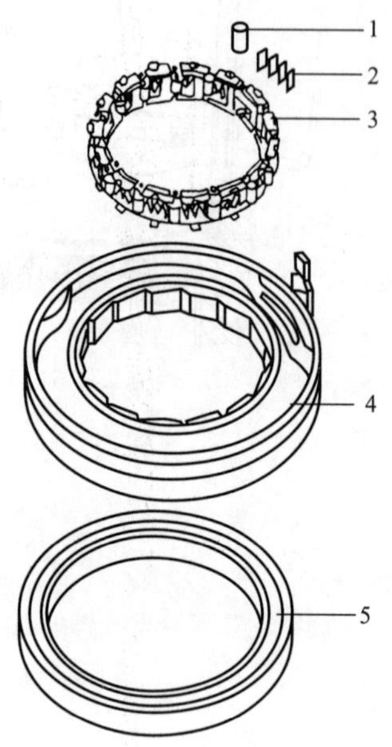

图 2-25 单向离合器的分解与组装

1—辊子；2—弹簧；3—保持架；4—外环；5—活塞

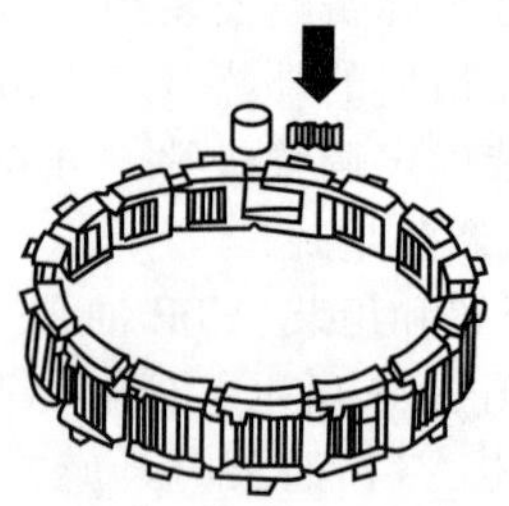

图 2-26 单向离合器中辊子和弹簧的安装

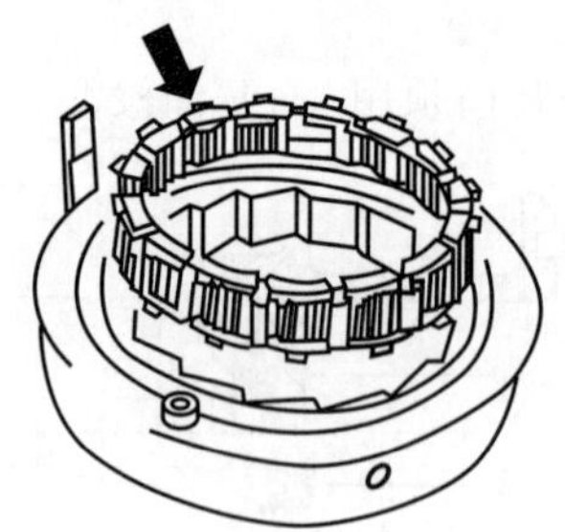

图 2-27 安装带弹簧和辊子的保持架

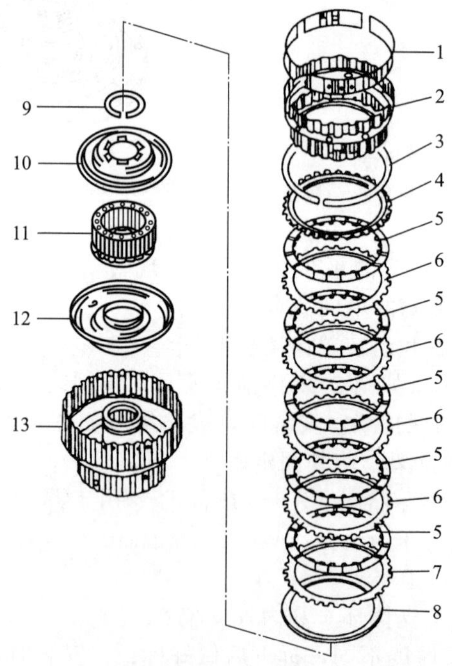

图 2-28 离合器 K1 的分解与组装

1—支撑环；2—内外支架；3,9—弹性挡圈；4—压盘；5—内片；6—外片（1.5mm 厚）；7—外片（2mm 厚）；8—波形弹簧垫片；10—活塞盖；11—弹簧圈；12—活塞；13—离合器壳体

⑧ 安装 3 个内片 b 和 2 个外片 c，逐个地夹住支撑环（如图 2-30 中箭头所示）。

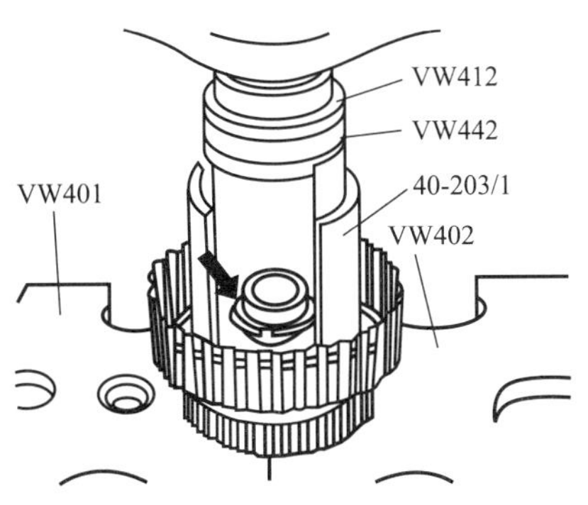

图 2-29　拆卸和安装 K1 中的弹簧挡圈

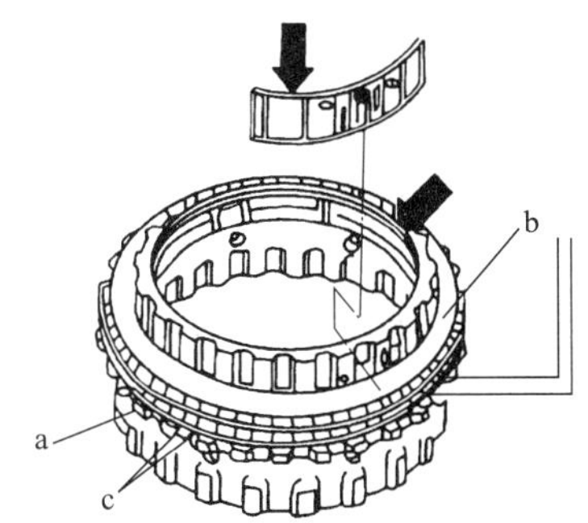

图 2-30　K1 中的内外片安装
a—压盘；b—内片（3 片）；c—外片（2 片）

⑨ 正确安装固定凸缘，将波形弹簧垫圈和其他离合器装入离合器壳。

⑩ 将波形弹簧垫圈和内、外片装入离合器壳中。先装波形弹簧垫圈，然后安装 2mm 厚外片，再装上其余的内、外片。

⑪ 安装内片支架和弹性挡圈（如图 2-31 中箭头所示），在安装弹性挡圈时，须稍微抬起内片支架。

⑫ 其余件的安装与拆卸顺序相反。

（8）分解和组装离合器 K2　必备的专用工具及设备：VW401 压力设置、拆装设备 VW460、装配环 3267。

只有需要清洁和进行外观检查时，才分解离合器 K2。

① 如图 2-32 所示，分解和组装离合器 K2。

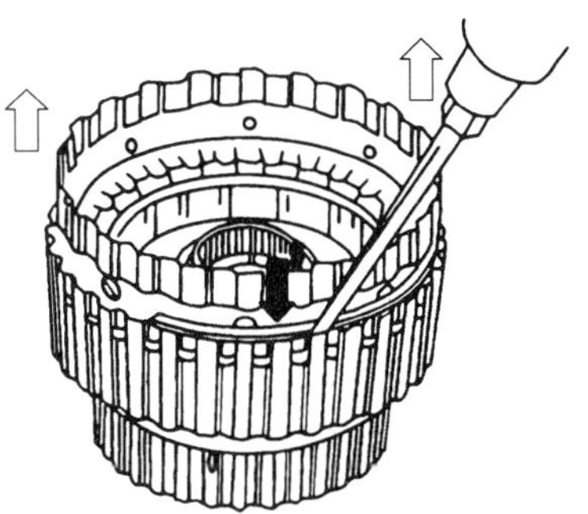

图 2-31　安装 K1 的内片支架和弹性挡圈

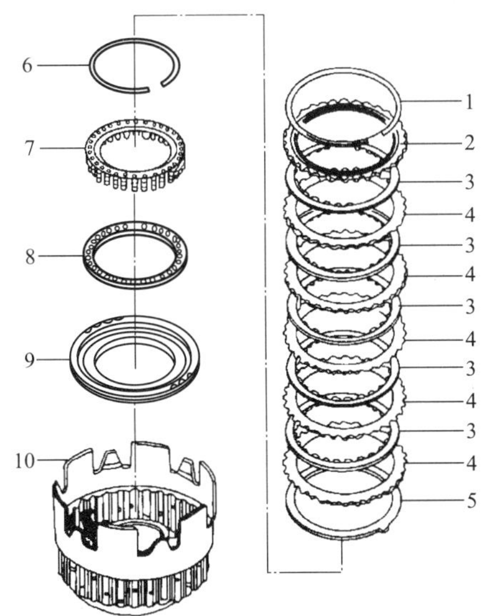

图 2-32　离合器 K2 的分解与组装
1，6—弹性挡圈；2—压盘；3—内片；4—外片；5—波形弹簧垫圈；7—弹簧支承板；
8—弹簧支承环；9—活塞；10—离合器壳

② 在拆卸和安装弹性挡圈（如图 2-33 中箭头所示）时，用专用工具 3267 向下压弹簧支撑板，直到可以拆装弹性挡圈，不要损坏离合器壳的球阀。拆卸后做上标志，安装时应在同一位置安装。

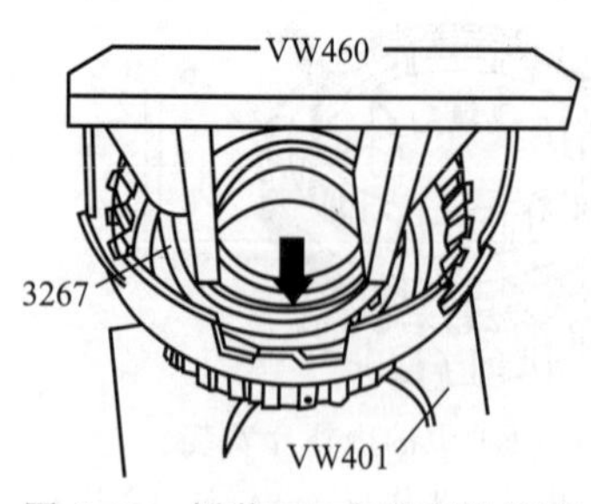

图 2-33 拆装 K2 中的弹性挡圈

③ 弹性挡圈必须装在离合器壳体槽内，弹簧支撑板必须位于轮毂中间。

④ 安装压盘时，光面朝向内片。

⑤ 密封唇口已硫化处理，安装前用 ATF 油浸润密封唇，安装时应稍微转动活塞。

（9）分解和组装带涡轮轴的 3 挡及 4 挡离合器 K3 必备的专用工具及设备：压盘 VW410、压盘 VW402、压力工具 VW407、装配工具 3292/1。

① 离合器 K1 从 K3 上压出。

② 图 2-34 所示分解和组装 K3。

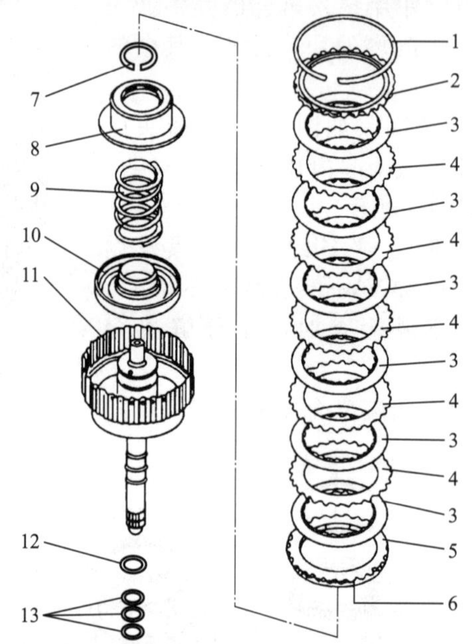

图 2-34 离合器 K3 的分解与组装

1—弹性挡圈；2—压板；3—内片；4—外片；5—压片；6—波形垫片；7—弹性挡圈；8—活塞盖；9—弹簧；10—活塞；11—带涡轮轴的离合器壳体；12—O 形环；13—活塞环

③ 弹性挡圈 1 厚度不同，拆卸后应做好标记，安装时，要安装在同一位置。

④ 安装压板 2 时，阶梯面应朝向弹性挡圈。安装压片 5 时，波形垫圈应固定在压片 5 上之后，再将波形垫圈朝向活塞安装。

⑤ 装活塞和活塞盖之前，应将其密封唇口用 ATF 油浸润。

⑥ 拆卸弹性挡圈时，仔细向下压活塞盖，直到可以拆装上弹性挡圈为止，如图 2-35 所示。

⑦ 检查活塞环位置。在离合器壳体的涡轮轴上安装活塞环，将活塞装入槽内，确保活塞环接口挂在一起。

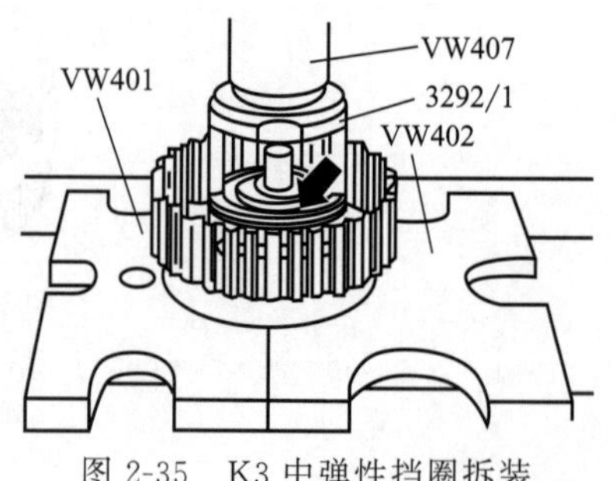

图 2-35 K3 中弹性挡圈拆装

⑧ 将 O 形密封环装入涡轮轴槽中。

45. 怎样拆装自动变速器滑阀箱?

必备的专用工具及设备：传输线旋具 3373、扭力扳手 VAG1331。

滑阀箱脏污或损坏时，必须更换。滑阀箱或传输线可在变速器装好时拆下，其中传输线可单独拆下。重新装上油底壳后，应添加 ATF 油。

① 拆卸和安装滑阀箱如图 2-36 所示。

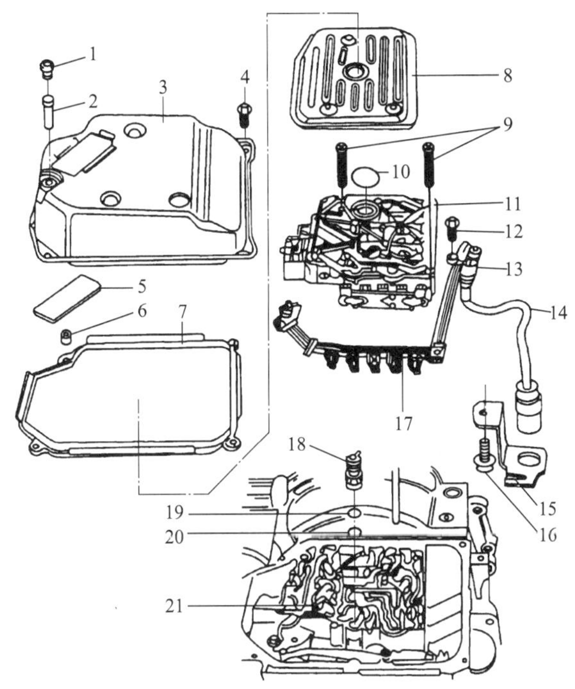

图 2-36 拆卸和安装滑阀箱

1—螺塞；2—溢流管；3—油底壳；4—螺栓（12N·m）；5—磁铁；6—隔套；7—密封垫；8—自动变速器油滤网；9—螺栓（5N·m）；10—密封圈；11—滑阀箱；12—螺栓（10N·m）；13,19,20—O 形环；14—传输线；15—固定架；16—螺栓（20N·m）；17—电磁阀插头；18—密封塞；21—手动换挡操纵杆

② 排放自动变速器油。将油收集槽放在变速箱下边，拆下螺塞 1 和溢流管 2 并排放自动变速箱油。

③ 拆卸传输线。将传输线旋具 3373 插入电磁阀插头上，并插到底，用专用工具拔下插头。拆下螺栓。

④ 拆下滑阀箱/取下操纵杆。拆卸滑阀箱时，手动阀仍留在滑阀箱内，将变速杆/轴放在“1”挡位置，拔出手动阀，直到它能从操纵杆上分离。

⑤ 固定手动阀，防止其脱落。

⑥ 安装密封塞。拆装单向离合器前，应从变速器壳体上拔下密封塞，否则会损坏密封塞和 O 形环。安装密封塞时，就先将 O 形环装到密封塞上，然后将密封塞装入变速器壳体孔中。

⑦ 将操纵杆装到手动阀上。转动手阀使阶梯面朝向操纵杆，将带手动阀的操纵杆装入滑阀箱。

⑧ 调整手动阀操纵杆。换挡轴入“P”挡，将带有手动阀的操纵杆插入滑阀箱并插到底，手动阀必须靠紧台肩，拧螺栓时，应按箭头方向打靠，必须更换螺栓和手动阀的固定卡夹后方可安装。

⑨ 安装滑阀箱时，铺设传输线，勿折叠或扭曲传输线。

⑩ 安装自动变速器油滤网。先将密封圈装入滑阀箱，再将自动变速器油滤网压到滑阀箱上。

⑪ 安装带螺栓的传输线插头固定夹。将传输线插头放入下支架时，安装带凹座的上支架到插头固定爪上，用 20N·m 的力矩拧紧螺栓。

46. 怎样拆装自动变速器停车锁止装置?

必要的专用工具及设备：圆凿 VW222A、拉器 VW22B、套管 VW423、顶杆 VW460/2。

分解和组装停车锁止装置前，须拆下从动齿轮。

① 拆卸和安装停车锁止装置如图 2-37 所示。

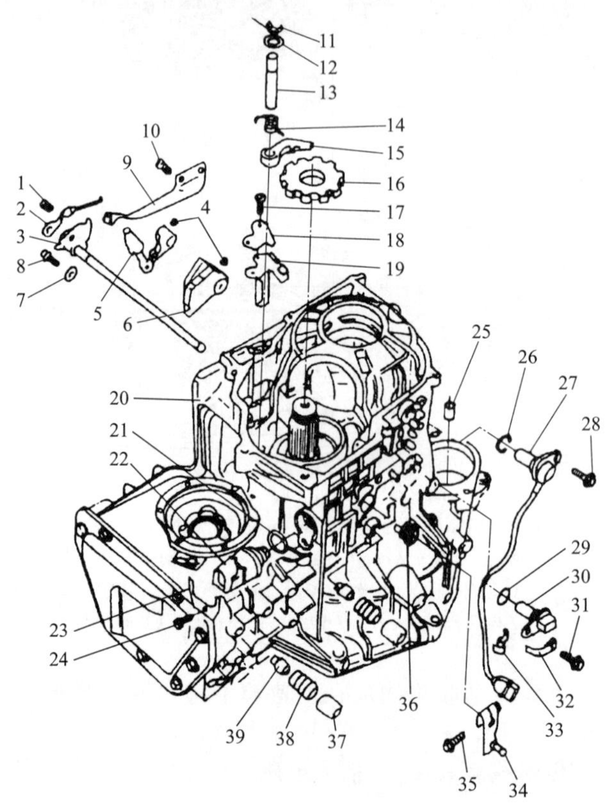

图 2-37 拆卸和安装停车锁止装置

1—螺栓（4N·m）；2—手动滑阀操纵杆；3—带换挡扇形板的挡轴；4—弹簧销；5—推杆；6—凸轮扇形板；7—锁止垫圈；8,10,24,28,31,35—螺栓（10N·m）；9—换挡扇形板弹簧；11—弹性挡圈；12—垫圈；13—带销杠杆轴；14—回位弹簧；15—带销杠杆（止动爪）；16—停车锁止齿轮；17—螺栓（14N·m）；18—支承板；19—导板；20—变速器壳体；21,26,29,36—O 形环；22—多功能开关 F125；23—支架；25—定位套；26—卡环；27—车速传感器；30—变速器转速传感器；32—支持架；33—固定夹；34—杠杆；37—通风装置架；38—通风装置；39—通风管

② 敲出和敲入弹簧销。

a. 敲出：往外敲出推杆和凸轮扇形板的弹簧销，直到可以拔出弹簧销，注意推杆的弹簧

销可能掉入行星齿轮系统。

b. 敲入：装入选挡轴、推杆和凸轮扇形板后，敲入弹簧销并使之与端面平齐。

③ 拆装带换挡扇形板的换挡轴。拆下滑阀箱（不要损坏传输线），拆下换挡扇形弹簧和带垫圈的螺栓，垫圈用于防止换挡轴窜动。

④ 安装导向板和支承板。

⑤ 安装带回弹簧的止动爪。

⑥ 拉出起动机套管。安装起动机套管时，用专用工具 VW222a，在敲入前应润滑管座。

⑦ 拆卸和安装多功能开关。

a. 安装位置：多功能开关安装在变速器后面。

b. 拆卸：关闭点火开关，打开发动机罩盖，拔下多功能开关插头，拆下螺栓和支架，拆下多功能开关，更换密封圈。

c. 安装：安装按与拆卸相反的顺序进行。安装开关，使每个销支撑在凸轮扇形板的斜面上，用 10N・m 的力矩拧紧螺栓。

⑧ 拆卸和安装变速转速传感器。

a. 安装位置：变速器转速传感器安装在变速器顶部。

b. 关闭点火开关，打开发动机罩前，从传感器上拔下插头，拆下螺栓并拔下传感器，更换密封圈。

c. 安装按与拆卸相反的顺序进行，用 10N・m 的力矩拧紧螺栓。

⑨ 在变速器安装好的车上拆装车速传感器。

安装位置：车速传感器安装在变速器上部，当变速器安装好时，传感器被左侧装配座盖住。在带有收音机密码的车上获取收音机密码。关闭点火开关，断开蓄电池搭地线，并拆下蓄电池，拆下空气滤清器。

⑩ 安装带支架 10-222A/1 的支架 10-222A（6 缸，发动机支架 10-222A/3），并在此位置支承发动机/变速器。

⑪ 拆下动力转向压力油管支架。当变速器由吊装工具吊住时，方可拆下变速器支架。

⑫ 拆下防振支架。

⑬ 放低变速器尺寸大约 60mm，从传感器拔下黑色插头，拆下螺栓并拔出传感器，更换密封圈。

安装按与拆卸相反的顺序进行，用 10N・m 的力矩拧紧螺栓。

47. 怎样维护保养自动变速器?

① 首先检查 ATF 液位。

② 在检查开始时 ATF 的温度不应高于 30℃。

③ 连接诊断仪并执行以下操作。

a. 按下“右”导航功能键。

b. 选择车型、变速箱和检查 ATF 油位。

c. 按压键。

d. 启动发动机。

e. 将收集容器放在变速箱下。

f. 显示 35～45℃时，旋下油底壳内用于 ATF 检查的螺旋塞，溢流管中的 ATF 流出，ATF 从这个孔中滴落，表示无须添加 ATF 油。如果没有 ATF 滴落，则需要添加 ATF 油。用 15N・m 的力矩将螺旋塞连同新的密封环一起拧紧。ATF 检查程序结束。

48. 怎样装配自动变速器行星齿轮系统?

① 离合器 K1 和 K3 的装配。

a. 将新的 O 形环放到涡轮的凹槽中，用自动变速器油润滑 O 形环。

b. 将带有垫片的推力滚子轴承卡到 3 挡和 4 挡离合器 K3 上。

c. 在压之前，定位专用工具 VW418A 中心在推力滚子轴承表面，不要在离合器上旋加过大的压力，仔细压离合器 K1，直到感觉不动为止。

② 将 O 形环安装到行星支架上。在更换行星支架后，应调整。

③ 将带有垫片的推力滚子轴承和行星支架安到主动齿轮上。

④ 将垫片和推力滚子轴承放在行星支架的“小太阳轮”上，使“小太阳轮”上的垫圈和推力滚子轴承中心对齐。

⑤ 安装制动器 B1。

a. 放入制动器 B1 的内片和外片，放入压片，平面朝向制动片。

b. 装入碟形弹簧，凸起面朝向单向离合器。

c. 当更换变速器壳体、单向离合器、倒挡制动器 B1 的活塞、制动片时，须调整 B1。

⑥ 用专用工具 3267 张开单向离合器滚柱，并装入单向离合器。

⑦ 安装单向离合器弹性挡圈和隔声管的弹性挡圈。安装弹性挡圈时，开口装到单向离合器定位楔上。

⑧ 安装变速器转速传感器。

⑨ 将大太阳轮、小输入轴等部件装入变速箱壳体。

⑩ 安装带有垫圈调整垫片的小输入轴螺栓，拧紧力矩为 30N·m。将调整垫片装到小输入轴台肩上，确定垫片厚度。

⑪ 将活塞环正确安装在 K3 上，确保活塞环接口钩在一起。

⑫ 装入 1 挡和 3 挡离合器 K1 与 3 挡和 4 挡离合器 K3，如图 2-38 所示。

⑬ 将调整垫片装在 K1 上，当更换 K1、K2 或自动变速箱器泵时，应测量调整垫片并调整离合器 K1 和 K2 之间的间隙。

⑭ 安装倒挡离合器 K2。

⑮ 安装制动器 B2。

a. 装入制动器 B2 片组的隔套，应使隔套上的槽进入单向离合器楔内。

b. 按下述顺序安装 B2 制动片：先装上一个 3mm 厚的外片；将 3 个弹簧帽装入外片；插入压力弹簧（如图 2-39 中箭头所示）；除了最后一个外片外，装上所有外片；将 3 个弹簧帽装到压力弹簧上。

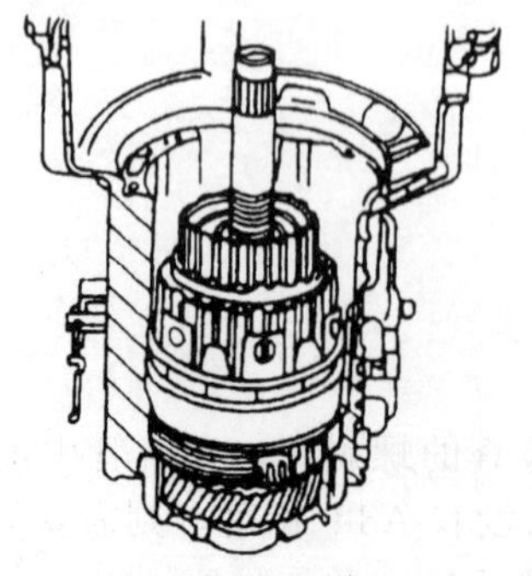

图 2-38 离合器 K1 和 K3 与变速器壳体的安装

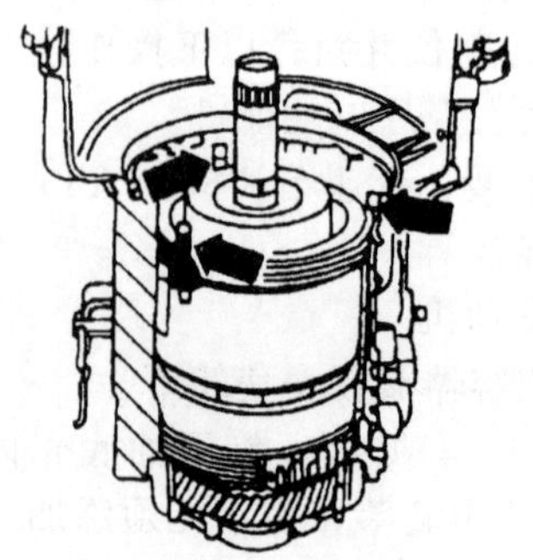

图 2-39 压力弹簧的安装

c. 装入最后一个 3mm 的厚外片。

d. 装调整垫片 a，如图 2-40 所示，将垫圈 b 装到调整片上，光滑面朝向调整垫片。

e. 当更换变速器壳体、隔套、ATF 油泵、垫圈、制动片时，2 挡和 4 挡制动器 B2 需调整。

⑯ 滤网安装在自动变速器油冷却器的管路上。

⑰ 安装自动变速器油泵密封垫，将 O 形环安装到自动变速器油泵上。

⑱ 安装自动变速器油泵，均匀交叉拧紧螺栓，确保 O 形环未损坏。拧紧力矩为 8N·m，然后拧 90°（这时可分几步进行）。

⑲ 测量离合器间隙。

⑳ 安装带 O 形环的密封柱塞，凸耳装入油道中。

㉑ 安装带传输线的阀体。

㉒ 安装油底壳。

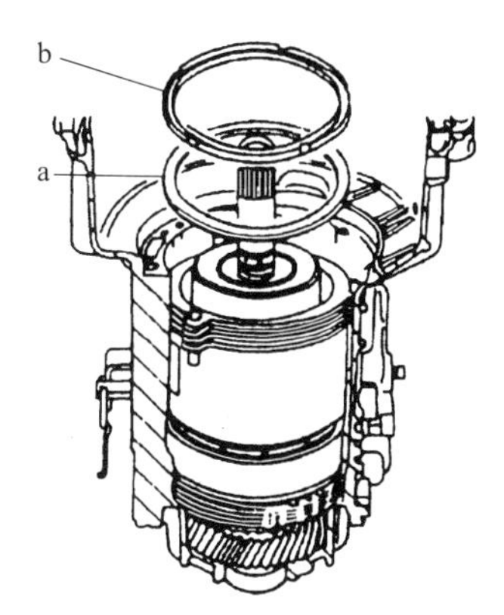

图 2-40　制动器 B2 的调整垫片安装
a—调整垫片；b—垫圈

㉓ 安装带密封垫和隔套的盖，拧紧力矩为 8N·m。

㉔ 拧入 ATF 溢流管和带新密封垫的螺塞。

㉕ 安装变矩器。

㉖ 将变速器安装到车上，充注 3L 自动变速器油并检查油面高度。

49. 为什么帕萨特轿车自动变速器不能工作?

（1）故障现象

a. 无论操纵手柄位于前进挡或倒挡，轿车都不能行驶。

b. 启动后轿车能行驶一段路程，但热车状态下启动轿车不能行驶。

（2）原因分析　首先用故障诊断仪 VAG1551 对自动变速器进行自诊断，如果是电子/电气系统发生故障，应按照故障码对相应部位的电子/电气元件进行检查和维修；如不是控制系统的原因，应从自动变速器的结构上进行分析，主要有以下几种情况可引起轿车不能行驶的故障发生。

a. 自动变速器液压油发生渗漏，液压油全部漏光，导致无法挂挡。

b. 换挡杆或换挡拉索发生松脱。

c. 油泵进油滤网堵塞。

d. 油泵损坏。

e. 自动变速器的输入轴、行星齿轮减速器或输出轴出现故障。

（3）诊断与排除方法

① 利用故障诊断仪 VAG1551 对自动变速器进行自诊断，自诊断时应严格按照诊断程序进行操作。连接好导线，并打开点火开关，在完成初始化操作之后，进入“02-变速器电子系统”，进行故障查询“02-查询故障存储器”，接通打印机，将故障显示并打印出来。按照故障表的描述，首先对照电路图检查对应故障码元件的导线及连接情况是否良好，对地是否短路。对有问题的导线及触点进行维修，维修后应对故障诊断仪 VAG1551 进行“05-清除故障存储器”操作，并再一次进入“02-查询故障存储器”，以确定故障是否排除。

如果自诊断已经表明电子元件无故障，而路试时故障现象仍然存在，应做以下检查。

a. 检查自动变速器油液位。

b. 检查自动变速器操纵手柄与换挡杆之间，换挡杆与换挡杆拉索之间有无松脱。如有松脱，应予以装复，并重新调整好操纵柄的位置。

对换挡机构进行拆卸分解前，应先进行如下操作检查。

将换挡杆放在“P”或“N”挡时，接通点火开关，如不踩制动踏板，换挡杆被锁止，当踩下制动踏板时，换挡杆可切换至各行驶挡位；如换挡杆位于各行驶挡位时，起动机不能被接通。一旦情况异常，即说明换挡机构发生故障，可实施拆卸。

拆卸时，应把换挡杆移至“P”挡；记下收音机密码；拆下蓄电池负极线；拆下换挡杆的手柄（按下套筒，拔出制动块上的按钮并向上拔出手柄）和中央控制台；举起轿车，拆三元催化装置和前排气管；如图 2-41 所示，按箭头 A 的方向按下弹簧锁，松开盖板，从安装支架 2 上取下盖板。按固定卡环 4 的两端，然后拆下，拔下换挡杆 5 上的换挡杆拉索 3。向下拔出安装支架上换挡杆拉索的止退板 6，拔出安装支架上的换挡杆拉索。注意：拔拉索的过程中，不要弯折拉索。拆下带导向装置的盖板。稍稍提升锁止弹簧，从安装支架的锁止弹簧上松开锁止拉索。如图 2-42 所示，松开磁铁和换挡杆照明线束的插头。拆下螺母 7（图 2-41，共 4 个，图中只画出 2 个），向下拆除安装支架 2。对各连接处进行仔细检查，有松动和松脱处，应进行紧固和修复。

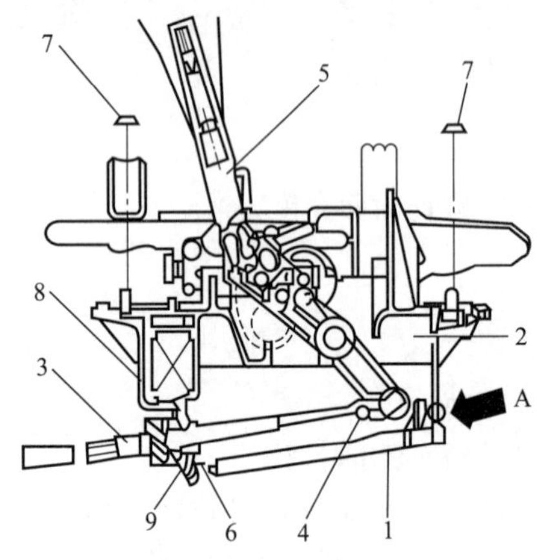

图 2-41 取下盖板

1—盖板；2—安装支架；3—换挡杆拉索；4—固定卡环；5—换挡杆；6—止退板；7—螺母；8—安装支架；9—导入槽

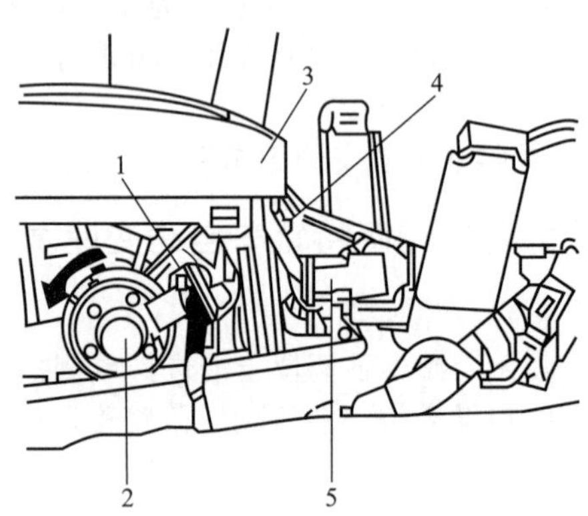

图 2-42 松开磁铁和换挡杆照明线束插头

1—插头；2—磁铁；3—导向装置；4—凹槽；5—换挡杆照明线束插头

安装时，按照与拆卸相反的步骤进行，注意检查换挡杆拉索的调整状况，必要时应进行调整。

② 对油泵进行故障排除检查时首先拆下主油路测压孔上的螺栓，启动发动机，将操纵手柄拨至前进挡或倒挡位置，检查测压孔内有无液压油流出，如果只有少量液压油流出，油压很低或基本上没有油压，应打开油底壳，检查油泵进油滤网有无堵塞。首先是排空 ATF 液，拆下油底壳和 ATF 泵的滤网，若发现有堵塞物，则对滤网进行清洗；之后将滤网 8 压入阀体约 3mm，装入油底壳，拧紧螺栓，将滤网压到正确位置；最后如前述方法加注 ATF 液，才能启动发动机。

如果出现冷车启动时主油路有一定的油压，但热车后油压明显下降，说明油泵磨损严重，应更换油泵。拆卸方法如下：拆下检查孔螺塞和 ATF 溢流管，排净 ATF；用螺栓把变速器固定在总成支架上；拆下盖板，如图 2-41 所示；拆下油底壳和 ATF 过滤网，拆下扁平线束的阀体，如图 2-43 所示；取出倒挡制动器 B1 的密封塞；拆下 ATF 泵的螺栓，如图 2-44 所示；把螺栓（M8）拧入 ATF 泵的螺孔中，均匀地拧入螺栓，将 ATF 泵从变速器壳体内取出。

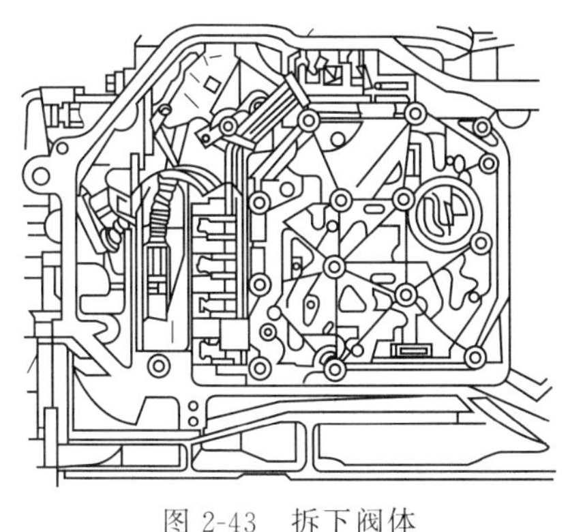

图 2-43 拆下阀体

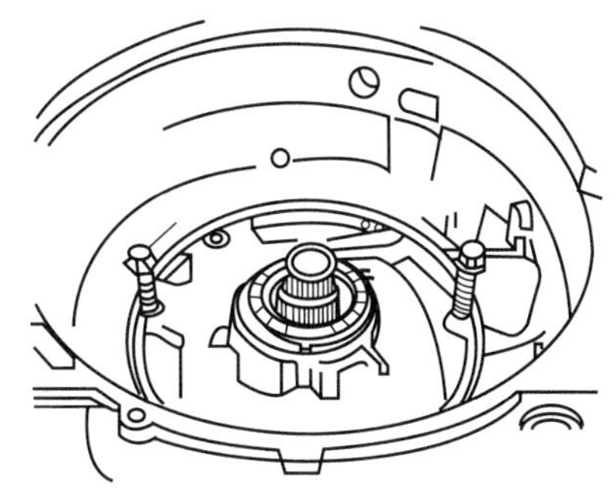
图 2-44 拆下 ATF 泵的螺栓取出 ATF 泵

安装时注意，用 8N·m 的力矩均匀交叉地拧紧螺栓，确保 O 形圈不被损坏；然后用百分表测量离合器间隙；安装盖板、O 形圈、扁平线束的阀体、油底壳和变矩器；将变速器装到车上后要加注 ATF，并检查和补充 ATF 液位。

③ 如果测压孔有大量液压油喷出，说明油泵及油路无故障，应对自动变速器的输入轴、行星齿轮减速器及输出轴进行拆卸检查，一旦零件损坏，应进行更换。

50. 为什么帕萨特轿车自动变速器突然失去自动变速能力？

（1）故障现象 轿车行驶时，突然失去自动变速功能，但仍然能操纵变速杆，让轿车在 3 挡（液压）、1 挡（液压）、倒车挡行驶或停车挡、空挡驻车。

（2）原因分析 使轿车进入紧急运行状态的原因是由于自动变速器内控制单元 J217 出现故障或未接收到来自某些电子元件的信号，而液压部分和机械部分未发生故障。根据自动变速器的控制原理及电路图分析，主要有以下几方面原因。

① 制单元 J217 出现故障。

② 电磁阀 N88～N94 中一个或几个出现故障，或导线开路、对地短路。

③ 功能开关 F125 出现故障，或导线开路、对地短路。

④ 自动变速器转速传感器出现故障，或导线开路。

（3）诊断与排除方法。

① 用故障诊断仪 VAG1551 对自动变速器系统进行自诊断。自诊断时应严格按照诊断程序进行操作。连接好导线，并打开点火开关，在完成初始化操作之后，进入“02-变速器电子系统”，进行故障查询“02-查询故障存储器”，接通打印机，将故障显示并打印出来。按照故障表的描述，首先对照电路图检查对应故障码元件的导线及连接情况是否良好，对地是否短路。对有问题的导线及触点进行维修，维修后应对故障诊断仪 VAG1551 进行“05-清除故障存储器”操作，并再一次进入“02-查询故障存储器”，以确定故障是否排除。

如果故障诊断仪 VAG1551 显示“Nofaultrecognized（未识别到故障）”，可以结束输出“06-结束输出”，然后进行路试。路试后必须用故障诊断仪 VAG1551 对自动变速器再进行一次自诊断。

如果故障诊断仪 VAG1551 仍然显示原有的故障码，应进行读测试数据块操作。在对电磁阀进行“读测试数据块”操作时，应选择“显示组编号 004”，而且可以在轿车行驶过程中检查电磁阀。假如输出值与规定值不符，应按表中提示进一步做电气检测检查。

② 进行电气检测。

51. 为什么帕萨特轿车自动变速器打滑？

（1）故障现象

① 起步时踩下油门踏板，发动机转速很快升高但车速升高很慢。

② 行驶中踩下油门踏板加速时，发动机转速很快升高但车速升高很慢。

③ 平路行驶基本正常，但上坡无力，且发动机转速很高。

（2）原因分析　首先利用故障诊断仪 VAG1551 对自动变速器进行故障诊断，如果诊断结果是电子/电气系统的故障，应排除相应故障，一旦自诊断无故障，应结合变速器的结构进行分析。

① 液压油油面太低。

② 液压油油面太高，运转中被搅动后产生大量气泡。

③ 离合器和制动器摩擦片磨损严重及烧焦。

④ 油泵磨损严重和油路泄漏，造成油压过低。

⑤ 单向超越离合器打滑。

⑥ 离合器和制动器活塞密封圈损坏，导致漏油。

⑦ 减振器活塞密封圈损坏，导致漏油。

（3）诊断与排除方法　对于出现打滑现象的自动变速器，不要急于拆卸分解，应先做各种检查测试，以找出造成打滑的真正原因。

① 先检查其液压油的油面高度，如果油面过高和过低，应先调整至正常。

② 检查液压油的品质。若液压油呈棕黑色或有烧焦味，说明离合器和制动器的摩擦片有烧焦现象，应对自动变速器进行拆卸分解，检查并更换离合器或制动器。

③ 通过路试，可以确定自动变速器是否打滑，以及打滑的挡位和打滑的程度。将操纵手柄拨入不同的位置，让轿车行驶。自升至某一挡位时发动机转速突然升高，但车速没有相应地提高，即说明该挡位有打滑。打滑时发动机的转速越容易升高，说明打滑越严重。根据出现打滑的规律，还可以判断产生打滑的是哪一个换挡执行元件。

a. 若自动变速器在所有前进挡都出现打滑现象，则表明前进挡离合器打滑。

b. 若自动变速器在操纵手柄位于 D 挡、1 挡和倒挡都打滑（R），则表明低挡及倒挡制动器打滑。

④ 对于有打滑现象的自动变速器，应先检查自动变速器的主油路油压，以找出造成自动变速器打滑的原因。如果前进挡和倒挡均打滑，其原因往往是主油路油压过低。若主油路油压正常，则只要更换磨损或烧焦的摩擦元件即可。若主油路油压不正常，则在拆修自动变速器的过程中，应根据主油路油压，相应地对油泵或阀板进行检修，并更换自动变速器的所有密封圈和密封环。

排空 ATF 液，取出变速器，将变速器固定到 VW353 和 MW309 支架上，进行拆卸和检查，若发现问题则进行更换。

52. 为什么帕萨特轿车自动变速器换挡冲击大？

（1）故障现象

① 在起步时，由停车挡（P）或空挡（N）挂入倒挡（R）或前进挡（D）时，轿车振动较严重。

② 行驶中，在自动变速器升挡的瞬间轿车有较明显的闯动。

（2）故障分析　导致自动变速器换挡冲击大的原因很多，主要原因在于调整不当，机械元件性能下降或损坏，电子控制系统有故障，具体原因如下。

① 发动机怠速过高。

② 节气门位置传感器调整不当，使主油路油压过高。

③ 升挡过迟。

④ 主油路调压阀有故障，使主油路油压过高。

⑤ 单向阀漏装，换挡执行元件（离合器或制动器）接合过快。

⑥ 换挡执行元件打滑。

⑦ 油压电磁阀不工作。

⑧ 电脑有故障。

（3）诊断与排除方法　应首先利用故障诊断仪 VAG1551 对自动变速器进行自诊断，如果是电子系统的故障，应根据出现的故障码有针对性地进行检查并排除故障。

① 帕萨特轿车的怠速标准为（860 ± 40）r/min，参照发动机部分用故障诊断仪 VAG1551 对发动机怠速进行检查（进入“01-发动机电子系统”），如超出规定范围，应按发动机规定对怠速进行调整。

② 利用故障诊断仪 VAG1551 对节气门位置传感器（V60）进行诊断（进入“01-发动机电子系统”），如调整不当，应进行重新调整。

③ 做道路试验，如有升挡过迟现象，则说明换挡冲击大的故障是升挡过迟所致。如果在升挡之前发动机转速异常升高，导致在升挡的瞬间有较大的换挡冲击，则说明离合器或制动器打滑，应对自动变速器进行分解检查，予以修理。

④ 检测主油路油压。如果怠速时主油路油压过高，则说明主油路调压阀或调压电磁阀有故障，可能是调压弹簧的预紧力过大或阀芯卡滞所致；如果怠速时主油路油压正常，但起步换挡时有较大的冲击，则说明前进离合器或倒挡及高挡离合器的进油单向阀阀球损坏或漏装。对此，应拆卸阀板，予以修理。

⑤ 检查油压电磁阀的线路以及油压电磁阀是否正常，电脑是否在换挡的瞬间向油压电磁阀发出控制信号，如果线路有故障，应予以修复；如果电磁阀损坏，应更换电磁阀；如果电脑在换挡瞬间没有向油压电磁阀发出控制信号，说明电脑有故障，应更换电脑。

第四节　驱动桥故障诊断与排除

53. 转向不灵敏是什么原因?

轿车转向时，转动方向盘感到不灵敏，要用较大的幅度转动方向盘才能控制住轿车方向。出现这类故障的原因，有以下几方面：转向器安装松动，转向器齿条与齿轮啮合间隙变大，各拉杆球头销磨损、松旷，转向柱与方向盘配合的一角花键或锁紧螺母松动，轴承间隙过大，前束过大等。

出现上述故障，应分别视情况予以紧固、调整间隙或更换损坏件。除此之外，下列情况也会引起转向不良。

① 转向器调整间隙过大，应对转向器进行调整。

② 稳定器衬套、控制臂衬套、转向拉杆磨损严重，应更换不合格的零件。

③ 前轮轴承松动，应调整前轮轴承。

④ 架支杆衬套松动，应予以紧固。

54. 为什么转向沉重?

产生转向沉重故障的原因及排除方法如下。

① 润滑油不良或不足，应按规定加润滑油。

② 悬架或转向系统连接件损坏，应按要求检修悬架或转向系连接件，必要时更换。

③ 前轮定位不正确，应调整前轮定位角。

④ 弹簧下沉，应更换弹簧。

⑤ 轮胎气压不足，应按规定充足轮胎气压。

55. 为什么高速行驶时方向盘抖动?

(1) 故障现象　当轿车行驶到一定速度时，方向盘有明显的抖动，车速越快，抖动现象越强烈。

(2) 原因分析　主要有以下几方面原因。

① 液压油液位偏低。

② 转向泵传动带松弛。

③ 转向泵压力不足。

④ 流量控制阀黏滞。

(3) 诊断与排除方法

① 储液罐液位的检查和调整，参考前面叙述内容。

② 对动力转向泵传动带的张紧度进行检查，检查及调整方法参考前面叙述内容。

③ 对动力转向泵的出油压力进行检查，检查方法参考前面叙述内容，如果达不到规定压力，应更换动力转向泵。

④ 流量控制阀如有故障，转向泵会发出嗡嗡声，应进行拆卸检查，若发现问题应进行更换。

56. 为什么轿车行驶跑偏?

指轿车行驶时不能保证直线方向，而自动偏向一边，造成行驶跑偏故障的原因有：两个前轮轮胎气压不同，主销后倾角不相等，外倾角不相等，前束过大或过小，左右前轮轮毂轴调整的松紧程度不一，有一边车轮的制动拖滞等。前后桥或车身变形应针对上述故障原因对症排除，如调整轮胎气压，检查前制动器，更换弹簧等。

57. 为什么动力转向泵工作不良?

动力转向泵的主要故障为其输送压力不符合要求，产生这种现象的主要原因如下。

(1) 限压阀、流量限制阀磨损损坏　这些机件损坏后应立即更换。

(2) 动力转向器管路渗漏　此时可将发动机运转数分钟，左右摆动方向盘后将它往一边转到底，加大油门，5～10min 后，检查各处有无渗漏，如发现渗漏应及时排除。

(3) 动力转向器管路有气阻　此时可先将液面加满，然后启动发动机，利用油液的循环流动来排出空气，将方向盘来回转动可加速空气排放。

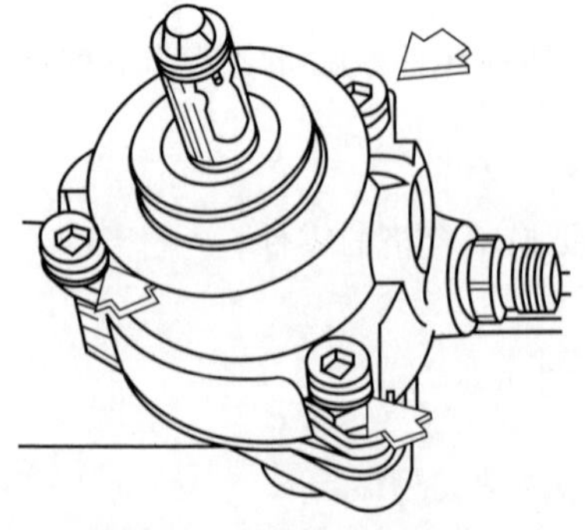

图 2-45　转向器分配阀总成

58. 怎样更换转向齿轮轴密封圈?

① 拆卸动力转向器。

② 把转向器固定在台虎钳上，拆下转向齿轮轴的锁销。

③ 拆下转向器分配阀总成，如图 2-45 所示。

④ 拆卸转向器分配阀外壳的密封圈。

⑤ 使用专用工具 VW065 和塑料铆头，把新的密封圈安装在转向器分配阀外壳上。

59. 怎样更换转向液压泵?

① 支撑起车身。

② 拆下液压泵上回油管和进油管的泄放螺栓（图 2-46），排放液压油。

③ 拆下液压泵前支架上的张紧螺栓，如图 2-47 所示。

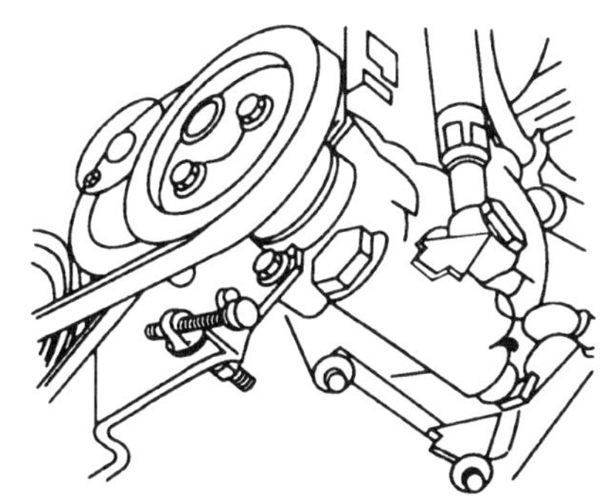

图 2-46　拆下泄放螺栓

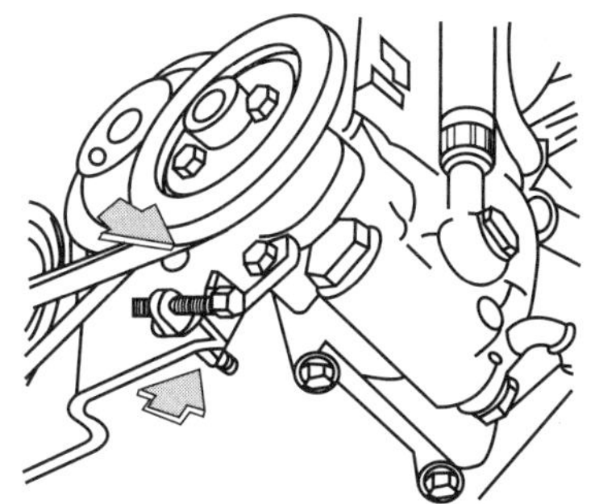

图 2-47　拆下前支架上的张紧螺栓

④ 拆下液压泵后支架上的固定螺栓。

⑤ 松开液压泵中心支架上的固定螺母和螺栓。

⑥ 把液压泵固定在台虎钳上，拆卸 V 形带轮和中间支架。

液压泵的安装按照与拆卸相反的顺序进行。安装完毕后，应调整液压泵 V 形带的张紧度，并加注液压油。

60. 怎样调整液压泵 V 形带?

① 松开液压泵支架上的后固定螺栓。

② 松开张紧螺栓的螺母。

③ 通过张紧螺栓把 V 形带张紧，当压在 V 形带中间处，以 10mm 的挠度为合适。

④ 拧紧张紧螺栓的螺母。

⑤ 拧紧液压泵支架上的固定螺栓。

61. 怎样检修液压动力转向系统?

液压动力转向系统中的液压泵和转向器都是相当精密的液压元件，对液压油和其他的零部件有相当高的要求。因此，应定期对转向系统进行检查和调整。

（1）方向盘　在轿车前轮处于直线行驶状态时，在方向盘边缘处测量自由行程，其值为 15.20mm。当自由行程过大时，说明动力转向器齿轮与齿条啮合间隙偏大，或各连接处松旷，或齿轮和齿条磨损。调整弹簧压力，可使齿条微量变形，实现无侧隙或小侧隙啮合。用双手把握住方向盘，在轴向和直角方向上用力摇动，观察此时方向盘是否移出，由此了解方向盘与转向管柱轴的装配情况、主轴承的松旷量及转向柱支架的连接状况。

（2）液压动力转向器

① 检查液压动力转向器是否漏油，盖板螺栓是否松动。若螺栓松动，应拧紧。

② 如果转向轴轴承松旷，应进行调整或更换损坏、磨损的轴承。

③ 动力转向器啮合间隙过大或过小，螺栓改变补偿弹簧的预紧力，可调整齿条、主动齿轮的啮合间隙。这里应注意，补偿弹簧的弹力出厂时已调好，一般不需要另行调整，只有

在确实有问题时才进行调整。

④ 转向轴如有龟裂，应采用磁力探伤法进行检查。

（3）储液罐

① 液面高度的检查。使发动机怠速运转，反复将方向盘从一侧极限位置转到另一侧极限位置，以提高液压温度，使油温达到 40～80℃。

这时检查储油罐内的油量，油面应在储油罐的“MAX”处。

② 液压系统的排气。检查液面高度，必要时添加液压油。

使发动机怠速运转，反复使方向盘从左极限位置转到右极限位置，直至储油罐内无气泡和泡沫为止。如液面有下降，应继续添加液压油直至达到规定液面高度（MAX 处）为止。

③ 液压油的更换。

a. 顶起轿车前桥，从储油罐及回流管中排出液压油。

b. 使发动机怠速运转，一边排油，一边将方向盘转到极限位置，直至液压油排净。

c. 添加液压油。

d. 排净液压系统中的空气。

④ 液压泵。液压泵（叶轮泵）泵送压力的检查方法如下。

a. 将压力表将到连接在阀体和软管之间的压力管中。

b. 启动发动机。如果需要，向储油罐补充液压油。

c. 急速关闭截止阀（不超过 5min），并读出压力数。泵送压力额定值为 6.8～8.2MPa。

如果没有达到额定值，应检查限压阀和流溢阀是否完好。如不正常，应更换限压和溢流阀或者叶轮泵。

⑤ 系统的密封性。启动发动机，将方向盘分别向左、向右两侧转至极限位置，在瞬间将其固定，以致在转向系统中产生额定压力。此时检查转向系统各管路、阀类连接处的密封性，如有渗漏，应更换密封件。

62. 为什么液压转向助力瞬时丧失?

装有液压动力转向机的轿车，行驶中突然感到方向盘转向沉重，出现这类故障的原因及排除方法如下。

① 泵的皮带打滑，应调整油泵的皮带张紧度。

② 油面过低，应按规定加油至规定油面高度。

③ 内部泄漏，应找出泄漏点，检修或更换不合格零件。

④ 发动机怠速过低，应调高怠速。

⑤ 液压系统中有空气，应予以排除。

63. 液压转向系统常见故障有哪些?

液压动力转向系统常见故障与排除如表 2-5 所示。

表 2-5 液压动力转向系统常见故障与排除

故障现象	原因	排除
方向盘自由行程过大	(1)齿轮与齿条啮合间隙过大 (2)球铰链磨损严重配合松旷 (3)横拉杆与支架配合松旷	(1)调整 (2)检查调整 (3)检查调整

续表

故障现象	原因	排除
转向沉重	(1)齿轮和齿条啮合间隙过小 (2)转向轴轴承损坏或预紧力过大 (3)转向横拉杆弯曲或球头销配合过紧 (4)液压泵 V 形带松弛 (5)储油罐油面过低 (6)液压泵压力不足 (7)限压阀黏结 (8)内、外泄漏过大 (9)液压系统内有空气	(1)检查和调整啮合间隙 (2)更换或调整轴承 (3)校正横拉杆或更换球头销 (4)调整 V 形带张紧度 (5)补充液压油至规定高度 (6)检修液压泵 (7)检修限压阀,必要时更换 (8)找出泄漏处,修理或更换零件 (9)排除空气
方向盘抖动	(1)液压系统缺油或有空气 (2)齿轮和齿条配合间隙过大 (3)前轮不平衡 (4)轮胎压力不相等或气压值不符合规定 (5)悬架弹簧弹性不足或断裂 (6)减振器损坏 (7)转向横拉杆接头松动 (8)轮毂轴承松动	(1)加足液压油或排除空气 (2)调整配合副啮合间隙 (3)换位或检修 (4)按规定气压充气 (5)更换弹簧 (6)更换减振器 (7)更换或紧固转向横拉杆 (8)紧固或调整轮毂轴承松紧度
液压泵有杂音	(1)储油罐油面低 (2)进油管堵塞 (3)液压泵内零件磨损严重 (4)V 形带轮摆动 (5)液压泵 V 形带太松	(1)加足液压油 (2)清理或更换 (3)更换磨损的零件 (4)紧固或更换 V 形带轮 (5)调整 V 形带松紧度

64. 为什么传动轴有异响?

传动轴在万向节和花键松旷、轴承间隙过大，或是传动轴本身不平衡的情况下，都会发生异响。

① 不同的异响指明不同的故障。

a. 起步和换挡时有撞击声响，行驶时始终有异响，特别是在高速挡位低速行驶时更为明显。

引起此类故障的原因是万向节间隙过大、输出轴与其支承磨损过大、紧固不良。

b. 起步无异响，行驶中有“咔啦、咔啦”的金属撞击声，或是连续的“呜……”声响。

引起此类故障的原因是万向节配合过紧或装配不良、中间支承有损伤且安装不良。

c. 行驶中有随车速增大而增大的周期性异响，且伴随车身抖振（车速 5km/h 以上时）。

引起此类故障的原因是传动轴弯曲（弯曲度大于 0.5mm）、万向节定位安装不良、轴管凹陷、花键配合不良。

② 在对上述故障部位判断时，可做如下试验。

a. 对于第一种情况，先起步再改变车速，若起步时出现“咣当”一响或响声杂乱，而在缓坡路向后倒车时又发出“嘎巴”的断续声响，则为滚针轴承损坏所引起的，予以更换即可排除；若启动或加、减速行驶中出现明显的撞击声，低速时更为明显，则为轴承松旷或缺油所引起的，应针对故障原因予以排除；行车时突然出现一种金属撞击声，则为传动轴紧固不良所引起，可在停车后用手推万向节来证实，然后予以修复或更换。

b. 对于第二种情况，可在行驶中注意察听，若脱挡滑行中出现有规律的清脆响声，低速更为明显，则为万向节轴承装配过紧；若行驶中出现连续的“呜……”声响，且随车速加快而加强，则为轴承安装不良或缺油所引起的；若行驶中响声杂乱无规则，时而出现金属撞击声，则为万向节等速排列遭到破坏；若行驶中出现沉闷的连续响声，空挡滑行响声加强，则为中间支承轴承散架所引起的，可拆卸后更换，予以排除。

有一种情况值得注意，若运行超载会使传动轴扭曲变形甚至折断。若在下坡时发生，会给行车带来危险，所以对传动轴的异响不容忽视。

65. 为什么差速器有异响?

轿车在行驶中，差速器会由于轴承损坏或紧固不良而发出无节奏的“嗯、嗯”异响，在放松加速踏板时发出较强声响并感到行车阻力有所增加，这是由于差速器的啮合变松或缺少齿轮油所致。

66. 为什么驱动桥有异响?

轿车以前桥作为驱动桥和转向桥，在行驶时由于内部齿轮啮合间隙或花键的配合间隙过大，而发出“咣当、咣当”的金属撞击声；如转向驱动桥异响随车速加快而增大，但在滑行时响声变小，则是轴承磨损松旷所致；操作不当、猛抬离合器强行越坑、超载或在大坡度上起步运行，使内部机件承受猛烈冲击时会发出异响；润滑油过脏、润滑不良时，也会发生异响。此外，转向节主销松旷、转向节轴承松旷、前轴轴承损坏、车轮不正常、制动鼓失圆等，制动时会引起异响。

针对以上故障，应注意加强润滑、保养，注意操作方法，检查间隙并进行调整，对松动零件及时紧固，必要时应更换。

67. 怎样诊断轿车起步和停车时驱动桥响声?

① 圆锥主、从动齿轮啮合间隙超过使用限度。如为双级主减速器第一级和第二级减速齿轮副的啮合间隙超过使用限度，均会出现这种不正常的响声。可调整齿轮的啮合间隙，消除响声。

② 行星齿轮和半轴齿轮啮合间隙超过使用限度。用更换止推垫圈的方法来调整啮合间隙，从而消除这种响声。

③ 半轴齿轮和半轴花键啮合间隙超过使用限度。用更换磨损件（如半轴齿轮的内花键或半轴的外花键）的方法来消除响声。

④ 圆锥被动齿轮在差速器壳上的安装螺栓松动。可重新紧固该螺栓。

⑤ 半轴突缘的锁紧螺母松动，使半轴端部自由间隙过大。拆散后，如发现磨损严重部件，应予以更换或拧紧锁紧螺母，消除不正常的间隙。

68. 怎样排除轿车转弯时的响声?

轿车转弯时前桥差速器有响声，直线行驶时响声消失。对此故障可按下列步骤进行诊断。

① 顶起前桥，将变速器置于空挡，转动任一侧后轮。若两后轮旋转方向不同，但有异响，说明行星齿轮轮齿损伤。若两后轮转向一致，表明行星齿轮与十字轴卡滞或行星齿传输线止推垫过厚，使其转动困难。

② 做上述试验时，若两个后轮转向不同且无噪声，但轿车行驶转弯时仍有异响，则表明行星齿轮与半轴齿轮不配套。

③ 轿车低速滑行转弯时虽无异响，但感到车身略有抖动，则应检查差速器壳固定螺栓或铆钉是否松动，行星齿轮是否转动困难。

④ 若轿车起步或车速急促变化时，均有金属撞击声，且转弯时车身后部略有抖动，则说明差速器壳固定铆钉或螺栓已严重松动，应立即停车修理。

69. 怎样排除驱动桥过热?

（1）故障现象　轿车在行驶途中，检查后桥温度有烫手感觉，其原因如下。

① 轴承装配过紧。

② 主、从动轮齿轮啮合间隙过小。

③ 缺少润滑油或润滑油过稀。

（2）诊断与排除　轿车行驶一段路程后，停车检查，用手摸驱动桥，不烫手为正常。若摸轴承处感到烫手，说明轴承装配过紧；若普遍过热，说明缺少润滑油或齿轮啮合间隙小。

70. 怎样走合与试验驱动桥?

驱动桥装复后，应进行走合试验（也称拖磨试验），试验的目的是为了进一步检查修理质量，发现故障及时排除，以改善各运动副的技术工作状况。

驱动桥的修理装配质量主要通过齿轮工作时啮合印痕位置、噪声大小、轴承的温升和有无漏油等情况来判断。齿轮的噪声检查，目前尚无统一的控制标准，一般依靠检验人员的经验辨别噪声的强度和噪声的性质。仪器检验目前还不理想。

试验前按规定油量加注比正常使用时黏度较低的润滑油。试验时，圆锥主动齿轮轴的转速应符合本车型的要求，一般为 1000～1500r/min，在此转速下进行无负荷、有负荷及正、反转试验，运转时间不短于 1.5h，各项试验的时间均应不短于 10min，带负荷试验一般为 15min。

试验一般是将装复好的驱动桥总成装到试验台上进行，检查项目及要求如下。

① 各运转齿轮不得有异常的噪声，当一边制动时，差速器不得有异常的噪声。

② 运转 5～6min 后，所有装置轴承的部位应是凉的或微热，一般不应高于 50℃。

③ 油封及接合面处不应有渗漏油现象。

④ 所有转动和不转动件不得有相碰现象。

⑤ 试验合格后，应放净润滑油，进行清洗后换装规定的齿轮油，并拧紧螺塞，将驱动桥总成装复车上。

第五节　行驶系统故障诊断与排除

71. 怎样检修后桥轮毂轴承?

检修时注意：不允许对后桥进行焊接和整形。

（1）拆卸

① 用千斤顶支起后轮。

② 用专用工具撬下后轮毂盖。

③ 取下开口销及开槽垫圈。

④ 拧下六角螺母，取出止推垫圈。

⑤ 拆下车轮制动蹄螺栓，使制动蹄摩擦片与制动盘放松。

⑥ 拉出车轮和制动盘，并带出车轮外轴承。

⑦ 取出车轮内轴承和油封。

⑧ 用铜冲头敲出内、外轴承外圈。

（2）检修

① 检查内、外轴承的磨损和变形情况，如果有破坏，应更换。内轴承型号为 L45449/

L45410，外轴承型号为 LMl1749/LM11710，油封型号为 32150/6416。

② 动盘表面磨损严重或端面圆跳动大于 0.2mm，则应更换制动盘。

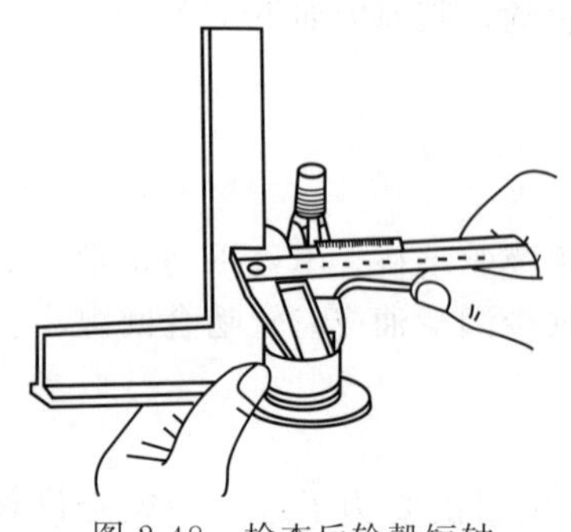
图 2-48　检查后轮毂短轴

③ 检查后轮毂短轴的弯曲程度，用游标卡尺和直尺沿圆周方向测量直尺和轴颈的距离，如图 2-48 所示。至少测量 3 点，比较各次测得的读数，不得超过 0.25mm，否则应更换短轴。

（3）安装及调整

① 用专用工具将车轮内、外轴承外圈压入制动轮毂。

② 在轮毂短轴上放上油封，用橡胶锤均匀地敲入。测量油封凸出制动鼓小端面的高度，应为 1.10～1.15mm。

③ 在内、外轴承上涂抹适量的锂基润滑脂，轮毂内腔也注入一定量的润滑脂。内轴承用手推至轮毂短轴上，外轴承装入制动鼓内。

④ 将制动鼓装入。注意：不能使制动鼓内表面沾上油脂，如果沾上油脂，应用砂纸打磨干净。

⑤ 装上外轴承和止推垫圈，拧上六角螺母。

⑥ 调整车轮轴承间隙，正确的间隙是用一字形旋具在手指的加压下，刚好能够拨动止推垫圈。也可以用专用工具调整，轴承间隙为 0.01～0.05mm。

⑦ 装上开槽垫圈，换上新的开口销。

72. 发现后桥后悬架异响怎么办?

轿车的后桥后悬架在减振器失效、钢板弹簧松散或润滑不良时，均会在行驶中发生异响。可针对不同原因，采用更换减振器，加强紧固，加强润滑，并更换断裂的中心螺栓和夹箍铆钉等方法予以排除。

73. 后轮支承短轴出现裂纹和磨损怎么办?

后轮支承短轴出现裂纹，应立即更换，以免折断造成事故。要确定此短轴是否磨损，可进行测量，对磨损的短轴应予以更换，或镀铬后磨光修复。

74. 制动盘磨损怎么办?

制动盘出现裂纹，最好予以更换。制动盘磨出沟槽不大，可在车床上车加工车平，也可在车削后重新配制动蹄块和制动片，并在配置制动片后配套车削制动盘，使其与制动盘相匹配；若磨损过度，则应更换。

悬架系统出现故障，多为减振器漏油、连接部门松旷等。因此，先检查后减振器，查看支承处有无裂纹，筒体外有无渗漏油迹。减振器不能正常工作，主要是减振器密封磨损后造成漏油，如外观漏油明显，则应更换。查看螺旋弹簧是否折断，如有问题，成对更换左右两侧螺旋弹簧。检查悬架系统中的连接螺栓等是否松脱或掉落，然后将螺栓按规定力矩进行紧固。

75. 怎样调整前轮外倾角?

轿车前轮外倾角是通过移动球形接头在悬架长孔中的位置进行调整，其调整步骤如下。

① 松开下悬架臂球形接头的紧定螺母，将外倾调整杆（40～200mm）插入。横向移动球形接头，直至达到外倾值。一般是右侧从前面插入调整杆，左侧从后面插入调整杆。

② 调整后紧定螺母，并再次检查外倾角及前束值。车轮定位数据见表 2-6（自底盘号 HWD43575 起）。

表 2-6　车轮定位数据

前轮	车轮前束角(空载)	−3～−1mm(−20′±10′)
	车轮前束角(加载)	−30′±10′
	车轮加载力	100N±20N
	车轮外倾角(直线行驶时)	−30′±20′
	主销后倾角	30′
后轮	车轮外倾角	−1°40′±20′
	车轮外倾角两边最大允差	30′
	车轮前束角	25′±15′
	车轮前束角两边最大允差	20′

桑塔纳轿车后轮内倾在规定内倾角范围内是完全正确的。自行把后轮校正到与地面垂直或成正外倾角是完全错误的。

76. 怎样检修后悬架?

① 检查后轮轴承磨损情况，如有损坏或转动不灵活，应予以更换。座圈装复时，用压力压入。

② 检查后轮支承短轴。短轴根部易发生裂纹，如果继续使用，遇到较大冲击载荷时，可能折断而造成严重事故。修理时，应仔细检查有无裂纹，可用磁力探伤器或油浸敲击法进行检查，如有裂纹应更换短轴。

测量支承短轴的圆周点，至少周向均匀测量三个点，比较各次测量的读数，不得超过 0.25mm，否则应更换短轴。

③ 检查轴衬是否磨损，如果磨损应予以更换。更换时，应用专用拉具将轴衬拉出。安装时，应用专用压具将两半轴轴衬压入轴衬孔，应注意轴衬的安装位置和测量轴衬的安装深度，即轴衬两端面距离为 61.6～62mm，箭头朝前行驶方向。

77. 怎样检查万向节轴?

(1) 等速万向节的检查　如图 2-49 所示，首先检查轴、毂、保持架及钢球是否有麻坑及发卡现象。如果万向节内的游隙过大，换挡时能感到撞击作用，出现这种情况时必须更换万向节。如果球的表面只有磨光点及正常运转痕迹，则不必更换万向节。

对于外等速万向节：外等速万向节壳体 1 与万向节轴 2 的夹角，最大为 47°时，应能灵活转动，并传送扭矩。对于内等速万向节：内等速万向节壳体 3 与万向节轴 2 的夹角，最大为 21°时，应能灵活转动，传送动力，且两者应该有不少于±19mm 的相对位移。此外，还应检查内外等速万向节防护罩 4 和 5 是否有撕裂及擦伤的痕迹。

(2) 万向节轴的检查　如图 2-50 所示，主要检查万向节轴的损坏、裂纹和直线度。检查直线度的方法是将万向轴放在 V 形铁 2 上，用百分表 3 检查万向节轴的直线度，标准值为 0.5mm，使用极限为 0.8mm。若超过极限，应更换新件。

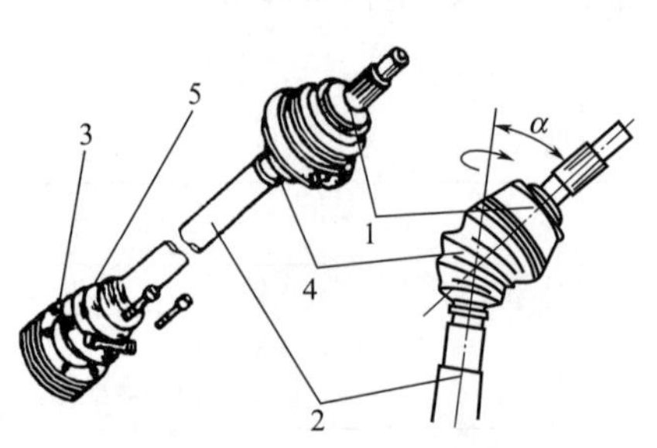

图 2-49 等速万向节的检查
1—外等速万向节壳体；2—万向节轴；3—内等速万向节壳体；4,5—防护罩

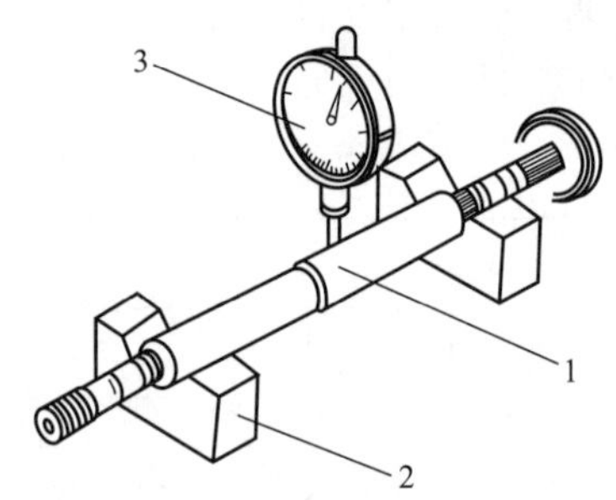

图 2-50 万向节轴的检查
1—万向节轴；2—V 形铁；3—百分表

78. 怎样诊断与排除万向节传动轴有噪声?

① 传动轴上的振动缓冲器移位，产生振动噪声。排除方法是将振动缓冲器复位。

② 传动轴上的支承轴承损坏，产生噪声。排除方法是更换支承轴承。

③ 内等速万向节与变速器上的驱动法兰（或称半轴）的连接螺栓松动（捷达与桑塔纳车），产生噪声。排除方法是重新紧固。

④ 传动轴变形，产生振动噪声。排除方法是进行校正。

⑤ 球笼式万向节的球毂、钢球、保持架或外壳体磨损，产生噪声。排除方法是更换球笼式万向节。

⑥ 三叉式万向节与万向节叉轴磨损，产生噪声。排除方法是更换三叉式万向节。

79. 怎样检查前减振器?

（1）前减振器阻尼器的检查　如图 2-51 所示，检查时应固定住前减振器阻尼器 1，并上下运动活塞杆 2 时应有一定阻力，而且向上比向下的阻力要大一些。若阻力过大，应检查活塞杆 2 是否弯曲；若无阻力，则表示前减振器阻尼器 1 油已漏光或失效，必须更换。

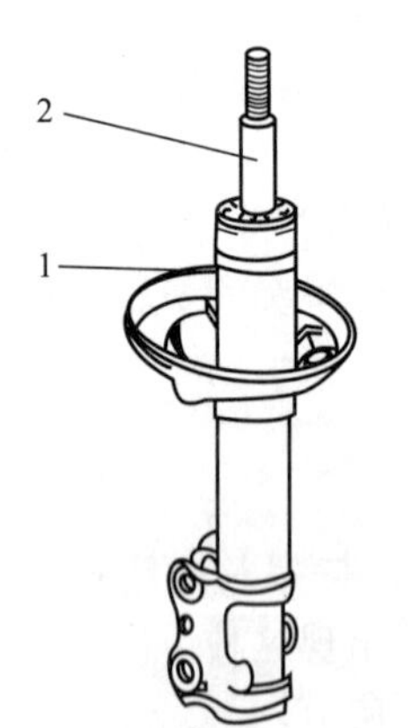

图 2-51 前减振器阻尼器的检查
1—前减振器阻尼器；2—活塞杆

车辆行驶时，有缺陷的减振器会发出冲击噪声，因此应更换减振器。减振器为免保养机构，其外面有轻微的油迹，不必更换；如有大量漏油现象，在压缩到底或拉开时，会产生跳动现象，因为减振器不能加油，这时只能整体更换前减振器阻尼器 1。

（2）前减振器悬架轴承和橡胶挡块的检查　如图 2-52 所示，一是检查前减振器悬架轴承 1 的磨损与损坏情况，应能灵活转动，更换时只能整体更换；二是检查橡胶挡块 2 的损坏与老化情况，并及时更换之。

（3）前减振器螺旋弹簧的检查　如图 2-53 所示，应检查减振器螺旋弹簧有无损坏与变形，并测量螺旋弹簧的自由长度 A，若比标准弹簧长度减少 5%，即表示螺旋弹簧已产生永久变形，必须更换。同时应更换左右两侧的两个弹簧，以保持车辆两侧相同的高度。若螺旋弹簧上有裂纹也要更换。

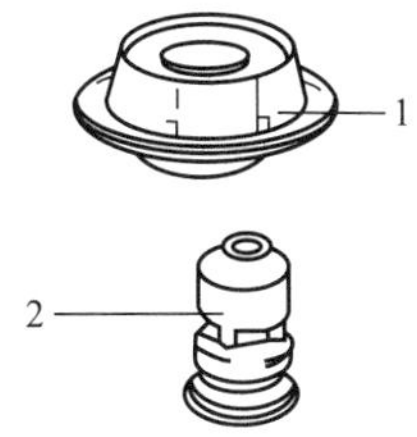

图 2-52 前减振器悬架轴承和橡胶挡块的检查

1—前减振器悬架轴承；2—橡胶挡块

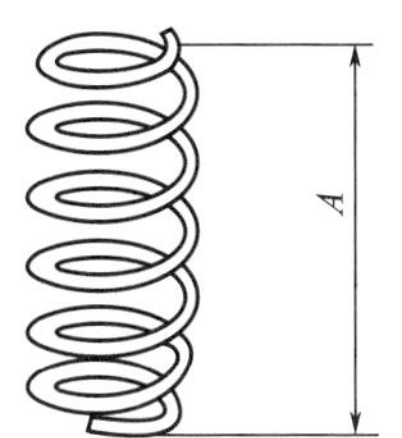

图 2-53 前减振器螺旋弹簧的检查

A—螺旋弹簧的自由长度

80. 怎样检查前轮与转向节?

(1) 前轮与转向节的检查　检查转向节、前轮有无变形和裂纹，若有应及时修整或更换。

(2) 前轮轴承的检查　如图 2-54 所示，该车轮轴承为双内圈双列向心推力球轴承，并带有密封条，若在轴承内圈 2 或 3 和轴承外圈 1 的滚道上发现麻坑或烧蚀，以及钢球 4 上有严重的损伤或磨痕，密封片 5 损坏，均应更换轴承。轴承必须整体更换，并在轴承内涂好润滑脂。

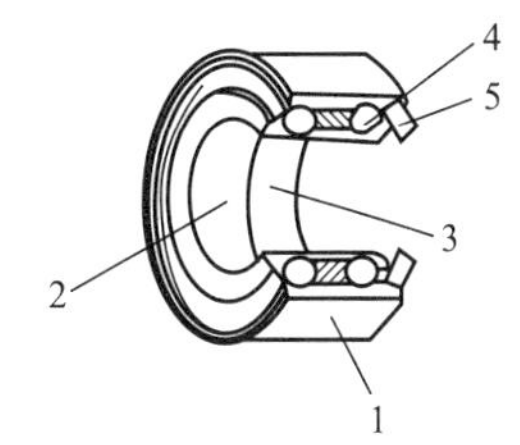

图 2-54 前轮轴承的检查

1—轴承外圈；2,3—轴承内圈；4—钢球；5—密封片

81. 怎样检查车轮?

(1) 轮辋跳动的检查　如图 2-55 所示，用百分表 1 检查轮辋 2 的轴向跳动，使用极限为 1.2mm；用百分表 3 检查轮辋 2 的径向跳动，使用极限为 0.8mm。

(2) 车轮平衡的检查　如图 2-56 所示，将车轮放在检查支架上，使车轮可以自由旋转，若车轮停止转动时，总是在某一位置，则应将重量平衡块安装在某一位置对面的位置上。直到旋转车轮后，车轮可以在任一位置上静止不动，则表示车轮已得到平衡。为防止出现安装误差和平衡误差，平衡前必须将车轮上的灰尘和脏物清除干净，且车轮内外侧的平衡块不得超过 60g，否则会恶化车辆行驶的平顺性。为此应对轮辋进行调试，清除因装配产生的不平衡，如放掉轮胎气压，改变轮胎与轮辋的相对位置，重新充气等。车轮不平衡度不应大于 12g (轮缘 180mm 处)。

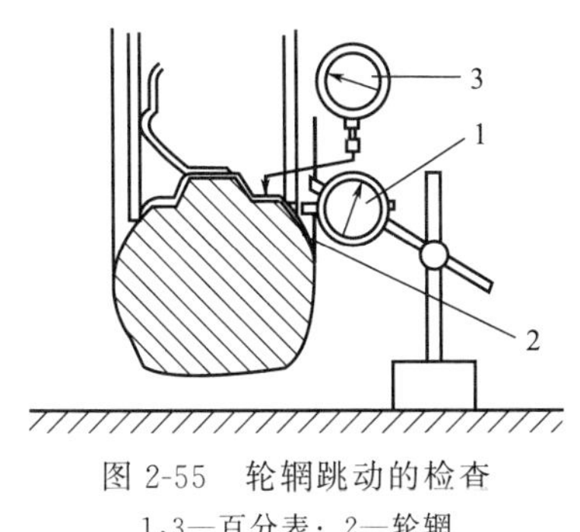

图 2-55 轮辋跳动的检查

1,3—百分表；2—轮辋

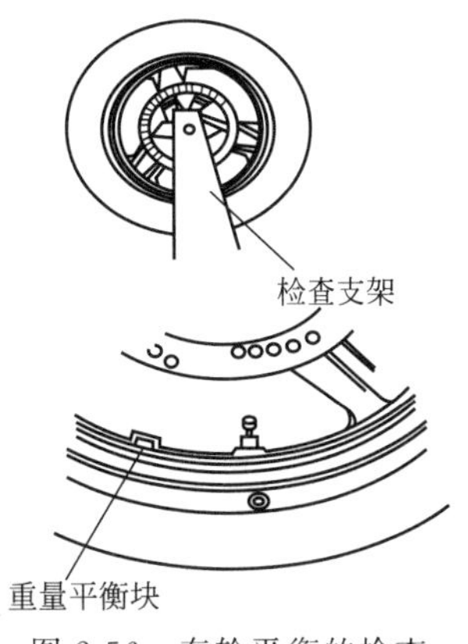

图 2-56 车轮平衡的检查

（3）轮胎磨损的测量　如图 2-57 所示，必须在轮胎胎面主纹槽内测定轮胎花纹的深度 *P*（图 B)。在主纹槽内设有高度为 1.6mm、宽 12mm 的磨损标记，用于识别胎面主纹槽（图 A)。在胎侧设有六个“TWI”标记（图 C)，用以标明磨损标记所在的位置。测量轮胎磨损时，不应将磨损标记包括在内，应从花纹最深处测量（图 B)。轮胎花纹深度 *P* 磨至 2mm 时，即为轮胎的花纹深度的使用极限值，超过此值会影响轮胎的附着能力。

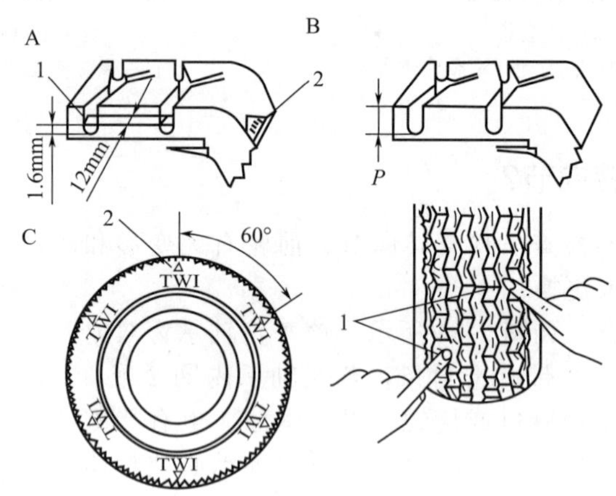

图 2-57　轮胎磨损的测量

1—主纹槽内的磨损标记；2—标明磨损标记所在的位置标记“TWI”；*P*—轮胎花纹的深度

82. 怎样诊断与排除安全气囊警告灯（K75）亮?

（1）故障现象　打开点火开关，安全气囊警告灯（K75）不熄灭。

（2）故障原因及排除

① 打开点火开关，安全气囊警告灯闪烁 4s 后又闪烁 15s，则说明前排乘客侧安全气囊关闭，应进行维修或更换。

② 打开点火开关，安全气囊警告灯闪烁 4s 后不熄灭，则说明安全气囊控制单元 J234 的电源有故障，应进行维修或更换。

③ 打开点火开关，安全气囊警告灯闪烁 4s 熄灭后再次闪烁，则说明安全气囊系统存在故障，需查询故障存储器的内容，并按查询出的内容进行排除。

④ 打开点火开关，安全气囊警告灯一直闪烁，则说明安全气囊控制单元 J234 有故障，应更换安全气囊控制单元 J234。

83. 怎样检修防盗器装置?

帕萨特轿车防盗系统由防盗控制单元、防盗报警灯 K117、发动机控制单元、点火开关上的防盗系统阅读线圈和带有电子设备的点火钥匙（带发送器/应答读取存储器）等组成。防盗电控单元和防盗报警灯 K117，均位于组合仪表中。组合仪表不可拆，若防盗电控单元或防盗报警灯 K117 损坏，则须更换组合仪表。

① 连接 VAG1551，操作仪屏幕显示。

② 按 0 和 2 键，选择“查询故障存储器”功能，屏幕显示。

③ 按“Q”键确认，屏幕可能显示故障；这时按“—”键，程序返回起始位置，则可依次显示和打印出存储的故障屏幕显示。

④ 按 0 和 5 键，选择“清除故障存储器”功能，屏幕显示。

⑤ 按 Q 键确认，屏幕显示。

⑥ 按“—”键，程序回到原位。

⑦ 按 0 和 6 键，选择“结束输出”功能，屏幕显示。

⑧ 按 Q 键确认，屏幕显示。

84. 为什么发动机启动后很快就容易熄火?

（1）故障现象　发动机刚启动时可以运转，在大约 1s 之后熄火。

（2）故障检查及排除　连接故障阅读仪 VAG1551，进行自诊断，输入地址码“01”。选择“发动机控制单元”，查询故障存储器的内容。可能有如下两种情况。

① 故障码 17978（含义为发动机控制单元锁死）出现在故障存储器中，也就是说，防盗控制单元发动机控制单元不工作，发动机控制单元锁死，按以下步骤排除故障。

a. 清除故障存储器中的内容，并且结束输出，试验发动机能否正常工作。

b. 输入地址码“17”，选择“组合仪表自诊断”。

c. 查询防盗系统故障存储器的内容，并根据故障码表判断故障原因，清除故障码。

d. 在修理结束以及防盗系统的元件进行匹配之后，检查发动机控制单元故障存储器的内容，若有故障码，则按规定排除故障，清除故障码；若无故障码，则退出。

② 故障码 17978（含义为发动机控制单元锁死）没有出现故障存储器中，也就是说防盗系统没有故障，应查找发动机故障。

85. 防盗装置出现故障后为什么发动机不能启动?

（1）故障现象　电源正常；组合仪表 VAG1551 的诊断电源线正常；发动机不能启动。在启动时，发动机开始运转，并且在大约 1s 之后熄火。接通组合仪表 VAG1551，并且进行自诊断。使用地址码“01”，选择发动机控制单元，读出故障码（功能 02）。

（2）故障原因

① 错误代码 17978（含义为发动机控制单元被阻止）出现在故障码存储器中，也就是说，防盗装置的控制单元不允许发动机控制单元工作。清除误码存储器（功能 05），并且结束输出。使用地址码“17”，选择用于组合仪表的自诊断。读出故障码存储器（功能 02），并且根据故障码表鉴定故障存储器，如果需要的话，清除故障存储器的内容。在修理结束和防盗装置的元件匹配之后，读发动机控制单元的故障码存储器内容，并且如果需要的话，清除误码存储器作为结束工作，这是必不可缺的。

② 错误代码 17978（含义为发动机控制单元被阻止）没有出现在误码，也就是说，防盗装置上没有出现故障。在发动机的修理操作中，按照说明书规定进行故障查询。

③ 钥匙匹配有错误或者有故障。错误代码 01179（含义为钥匙编程错误）出现在防盗装置的控制单元故障码存储器中。使用地址码“17”，选择用于组合仪表的自诊断。按下“—”键，显示器上显示：把在显示器所显示的“位识别码与钥匙挂件牌上的识别码相比较”。如果两个识别码不一致的话，那么就借助显示器所显示的辨认号码经过主管的销售中心来查明与此有关的密码。

④ 故障：在组合仪表中，在诊断故障时并且发动机无法启动；3 次输入一个错误的密码；2 次试图用一个未认可的或不匹配的钥匙进行启动。

在两种情况下的改正措施：一是把认可的或匹配过的点火钥匙插入到点火开关中；二是接通 VAG1551 故障诊断仪，选择“快速数据传输”操作状态 1，接通点火开关，输入组合仪表地址码“17”。

防盗装置的特征码显示之后，按下“a”键，显示器上显示：

快速数据传输　　帮助

选择功能××

两次按下键1（使用11选择："注册-过程"功能），显示器显示：

快速数据传输　Q

11——注册-过程

使用Q键确认输入。显示器上显示：

注册-过程　　c

输入代码编号×××××，输入密码，与此同时在4位（数）的号码之前置位一个0（例如01915）。密码附在钥匙挂件上；通过小心地摩擦（例如使用一个硬币）防护层才可以看见密码。

86. 为什么制动盘会磨损或变形？

轿车的前制动盘承受载荷及冲击载荷，车轮和轴承及传动轴是容易损伤部位。检查时轴承转动应灵活、无卡滞，轴向及径向没有明显的间隙感觉，否则应进行修理或更换。轴承壳应无裂纹，若轴承变形较小，可以敲击校正；若变形较大，则应予以更换。

87. 怎样调整轿车前轮前束？

轿车两个前轮的旋转平面不平行，前端略向内束称为前轮前束。其作用是减小或消除轿车在前进中，因前轮外倾和纵向阻力致使前轮前端向外滚开所造成的不良后果。

轿车前束可用定中心装置及测试仪检查调整，其调整步骤如下。

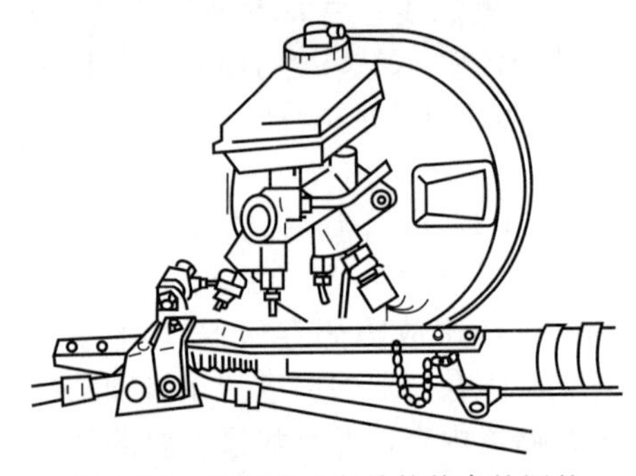

图2-58　桑塔纳轿车前轮前束的调整

① 转向装置位于中间位置，拧出盖上的前螺栓。

② 将带挂钩的专用工具置于左右横拉杆的紧固螺母上，如图2-58所示。然后用专用螺栓和作衬垫的间隔件固定到标有"L"标记的转向器孔中。不得使用一般螺栓，因为其太短，会损坏转向器的螺纹。

③ 在左右横拉杆上分别调整前束值，各分一半，调整后固定横拉杆。

桑塔纳轿车总前束$+25' \pm 15'$，最大允许偏差$25'$。

88. 怎样诊断与排除前轮摆动或颠簸的故障？

（1）故障原因

① 两前轮气压不相同。

② 车轮不平衡。

③ 减振器失效。

④ 轮毂轴承松动。

⑤ 前轮定位不正确。

⑥ 稳定器失效。

⑦ 悬架臂轴套磨损严重。

⑧ 转向机件磨损严重。

⑨ 转向器在车架上固定松动。

（2）排除方法。

① 调整轮胎气压。

② 动平衡车轮。

③ 更换减振器。

④ 调整轮毂轴承松紧度。

⑤ 正确调整前轮定位。

⑥ 更换稳定器。

⑦ 更换悬架臂轴套。

⑧ 更换磨损严重的转向机件。

⑨ 拧紧转向器固定螺栓。

89. 怎样诊断与排除轿车跑偏?

（1）故障原因

① 两侧轮胎气压不等。

② 前制动器分离不彻底。

③ 前制动钳弹簧失效。

④ 两侧前轮定位不同。

⑤ 前轮轴承过紧。

⑥ 车身底部或车架变形。

⑦ 后桥变形。

⑧ 减振器失效。

（2）排除方法

① 调整轮胎气压。

② 检修前制动器。

③ 更换前制动钳弹簧。

④ 调整两侧前轮定位数据一致。

⑤ 调整前轮轴承。

⑥ 校正或更换车身或车架。

⑦ 更换后桥。

⑧ 更换减振器。

90. 无内胎充气轮胎有什么特点?

近年来轿车对无内胎充气轮胎的使用渐多。无内胎充气轮胎在外观上和结构上与有内胎充气轮胎近似，不同之处是无内胎轮胎的外胎内壁上，采用硫化的方法黏附上一层厚 2～3mm 的用来密封空气的橡胶密封层，空气直接充入外胎中，由轮胎与轮辋间良好的密封性来确保气压的要求。在密封层正对着胎面下面，还贴有一层用未硫化橡胶的特殊混合物制成的自黏层，当轮胎穿孔时，自黏层能自行将刺穿的孔黏合，故称为有自黏层的无内胎轮胎。

安装无内胎的轮辋应是不漏气的，故有着倾斜的底部和均匀的漆层。气门嘴直接固定在轮辋上。

无内胎轮胎只在轮胎爆破时才会失效，而在穿孔时，压力不会急剧下降，仍能安全地继续行驶，不存在因内胎与外胎之间的摩擦及卡住而损坏。与有内胎轮胎相比，它的气密性较好，由于可直接通过轮辋散热，所以工作温度较低，使用寿命较长，而且结构简单，重量较轻。

无内胎轮胎的缺点是途中修理较困难。自黏层可能软化而向下流动，破坏车轮平衡，一般多采用无自黏层的无内胎轮胎。无自黏层外胎内臂只有一层密封层，当轮胎穿孔后，由于其本身处于压缩状态而紧裹着穿刺物，故能长期不漏气。即使将穿刺物拔出，亦能暂时保持胎内气压，这就部分地代替了自黏层的功能。

91. 怎样修补外胎?

（1）用冷补法修补外胎　此法仅用于处理外胎的小裂口、扎伤等。胎面胶的破损裂口，绝大多数是胎面花纹沟底嵌入石子所致。为了不让这种小裂口扩大，应及时挖除胎面花纹中的夹石，发现裂口时应用锥子或其他工具将里面的砂土、灰渣等杂物清除干净，用木锉锉糙裂口内面，并用压缩空气吹尽胶末，涂上胶浆，塞上生胶条填补，填塞要到洞伤深处。最好再用小型补胎夹具或电烫夹具在标准大气压下夹烘 10min 以上。

（2）外胎出现裂口、穿洞、起泡、脱层等损伤　通常送专厂用切割法、热硫化修补法等进行修补，但修补成本高，周期长，耽误使用。若仅为运行中被利物刺穿，可采用轮胎蘑菇塞修补法进行修理。

轮胎蘑菇塞简称蘑菇钉，是简单、方便、经济、快速的一种修补轮胎钉洞新工艺，用手修补钉洞及小穿洞效果良好，可行驶 30000km 以上而无移位、爆裂等异常现象，但为了安全起见，前轮不宜提倡使用。使用蘑菇钉操作简便，见效快，并可减少烘补次数，缩短周转期，增加轮胎翻新率，延长轮胎使用寿命，具有一定的经济效益。

各类型轿车轮胎在冠部或肩部若遇有小石块、铁片等利物刺伤穿洞（洞口在 $20mm^2$ 以下）者，均可使用本方法修补。使用蘑菇钉修补轿车轮胎的要求及方法如下。

先清除洞内淤泥、砂石、杂物等，并测定洞口大小，选用相应规格的蘑菇钉。用木工锉刀将钉部菇面略微锉毛，用修补胎胶水涂于钉部及锉毛菇面、洞口及洞口胎里周围（与菇面相似大小）。用手电钻装上与待补蘑菇钉相同规格的引具，引具锥头对准洞口，旋转推进直至穿透，锥头即会自动脱落。把已涂好胶浆的蘑菇钉插进引具洞口，并用力将蘑菇面与台内面压紧，然后旋转退出引具。检查蘑菇面与胎内面是否紧靠，若不紧时可用鲤鱼钳夹住钉头上下提拉数次，同时配合蘑菇面，钉头伸出胎面部分可用利刃切平，即可装车使用。

（3）早期损坏的修补　外胎具有下列情况之一者，即属早期损坏。应根据具体情况分别予以修补。

外胎内侧起黑圈、碾线、跳线；外胎表层脱空（夹空）、起瘤；胎面、胎侧操作；胎圈口子腐蚀、破损；胎面起“蘑菇”、花纹崩裂（开裂、缺块）。

（4）外胎有下列情况之一者应予以报废　胎体周围有连续不断的裂纹，不堪使用者；胎面胶已磨光，并有大洞口，失去翻新条件，无法利用者；胎体帘线层有环形破裂及整圈分离者；胎缘钢丝断裂或口子大爆炸，无法修理者；其他不堪损坏者。

第六节　制动系统及 ABS 系统故障诊断与排除

92. 怎样检修制动总泵与真空助力器?

制动主缸（总泵）与活塞的检查如图 2-59 所示，先检查制动主缸（总泵）泵体 2 内孔和主缸（总泵）活塞 4 表面的划伤及腐蚀，再用内径表 1 检查制动主缸（总泵）泵体 2 内孔的直径 B。用千分尺 3 检查主缸（总泵）活塞 4 外径 C，算出制动主缸（总泵）泵体 2 与主缸（总泵）活塞 4 的间隙值 A，其标准值为 0.04～0.106mm，使用极限为 0.15mm。同时还应检查密封圈的老化、损坏与磨损，若不符合规定应更换。

真空助力器的真空检查如图 2-60 所示，在真空助力器拆卸前，先用一根软管 9 和三通接头 5 将真空表 1 连接到真空助力器 8 的单向阀 7 上，然后启动发动机，怠速运转 1min。再用卡紧工具 3 卡紧进气支管 2 的软管 4，以关闭真空来源。使发动机熄火，观察真空表 1 的变化。若在 15s 内真空度下降 3.3kPa，表明真空助力器 8 的膜片或单向阀 7 已损坏，需更换。

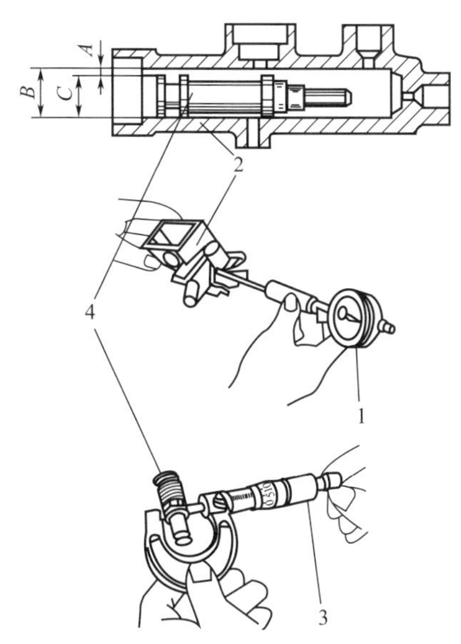

图 2-59 制动主缸（总泵）与活塞的检查
1—内径表；2—制动主缸（总泵）泵体；3—千分尺；4—主缸（总泵）活塞；A—泵体与活塞的间隙；B—泵体内孔直径；C—活塞的外径

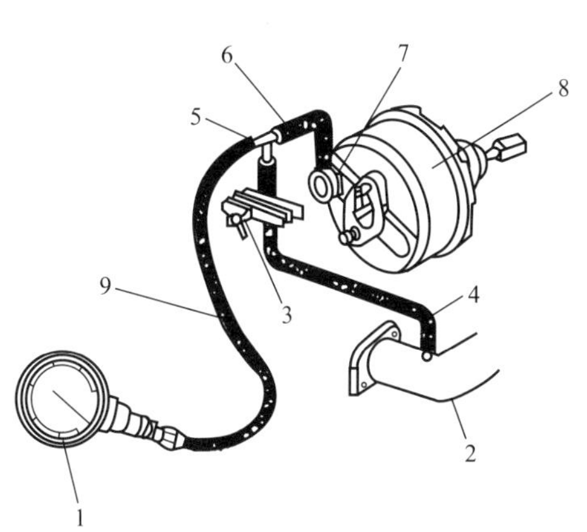

图 2-60 真空助力器真空检查
1—真空表；2—进气歧管；3—卡紧工具；4—软管；5—三通接头；6—软管；7—单向阀；8—真空助力器；9—软管

真空助力器单向阀的检查：从接真空助力器一侧吹气时，单向阀应打开；从接进气歧管的一侧吹气时，单向阀应关闭，否则应更换单向阀。

93. 怎样检修盘式制动器?

制动盘表面磨损及厚度的检查如图 2-61 所示，除检查制动盘 2 表面的磨损外，可用卡尺 1 检查制动盘 2 的厚度，标准值为 12mm，使用极限为 10mm，若超过极限应更换。轿车制动盘的标准厚度为 10mm（实体），使用极限为 8mm；制动盘的标准厚度为 20.4mm（通风型），使用极限为 18.4mm。

制动盘跳动的检查如图 2-62 所示，用百分表 2 检查制动盘 1 端面跳动量，使用极限为 0.08mm。

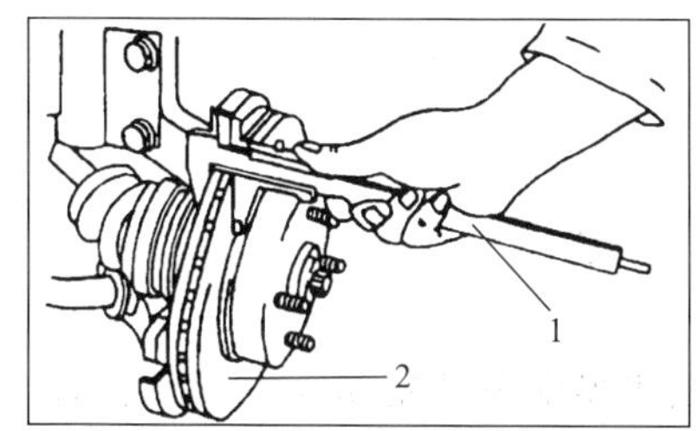

图 2-61 制动盘表面磨损及厚度的检查
1—卡尺；2—制动盘

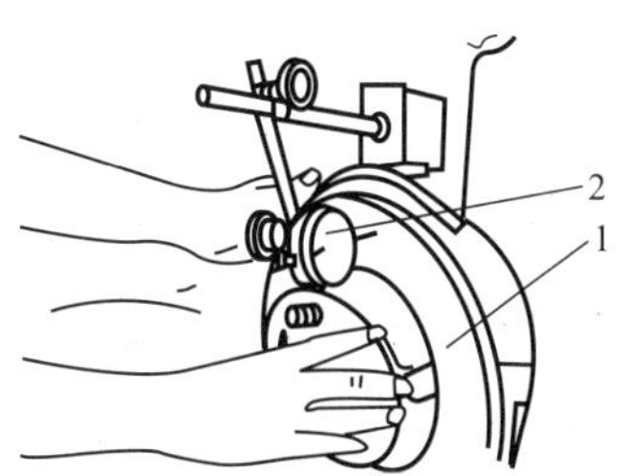

图 2-62 制动盘跳动的检查
1—制动盘；2—百分表

制动盘的修磨如图 2-63 所示，制动盘在允许厚度的范围内可以修磨其上的锈斑、刻痕。使用砂轮打磨制动盘表面时，打磨的痕迹可以是无方向性的，但打磨痕迹应相互垂直。

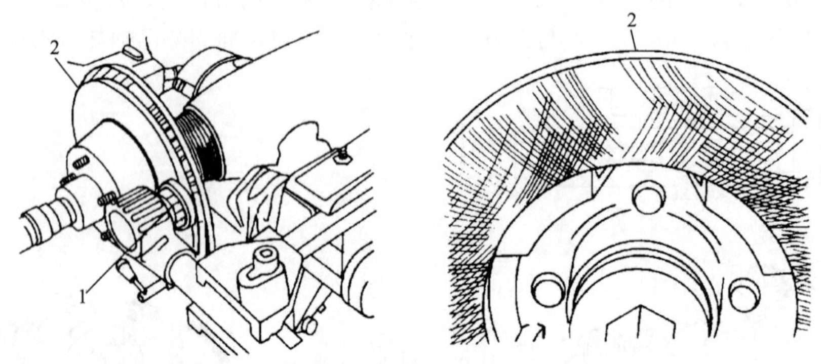

图 2-63　制动盘的修磨

1—砂磨盘；2—制动盘

制动衬片厚度的检查如图 2-64 所示，制动衬片的总厚度标准值为 14mm，使用极限为 7mm。制动衬片厚度磨损极限的残余厚度应不小于 0.8mm。在未拆下时外制动衬片可通过轮辐上的孔检查其厚度，或拆下车轮后检查。

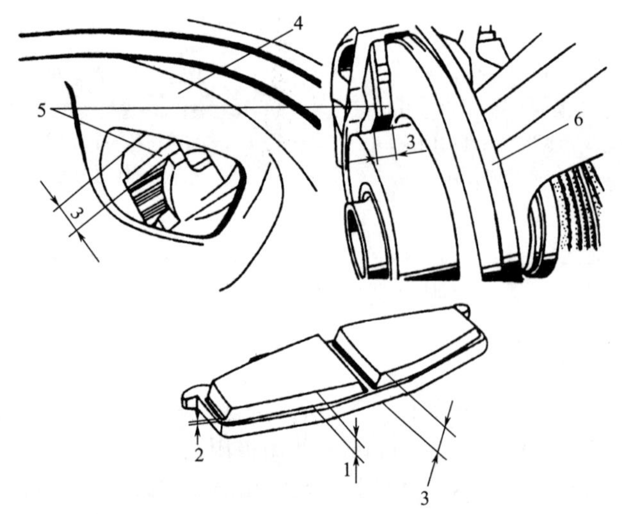

图 2-64　制动衬片厚度的检查

1—制动衬片摩擦片厚度；2—制动衬片摩擦片磨损极限的残余厚度；3—制动衬片的总厚度；4—轮辐；5—外制动衬片；6—制动盘

制动钳体与活塞的检查如图 2-65 所示，用内径表 1 检查制动钳体 2 的内孔直径，用千分尺 3 检查活塞 4 的外径，并可计算出活塞 4 与制动钳体 2 的间隙，标准值为 0.04～0.116mm，使用极限为 0.16mm。

94. 怎样诊断与排除制动不灵?

① 制动管路泄漏，造成制动不灵。排除方法是更换泄漏的制动管，紧固泄漏的接头。

② 储液罐内制动液不足，造成制动不灵。排除方法是补充制动液。

③ 制动液中有空气，造成制动不灵。排除方法是进行排气程序。

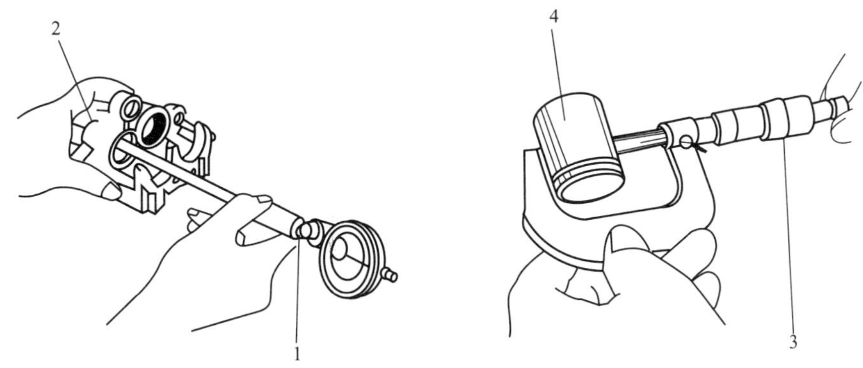

图 2-65　制动钳体与活塞的检查
1—内径表；2—制动钳体；3—千分尺；4—活塞

④ 总泵活塞与缸体的间隙过大，密封圈失效，泵压不够，造成制动不灵。排除方法是更换总泵活塞、密封圈。

⑤ 总泵的进油孔、补偿孔堵塞，造成油压不够，使制动不灵。排除方法是清洗总泵。

⑥ 前、后制动器活塞与缸体间隙过大，密封圈失效，产生泄漏，使制动不灵。排除方法是更换活塞或密封圈。

⑦ 前、后制动器衬片磨损，造成制动不灵。排除方法是更换制动衬片。

⑧ 前制动盘磨损，造成制动不灵。排除方法是磨削制动盘或更换。

⑨ 后制动鼓磨损，造成制动不灵。排除方法是车削制动鼓内孔或更换

⑩ 制动器踏板空行程过大，造成制动不灵。排除方法是调整总泵活塞与真空助力器推杆之间的间隙。

95. 怎样检修制动不良?

当制动踏板有踏下余量时，若制动鼓与摩擦片，制动盘与摩擦片接触不良，应进行研磨来改善接触状况，或更换；如摩擦片沾有水或油液，应清除或更换；摩擦片或衬垫表面硬化时，可研磨表面或进行更换；轮缸活塞滑动不良时，应进行检修或更换；如制动加力装置不良时，应拆卸后修理。

当制动踏板无踏下余量时，可急速地连踏 4～5 次踏板。这时，如踏下余量逐渐增大，可能是制动鼓和摩擦片间隙过大，应进行调整，或更换摩擦片；也可能是液压系统中混入空气，应扭开放气螺钉排气。在下列情况下，均会产生制动不良。

① 制动助力器真空软管接头松动，或软管漏气。应紧固连接处或更换软管。

② 制动蹄块或衬块质量不良，制动蹄弯曲或破碎。应更换。

③ 制动钳在导销上下卡住或无力，后制动蹄在制动底板上无力。应更换导销和衬套，清除后制动底板上的铁锈和污垢，或更换制动底板。

④ 制动钳、制动分泵、制动总泵的活塞黏结或卡住。应检修制动钳、制动分泵、总泵，或更换不合格零件。

⑤ 真空助力器单向阀失灵，真空助力器内部卡住。应检查单向阀或助力器，如有损坏，则应更换。

⑥ 制动总泵回油孔被污垢堵塞，制动液不能返回储液罐。应检修或更换制动总泵。

⑦ 制动管路堵塞或不畅。应用压缩空气清洁管路污垢，更换不合格零件。

⑧ 使用不合格的制动液，使橡胶零件膨胀，在缸孔中卡住。应更换全部橡胶零件、组

合阀和软管，改用原厂规定的制动液。

96. 怎样检修制动液泄漏?

制动液在管接头处渗漏，应检查并确定渗漏零件，予以修复或更换。如管路因擦碰破漏，应更换损坏管路，并在擦碰部位加装橡胶保护套。若制动液从制动主缸、轮缸处泄漏，应检查泄漏部位，更换密封件。

从制动液罐液面高度变化可以判断出制动系统的状况。正确的制动液面高度，对制动系统良好工作是极为重要的。液面高度必须处在最高与最低标志之间。

由于制动摩擦片磨损后，制动间隙自动调整，液面稍有下降，属于正常现象。随着行驶里程增多，液面将逐渐降低，液面降低程度，也反映出制动蹄块磨损状况。若在短时间内液面明显下降，则制动系统很可能发生泄漏。出现这种情况，应即时进行检修。

97. 怎样检修制动跑偏?

制动时，发生方向盘发卡，轿车摆尾，制动跑偏，这是由于左、右轮制动力不平衡，前、后轮制动力不平衡，路况、轮胎状况以及前轮定位等诸多因素造成的。如是车轮磨损或松旷，应检查轮胎和车轮轴承等，进行调整或更换；如是制动装置本身原因，如左、右制动盘与摩擦片的间隙不等，左、右后轮鼓与制动蹄摩擦片的间隙不等，应立即进行调整。此外，还有下列因素也会导致制动跑偏。

① 一侧制动摩擦片有油污，制动蹄弯曲、变形或摩擦片松动。应查找沾上油污的原因，并加以排除，更换两侧的制动摩擦片和制动蹄。

② 制动摩擦片与制动鼓或制动盘未磨合。应进行研磨以增大其接触面积。

③ 一侧制动钳固定支板松动，制动钳活塞卡住。应紧固螺栓，检修或更换制动钳。

④ 制动摩擦片被水浸湿。可在行驶中连续制动，使制动摩擦片的水分蒸发掉。

⑤ 装置紧固件松动。应紧固螺栓，或者更换损坏了的悬挂部件。

⑥ 制动压力分配阀失效。应更换。

⑦ 轮毂轴承磨损或损坏。应更换。

⑧ 轮胎气压不足。应按标准充气。

98. 怎样检修制动发卡?

在未踏下制动踏板时也发生制动作用，即为制动发卡。若全轮发卡，制动鼓、制动盘发热，主要是以下原因造成的。

① 制动踏板无自由行程或回位不良。应及时调整，或进行整理。

② 主动回油口堵塞。应清理油管上的堵塞物，或更换制动液。

③ 主缸活塞皮碗膨胀，或活塞滑动不良。应更换皮碗，修整活塞，或拆卸主缸进行修理。

④ 制动蹄摩擦片碎裂或铆钉松动，或制动鼓、制动盘与摩擦片没有间隙。应重新进行调整，或更换。

⑤ 制动间隙自动调整不良。应拆卸后进行检修。

⑥ 制动鼓圆度过大，制动盘变形。应进行磨削加工，使其达到标准。

⑦ 驻车制动装置回位不良。应及时予以修整。

⑧ 制动鼓与摩擦片变形、偏磨损，制动蹄和制动底板滑动不良。应进行研磨、修整，或者更换。

⑨ 制动蹄回位弹簧无力、划伤、装配不良，前轮弹簧松旷。应及时调整，修整或更换。

99. 怎样检修制动拖滞?

制动拖滞是指制动后抬起制动踏板时，车轮的全部或局部仍产生制动作用。其故障原因及排除方法如下。

① 真空助力器内部卡住。应检修踏板连接轴并加注润滑油，同时找出真空助力器发卡的真正原因，必要时更换助力器。

② 停车制动拉线调整不当、卡住，或后制动器回位弹簧过软或损坏。应进行调整或更换，必要时更换制动蹄。

③ 制动器自动调整器不起作用。应调整自动调整器，更换不合格零件。

④ 制动钳、制动分泵、总泵的活塞卡住，或制动总泵回油孔堵塞，制动液不能返回到储油罐。应用压缩空气吹通制动总泵回油孔，严禁用铁丝捅堵塞的孔道。

⑤ 制动蹄上摩擦片松动、不合适，或制动蹄片被制动液、润滑油沾污。应查找被沾污的原因，更换全部制动蹄。

⑥ 制动钳固定支架螺栓松动，后制动器底板松动。应紧固螺栓，更换损坏的螺栓。

100. 制动时车身抖振是什么原因?

以下情况制动时，均易发生车身抖振。

① 制动盘或制动鼓划伤或不圆。

② 制动蹄片变形。

③ 摩擦片打滑、有油污或卡住。

④ 制动分泵（轮缸）发生故障。

⑤ 真空助力器发生故障。

当出现上述情况时，应及时检修，并更换不合格的零、部件。更换制动盘或制动鼓时，应左、右两侧同时更换。

101. 为什么制动时出现异响?

轿车由于制动振颤，会在前盘、后盘和制动踏板附近发出制动异响。如发出“咔哒”声响，是因为踏板杠杆和推杆的连接部位松动所致，消除间隙后即可消失；如发出“吱、吱”声响，是因为后轮鼓或制动装置的摩擦片表面硬化，在压向制动鼓时就会发出异响；如前轮盘式制动装置的制动块上粘有异物，在压向制动盘时也会发生异响。

对于各种制动异响，在判明后原因应及时排除。此外，后轮毂过度磨损、轴承损坏、调整不当、润滑不当等，都会发出异响。对于润滑不良，应检查润滑部位。

① 检查润滑油是否足够。

② 检查油封是否损坏。

③ 检查后桥壳是否裂纹。

对于其他异常情况，应予以调整或更换损坏件；对于后桥壳的裂纹，则应及时焊补或以环氧树脂粘补。

102. 制动系统常见故障有哪些?

① 制动踏板有弹性，往往是因为液压系统中有空气。

② 制动蹄弯曲或变形。

③ 制动蹄片或衬块和制动盘或制动鼓没有完全贴合。

出现上述情况时，应排除液压系统中的空气，更换不合格的制动蹄，研磨制动蹄片或衬块，使之完全贴合。

制动系统常见故障的速查方法如图 2-66 所示。

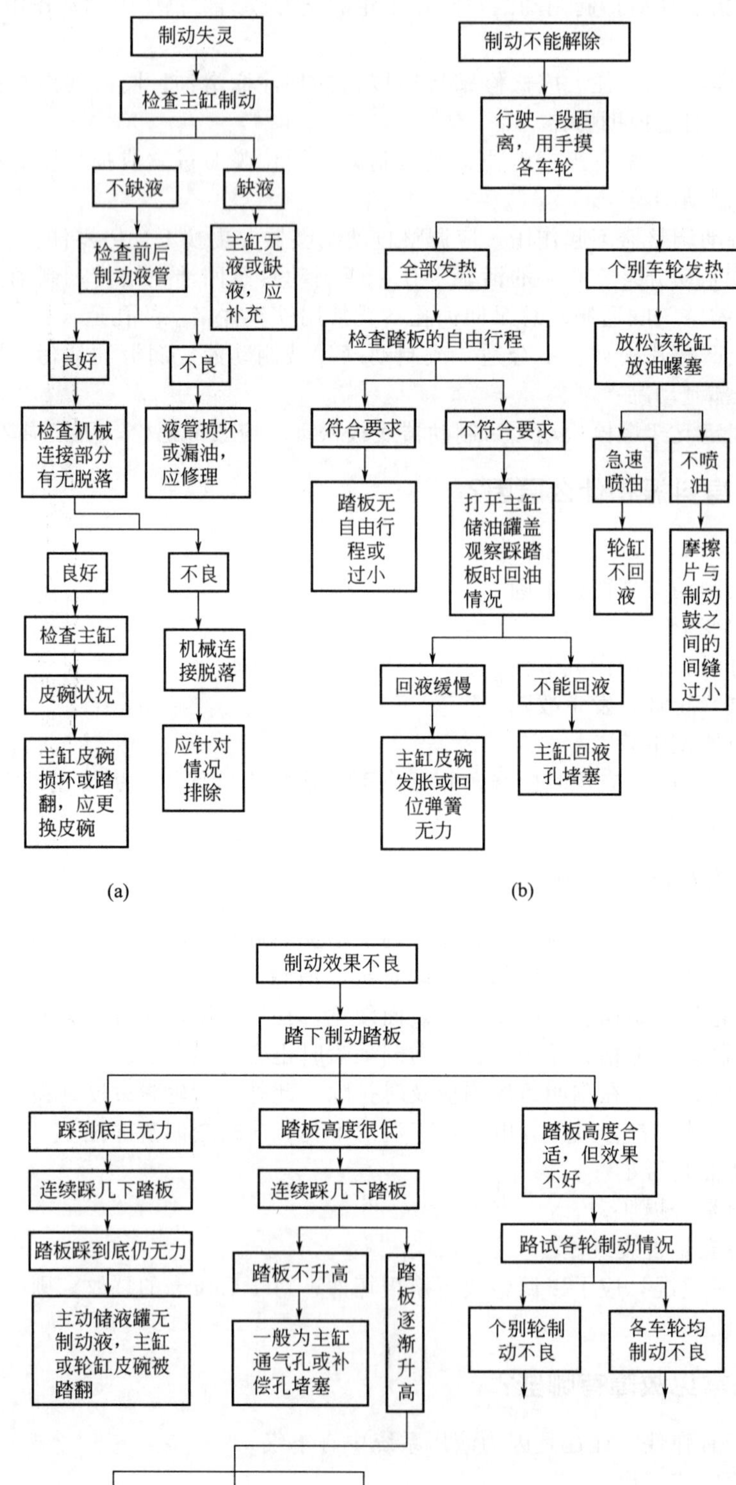

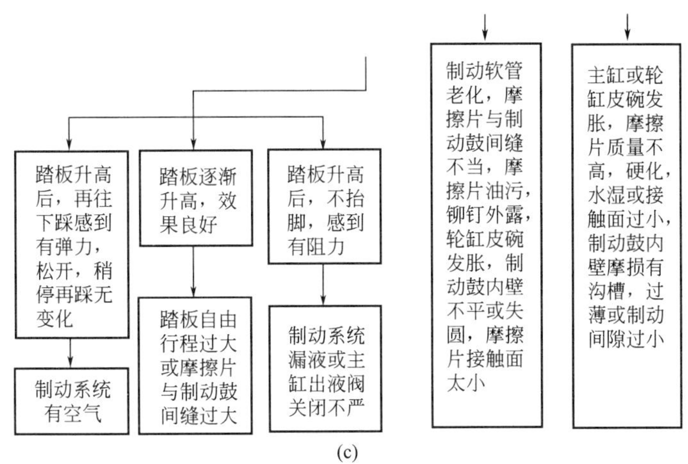

(c)

图 2-66 制动系统常见故障的速查方法

103. 怎样用故障诊断仪对防抱死（ABS）进行故障检测?

自诊断的概念涉及 ABS 的电器和电子元件，也就是说主要是检测电器和电子元件，以及连接线路的故障。

用 VAG1552 故障诊断仪对 ABS 进行故障检测时，可按如图 2-67 所示进行。

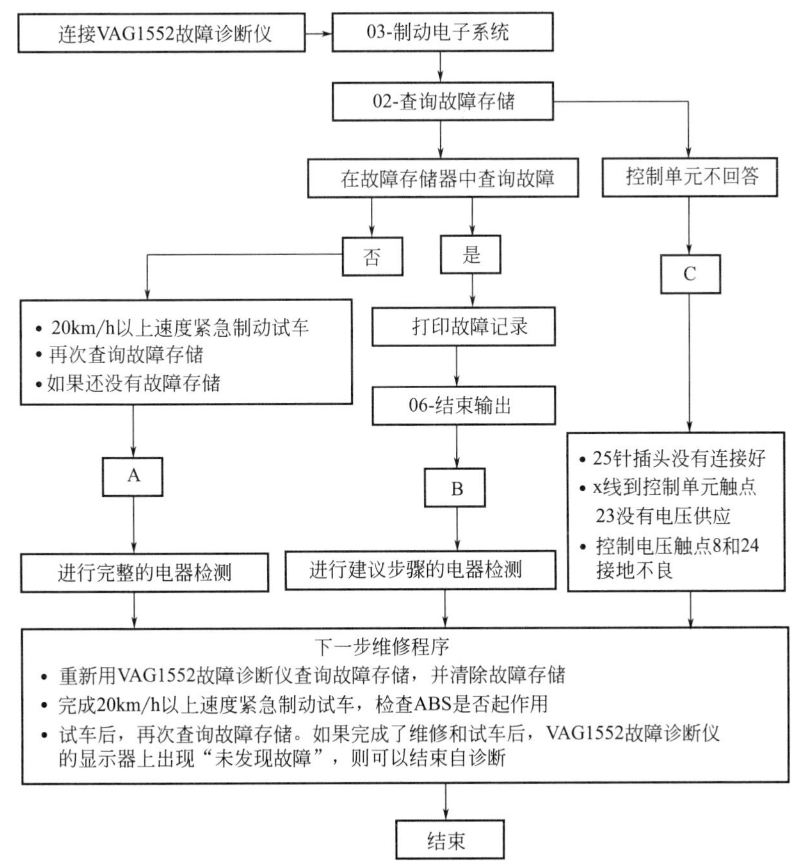

图 2-67 故障检测流程图

104. 怎样检修制动踏板高度降低?

（1）故障原因

① 制动器自动调整不灵，使蹄片和制动鼓之间的间隙过大。

② 后制动蹄片磨损严重。

③ 制动蹄弯曲变形。

④ 液压系统中有空气。

⑤ 液压系统泄漏。

⑥ 使用不合格的制动液，在温度变化时，制动液气化。

⑦ 制动总泵活塞封圈磨损或总泵缸内孔刮伤、泵缸磨损或锈蚀。

⑧ 制动钳与其固定支板导轨结合面形成油污、铁锈或腐蚀、制动衬块黏结在支板结合面上。

（2）排除方法

① 启动轿车，向前和向后使用制动停车，制动器即自动调整。如果制动踏板行程仍过大，按需要调整制动蹄片和制动鼓的间隙。

② 检查制动蹄片磨损程度，如果磨损超过使用限度，应予以更换。

③ 检查制动蹄是否变形，必要时应更换新品。

④ 排除液压系统中的空气。

⑤ 往制动总泵储液罐中加注制动液至规定的液面。踩下制动踏板，检查制动钳、制动分泵、压差阀、油管、软管及接头处是否漏液。按需要进行修理或更换。

⑥ 用清洁的制动液冲洗液压系统，按原厂规定使用合格的制动液。

⑦ 更换制动总泵活塞密封圈或制动总泵。

⑧ 清除制动钳和导轨结合面上的污垢。

105. 怎样检修制动时有噪声?

（1）故障现象　轿车制动时，发出“哽、哽”的噪声。

（2）故障原因

① 制动蹄摩擦片磨损，蹄块铁直接与制动鼓（制动盘）接触。

② 制动蹄摩擦片松动，或回位弹簧折断。

③ 制动盘或制动鼓破裂，磨出沟痕。

④ 使用不合适的制动蹄片。

⑤ 制动蹄弯曲、变形或破碎。

⑥ 制动盘表面铁锈过多。

⑦ 制动卡钳有毛刺或生锈。

（3）排除方法

① 更换制动蹄。

② 更换不合格的制动零件。

③ 更换制动盘或制动鼓。

④ 选用质量合格的制动蹄片。

⑤ 更换桥上的全部制动蹄。

⑥ 清洁制动盘周围铁锈。

⑦ 清除制动钳上毛刺或铁屑。

106. 怎样检修制动效果不佳?

(1) 故障现象 一脚制动不起作用，连踩几脚才能将车辆停止。

(2) 故障原因

① 制动助力器真空软管接头松动或软管漏气。

② 制动蹄片或衬块质量不良。

③ 制动蹄弯曲或破碎。

④ 制动钳在导销上卡住或拖滞，后制动蹄在支承底板上拖滞。

⑤ 制动钳、制动分泵、制动总泵的活塞黏结或卡住。

⑥ 真空助力器单向阀失灵。

⑦ 真空助力器内部卡住。

⑧ 制动总泵缸回油孔被污垢堵塞，制动液不能返回储液罐。

⑨ 制动管路堵塞或不畅。

⑩ 使用不合格的制动液，使橡胶零件膨胀，在缸孔中卡住。

(3) 排除方法

① 紧固连接处或更换漏气的软管。

② 更换制动蹄片或衬块。

③ 更换不合格的制动蹄。

④ 更换导销和衬套，消除后制动支承底板上的铁锈和污垢，或更换制动底板。

⑤ 检修制动钳、制动分泵和制动总泵，必要时更换不合格的零件。

⑥ 检查单向阀门：先将发动机启动，把转速提高到 1500r/min，立刻使发动机熄火。等 2min 后再踩下制动踏板。如真空助力的作用次数不到两次，说明单向阀损坏。

⑦ 检查助力器的方法：在发动机熄火的情况下，踩数次制动踏板，将系统中的真空甩尽。再将脚置于制动踏板上，启动发动机。如果制动踏板高度降低，用较小的压力可保持踏在制动位置，说明真空助力系统工作正常。否则应更换助力器。

⑧ 检修或更换制动总泵。

⑨ 用压缩空气清洁管路污垢，更换不合格的零件。

⑩ 更换全部橡胶零件、组合阀和软管，使用原厂规定的制动液。

107. 怎样检修 ABS 偶发性故障?

在电子控制系统中，电气线路和输入、输出信号的地方可能出现瞬时接触不良问题，从而导致偶发性故障或在 ABS ECU 自检时留下故障码。如果故障原因持续存在，那么要按照故障码检查表就可以发现不正常的部位，不过有时候故障发生的原因会自行消失，所以不容易找出问题的原因。在这种情况下，可按下列方式模拟故障，检查故障是否再现。

(1) 当振动可能是主要原因时

① 将接头轻轻地上下左右摇动。

② 将线束轻轻地上下左右摇动。

③ 将传感器轻轻地上下左右摇动。

④ 将其他运动件（如车轮轴承等）轻轻摇动。

如果线束有扭断或因拉得太紧而断裂，就必须更换，尤其是传感器在车辆行驶时因为悬架系统的上下移动，可能造成短暂的断路或短路。因此检查传感器信号时，必须进行实车行驶试验。

(2) 当过热或过冷可能是主要原因时

① 打开所有电器开关，包括前照灯和后除霜开关。

② 如果此时故障没有出现，就必须等到下次故障再出现时才能诊断维护。一般来说，偶发性故障只会越变越糟，不会变好。

108. 怎样检查制动器及制动管路?

前轮制动器摩擦片的磨损情况，可以通过车轮制动鼓或制动盘进行检查，当摩擦块磨损到极限时（包括底板 7mm），必须更换。后轮制动器摩擦片的磨损情况，可以通过制动底板上的观察孔进行检查，当磨损超过极限时，必须更换。

检查制动管路是否损伤、漏油，硬管是否凹瘪，软管是否老化，管接头是否松动，以及管路固定处是否松脱、碰撞，如有应更换或修复。

109. 怎样进行正确的制动操作?

① 轿车在洗车后或驶至积水很深的地区时，均会将制动器弄湿，在这种情况下，制动距离势必延长。为使制动器干燥，一边轻踩制动踏板，一边行驶，即可恢复制动性能。如仍无法正常制动，则应将车开到路旁稍等。

② 在下长坡时，应降低车速，将排挡换入低挡，如过猛踩制动踏板，则可能使制动器过热，而无法发挥正常的使用性能。

③ 驾驶时，脚不能放在制动踏板上，避免引起轻微制动而使制动器过热，增加磨损和加大燃料消耗。

④ 驾驶中若突然发生爆胎，不要立刻踩制动踏板，应控制轿车行驶，慢慢降低车速。然后，再开到路旁安全位置，将车停下更换轮胎。

⑤ 继续行车时，记住松开手制动，同时，注意制动系统警告灯是否已经熄灭。

110. 制动鼓为什么会发烫? 怎样防止?

制动鼓发烫是由于制动蹄片和制动鼓接触的次数过于频繁、接触时间过长引起的，其原因如下。

① 道路的影响。如连续下坡、转弯，经常利用制动来控制车速，增加了蹄片和制动鼓的滑磨时间，使制动鼓很快升温，热衰退现象加重，摩擦系数明显下降，制动效能降低。在这样的道路上行车，必须严格控制车速，适当休息降温。

② 驾驶操作不当，不恰当地过多利用制动。

③ 制动器间隙过小或制动鼓变形，使蹄片经常接触制动鼓而发烫。要及时检查调整，制动鼓严重变形时应予修理。

④ 蹄片回位弹簧松软或折断，使制动后解除制动困难。此时应更换蹄片回位弹簧。另外，制动系统技术状况不良，也可能使制动鼓发烫。如液压制动分泵皮碗发胀卡住；液压总泵回位弹簧过软，回油困难；气压制动控制阀排气不彻底，解除制动缓慢等，都会引起制动鼓发烫。

111. 制动突然跑偏是什么原因? 怎样排除?

制动突然跑偏往往是因制动系统和行驶系统突发故障而产生的，这种故障虽然为数不多，但造成的危险性极大。制动突然跑偏的原因如下。

① 一侧车轮制动管路突然失灵。如管道受硬伤凹瘪，造成进气困难或无法进气；制动气室推杆或制动凸轮轴锈蚀或卡死，无法制动。

② 一侧钢板弹簧固定螺栓松动而突然发生移动，使前后桥不能保持平行而制动跑偏。

遇有这种情况，必须查出原因，排除故障后才能继续行驶。

112. 有规律的制动定向跑偏是什么原因？怎样排除？

最常见的制动跑偏是有规律的定向跑偏，其故障的主要原因如下。

① 轮胎气压不均，特别是前桥左右轮胎气压不等，应按标准充气。

② 左右车轮制动摩擦片与制动鼓间隙大小不一致，制动时如向左跑偏，则为右侧制动间隙太大，使制动不灵，应检查调整。

③ 个别车轮制动摩擦片有油污、泥水、硬化或铆钉外露，使摩擦系数降低，制动力矩变小，如制动时向左跑偏，则表明右侧车轮有故障。

④ 制动鼓失圆，达不到足够的制动力矩，应修复或更换。

⑤ 制动气室推杆弯曲变形，分泵膜片、气管或接头漏气，制动时左右轮制动力不等，应及时排除。

⑥ 左右车轮制动摩擦片材料不一致，由于摩擦片的产地、材质不同，摩擦系数也不尽相同。另外热衰退性能也有差异，致使制动时左右轮制动力不等，造成跑偏，应更换同一材质的摩擦片。

⑦ 前钢板弹簧弹力不均或有折断时，会引起载荷偏移，在车辆重心高、装载量大、车速快时，偏移会更严重，使车量跑偏。

⑧ 其他如蹄片回位弹簧弹力不均、制动室膜片厚度不等、制动臂凸轮轴锈污等，也会导致跑偏。

113. 怎样检修轿车制动总泵？

(1) 制动总泵的拆卸

① 拆下蓄电池搭铁线。

② 拆下制动管道。

③ 不能让制动液洒在油漆表面，如将制动液洒到油漆表面上，一定要擦拭干净，以防损伤油漆面。

④ 拆下制动总泵。

(2) 制动总泵的分解

① 将制动总泵夹在台钳上。

② 拆下储油罐和软管。

③ 用旋具将活塞推入缸筒，拆下活塞止动螺栓。

④ 拆下活塞和弹簧。

(3) 制动总泵的检查

① 检查总泵活塞与缸筒磨损情况：活塞与缸筒之间的间隙超过 0.15m 时，总泵必须换新；如果缸筒壁有划痕，须更换总泵。

② 检查进油管接头和螺栓：油管接头必须清洁畅通，螺栓的螺纹应完好。

③ 检查出油阀门和弹簧：阀门如有损伤，应换新品；应检查弹簧的自由长度及弹簧压缩至工作长度所需之力，检查时可与新件比较，如弹力减弱，可略微拉长或更换，保证装配后分泵和管路中应有的残余压力。

④ 检查皮碗和皮圈：工作面磨损，拉成槽痕，发胀失去弹性。工作面磨损或成槽痕，可由外表观察检查；工作面磨损的特点是皮碗口部呈圆角，发胀的皮碗表面无光泽，体积增大，变形时不能迅速恢复原状；凡磨损、起槽或发胀的皮碗、皮圈均不能再用。

(4) 制动总泵的装配　装配前，各零件必须用制动液或酒精彻底清洗干净，禁止用汽油和煤油清洗，以免损伤皮碗、皮圈。

① 将活塞各橡胶部件涂上刹车油。

② 将弹簧和活塞装入缸内，用卡环钳装好卡环。

③ 安装活塞止动螺栓。

④ 安装储油罐和胶管。

总泵装配以后，用推杆推动活塞数次，检查活塞运动及回位是否灵活，最后装车试验。

114. 怎样检修轿车制动分泵?

（1）故障现象　制动分泵故障有裂纹、缺口，油管接头、放气螺钉及固定螺孔螺纹损坏，缸筒直径磨损或缸壁有拉痕腐蚀斑点等。

（2）检修方法　螺孔损坏，可镶套修理；分泵缸壁损伤或磨损严重，则应更换分泵总成。

分泵装配时和总泵一样，应注意清洁，内部零件不得沾染矿物油。零件装配时，应涂以制动液润滑。皮碗不得有磨损及发胀现象。装配后，应试验其密封性，将分泵沉入盛有酒精的盆内，应不产生漏气的气泡。

115. 怎样检修轿车制动助力器?

桑塔纳轿车制动助力器对大众系列的各种车型可以通用，利用进气歧管的负压与外部大气压力差来推动助力器膜片。用较小的踏板力，使车轮制动器产生较大的制动力，以提高轿车行驶的安全性，并减轻司机的劳动强度。真空助力器常见故障是膜片破裂和密封件失效等。当出现故障时，制动效能降低，必须尽快修理。

① 助力器分解后，全部金属零件应清洗干净，橡胶制品应用酒精或制动液清洗，禁止用汽油清洗。

② 检查阀和阀座，如有破裂或沟槽，应更换阀体。

③ 检查推杆和操纵杆，如有磨损，应更换或涂镀修复。推杆在阀体内应滑动自如。

④ 检查壳体和膜片，如有破裂，则更换助力器总成。

⑤ 前后密封件如有泄漏，必须更换。

助力器的拆卸步骤如下。

① 拆下蓄电池搭铁线。

② 拆下制动总泵。

③ 拆下真空软管。

④ 拆下制动助力器。

制动助力器的分解与装配。分解前，在前、后壳体上做上标记，以便装配；按顺序拆下膜片弹簧、推杆、膜片总成及前壳体密封件等。

116. 怎样从制动储液罐液面高度变化判断故障?

正确的制动液液面高度，对制动系统良好工作是极为重要的。液面高度必须处在最高与最低标志之间。

由于制动摩擦片磨损后，制动器间隙自动调整，液面略有下降，这是正常现象。随着行驶里程增多，液面将逐渐降低，液面降低程度，也就代表制动蹄片磨损状况。如果短时间内，液面显著下降，那么制动系统可能发生泄漏，出现这种情况时，应立即进行检修。

117. 检修安全气囊系统有哪些注意事项?

① 应用测试仪检测安全气囊系统，不能用带电源的测试灯或电压表检查安全气囊系统，防止被极高的测试电流引爆。

② 气囊系统元件拆下以后，必须使用新零件，安全气囊总成有效期为10年，10年后必须更换安全气囊系统。

③ 安全气囊总成或引爆总成从50cm以上高度掉下来后，必须换用新件，重新安装安全气囊系统时，要保证车内无人。

④ 安全气囊系统元件如有伤痕必须换用新件。

⑤ 在安装电脑存储器装置前，应将安全气囊供电接头分开，防止安全气囊意外引爆。检测车内安全气囊系统电脑时，必须佩戴保护眼镜。

⑥ 存放安全气囊总成时，应将喇叭垫朝上放置。

⑦ 不允许用任何清洗剂清洗安全气囊总成，不要敲击或振动碰撞传感器，敲击或振动碰撞传感器，可能会引爆安全气囊，伤害人身。

⑧ 安全气囊系统搭铁点应干净，连接牢固。

⑨ 安全气囊总成不允许分解和维修；携带活性组件时，不要把安全气囊及边盖对着自己；拿充气组件时，不要拿其下边的导线或接头。

⑩ 不允许使用气割等方法对报废安全气囊装置进行操作；安全气囊的气体发生器必须在车外10m以外用专用的检测仪引爆；在拆卸安全气囊后要用吸尘器清除车内剩下的粉末，并使空调鼓风机低速运转，通过强制通风系统排出所有的废粉。

118. 怎样拆卸和安装安全气囊总成?

① 检修安全气囊系统前，应先拆下蓄电池搭铁线。拆装安全气囊总成步骤大同小异，以奥迪A6轿车为例进行说明。

② 将标有安全气囊的红色电源接头断开。奥迪A6轿车电源接头位于仪表盘左下侧，如图2-68所示。

③ 安全气囊总成安装在方向盘上，拆下方向盘两侧螺栓，如图2-69所示，轻轻地翻转，从方向盘上拆下安全气囊总成。

④ 提起安全夹紧装置，从安全气囊总成上断开电器接头，如图2-70所示。

⑤ 安装时，将带有奥迪四环标志的喇叭垫面向上放置。

⑥ 连接安全气囊电器接头，将气囊装回方向盘中。

⑦ 紧固安全气囊线束的固定夹，装回方向盘两侧的螺栓，拧紧力矩为6N·m。

⑧ 连接蓄电池搭铁线时，车内应无人。

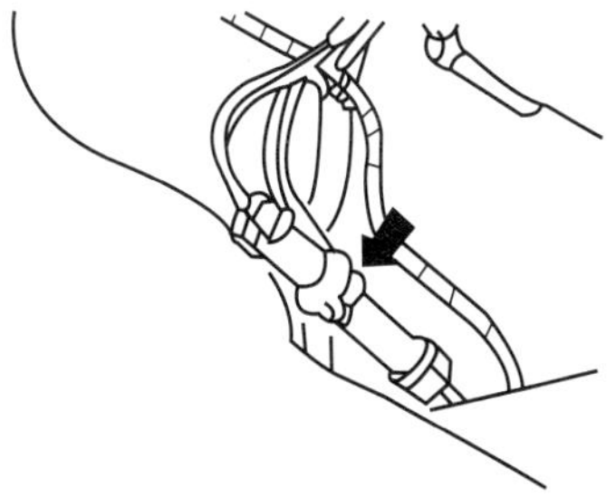

图2-68　奥迪A6安全气囊电源接头

119. 怎样检查安全气囊系统（SRS）?

① 检查电源。将测试仪转向No.1位置，把点火开关转至“ON”位置，测试仪灯和安全气囊警告灯应亮，测试仪应显示蓄电池电压。奥迪轿车介绍安全气囊系统的检查内容。

② 检查电压变压器。将测试仪转向No.2位置，把点火开关转至“ON”位置，测试仪灯应亮，否则，应检查接线、变压器或储能单元是否有故障。

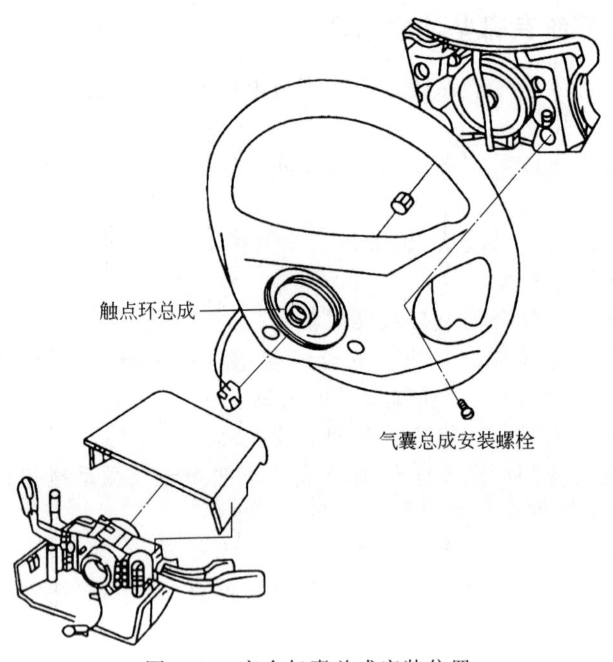

图 2-69 安全气囊总成安装位置

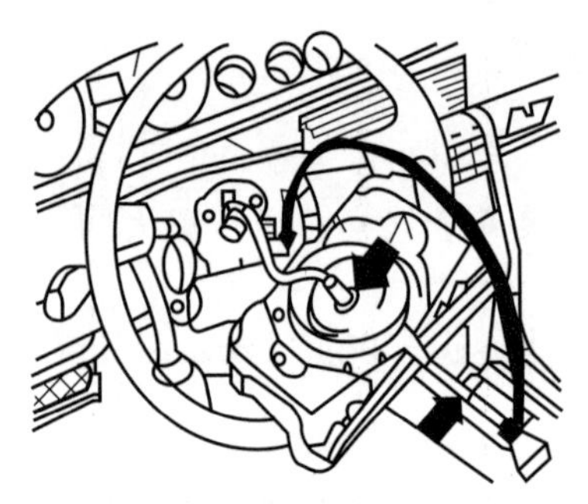

图 2-70 安全气囊总成电器接头位置

③ 检查电阻器。将测试仪转向 No.3 位置，把点火开关转至“ON”位置，并将方向盘向左或向右转到底，测试灯应亮，否则表明螺旋弹簧和接线有故障。

④ 检查有无短路。将测试仪转向 No.3 位置，把点火开关转至“ON”位置，并按下按钮，测试灯应亮，否则，应检查接线有无故障。

⑤ 检查储能装置充电情况。将测试仪转向 No.6 位置，把点火开关转至“ON”位置，测试灯应亮，否则，应检查储能装置的导线状况是否良好。

⑥ 检查储能装置。将测试仪转向 No.7 位置，把点火开关转至接通位置，测试仪灯应亮，然后又熄灭，否则，可以判断储能装置已损坏。

⑦ 完成以上检查后，拆下蓄电池搭铁线并罩住搭铁线。

⑧ 断开测试仪。安装右中央控制台装饰板，重新接上蓄电池搭铁线。拆下螺旋电缆检查其电阻值。将万用表与安全气囊装置接头连接起来。将万用表转到电阻挡，测量电阻值，应为 0～1Ω，否则，应更换螺旋电缆。

120. 怎样自诊 ABS 系统?

（1）ABS 系统故障码读取和消除程序及要求　发动机每次启动后，控制单元便自动检查在储压器中所形成的压力，如果确定出某一故障时，ABS 灯便亮起，于是系统便断开并只执行正常的制动作用。间歇性故障和永久性故障间的自诊断程序可能不同，但相应的故障码是被储存在永久性存储器中。故障码按顺序报告，继电器故障在前，间歇性故障在后。故障存储器只能使用 VAG1551 故障诊断仪或类似的仪器，插在变速杆前方的自诊断插座上，而其导线连接器为灰色接头。故障码的读取与清除如下。

接通点火开关；把换挡杆前的黑色插座针脚与灰色插座针脚跨接 3～4s 后取下跨接线；

由仪表板上的ABS灯闪烁出故障码；在故障排除以后，行驶车辆，当车速达到40km/h以上时，故障码便可清除。

(2) 捷达轿车ABS系统故障码　见表2-7。

表2-7　捷达轿车ABS系统故障码

故障码	故障含义	故障码	故障含义
1111	ABS控制单元(电脑)内部或搭铁不良	1112	左前轮油路进油阀不良
1114	右前轮油路进油阀不良	1122	后轮油路进油阀不良
1134	右前轮油路出油阀不良	1142	后轮油路出油阀不良
1222	ABS主电磁阀不良	1233	左前轮车速传感器不良
1241	右前轮车速传感器不良	1234	右后轮车速传感器不良
1311	左后轮车速传感器不良	1312	制动液面开关或低压报警开关不良
4444	系统正常	0000	自诊断输出结束

121. 检修ABS系统时应注意什么?

① ABS系统出现故障后，先进行自诊断，再进行电路检测。大多数故障不是元件失效而是线路连接不良或脏污所致。

② 在进行拆卸作业前，必须切断ABS系统电脑的电源。其方法是断开点火开关，反复踩制动踏板，直到感到真空助力器不起作用为止。

③ 更换制动衬片时，制动系统必须先进行放气，否则制动液会造成ABS系统的元件失效或使ABS系统的电脑得到错误的信息，关闭ABS系统。

④ 注意车速传感器的安装位置，不要碰伤传感器。车速传感器的故障多为接点脏污，若传感器空气隙达不到要求，只需做一些调整。

122. 怎样调整前轮速度传感器?

如图2-71所示，升起车的前部，拆下车轮，拧松5mm紧固螺钉2（它将传感器固定在支架的衬套内)，通过盘式制动器挡泥板孔拆下传感器头。清除传感头表面的金属和脏物，用一把钝刀或类似的工具仔细刮传感头的端面。在传感头端面粘贴新的纸垫片，纸垫片上做一个“F”标记，表示前轮，纸垫片的厚度对35脚的ABS是1.1mm。拧松把衬套固定在传感器支架上的螺栓，旋转这个钢衬套，给固定螺钉提供一个新的锁死凹痕面。通过盘式制动挡泥板将传感头装进支架上的衬套里，确定纸垫片在传感头端面上，并在整个安装过程中没有掉下来。拧紧传感器支架上固定钢衬套的固定螺栓，明确传感器上的连线良好。推传感头向传感器齿圈顶端移动，直到纸垫片与齿圈接触为止，保持这种状态并用2.4～4N·m的力矩拧紧5mm紧固螺钉2，使传感头定位。重新安装好轮胎等装置，并且放下轿车。为了检查传感器，可启动发动机将车开动，观察ABS故障指示灯是否燃亮，如果不亮说明系统正常，传感器良好，否则说明ABS系统还有问题。

123. 怎样调整后轮速度传感器?

如图2-72所示，升举轿车，拆下相应的后轮胎和车轮装置。拆下后轮制动钳和转动装置，拧松在传感器支架上的5mm紧固螺钉。拆下传感器衬套固定螺栓和传感器头，将传感器衬套里外清理干净，保证传感器头能在里面自由滑动。再将传感器头上的脏物、金属清理干净，仔细地用钝刀或类似的工具刮净传感头端面。在传感头端面贴新的纸垫片，纸垫片上标注“R”以示后轮，35 脚电脑的 ABS 纸垫片厚 0.65mm。装回传感器钢衬套和紧固螺栓，钢衬套的安装保证给固定螺钉提供一个新的锁死凹痕面。装回传感器头，拧紧固定螺栓。推传感头向传感器齿圈顶端移动，直到纸垫片与齿圈接触为止。保持这种状态并用 2.4～4N·m 的力矩拧紧 5mm 紧固螺钉，使传感头定位。重新装回制动钳、车轮装置和轮胎，放下轿车。启动发动机将车开动，观察 ABS 故障指示灯是否燃亮，如果不亮说明系统正常，传感器良好，否则说明 ABS 系统还有问题。

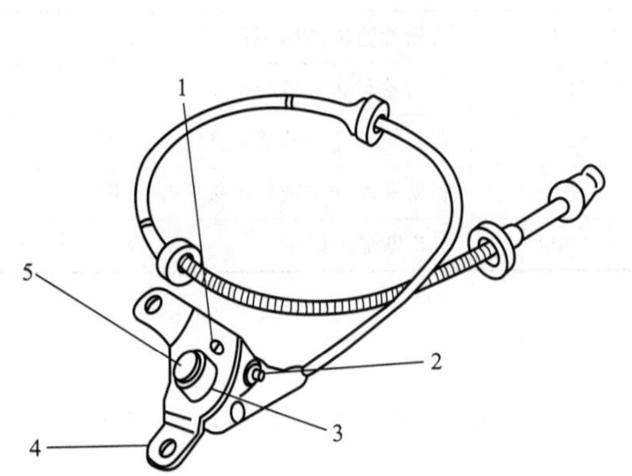

图 2-71　前轮速度传感器的调整

1—传感器固定螺栓；2—5mm 固定螺钉；3—钢套；4—传感器支架；5—调整纸垫

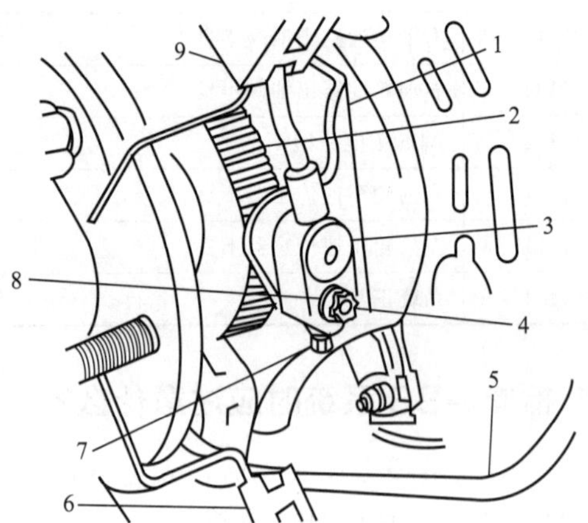

图 2-72　后轮速度传感器的调整

1—传感器支架；2—齿圈；3—后轮传感器；4—锁紧螺栓；5—后盾；6—轮毂；7—5mm 固定螺钉；8—钢套；9—轮毂

定期更换制动液。因制动液每年吸附的水分可达 30%，使防抱死制动系统的元件受到侵蚀，所以必须及时更换。

ABS 系统的放气程序与无 ABS 系统的制动系统不同，一般要用专用仪器按照特殊的程序进行。

124. 怎样诊断与排除桑塔纳系列轿车 ABS 系统故障?

当 ABS 系统出现明显故障而不能工作、ABS 故障灯点亮时，其诊断过程应按常规检查、故障自诊断、故障警告灯诊断（辅助）、快速检查步骤进行。桑塔纳轿车 ABS 系统电路图如图 2-73 所示。

(1) 常规检查（一般检查）

① 检查制动液液面是否在规定范围之内。

② 检查所有继电器、熔丝是否完好，插接是否牢固。

③ 检查电子控制装置导线插头、插座是否连接良好，有无损坏，搭铁是否良好。

④ 检查下列各部件导线插头、插座和导线的连接是否良好：电动液压泵；液压单元；四个车轮速度传感器；制动液面指示开关。

⑤ 检查传感器头与齿圈间隙是否符合规定，传感器头有无脏污。

⑥ 检查驻车制动是否完全释放。

⑦ 检查蓄电池电压是否在规定范围之内。

(2) 故障自诊断　桑塔纳系列轿车 ABS 系统具有故障自诊断能力，它是以 ABS 电子控制装置中标准的正常运行状况为准，利用电子控制装置不断地对 ABS 及 ABS/EDS 系统传感器给出的信号及感应器的运行状况进行监控，将非正常的运行（故障）记录在存储器中，

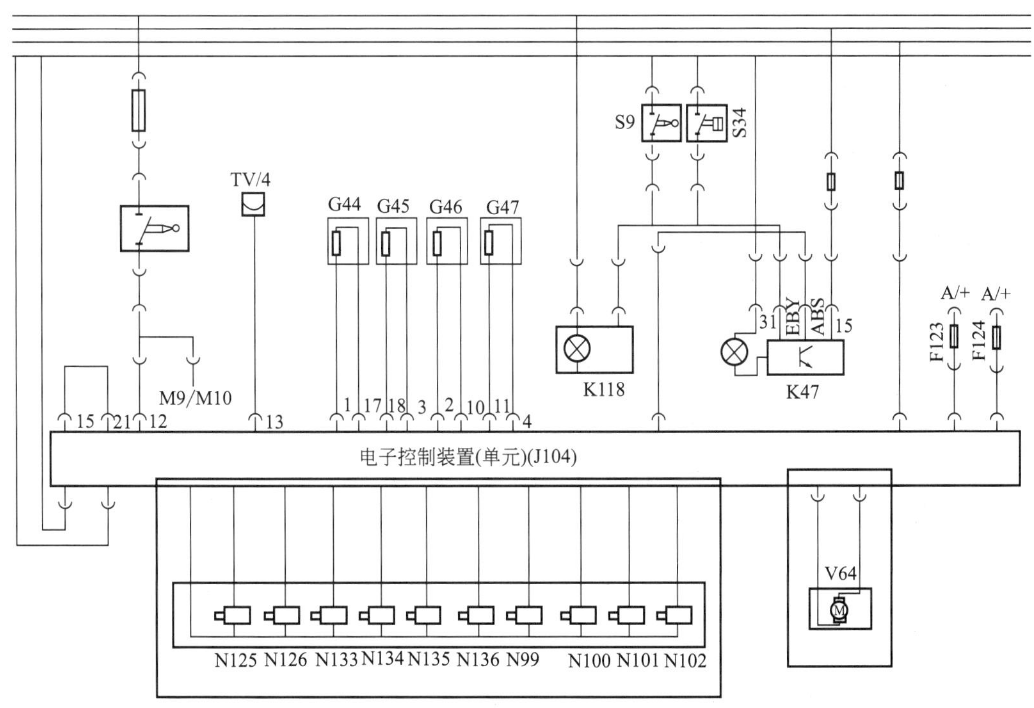

图 2-73 桑塔纳轿车 ABS 系统电路图

A—电池；F123,F124—电子控制装置；电源熔丝（30A）；S9—驻车制动控制开关；S34—制动液面开关；TV/4—诊断插孔，V64 电动液面泵；M9/M10—左/右制动灯；K118—制动装置警告灯；K47—ARS 故障警告灯；G44—右后车轮速度传感器；G45—右前车轮速度传感器；G46—左后车轮速度传感器；G47—左前车轮速度传感器；N125,N126—带压力限制器的截液阀；N99—ARS 右前轮进油阀；N100—ABS 右前轮出油阀；N101—ABS 右前轮进油阀；N102—ABS 左前轮出油阀；N133—ABS 右后轮进油阀；N134—ABS 右后轮出油阀；N135—ARS 左后轮进油阀；N136—ABS 左后轮出油阀；15—火线（受点火开关控制）；31—搭铁线

以便维修时方便地查找故障部位。其存储器中故障的读取是利用 VAG1551 或 VAC1552 来完成的。接通 VAC1551 或 VAC1552 后，用“快速数据传递”地址文字“03”，选择“制动电器”系统，可执行以下功能。

01 控制器单元类型查询	05 清除故障存储器内容
02 存储器访问	06 完成输出
03 执行机构诊断	07 控制单元编码
04 基础设定	08 阅读测定值

① ABS 故障码的读取。ABS 故障码只能用 VAG1551 故障诊断仪或类似的仪器读取，而且全部熔丝及接地线路必须保持良好。如果车辆初次启动测试后仪表板上的 ABS 故障灯亮起，则说明至少有一个故障码储存在控制单元的存储器中，并且 ABS 系统功能断开。如果灯未亮，则检查 ABS 灯与控制单元针脚 27 间的线路。ABS 控制单元安装在后备厢的右后侧。

② ABS 故障码读取程序。

a. 确保点火开关置于“OFF”位置，拆下移位钮和扣盖，把诊断测试仪接车辆左前和正前面的黑色及白色诊断测试接头上。

b. 接通启动器并确保接受到电源电压，显示屏将显示出两个菜单，即快速数据传输和闪光码输出。

c. 选取闪光码输出，按下并保持运行钮，在显示出“永久接地”信息后，释放运行钮并把点火开关置于“ON”位置，这时 ABS 故障灯应接通并且在运行钮按下和释放后，显示出第一个故障码。

d. 每按下和释放一次运行钮，则将显示出一个故障码，如果下一个故障码未被调出，则所显示出的故障必须排除并开始重新启动诊断程序。

e. 如果显示的是“未接收到闪烁码”信息，则需检查控制单元针脚 26 和 27 的线路。

f. 在显示输出信息结束后，把点火开关置于“OFF”位置；在全部故障排除之后，把点火开关置于“ON”位置后 4s ABS 故障灯应熄灭。

g. 如果 ABS 故障灯仍然接通，则说明仍有故障存在，清除故障码。将点火开关置于“OFF”和“ON”位置，再次检查 ABS 故障灯是否断开。如果需要，应再次读取故障码储存。故障码与捷达轿车相同。

（3）利用故障警告灯诊断　自诊断方法能迅速准确地判断出故障部位，但在实际应用中，也可利用 ABS 故障灯和制动装置警告灯的闪亮规律，粗略地判断出 ABS 系统发生的故障部位。

正常情况下，点火开关接通，ABS 故障灯和制动装置警告灯应闪亮一下（2～3s），一旦发动机运转起来，驻车制动手柄处在释放位置，两个警告灯应熄灭，否则说明 ABS 系统有故障。ABS 系统在仪表板及仪表板附加部件上装有两个故障警告灯，一个是 ABS 故障灯（K47）；另一个是制动装置警告灯（K118）。两个故障警告灯正常点亮的情况是，当点火开关接通启动至自检结束（2～3s）；在拉紧驻车制动手柄时制动装置警告灯（K118）点亮。如果上述情况灯不亮，说明故障警告灯本身或线路有故障。如果 ABS 故障灯常亮，说明 ABS 系统出现故障；如果制动装置警告灯常亮，说明制动液缺乏。表 2-8 为桑塔纳系列轿车故障警告灯诊断表。

如果 ABS 故障灯和制动装置警告灯同时点亮，除上述情况外，说明两个速度传感器有故障，电子控制动力分配 EBV 的功能丧失，ABS/EBV/EDS 系统已关闭，应及时检修。

表 2-8　桑塔纳系列轿车故障警告灯诊断表

ABS 故障灯和制动装置灯	故障现象	可能原因
ABS 故障灯亮	ABS 不起作用	(1)车轮速度传感器不良 (2)液压调节装置不良 (3)电子控制装置不良
ABS 故障灯不亮	踩制动踏板时，制动踏板振动强烈	(1)制动开关失效或调整不当 (2)制动开关线断路或插座脱落 (3)制动鼓失圆 (4)电子控制装置不良 (5)车轮速度传感器信号不良 (6)液压调节装置不良
ABS 故障灯偶尔或间歇点亮	ABS 作用正常，只要点火开关关闭后再打开，ABS 故障灯即会熄灭	(1)电子控制装置插座松动 (2)车速传感器电线受干扰 (3)车轮速度传感器内部工作不良 (4)车轮轴承松旷 (5)油管有空气 (6)制动分泵动作不良

续表

ABS故障灯和制动装置灯	故障现象	可能原因
制动装置警告灯亮	制动液缺乏或驻车制动拖滞	(1)驻车制动没松开 (2)驻车制动调整不当 (3)制动油管或分泵漏油 (4)制动装置警告灯搭铁
ABS故障灯和制动装置警告灯亮	ABS不起作用	(1)两个以上车轮速度传感器故障 (2)电子控制装置故障 (3)液压调节装置工作不良

(4) 快速检查　自诊断能快速判断出故障部位，但不能判断出故障的性质。因此，当利用VA131551或VA131552故障诊断仪判断出故障部位后，还需利用数字式万用表或其他一些设备在ABS控制电路规定的地方进行连续检测，以判断故障的性质，作为自诊断补充。

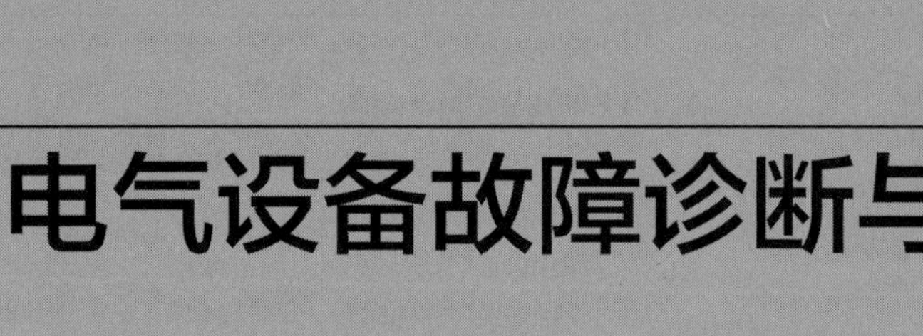

第三章 电气设备故障诊断与排除

第一节 火花塞故障诊断与排除

1. 怎样诊断火花塞是否有故障?

火花塞在使用过程中，可以根据轿车发动机的工作情况来诊断火花塞的工作是否正常。当发动机有故障，对火花塞产生怀疑时，可将火花塞从发动机上拆下来，接上高压导线，把火花塞的外壳与发动机体安牢，使搭铁接触良好。用起动机转动曲轴，使发动机的曲轴旋转几转，观察火花塞的电极之间有蓝色的火花跳出为正常；如火花呈微弱暗红色或火花跳在其他部位，则表明火花塞漏电或磁体已损坏，应该调整换新。

在检查跳火的同时应注意调整火花塞的间隙（一般规定为0.6～0.7mm）。若间隙过大，可压下侧电极；若间隙太小，可撬起侧电极加以调整，但不可撬伤中央电极和损伤绝缘体。

通过观察火花塞的试火，可以判断火花塞工作是否正常，通过上述试验，检查和观察，基本上可以得出结论，并找出故障的根源，采取相应的措施，使火花塞恢复正常工作。

2. 火花塞工作正常时是什么颜色?

如发动机、节气门、点火系统以及所采用的燃油和润滑剂及各部间隙等都正常的话，火花塞经过较长时间工作后，其绝缘体裙部的外貌应是干燥的，其色泽将显示为均匀的褐黄色至褐红（铁锈）色。根据工作时间的长短，在绝缘体裙部及铁壳内腔和端面将有不同程度的燃烧后生成的残渣沉积，这是正常现象。这时电极有轻微烧蚀，并呈现出正常的灰色，电极间隙会增加。

在这种情况下，火花塞的工作将是正常的，发动机也不会发生异常现象。对于这种火花塞，只要清洗电极，并用锉刀修整，把间隙按规定调整好，就可以继续使用。

3. 为什么火花塞易产生油污或被“淹死”?

① 火花塞电极间产生油污或“淹死”，就是火花塞电极间有发亮的黑色油污。被“淹死”的火花塞可能会导致电流的泄漏而不跳火，使发动机产生以下不正常的现象。

a. 发动机功率下降，工作情况不稳定，严重时甚至不工作。

b. 火花塞间断跳火时，发动机会出现排气管“放炮”，因为未点燃的混合气进入排气管。

c. 发动机启动困难，需启动数次才能启动，火花塞“淹死”严重时不能启动。

② 造成火花塞油污或“淹死”的主要原因，有以下几点。

a. 节气门调整不当及混合气过浓等。

b. 气缸活塞环和气门导杆磨损，使润滑油窜入燃烧室。

c. 发动机怠速运转，时间过长。

③ 如果火花塞的油污不是因为发动机的原因而引起的，那么就应换用热值低一些的火花塞，以提高抗污能力，减少油污倾向。如果是发动机的原因，换用低热值火花塞也可以作为一种临时对策，而作为特别的应急措施，可把火花塞接线拔下，而与火花塞接线帽之间保持 3mm 左右的间隙，通过这个间隙跳火，就是所谓的“吊火”。但是，这些措施仅是随手之计，而最根本的措施是检修发动机，调整节气门。

4. 为什么火花塞严重烧蚀?

火花塞绝缘体顶端起疤、破裂或电极熔化、烧蚀，都表明火花塞已经烧坏，应更换。更换时应先检查烧蚀的症状以及颜色的变化，以便分析产生故障的原因。

(1) 绝缘体呈白色　说明燃烧室内温度过高，这多半是燃烧室内积炭过多、气门间隙过小等引起的排气门过热，冷却装置工作不良、火花塞未按规定力矩拧紧也是故障原因。

(2) 电极变圆且绝缘体结有疤痕　说明发动机早燃，多半是由于点火过早、汽油辛烷值低、火花塞热值过高等原因所致。

(3) 绝缘体顶端破裂　爆燃是绝缘体破裂的主要原因，点火过早、辛烷值低、燃烧室内温度过高，都可以导致发动机爆燃。

(4) 绝缘体顶端有灰黑色条纹　这种条纹表明火花塞已经漏气，应更换。

5. 为什么火花塞上有沉积物?

火花塞绝缘体顶端和电极间有时会粘有沉积物，严重时造成发动机“缺火”，清洁火花塞，可暂时得以补救，为了保持良好的性能，必须查明故障的根源并加以排除。

(1) 油性沉积物　火花塞上有油性沉积物，表明润滑油进入燃烧室内，如果只是个别火花塞，则多半是气门杆油封损坏；如果各缸火花塞都粘有这种沉积物，说明气缸窜油，应检查空气滤清器和通风装置是否堵塞。

(2) 黑色沉积物　火花塞电极和内部有黑色沉积物，说明混合气过浓，可开大油门使发动机运转数分钟，烧掉留在电极上的一层黑色炭层。

6. 火花塞故障现象、故障原因及排除方法有哪些?

火花塞故障现象、故障原因及排除方法见表 3-1。

表 3-1　火花塞故障现象、故障原因及排除方法

故障现象	故障原因	排除方法
火花塞油污；发火端部、裙部呈黑色并且有潮湿的油迹	(1)气缸壁、活塞、活塞环磨损，润滑油通过活塞、活塞环等窜入燃烧室 (2)喷油器调整不当，混合气过浓 (3)发动机长时间空载怠速运转 (4)在某些发动熄火，可能由于油箱过满 (5)火花塞热值过高	(1)需镗缸，更换活塞和活塞环，或重新修配。一个临时办法是选用比原火花塞热值低的火花塞 (2)重新调整喷油器 (3)尽量避免长时间空载运转 (4)如果油标超过满刻度，可把油放掉一些 (5)选用正确热值的火花塞
火花塞积炭；绝缘体裙部和壳体端面沉积覆盖了黑色、松软的炭	(1)空滤器、阻风门堵塞，不通畅 (2)发动机暖车后阻风门使用时间太长 (3)喷油器调整不当 (4)油量太多 (5)火花塞电极间隙太大 (6)火花塞热值太高	(1)清理或修整空滤器、阻风门装置 (2)迅速打开阻风门以避免使用时间过长 (3)调整怠速 (4)调整或更换喷油器 (5)调整电极间隙 (6)选用正确热值的火花塞

续表

故障现象	故障原因	排除方法
火花塞污损(干);绝缘体裙部、电极和壳体端面是干燥的,有较厚的污垢沉积	(1)火花塞工作时间太长,发火端沉积了燃烧产物 (2)油料不清洁,杂质较多 (3)空滤器失效,吸入大量灰尘	(1)定期清洗、调整或更换火花塞 (2)注意油料清洁,避免杂质混入 (3)整修空滤器
火花塞过热;绝体裙部清洁、干燥、呈灼白色、壳体端面干燥、发灰色、有黄色痕迹	(1)如果所有火花塞都过热,则可能是由于节气门调整不当,使混合气太稀 (2)如果一个火花塞过热,则可能是由于 ①进气支管密封不良,引起漏气,导致混合气过稀 ②气缸密封不良,漏气,导致混合气过稀 ③气门不灵活或气门杆配合不良 (3)喷油器喷孔太小,造成混合气过稀 (4)发动机冷却系统不良(如水垢、堵塞、水位太低等) (5)点火提前角太大 (6)火花塞未安装密封垫圈或未拧紧 (7)火花塞旋入长度太长,伸入燃烧室太多 (8)火花塞漏气 (9)发动机改型,压缩比提高,使原火花塞与之不相适应 (10)火花塞热值太低	(1)全面检查油路,维护保养汽油泵,排气管接头泄漏,调整化油器 (2)精心维修,排除故障 ①更换新密封垫圈 ②更换气缸盖 ③调整磨合阀门,使之灵活正常 (3)调整喷油器 (4)清理冷却系统,保持足够的水位 (5)调整点火正时 (6)装用密封垫圈并拧紧火花塞 (7)改用旋入长度合适的火花塞 (8)更换火花塞 (9)重新选用热值高一些的火花塞 (10)更换正确热值的火花塞
绝缘体端部开裂、破损	(1)安装火花塞时,由于扳手打滑等原因使火花塞发生机械损伤 (2)在发动机运行中,由于异物撞击造成	(1)更换火花塞、安装时必须小心 (2)排除燃烧室内异物,更换火花塞
火花塞不跳火	(1)蓄电池电力不足,点火系统可供电压低于间隙击穿电压 (2)火花塞严重积污 (3)火花塞铅污损 (4)火花塞开裂破损 (5)火花塞外部闪络 (6)分电器、点火线圈、触点有故障或导线短路 (7)电极间隙太大	(1)充电,检查点火系统回路 (2)清洗火花塞 (3)清洗火花塞,严重时要更换火花塞 (4)更换火花塞 (5)清除火花塞绝缘体表面积污 (6)检修点火系统,更换相应零件 (7)调整电极间隙
发动机启动不良	(1)由于上列原因造成火花塞不跳火 (2)点火正时失调 (3)电极间隙太小,不足以点燃混合气 (4)供油系统不通畅,混合气太稀 (5)怠速调整不当	(1)按上列情况分别排除 (2)重新调理点火正时 (3)调整电极间隙 (4)清洗疏通,调整节气门 (5)重新调整
发动机工作不正常	(1)火花塞高压线接错或脱落 (2)火花塞严重油污 (3)火花塞绝缘体破损、开裂 (4)触点烧蚀 (5)火花塞积炭或“跨连”	(1)调整线路、排除故障 (2)清洗火花塞 (3)更换火花塞 (4)打磨修复 (5)清洗火花塞,注意油料清洁
发动机功率不足	(1)火花塞断火 (2)火花塞过热 (3)火花塞漏气	(1)检查火花塞,清洗或更换 (2)选用合适热值的火花塞 (3)更换火花塞
发动机产生爆燃声	火花塞热值太低	选用热值较高的火花塞
发动机怠速运转不良	(1)火花塞电极间隙太小 (2)火花塞严重积污、积炭	(1)调整电极间隙 (2)清洗火花塞

7. 怎样诊断与排除高压火花断火的故障?

(1) 故障原因

① 火花塞工作不良。

② 电容器工作不良。

③ 点火线圈工作不良。

④ 高压线漏电。

(2) 故障诊断

① 发动机有爆燃声：低速运转中试火花强，断火明显；高速时“放炮”。此故障为火花塞工作不良。

② 试火时火花弱，跳火距离短；触点易烧蚀；高速时“放炮”。此故障为电容器工作不良。

③ 无爆燃声：试火时火花弱，拆掉电容器导线火花更弱。此故障为点火线圈工作不良。

④ 在高速时断火，发动机抖动，此故障为弹簧过软。

第二节　发电机故障诊断与排除

8. 发电机充电系统的故障有哪些? 怎样排除?

发电机充电系统的故障与排除见表 3-2。

表 3-2　发电机充电系统的故障与排除

故障	可能原因	排除方法
发电机不发电	(1)调节器损坏 (2)磁场线圈断路 (3)电刷卡死或滑环接触不良 (4)仪表熔丝至发电机连接有断路 (5)发电机传动皮带松弛 (6)二极管板烧损 (7)转子线圈短路或断路	(1)更换调节器 (2)更换转子 (3)更换电刷弹簧 (4)清洁,恢复连接 (5)调整 (6)更换 (7)更换
发电机输出功率不足	(1)磁场线圈短路搭铁 (2)滑环与电刷接触不良 (3)整流器有短路(高频嗡嗡声)、断路 (4)定子绕组有断路、短路、搭铁 (5)发电机传动皮带松弛	(1)更换转子 (2)清洁滑环、更换电刷 (3)更换整流器 (4)更换定子 (5)调整或更换
充电电流过大	(1)调节器损坏 (2)蓄电池内部短路	(1)更换 (2)更换

9. 发电机充电指示灯不熄灭的故障怎样排除?

发电机充电指示灯不熄灭的故障与排除如图 3-1 所示。

10. 发电机充电指示灯不亮的故障怎样排除?

发电机充电指示灯不亮的故障与排除如图 3-2 所示。

检测条件如下。

① V 形皮带张紧度正常，蓄电池充足电。

② 发电机接头及发动机、车身和蓄电池之间的接地线必须连接牢固，不允许生锈。

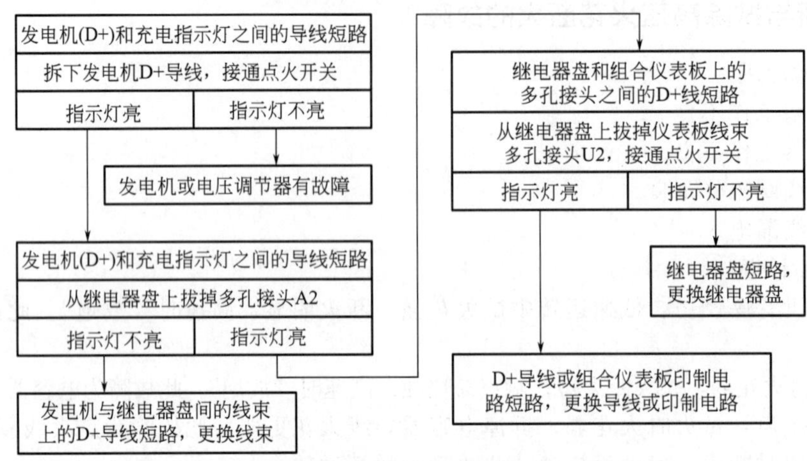

图 3-1 发电机充电指示灯不熄灭的故障与排除

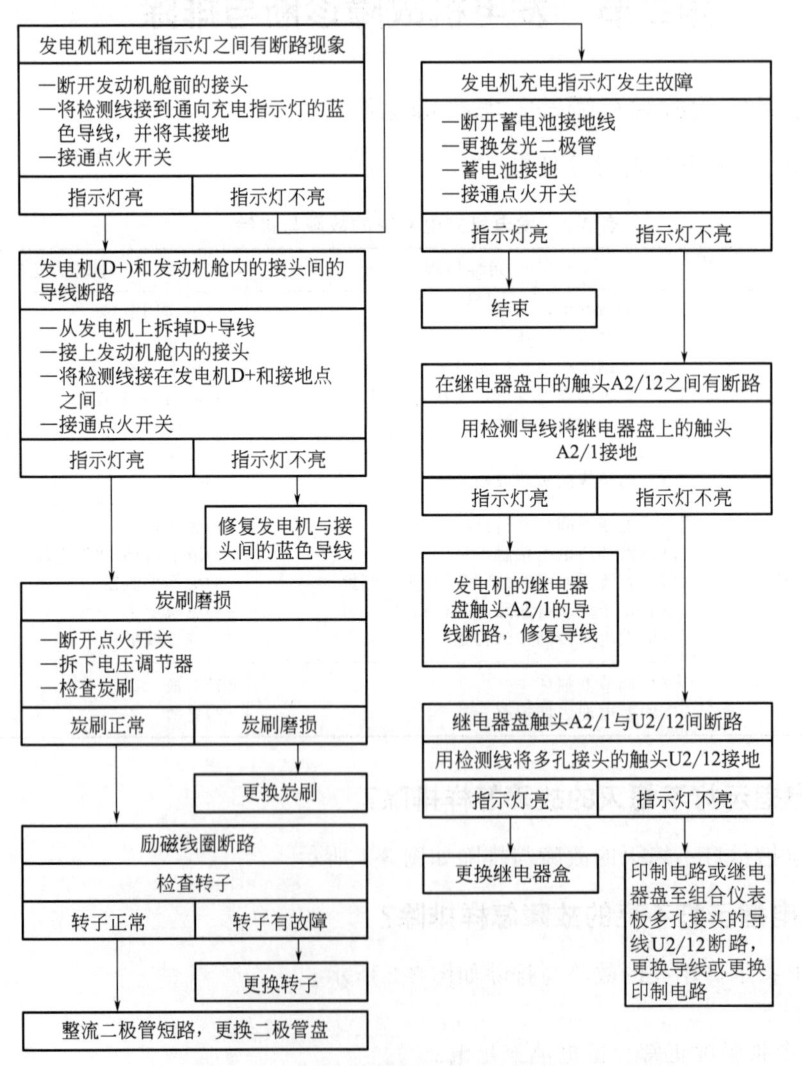

图 3-2 发电机充电指示灯不亮的故障与排除

11. 为什么发电机不充电?

（1）故障现象 发电机在任何转速下运转时，充电指示灯均亮，蓄电池很快出现亏电现象。再启动发动机时，无法启动。

（2）故障原因

① 发电机皮带过松或严重打滑，动力无法正常地向发电机输送，造成发电机运转不良，因此无法正常发电。

② 发电机“电枢”或“磁场”接线柱松脱、过脏，绝缘损坏或导线连接不良，致使电流无法向蓄电池输送。

③ 发电机内部故障：滑环绝缘击穿，定子或转子线圈短路，电刷在电刷架内卡滞，整流器损坏等。

④ 充电指示灯接线搭铁。

（3）故障诊断与排除 帕萨特轿车发电机输出的电流是由定子产生的，靠功率二极管整流，所以在维修时必须注意以下几个方面。

① 不允许用导线使发电机的输出与外壳搭铁试火。否则，因瞬时大电流或感应所产生的高压电动势使功率二极管击穿或烧毁而发生故障。

② 不允许用导线搭接两接线柱试验。否则，发电机电压会立即升高，使电压调节器损坏而发生故障。

③ 必须注意发电机的搭铁极性，绝不允许接反。如果发电机与蓄电池的极性接反，将造成功率二极管正向导通而有大电流通过将其烧毁。因此，更换蓄电池时，要求极性接法必须正确。

④ 交流发电机向蓄电池充电的电流强、速度快。当发现充电电流变小或接近时，应更加注意判断充电部件是否有故障。如发现是电压调节器故障或电压调节过高，应及早维修，以免造成蓄电池、发电机励磁绕组和用电设备早期损坏。

⑤ 发电机和电压调节器联合工作时，输出电压是稳定的，但在检修和使用中必须与车辆的蓄电池并联。在发电机输出大电流情况下，如果突然切断蓄电池，这时将产生一个很高的峰值电压，尽管时间很短，但也会使轿车上其他电子元件的损坏。所以在检修和使用中应特别注意无论在何种情况下，发电机工作时都不可切断蓄电池。

⑥ 检查发电机皮带是否过松或存在严重打滑现象。皮带过松应按规定重新调整；如果沾有油污造成打滑，应清洗皮带轮并更换皮带。

a. 检查V形带（锲形皮带），在拆卸V形带之前，应标明V形带的转动方向；在安装时，注意正确的运行方向。如果从相反的运行方向安装V形带，将会导致V形带的损坏。

如果确定V形带已损坏，则必须立即更换，以避免故障发生或使功能受到影响。

b. 如果确定V形带已损坏，则必须立即更换，以避免故障发生或使功能受到影响。

c. 拆卸和安装V形带的方法如下。

一是准备所需的专用工具，检查和测试仪器，以及做好辅助工作。

二是拆卸V形带：把紧锁支座置于维护位置；使用15mm扳手，在固定螺栓（夹紧螺栓，左旋螺钉）上按如图3-3中箭头所示方向旋转紧轮，拆卸V形带。

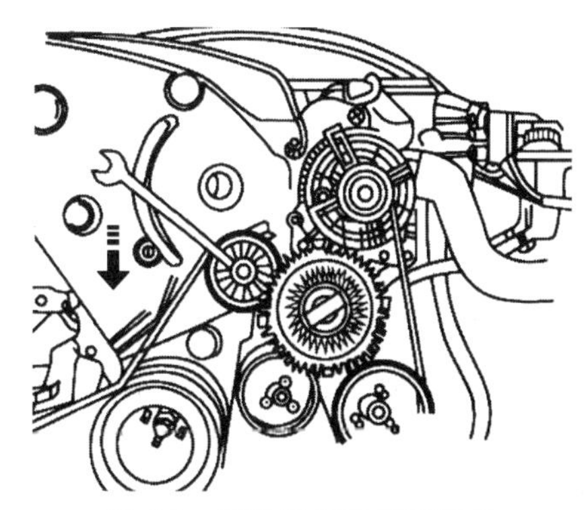

图3-3 旋松张紧轮固定螺栓

三是安装V形带：把V形带放在曲轴皮带轮、冷却液泵、动力转向的叶片泵、冷却风扇的带轮和张紧轮上；使用15mm的扳手，在固定螺栓（左旋螺钉）上按与拆卸相反的方向旋转紧带轮。在工作完成之后，启动发动机，并且检查V形带转动行情况。

四是替换发电机上的V形带：为了拧松或紧固三相交流发电机上的V形带轮，需要特种工具套筒3310，V形带轮紧固螺母的启动转矩为65N·m。

⑦ 检查各连接线连接是否正确、牢固，有无断路或短路现象，不符合要求时应重新连接好。

⑧ 上述检查符合要求时，表明故障在发电机内部（图3-4），应检查电刷是否在电刷架内卡滞或与滑环接触不良，新的电刷长度应为12～13mm，磨损极限为5mm；拆下调节器，测量发电机及调节器各接线柱间的电阻值，检查发电机及转子绕组、整流元件是否断路、短路或搭铁等，并视情况予以修复。

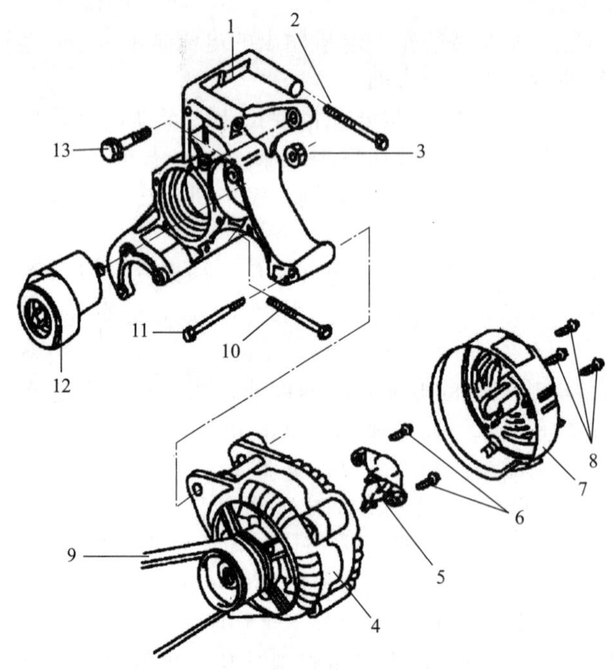

图3-4 帕萨特轿车发电机的结构

1—支架；2—六角螺钉（M8×90mm，拧紧力矩为25N·m）；3—六角螺钉（拧紧力矩为30N·m）；4—三相交流发电机；5—电压调节器；6—带有十字槽头的圆顶螺钉；7—保护罩；8—六角螺钉（M3×18mm）；9—V形带；10,11—六角螺钉（M8×850mm，拧紧力矩为25N·m）；12—张紧轮；13—六角螺钉（拧紧力矩为25N·m）

（4）发电机修复后进行装配与试验。

① 组装注意事项：发电机的装配可按与解体的相反顺序进行装配，在装配过程中应注意以下事项。

a. 各绝缘衬套及绝缘垫圈不得漏装。

b. 发电机前、后端盖及定子铁芯应按装配标记对正装合。

c. 各螺栓应按规定转矩拧紧。

d. 装合后，转子在定子内应转动灵活自如，无碰擦现象。否则应拧松前、后端盖紧固螺栓，边转动转子，边用木质器具轻轻敲发电机端盖边缘，直至转子转动灵活时，再将紧固螺栓均匀拧紧。

e. 硅整流发电机的所有接线必须连接正确，并谨防各接头搭铁；蓄电池必须负极搭铁；

各线路接好之前，最好不要转动发电机，以防烧坏二极管、熔丝及线路。

f. 发电机装车后，应检查其传动皮带张力。用拇指以 39～49N 的力按压皮带时，皮带的挠度应为 8～12mm。否则应将木棒放在发电机前盖处撬动调整，直至符合要求（不得在后盖处撬动，以防后盖变形，损坏元件），调好后将紧固螺栓锁紧。

② 发电机的性能检验：发电机组装完毕后，应进行技术性能检验。

a. 发电机的性能检验最好在试验台上进行。

空载检验：先将开关 K1 闭合，由蓄电池对发电机进行激磁，并启动调整电动机，然后断开开关 K1，并逐渐提高发电机的转速。当电压表指示的电压值达到 12.5～14.5V 时，发电机的转速应不大于 1050r/min，否则应查明故障原因并予以排除。

满载检验：发电机空载检验符合要求后，再进行满载检验。即接通开关 K2，逐渐提高发电机转速并减小负载电阻值。当电压达到 12.5～14.5V，输出电流达到 104A 时，发电机转速应不超过 6000r/min，否则应查明故障原因并予以排除。

b. 无专用检验台时，可对发电机进行就车检验。检验时，调好发电机皮带张力，拆除发电机各接线柱上的导线，并另用一根导线连接发电机的“电枢”和“磁场”接线柱。将万用表拨至直流电压挡（0～50V），将其“＋”测试棒接发电机“电枢”接线柱；“－”测试棒接外壳（搭铁）。然后启动发动机，并把从发动机“电枢”接线柱上拆下的那根火线碰一下“磁场”接线柱，即对发电机进行励磁，几秒钟后移开，再缓慢提高发动机转速，观察电压表指示的电压值。若电压值随发动机转速的升高逐渐增大，说明发电机状况良好；电压表指针不动，表明发电机不发电，应查明原因并予以排除。

万用表或电压表时，可用一个小试灯代替。试灯亮，说明发电机发电；试灯不亮，说明发电机不发电。

发电机运转时，严禁将其“电枢”接线柱搭铁试火检查是否发电，以防烧坏二极管、熔丝及线路。

12. 为什么发电机充电电流过小?

（1）故障现象　发动机中速及中速以上运转时，充电指示灯方能熄灭，打开前照灯，灯光暗淡，按喇叭，声音很小。

（2）故障原因

① 发电机皮带过松或打滑。动力无法正常地向发电机输送，造成发电机运转不良，因此无法正常发电。

② 充电线路接触不良。致使电流无法向蓄电池输送。

③ 发电机内部故障：电刷磨损过甚，电刷与滑环接触不良；个别二极管断路；定子绕组某相连接不良、短路或断路；转子绕组短路。

④ 电压调节器工作不良等。

（3）故障诊断与排除

① 检查并调整发电机皮带松紧度，皮带磨损严重时应予以更换。

② 检修充电线路，保证其连接可靠。

③ 检查电刷磨损是否过甚，弹簧弹力是否过小，并视具体情况更换；滑环脏时污应清理干净；用万用表检查定子、转子绕组及整流元件，损坏时应予更换。

④ 检查并视情况更换电压调节器。

13. 为什么发电机充电电流过大?

（1）故障现象　车辆在使用过程中，前照灯特别亮，易烧坏灯泡，蓄电池电解液消耗过快，发电机及点火线圈容易过热。

（2）故障原因　这种故障，一般是由电压调节器损坏、发电机转子线圈搭铁所致。

（3）故障诊断与排除　用万用表检查发电机输出电压，电压过高时，应检查磁场（转子）线圈是否搭铁；线圈良好时，应更换电压调节器。

14. 为什么发电机充电指示灯不亮?

（1）故障现象　接通点火开关后，充电指示灯不亮或呈暗红色。

（2）故障原因

① 充电指示灯灯泡烧坏。

② 充电指示线路断路或短路。

③ 点火开关损坏。点火开关损坏后，发电机不能启动，无法充电，充电指示灯就不会发亮。

④ 转子绕组断路，导致发电机无法发电，从而不能向蓄电池提供电能，无法充电，充电指示灯就不亮。

⑤ 电压调节器损坏，使发电机输不出电压或输出电压过低，致使充电指示灯不亮或颜色发暗，这种情况下，是无法充电的。

（3）故障诊断与排除

① 检查充电指示线路连线有无松脱，并重新连接好松脱部位。维修电路时，应首先弄清楚充电线路的工作原理，并参照充电电路图来进行。如图 3-5 所示为采用励磁二极管控制的充电指示灯电路图。当接通点火开关时，电流经充电指示灯→电压调节器→励磁绕组→搭铁，充电指示灯亮，同时也接通了交流发电机的励磁绕组。

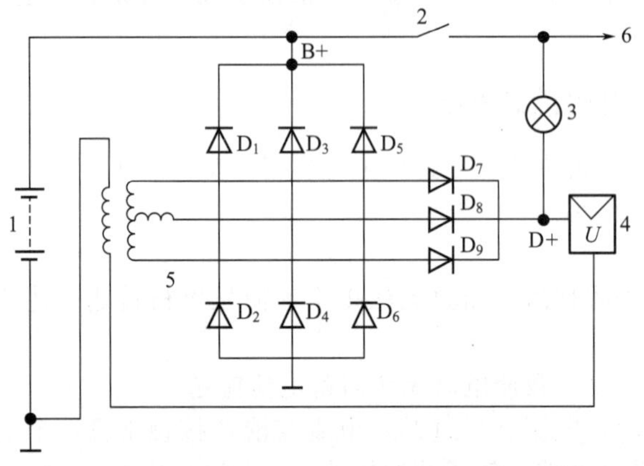

图 3-5　采用励磁二极管控制的充电指示灯电路图

1—蓄电池；2—点火开关；3—充电指示灯；4—电压调节器；5—交流发电机；6—至用电设备

当交流发电机正常工作时，其产生的三相交流电动势经 D1～D6 6 个二极管组成的三相桥式全波整流电路整流后输出直流电压 U_{B+}，向蓄电池及其他用电设备供电。此时，交流发电机的磁场电流则是由二极管 D2、D4、D6 和 3 个励磁二极管 D7、D8、D9 组成的三相桥式全波整流电路整流后输出的 U_{D+} 供给。由于 U 和 U_{B+} 相等，因此没有电流流过充电指示灯，所以充电指示灯不亮。这种交流发电机初始励磁为他励，在交流发电机正常工作时属于自励。

② 接通点火开关，用试灯逐段进行检查：试灯一端搭铁；另一端接点火开关输入端。试灯不亮，表明点火开关输入端之前断路或短路，试灯亮表示该段正常。再将试灯接点火开关输出端，试灯不亮，表明点火开关损坏；试灯亮，说明点火开关正常，此时，对照线路

图，找出发电机端子 D＋蓝色导线插接器 T1 并断开，将不通往发电机一端的蓝色导线搭铁，此时有两种情况。

a. 如果充电指示灯亮，则可能的故障原因如下。

ⓐ往发电机一端的蓝色导线与发电机端子 D＋间接触不良。

ⓑ电动机电刷损坏或过短。

ⓒ电动机转子励磁线圈断路。

ⓓ二极管正向短路，修理或更换二极管底板总成。

b. 如果充电指示灯不亮，则可能的故障原因如下。

ⓐ蓝色导线与充电指示灯间的线路有故障。

ⓑ组仪表控制单元线路板有故障。

ⓒ充电指示灯（发光二极管）损坏。

15. 为什么充电指示灯常亮?

（1）故障现象　点火开关在“ON”位置，充电指示灯亮，启动发动机后，充电指示灯仍亮。

（2）故障原因　在排除此故障前，首先必须检查发电机传动带的张力，检查发电机上的导线是否固定牢固。当经上述检查正常时，方可做下一步检查。拔下蓝色导线的插接器 T1，此时有两种情况。

① 如果充电指示灯仍亮，则可能的故障原因是，不通往发电机一端的蓝色导线有短路现象；组合仪表控制单元有故障。

② 如果充电指示灯不亮，则可能的故障原因是，通往发电机一端的蓝色导线短路；交流发电机定子绕组短路或断路；整流二极管或励磁二极管损坏；调节器有故障。

（3）故障排除方法　根据以上不同故障，可做以下相应处理。

① 排除线路的短路故障，将导线接好。

② 检查组合仪表控制单元，必要时更换。组合仪表的拆卸和安装方法如下。

a. 拆卸组合仪表。

ⓐ拆卸驾驶员侧的安全气囊装置。

ⓑ松开六角螺栓，如图 3-6 所示。

ⓒ把方向盘放置在中间位置上（车轮放正）。

ⓓ从转向柱中拔出方向盘。

ⓔ把两个十字槽头螺钉拧开，如图 3-7 中箭头所示，拆除转向柱开关的上罩盖。

ⓕ把四个十字槽头螺钉拧开，如图 3-8 中箭头所示，把内六角螺栓拧开，拆开方向盘的高度调整装置，拆除转向柱开关的下罩盖。

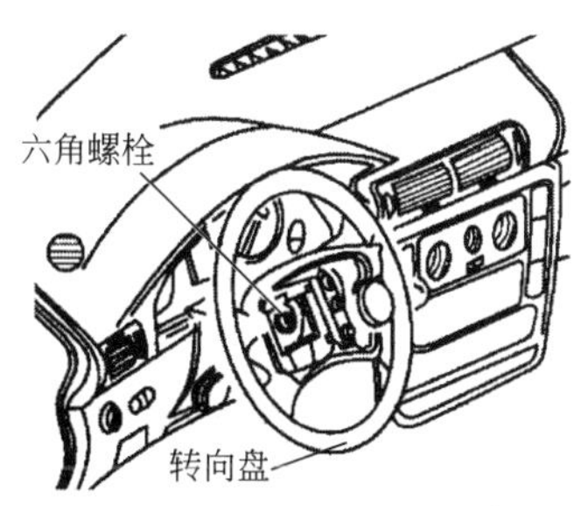

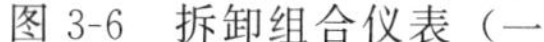
图 3-6　拆卸组合仪表（一）

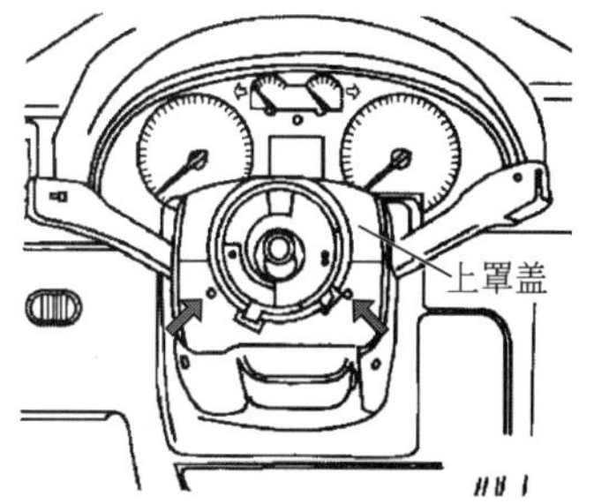

图 3-7　拆卸组合仪表（二）

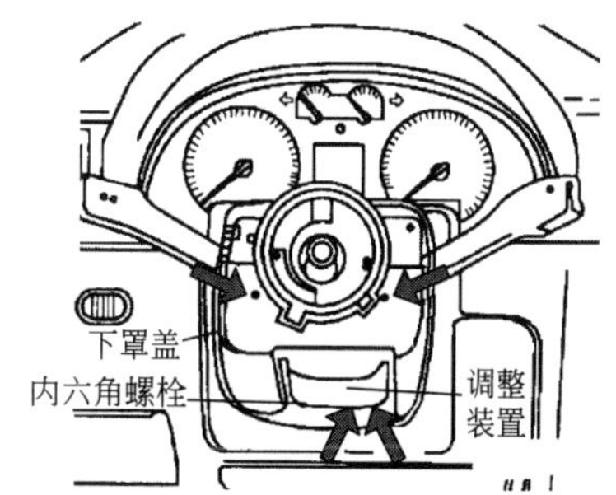

图 3-8　拆卸组合仪表（三）

ⓖ拧松内六角螺栓，从转向柱开关中拔出插头，如图 3-9 中箭头所示，拆除转向柱开关。

ⓗ如图 3-10 所示，拉出罩盖，拧开螺钉 1 和 2，从车门压板上夹出和拆除下面的驾驶员侧面 A 柱的面板。

ⓘ夹出罩盖 1，拧出螺钉，如图 3-11 中箭头所示，拆除驾驶员侧的杂物箱 2，脱开前照灯开关 3 的插头连接和照明范围调节器 4 的插头连接。

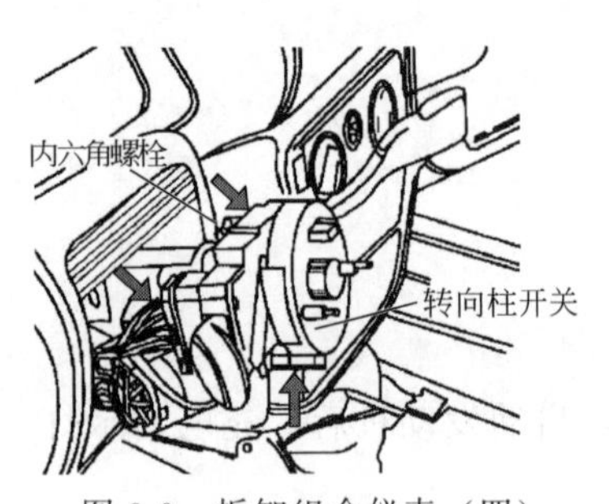

图 3-9 拆卸组合仪表（四）

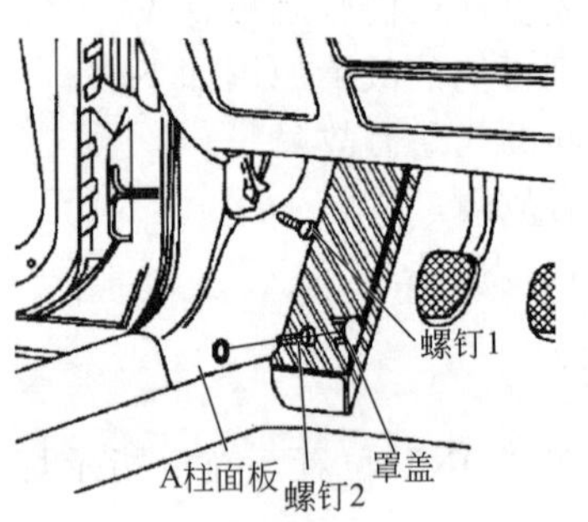

图 3-10 拆卸组合仪表（五）

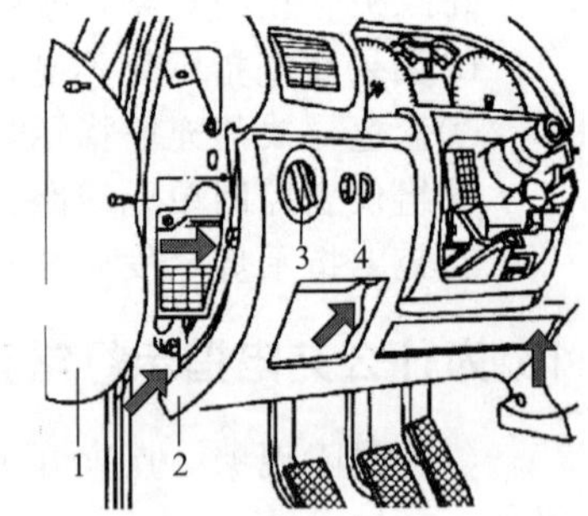

图 3-11 拆卸组合仪表（六）

ⓙ向上移动护板，并且将辅助工具（例如螺栓扳手手柄）夹紧，拆下四个螺钉，如图 3-12 中箭头所示，拧下盖子。

ⓚ拧开两个螺钉，如图 3-13 中箭头所示。

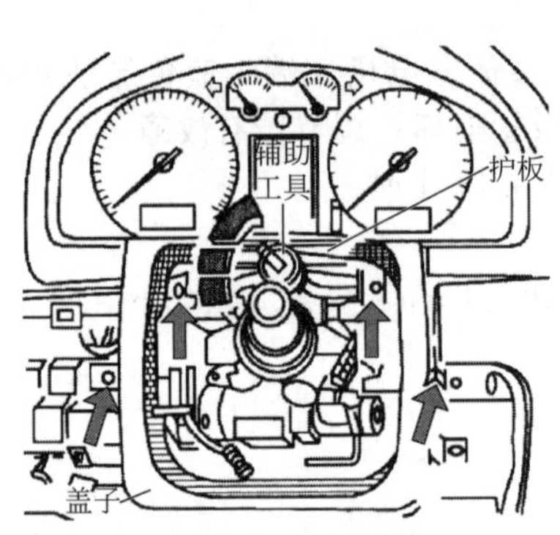

图 3-12 拆卸组合仪表（七）

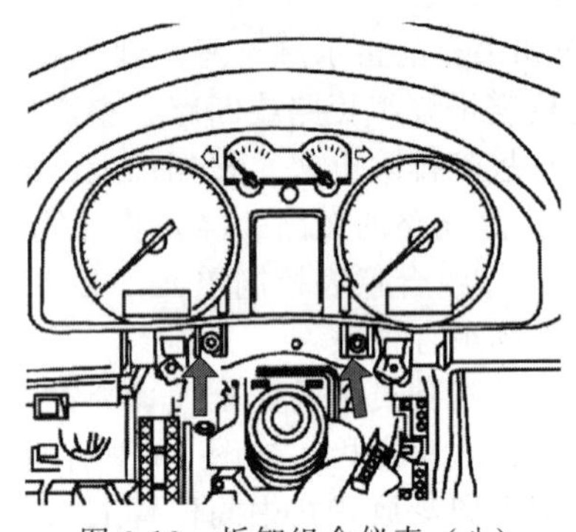
图 3-13 拆卸组合仪表（八）

ⓛ取下组合仪表，断开插头连接。

b. 安装组合仪表，按与拆卸相反的顺序安装。

③ 检修交流发电机。交流发电机的检修可参照有关内容。

④ 检修整流二极管或励磁二极管。

a. 检查激磁二极管。选择万用表的欧姆挡，将触针分别接到线“I”和任一绕组接头。记录阻值，然后两针互换，两次读数应相差很大。再检查另外两接头与引线“I”之间的电阻，应有相同的结果。否则应更换二极管总成。

b. 检查桥式的整流器。桥式的整流器由 6 个二极管组成一体，任一个二极管失效，均应更换总成。

c. 选择万用表电阻挡，将触针分别触及绝缘散热片和三个绕阻接头之一，记录电阻值，交换两表针，阻值相差较大。其余两个绕两按上述方法测试，应有相同结果。若交换表针测量电阻值相同或相差很小，则应更换整流器件。

⑤ 检修调节器。调节器的好坏可用蓄电池和直流试灯来检查。接 12V 的蓄电池，试灯应亮；接 16～18V 的蓄电池，试灯应不亮。若电压变化前后，试灯均亮或均不亮，应更换调节器。

16. 发电机为什么有异响?

发电机在长期使用中，由于电枢轴承严重磨损，或配合件之间的严重松旷，都会发出异响。此外，皮带磨损或过松，运转时皮带晃动或打滑，转子铁芯与定子铁芯相碰，电刷在滑环上的跳动等，也会发出异常声响。出现上述情况时，应对发电机进行检修，调整或更换发电机皮带，更换轴承、电刷，以维护发电机正常工作。

17. 充电指示灯是怎样工作的?

桑塔纳、帕萨特轿车仪表盘上只装有一个充电指示灯，它的作用是在发电机发电不良时（对蓄电池充电不良时）提醒司机注意。

指示灯（报警灯）也用来反映当启动发动机时电流由蓄电池流向发电机转子激磁的情况，直到发电机电压上升，能够自己产生磁场开始充电为止（因指示灯是接在蓄电池与发电机之间的，它们之间一旦有电流通过，充电指示灯就亮）。当发电机开始向蓄电池充电，并且充电电压与蓄电池电压已经相等时（因为发电机与蓄电池之间的电位差为零），即没有电压，它们之间的电流消失，充电指示灯也就熄灭。所以当轿车在运行中，发电机或蓄电池有一个发生问题，它们之间就会产生电位差。这个电位差（电压）将使电流经过它们之间点亮报警灯，警告司机情况恶化，必须及时进行维修。

18. 点火开关接通后为什么发电机指示灯不亮?

① 交流发电机 D+与指示灯之间线路中断。

② 交流发电机的指示灯烧毁。

③ 继电器插座板接点 D4 和 D2 之间的线路中断。

④ 继电器插座板接点 A4 与 D2 之间的线路中断。

⑤ 发电机接线柱 D+与单孔连接插头间连接线断路。

⑥ 电刷磨损。

⑦ 激磁线圈断路。

⑧ 二极管正向短路，更换二极管底板。

19. 怎样诊断与排除发电机转速高时指示灯不熄灭的故障?

诊断与排除发电机转速高时指示灯不熄灭的故障如图 3-14 所示。

20. 发动机运转时充电指示灯闪烁的原因是什么?

（1）故障原因　发动机运转时，发电机对蓄电池充电，但充电电流不稳定，其原因是调节器或发电机存在故障，也可能是导线接触不实而引起的。

（2）故障诊断　检查导线各连接处是否牢固可靠，用螺丝刀将发电机上的“电枢”与“磁场”接线柱进行瞬间连接。

① 若充电电流稳定，说明故障发生在调节器，应予以更换。

② 若充电电流仍不稳定，说明滑环失圆，电刷在电刷架内卡住或电刷磨损过甚，弹簧弹力不足，电枢线圈中有断路或电刷与滑环接触部分脏污等，应送往修理厂或请专业修理工检修。

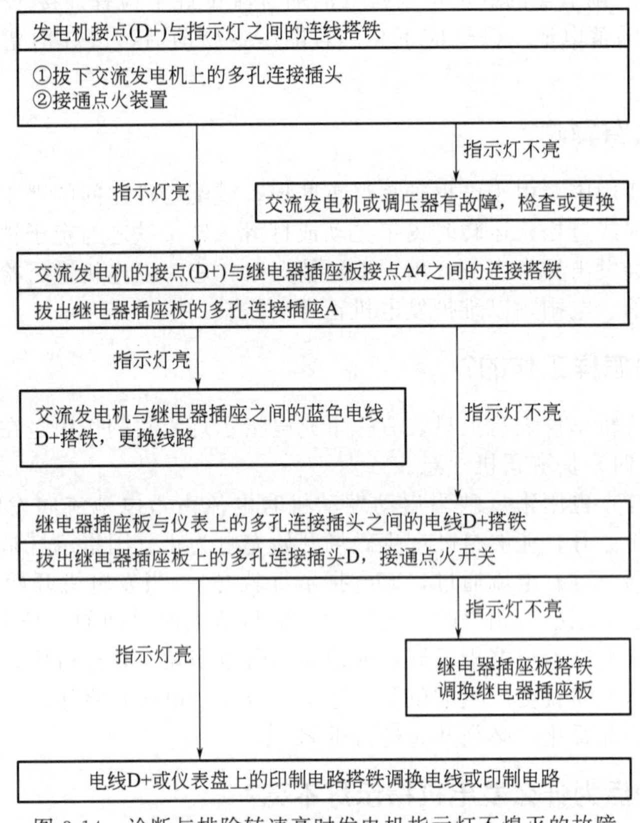

图 3-14 诊断与排除转速高时发电机指示灯不熄灭的故障

21. 怎样诊断与排除充电指示灯亮但蓄电池不能充电的故障?

如果点火开关打开时指示灯亮，关闭时指示灯也随之而灭，但蓄电池却不能充电，此时应检查预激磁电路电阻，其方法与步骤如下。

① 拆开蓄电池上的搭铁线。

② 拆开发动机室内充电指示灯的蓝色电线。

③ 把电阻表接在蓄电池正极和指示灯的蓝色电线上。

④ 接通点火开关。

⑤ 电阻表的读数应为 140～160Ω。若超过 160Ω，必须更换发光二极管的印制电路板。

22. 怎样排除蓄电池过充电故障?

(1) 故障原因

① 发电机限额电压过高。

② 发电机电压调节器损坏。

(2) 排除方法

① 调整发电机限额电压为 12.5～14.5V。

② 换电压调节器。

23. 桑塔纳系列轿车发电机调节器有什么特点?

桑塔纳系列轿车采用的是上海法雷奥轿车电器系统有限公司生产的 SA13VI 型发电机。

该发电机为整体式内双风叶发电机，其最大特点是在风叶设计上进行重大突破，主要是将传统的外装单风叶改为两个风叶分别固定在发电机的转子极爪两侧，使发电机由单向轴向抽风改为双向轴向抽风、径向排风的冷却系统，这就增强了冷却效果，为提高输出性能和缩小体积提供了有利条件。

SA13VI 型发电机的特点如下。

① 能够适应发动机高速运转的需要，排除了轿车在行驶中所产生的振动而造成损坏发电机的可能性。

② 能够有效防止水、油类、盐雾、雨淋对换向器的影响。

③ 采用缩小集电环的外径与选用长寿命的电刷，以提高发电机的使用寿命。

④ 用整流元件组成的整流桥，因此能吸收由于轿车上一些大电感性负载操作中所产生的反向浪涌电压，这对保护线路上的电子元件具有非常重要的作用。

⑤ 采用了内双风叶结构和其他措施，使发电机噪声降至最低。

24. 怎样正确使用交流发电机?

交流发电机与直流发电机不同，在使用和维修中应特别注意以下几点。

① 国产 JF 系列交流发电机为负极搭铁，因此蓄电池也必须是负极搭铁。否则蓄电池的火线触及交流发电机的火线接线柱时，蓄电池就会通过二极管放电而将二极管立即烧坏，如图 3-15 所示。

② 发电机熄火时应将点火开关（或电源开关）断开，否则蓄电池电流将长期流经激磁绕组和调节器的磁化线圈，而蓄电池长期放电极易将线圈烧坏。

③ 检查充电系统的故障时，不能用旋具直接将双极式调节器的“磁场”（F）与“点火”（S）两接线柱短接，否则双级式调节器中的高速触点（常开触点）将被烧坏。其原因是，当把双极式调节器上的“磁场”（F）与“点火”（S）两接线柱短接时，发电机电压会立即升高而使高速触点闭合。同时，当高速触点闭合的瞬间，将因电源短路而使强大的电流流过高速触点，并将其烧坏。

④ 发电机不发电时，应及时加以排除故障，不可再长期运转。因为如果有一个二极管短路，发电机就不能发电，若继续运转，其他二极管或定子绕组也会烧坏。如图 3-16 所示，如果 V3 被击穿短路，a 相绕组感应产生的电流经 V1 后，通过 V3 回到 b 相绕组而不经过负载；同样，a 相绕组感应产生的电流经过 V5 后，也通过 V3 回到 b 相。这样由于绕组内部短路产生环充，运转时间一长，V1、V5 及定子绕组就很容易烧坏。

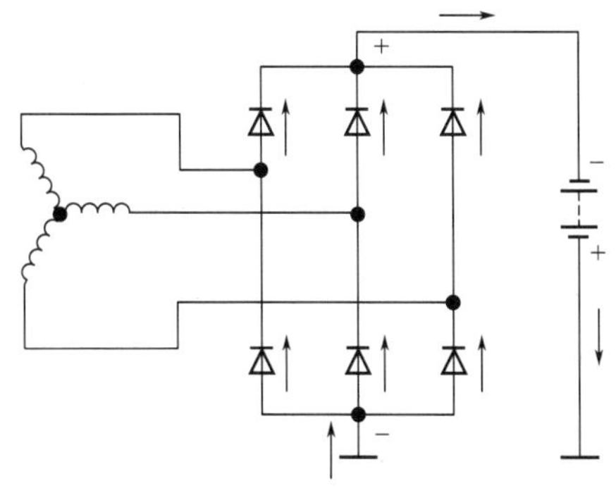

图 3-15 蓄电池搭铁极性接错时的情况

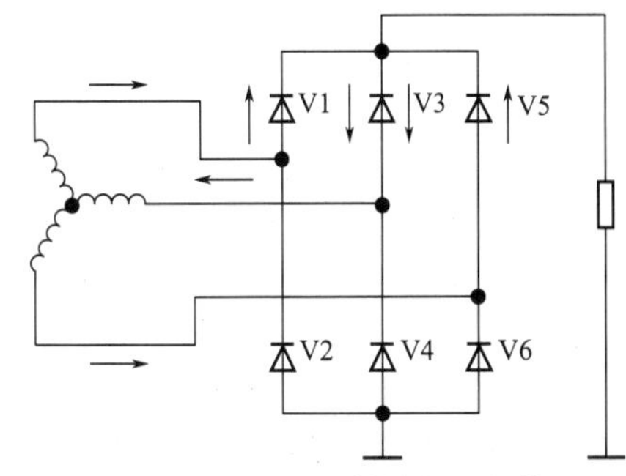

图 3-16 一个二极管烧坏后的情况

⑤ 发电机运转时，不可用试火花的方法来检查交流发电机是否发电，否则容易损坏二极管。因为用旋具在发电机的“电枢”接线柱与外壳之间刮火，就相当于将发电机短路，对

二极管的寿命会有很大影响，严重时烧坏二极管。

⑥ 整流器的 6 个硅二极管与定子绕组相连接时，不可用兆欧表（摇表）或 220V 电流电源检查发电机的绝缘，否则二极管将被击穿而损坏。

25. 怎样防止烧坏二极管?

为防止因蓄电池搭铁极性接错而烧坏二极管，可在发电机与蓄电池之间串入一个保护继电器。同时，在保护继电器线圈的电路中再串入一个二极管，如图 3-17 所示。

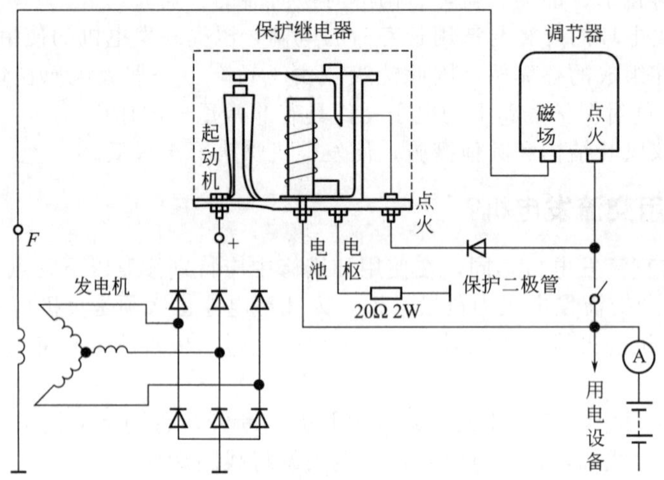

图 3-17 交流发电机的保护电路

蓄电池搭铁极性正确时，点火开关接通后，由于二极管加有正向电压，所以电流能通过二极管充入继电器线圈，使其常开触点闭合，从而接通交流发电机与蓄电池之间的电路。

若蓄电池搭铁极性接反，点火开关接通后，由于二极管加的是反向电压，电流不能通过二极管，所以继电器线圈无电流，常开触点仍处于断开状态，从而切断了交流发电机与蓄电池之间的电路。因此，可防止蓄电池通过二极管发生短路事故。从而保护了交流发电机。

若无断电器时，也可在交流发电机火线与电流表之间接一根适当的熔丝。当蓄电池搭铁极性接反时，熔丝便立即熔断，起到保护作用。

26. 怎样检查硅二极管的技术性能?

（1）用 500 型万用表检查　检查前，先将定子每相绕组抽头和二极管的中间引出线分开。万用表电阻挡放在 $R\times1$ 挡。

如图 3-18 所示，检查装在发电机端盖 1 上的 3 个硅二极管时，用万用表“－”表笔和端盖相触，“＋”表笔分别和 3 个二极管的中间引出线相触：若万用表反映电阻为 8～10Ω，表示二极管正常；若万用表反映电阻在 10000Ω 以上，说明二极管内部断路。然后，用万用表“＋”表笔和端盖相触，“－”表笔分别和 3 个二极管的中间引出线相触：若万用表反映电阻在 10000Ω 以上，表示二极管正常；若万用表反映电阻为零，说明二极管内部被击穿。

装在元件板 2 上的三个硅二极管是相反方向导电的，因此测试结果应相反。

（2）用试灯检查　检查前先将定子绕组每相抽头和二极管中间引出线分开。以蓄电池为电源，用一个轿车灯泡作为试灯。然后用试灯的线头和二极管的两极相触：若灯一次亮，一次不亮，说明二极管良好；若灯两次皆亮，说明二极管被击穿；若两次皆不亮，证明二极管内部断路。

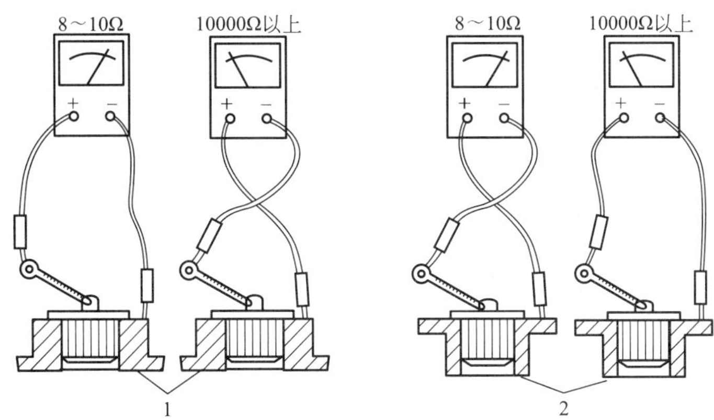

图 3-18 用万用表检查二极管

二极管击穿或断路时，皆应换用新件。更换时必须注意二极管的极性。一般在二极管底部有标记：黑色标记的是负极（反向二极管），应装在发电机端盖上；红色标记的是正极（正向二极管），应装在发电机内部的元件板上，如图 3-19 所示。

27. 怎样在轿车上检查交流发电机是否发电?

行驶途中，如果怀疑发电机可能发生故障时，可用下述方法检查。

首先调整好发电机皮带的松紧，然后拆下发电机上的所有导线，用另一根导线将发电机的“电枢”（+）与“磁场”（F或B）两接线柱连在一起。再把万用表拨至直流电压 0～50V 挡（或用直流电压表也可），将万用表的正表笔接“电枢”接线柱，负表笔接发电机外壳。启动发动机，并用从发电机“电枢”接线柱拆下的那根来自蓄电池的火线碰一下发电机的“电枢”（或“磁场”）接线柱，对发电机进行激磁。然后撤去火线，缓慢提高发动机的转速，观察万用表或直流电压表。若万用表或直流电压表所指示的电压随发动机转速升高而增大，则说明发电机良好；若万用表或直流电压表无指示，则说明发电机不发电。

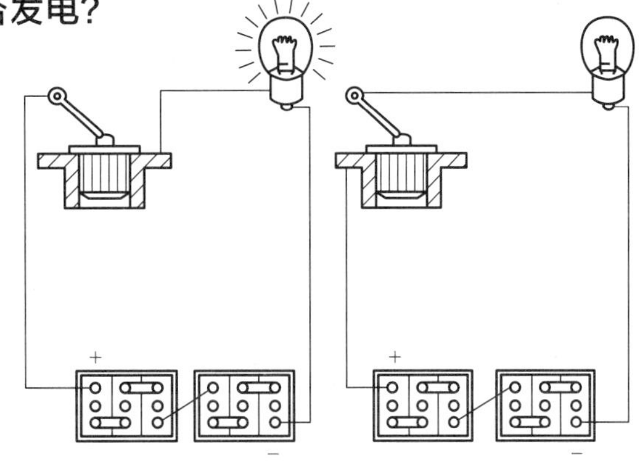

图 3-19 用试灯法检查二极管

故障原因如下。

① 二极管击穿损坏。

② 转子、定子线圈有搭铁短路处或电刷卡在电刷架内等，应进一步检修发电机。

在没有万用表或直流电压表的情况下，也可利用小试灯代替万用表进行检查，方法同上。若试灯亮，表明发电机发电；若试灯不亮，表明发电机有故障。

如果行车途中发现个别二极管击穿、短路时，可把击穿、短路的二极管引线剪断，接好拆下的发电机的全部导线，可以继续使用。如发电机的发电量降低，应尽快送修理部门去检修。

28. 怎样用万用表检查交流发电机?

在发电机不拆开的情况下，用万用表测量接线柱之间的电阻值，即可初步判断发电机是否有故障。其方法是，用万用表的 $R\times1$ 挡测量发电机“F”（磁场）与“－”（搭铁）之间的电阻值，以及发电机的“＋”（电枢）与“－”（搭铁）之间的正、反向电阻值。

若“F”与“－”之间的电阻（激磁线圈电阻）超过规定值，则说明电刷与滑环接触不良；如小于规定值时，表明激磁线圈有匝间短路；电阻为零则说明两个滑环之间有短路或是“F”搭铁。

用万用表的“－”表笔搭发电机外壳，“＋”表笔搭发电机的“电枢”（或“＋”）接线柱。如果万用表指示值在 10Ω 左右，说明有个别二极管击穿、短路。如果万用表指示的电阻值接近于零或者等于零时，说明装有后端盖上的二极管和装有元件板上的二极管均有击穿、短路。

若二极管内部断路，必须拆开发电机逐个检查。否则，是不能直接查出的。

29. 更换硅二极管时应注意些什么？

更换时应选用相同型号的硅二极管，并应分清是正向管还是负向管。管壳底部有黑色字样标记的为负向管，应装在发电机的后端盖上；管壳底部有红字标记的为正向管，应装在元件板上。

此外，更换时，应用专用工具（图 3-20），在压床或台虎钳上进行（图 3-21）。硅二极管与孔的配合必须合适，不能太紧或太松。如太紧，会因管壳变形而使硅二极管的内部结构损坏；如太松，会因振动而脱落下来，以致造成故障。

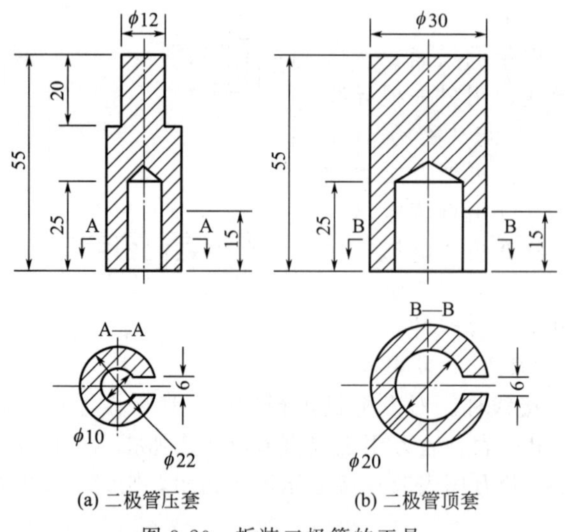

(a) 二极管压套　(b) 二极管顶套

图 3-20　拆装二极管的工具

30. 怎样用电焊法修复交流发电机转子？

当交流发电机轴承严重磨损或装配不当时，会造成转子与定子的摩擦，使间隙增大，发电机的性能变差，整车电器均受到影响，甚至不能正常工作。

怎样才能简单、迅速、方便地修理这种气隙过大的交流发电机呢？下面介绍一种方法。

交流发电机的磁轭是用低碳钢冲压或浇铸而成的。转子磨损的发电机可以采用电焊修补法。首先用铁皮做一个铁盒，铁盒高度要大于磁轭直径，以能方便地放入发电机转子为宜，如图 3-22 所示。

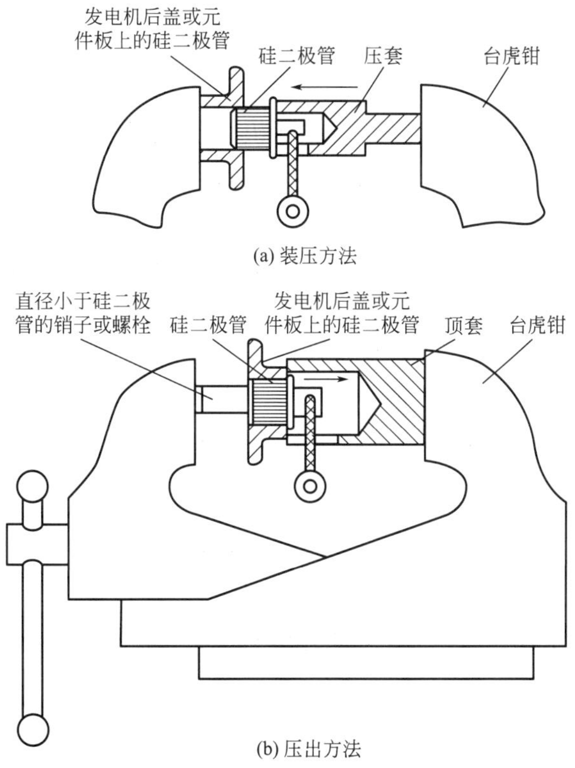

图 3-21 拆装二极管的方法

将转子放入铁盒中，注入冷水。冷水深度略高于磁场绕组。这样，在进行电焊修补时，能够避免烧坏激磁绕组。将电焊机接铁线搭在铁盒边缘上，即可对露出水面的磁轭进行焊补。可采用各种低碳钢电焊条，在焊补过程中不断地旋转转子，使其都堆上焊条。焊接厚度以使转子直径大于定子内径为宜。焊补后的转子可在车床上加工，使磁轭与定子的单面气隙达到 0.3mm 为好。车削后再将励磁绕组进行烘烤、干燥即可。

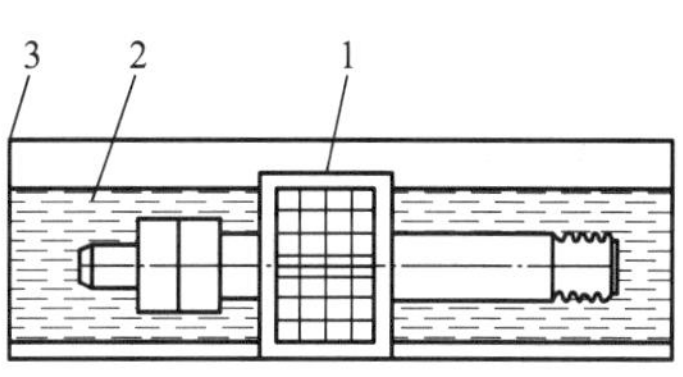

图 3-22 转子修理法

1—磁轭焊接面；2—冷水；3—铁盒

31. 保养交流发电机时，为什么还要注意清洁电刷架?

交流发电机的两个电刷是向转子线圈提供激磁电流的动态导电体。它和滑环的磨耗是不可避免的，久而久之，磨损的炭粉和铜粉在离心力的作用下会粘满电刷架的表面，将电刷（绝缘电刷）和端盖连接起来，造成漏电或短路，从而使激磁电流减小或消失，使发电机的功率减小或不发电。因此，在保养交流发电机时切记要清洁电刷上的炭粉和铜粉，以保持其良好的绝缘性能。

32. 组装交流发电机时应注意什么事项?

对于电刷架装在内部的交流发电机，装配时应先将电刷弹簧和电刷装入电刷架内，并用一根直径为 1～1.5mm 的钢丝插入端盖和电刷架的小孔中将电刷挡住，以防装配中受损，如图 3-23 所示。

如果电刷可在发电机外部拆装，则应最后装复电刷。

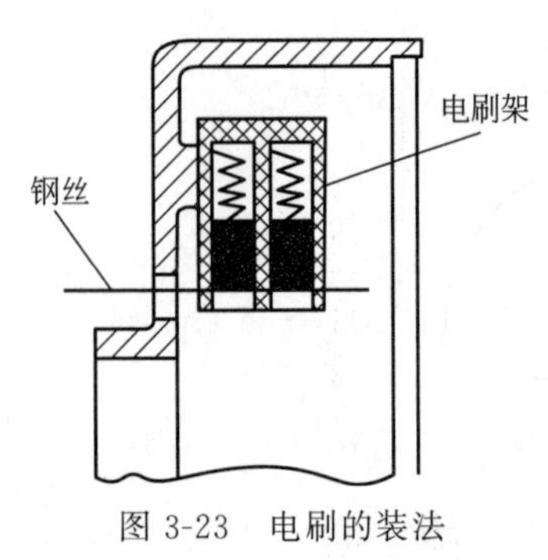

图 3-23 电刷的装法

装配后，应检查转子是否转动灵活，若转子扫镗，应拧松三根连接螺钉予以调整，待转子转动灵活时，再均匀上紧连接螺钉。

33. 交流发电机激磁绕组连接滑环的线端虚焊，可能会发生什么现象？

这种虚焊在静态下和滑环是接触的，用万用表测试时多为正常。但是该虚焊是位于转子上的，它会在某一转速下，由于离心力的作用，和滑环脱离接触，切断激磁电路。也就是说当激磁绕组连接滑环的线端如果有虚焊现象时，就可能出现低速时发电正常，而加速时发电机不发电，充电指示灯点亮的现象。

34. 交流发电机加注润滑脂不当，为什么会对电路有影响？

给交流发电机应加注 1-2 号复合钙基润滑脂，并且不宜过多，填注轴承空间的 2/3 即可。轴承内侧还不能忘记装上油封；反之，如果加注的是润滑脂，其会在高温下熔化或蒸发，致使发电机的滑环和电刷因油污而断路，发电机不发电。

35. 怎样检查交流发电机定子绕组的相间短路故障？

交流发电机定子绕组的相间短路可用万用表或试灯来检查，具体方法如下。

① 解体发电机。

② 将三相绕组的中性点熔开，使其各相独立。

③ 用万用表 $R\times1$ 挡或试灯连接三相中每两相绕组的端头，如果指针摆动或试灯亮，说明该两相之间短路。

36. 发电机转子线圈引出线折断的原因有哪些？怎样修理？

发电机转子线圈引出线折断的原因有以下两种。

① 转子线圈在绕好浸漆时，没有浸透，内层较松旷或较松散，以致发电机工作时，造成引出线振动而折断。

② 转子磁轭和线圈的固定不牢固，有轴向或径向错动，导致磁场引出线折断。

针对第一种损坏原因，可先将滑环和靠近滑环的磁极压出来，焊好转子线圈的断线，浸膝、烘干，套上直径为 1mm 的黄蜡套管，再按顺序压入磁极和滑环即可。焊接的引线最好为多股铜丝线。

如果由于第二种原因导致引出线折断，则用粘接剂和聚氯乙烯板（1～2mm 厚）将转子线圈与磁轭粘接固定即可。

37. 什么是集成电路调节器？有什么优缺点？使用时应注意什么？

集成电路调节器分为全集成电路调节器和混合集成电路调节器两类。前者是将三极管、二极管、电阻、电容等元件同时制在一块硅基片上；后者是指由厚膜或薄膜电阻与集成的单芯片或分立元件组装而成。使用最广泛的是厚膜混合集成电路调节器。

集成电路调节器比晶体管调节器体积小、重量轻，故可直接装在交流发电机内，并且调节电压精度高、耐振、寿命长。但它对热的耐受力很差，如用 50～60℃的热水冲洗，则很易损坏。因此，在轿车上应绝对避免用热水和蒸汽冲洗。如需冲洗发动机时，应先将交流发电机拆下或用乙烯树脂将交流发电机完全覆盖起来后再冲洗。

38. 集成电路调节器损坏后能否修复?

与交流发电机配套的集成电路调节器一般是采用集成和厚膜工艺组装而成的。由于电阻网络和晶体管芯片都是专用的，最后又都用环氧树脂封装而成的，因此损坏后，一般是无法修理的。

39. 发电机常见故障有哪些?

① 如果皮带轮松动或打滑，应拧紧皮带轮固定螺钉，松开发电机皮带调整螺钉，调整风扇的松紧，用拇指或食指以近 100N 力在皮带绕过皮带轮的长边压下 5～10mm 即为合适，最后再拧紧发电机调整螺钉，并重新紧固发电机挂脚螺栓，如发现皮带松弛和破损时应更换。

② 如是发电机支架螺栓松动，紧固发电机支架螺栓即可。

③ 如轴承松旷，可以动手拆下发电机，旋掉发电机皮带轮锁紧螺母，取下皮带轮、风扇及垫圈，牢记各个配件原来的位置，以免装错。再旋下发电机前端盖的紧固螺钉，取下前端盖，抽出转子，松开前端盖的承压板螺钉，取下轴承，同时取下转子后轴承，检查轴承运转是否灵活自如，有无卡滞或松旷，如有问题应及时更换。

④ 如发电机内部短路或断路，最好让有经验的专业人员或送厂站进行检修。

⑤ 如发电机内部出现烧焦气味，非常难闻，一般来说，表明线圈烧坏了。调节电压过高，长期过载工作，二极管击穿损坏，不起整流作用，使一相或两相烧坏，定子绕组短路烧坏，转子运转时刮碰定子，都会引起这种烧焦气味。对于这种情况，驾驶员要细心辨查，如调节电压过高，长期过载工作，会引起发电机过热而出现烧焦气味，需检查调整调节器；如是转子刮碰定子出现了响声，需分解发电机进行检查。

第三节 起动机故障诊断与排除

40. 怎样试验起动机?

电磁开关牵引线圈功能试验。如图 3-24 所示，当将蓄电池 1 的负极接起动机 2 接线柱（60）3，蓄电池 1 的正极接起动机 2 的接线柱（50）4 时，小齿轮能伸出，则表明牵引线圈的功能正常。

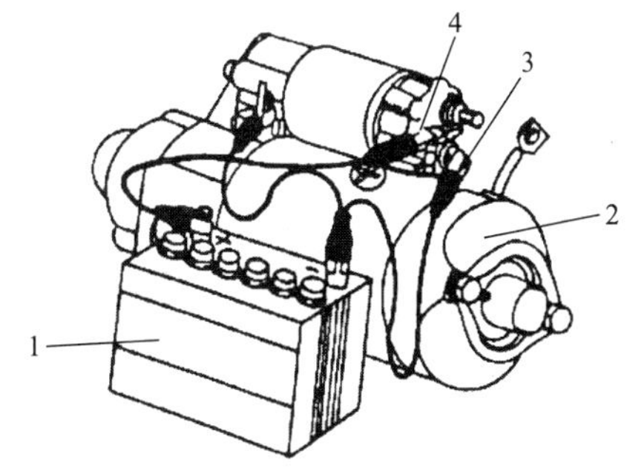

图 3-24 电磁开关牵引线圈功能试验

1—蓄电池；2—起动机；3—接线柱（60）；4—接线柱（50）

电磁开关滞留线圈功能试验如图 3-25 所示，将蓄电池 1 正极接起动机 2 的接线柱（50）4，蓄电池 1 负极只接起动机 2 的外壳，而不接接线柱，此时若小齿轮仍能保持伸出位置，则表明滞留线圈功能正常。

电磁开关铁芯复位试验如图 3-26 所示，蓄电池 1 的正极与起动机 2 接线柱（50）4 相接，当拆下蓄电池 1 与起动机 2 外壳的蓄电池负极接线夹 5 后，小齿轮应能迅速返回原来位置。

蓄电池的空载试验如图 3-27 所示，在蓄电池 4 正极与起动机接线柱（50）1 之间接上电流表 3，在蓄电池 4 负极接起动机 5 外壳，此时若用线接通起动机接线柱（50）1 和接线柱（30）2，起动机应能平稳旋转，电流应小于 55A。

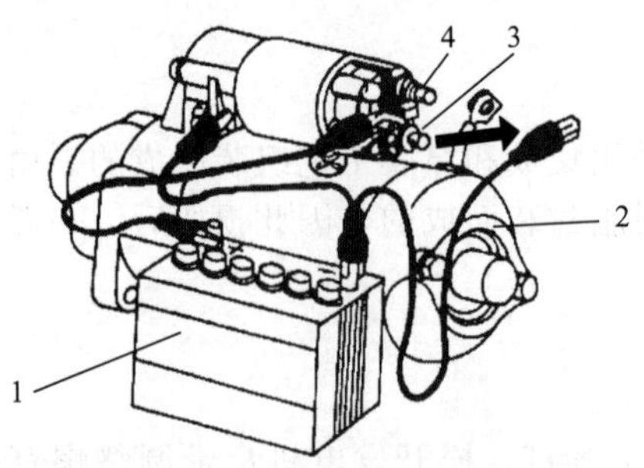

图 3-25 电磁开关滞留线圈功能试验
1—蓄电池；2—起动机；3—接线柱（60）；4—接线柱（50）

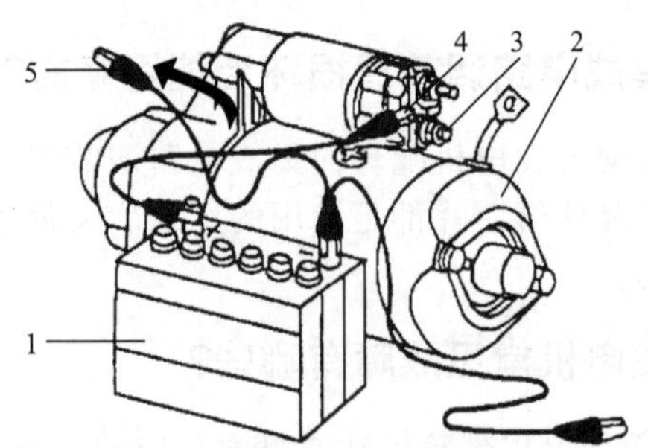

图 3-26 电磁开关铁芯复位试验
1—蓄电池；2—起动机；3—接线柱（60）；4—接线柱（50）；5—蓄电池负极接线夹

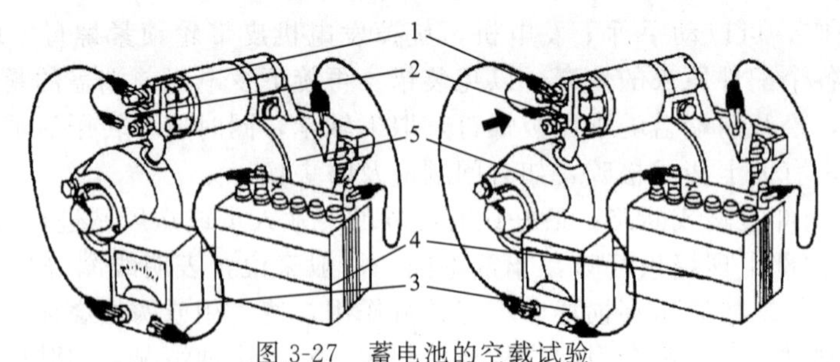

图 3-27 蓄电池的空载试验
1—起动机接线柱（50）；2—接线柱（30）；3—电流表；4—蓄电池；5—起动机

41. 怎样检查修理起动机？

（1）电枢的检查 电枢线圈对地短路的检查如图 3-28 所示，把电枢 2 放在短路线圈测试仪 1 上，当测试仪通电后，将铁片 3 置于电枢 2 的铁芯上。一边转动电枢 2 一边移动铁片 3，当铁片 3 在某一部位产生振动时，说明该处电枢线圈短路，应更换电枢 2。

整流器铜条与轴之间的绝缘检查如图 3-29 所示，用电阻表 1 的 1×kΩ 挡，测量整流器 2 的每个铜条与电枢轴 3 之间的电阻，应为无穷大。否则表示整流器铜条有短路现象，应更换电枢。

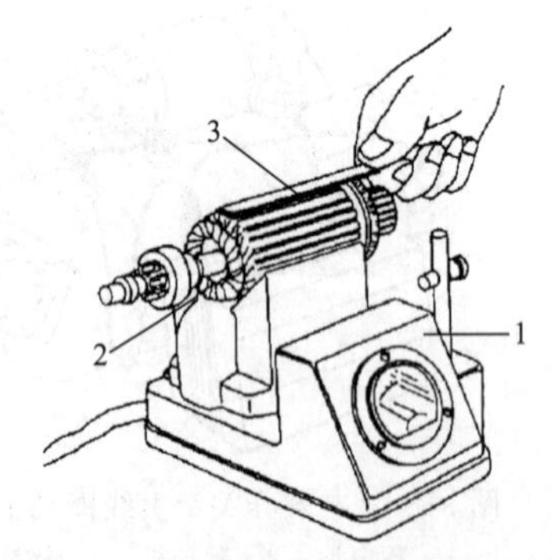

图 3-28 电枢线圈对地短路的检查
1—短路线圈测试仪；2—电枢；3—铁片

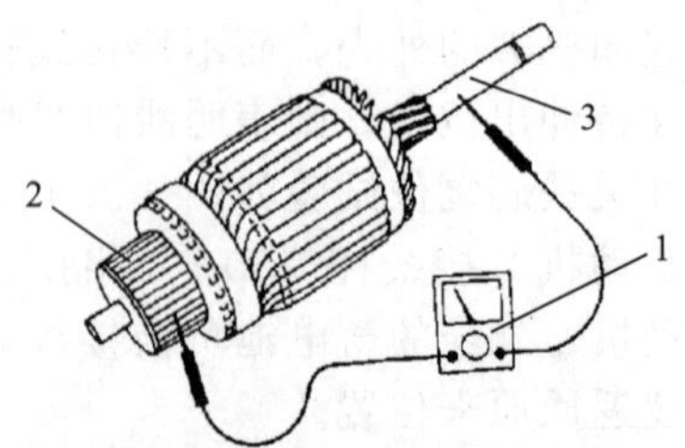

图 3-29 整流器铜条与轴之间的绝缘检查
1—电阻表；2—整流器；3—电枢轴

整流器铜条之间的断路试验如图 3-30 所示，用电阻表 1 检测整流器 2 上相邻两个整流器铜条之间的电阻，应为 0（叠绕法）。否则表示整流器铜条之间断路，应更换电枢。或测量两个铜条的节距，应为整流器片数减去 1 除以磁极对数（波绕法）。

电枢轴跳动的检查如图 3-31 所示，将电枢 1 放在偏摆仪 2 上，用百分表 3 检查电枢 1 轴部的跳动量，其使用极限为 0.08mm。

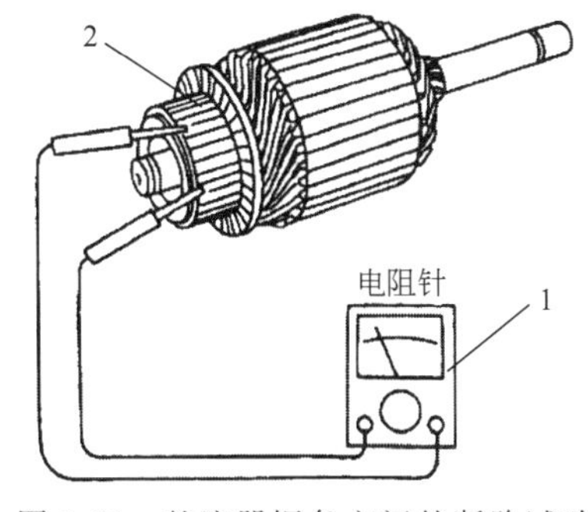

图 3-30　整流器铜条之间的断路试验

1—电阻表；2—整流器

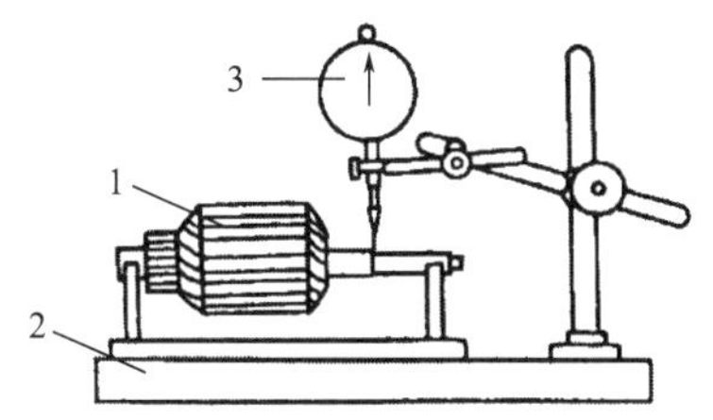

图 3-31　电枢轴跳动的检查

1—电枢；2—偏摆仪；3—百分表

整流器最小直径的检查如图 3-32 所示，用卡尺 1 检查整流器 2 的外径，使用极限为 33.5mm。超过极限，应更换电枢。

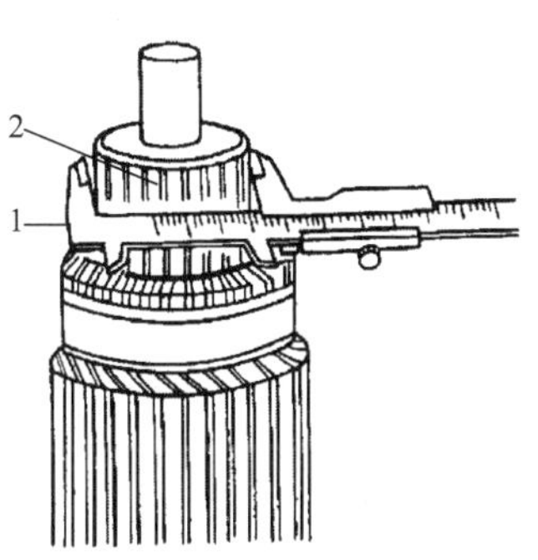

图 3-32　整流器最小直径的检查

1—卡尺；2—整流器

整流器跳动的检查如图 3-33 所示，用砂纸 1 打磨整流器 2 的表面后，用百分表 3 检查整流器表面的跳动，其使用极限为 0.03mm。

整流器绝缘云母片的检查如图 3 34 所示，检查整流器 1 的绝缘云母片 3 的深度，标准值为 0.5～0.8mm，使用极限为 0.2mm，超过极限应用锉刀进行修整。如图 3-34(a) 所示为正确的修整方法，锉刀 2 要与整流器 1 外圆母线平行。如图 3-34(b) 所示为绝缘云母片 3 锉后的形状。

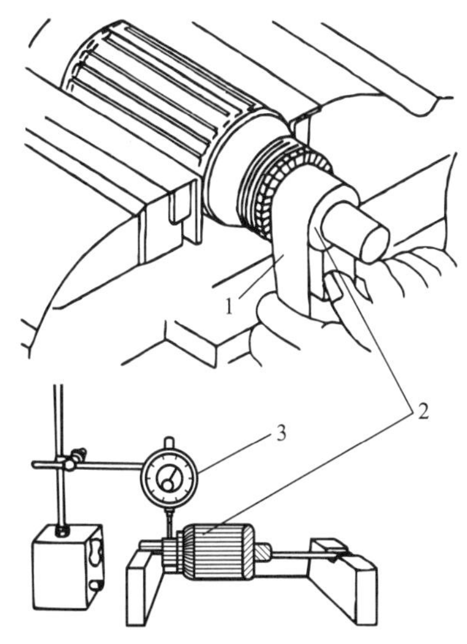

图 3-33　整流器跳动的检查

1—砂纸；2—整流器；3—百分表

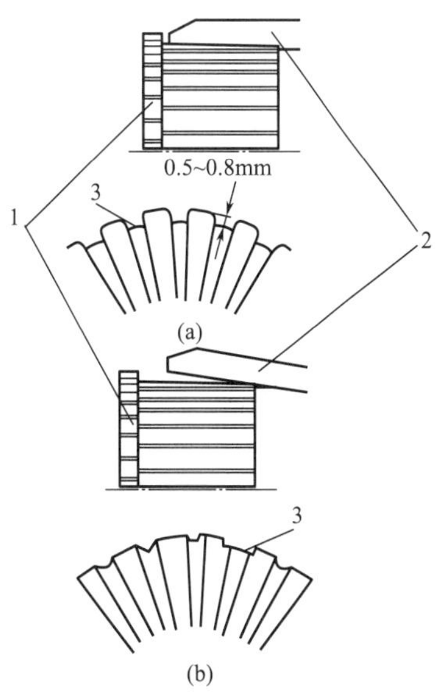

图 3-34　整流器绝缘云母片的检查

1—整流器；2—锉刀；3—绝缘云母片

（2）炭刷与炭刷弹簧的检查　如图 3-35 所示，炭刷 1 的最小长度为 11.5mm，炭刷弹簧 2 的张力可用弹簧秤 3 检查，应在 18～22N 之间。

（3）磁场线圈的检查

① 磁场线圈断路的检查如图 3-36 所示，用电阻表 3 的 1×Ω 挡测量磁场线圈的正极端 1 与炭刷 2 之间的电阻，其值应为 0，否则说明磁场线圈 4 断路，应予更换。

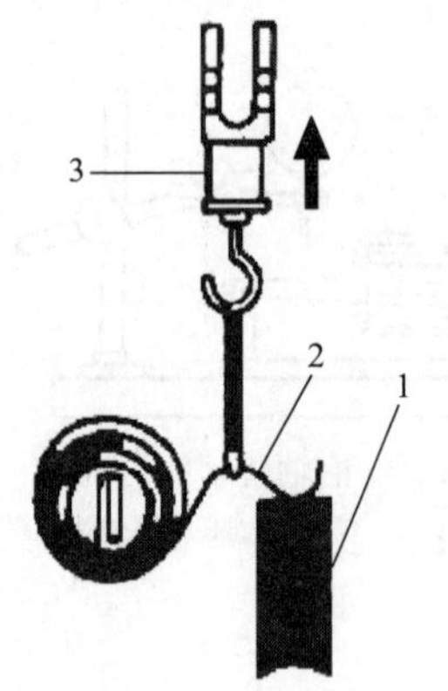

图 3-35　炭刷与炭刷弹簧的检查

1—炭刷；2—炭刷弹簧；3—弹簧秤

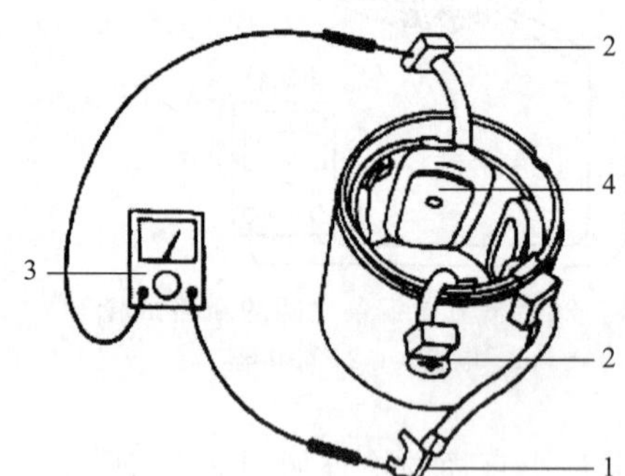

图 3-36　磁场线圈断路的检查

1—磁场线圈的正极端；2—炭刷；3—电阻表；4—磁场线圈

② 磁场线圈对地短路的检查如图 3-37 所示，用电阻表 3 的 1×kΩ 挡检查磁场线圈的正极端 1 与定子壳体 2 之间的电阻，应为无穷大，否则说明磁场线圈 4 与定子壳体 2 短路，应更换。

（4）电磁开关的检查

① 电磁开关滞留线圈断路的检查如图 3-38 所示，从接线柱（60）6 上拆下电磁线圈的正极端 1 后，用电阻表 4 的 1×Ω 挡检查电磁开关 3 的接线柱（50）5 与电磁开关 3 壳体之间的电阻，其值应为 0，否则表示滞留线圈断路，应更换电磁开关 3。

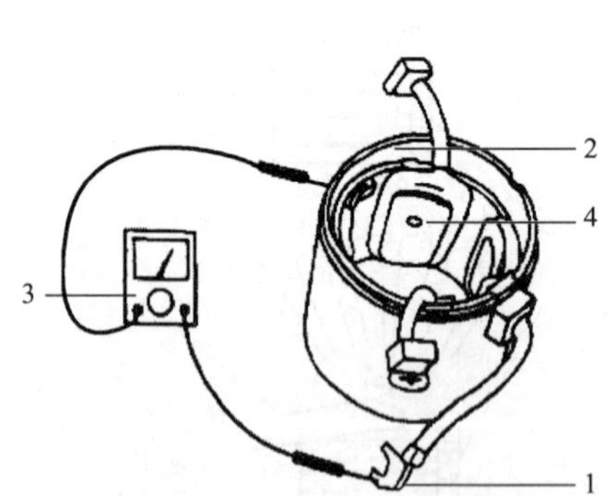

图 3-37　磁场线圈对地短路的检查

1—磁场线圈的正极端；2—定子壳体；3—电阻表；4—磁场线圈

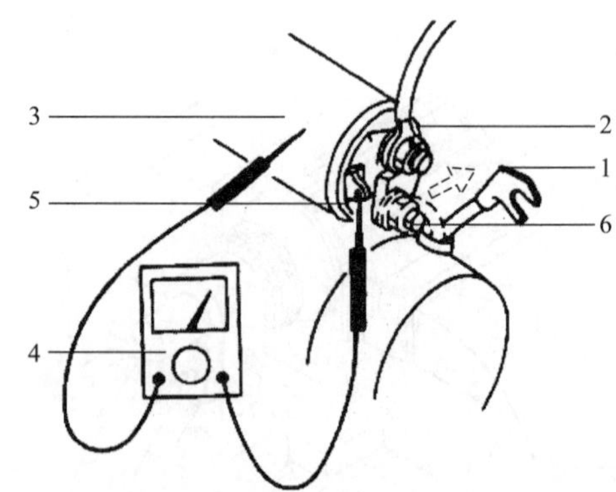

图 3-38　电磁开关滞留线圈断路的检查

1—磁场线圈的正极端；2—接线柱（30）；3—电磁开关；4—电阻表；5—接线柱（50）；6—接线柱（60）

② 电磁开关牵引线圈断路的检查如图 3-39 所示，从接线柱（60）6 上拆下磁场线圈的正极端 1，用电阻表 4 的 1×Ω 挡，检查电磁开关的接线柱（50）5 与接线柱（60）6 之间的电阻，其值应为 0，否则为牵引线圈断路，应更换电磁开关。

（5）小齿轮及单向离合器的检查　如图 3-40 所示，在确保小齿轮 1 无损坏的情况下，握住单向离合器的外座圈 2，转动小齿轮 1，正常情况是往一个方向能顺利转动，往另一个方向则不能转动，否则就是单向离合器有故障，需更换。

(6) 检查电枢轴与衬套的磨损情况　检查电枢轴与衬套的磨损情况并保证衬套与电枢轴的配合间隙在 0.04～0.09mm，否则应更换。

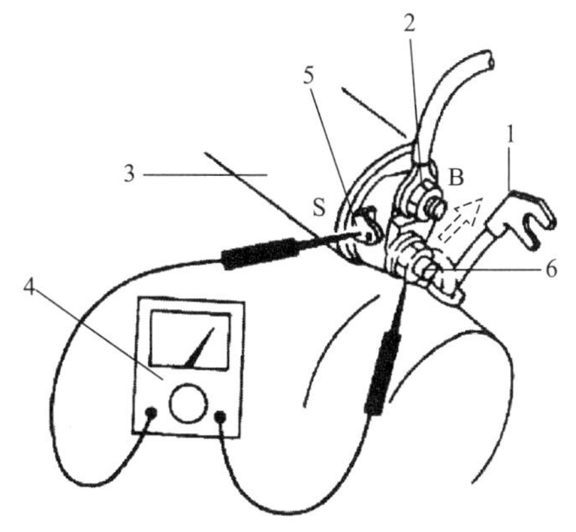

图 3-39　电磁开关牵引线圈断路的检查

1—磁场线圈的正极端；2—接线柱（30）；3—电磁开关；4—电阻表；5—接线柱（50）；6—接线柱（60）

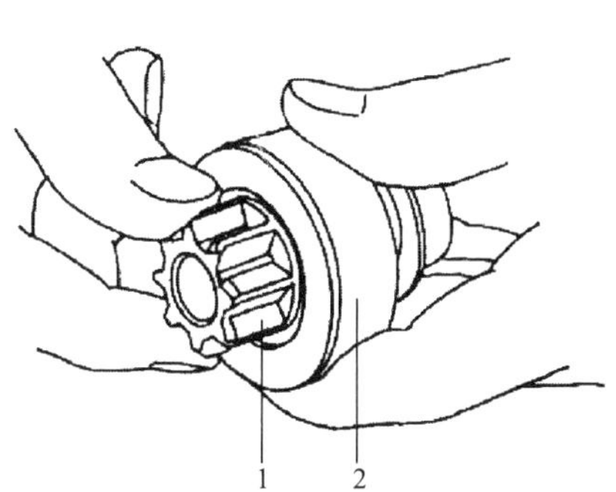

图 3-40　小齿轮及单向离合器的检查

1—小齿轮；2—单向离合器的外座圈

42. 怎样调整起动机?

(1) 起动机的调整　起动机的调整如图 3-41 所示。先将活动铁芯向前推到底，然后用钢板尺测量驱动齿轮与限位螺母之间的间隙，应符合规定。间隙不当，取下连接销，拧松锁紧螺母，转动调整螺栓即可进行调整。

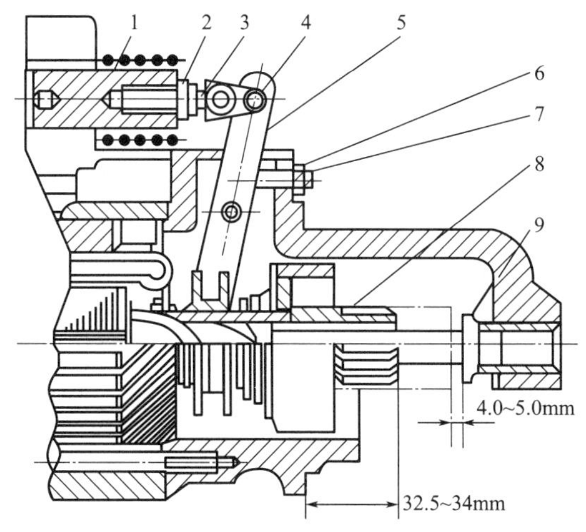

图 3-41　起动机的调整

1—活动铁芯；2—锁紧螺母；3,6—调整螺栓；4—连接销；5—拨叉；7—限位螺栓；8—驱动齿轮；9—限位螺母

(2) 驱动齿轮端面与端盖凸缘之间间隙的调整　驱动齿轮端面与端盖凸缘之间的间隙应是 4.5±1.0mm。若间隙不当，可拧松锁紧螺母，转动限位螺栓进行调整。

43. 启动发动机时怎样区别起动机或蓄电池有故障?

冷车启动时起动机无力，而热车启动时很容易带动曲轴使车发动，表示起动机良好，则故障出自于蓄电池。

冷车或热车时起动机均空转良好，而启动齿轮与飞轮齿环啮合后电枢不转或无力将车启动，若起动机开关无接铁，通电良好，则故障出自起动机。

44. 起动机空转时正常，为什么加负载后无力?

若蓄电池状况良好，线路也正常，而加负载时无力，不能使起动机启动，其原因可能是：起动机整流子过脏，电刷磨损过多或电刷弹簧压力不足，使电刷接触不良；激磁绕组或电枢绕组局部短路，起动机功率下降；轴承磨损过甚或装配不良，使电枢与磁极铁芯摩擦；起动机开关触点烧蚀，接触不良；发动机装配过紧或温度过低，使运动阻力过大。

45. 电磁式起动机后盖上的轴承为什么容易损坏？怎样才能延长使用寿命?

多数起动机用的是石墨含油轴承。在开始使用阶段，由于油透不出来，几乎属于干摩擦，使轴承磨损加剧。另外后盖上轴承又远离前边的两个轴承，因此在工作中承受的压力较大，磨损也严重，损坏较快。为此，在使用中应注意多给起动机轴承加注润滑油，尤其是对后盖处的轴承应加强维护。

46. 启动时为什么小齿轮与飞轮咬住？是什么原因?

启动时起动机小齿轮与飞轮齿环咬住，多半是由于蓄电池亏电、发动机装配过紧、起动机有故障以及起动机小齿轮与飞轮环齿磨损过甚所致。因为当起动机有故障而不能转动曲轴时，虽松开了踏蹬，若起动机小齿轮与飞轮环齿之间压得很紧，且两齿面磨损过甚、凸缘不平时，则小齿轮就会被压住而咬死。同时，回位弹簧不能使传动轴恢复原位，以至于不能切断电路，时间稍长就会将起动机烧坏。遇此情况，应立即拆除蓄电池的搭铁线或蓄电池与起动机的连接线，然后扳撬飞轮使其脱开，或将变速杆放进高挡位置，不开启动发动机，不踏下离合器，晃动车辆，以使起动机小齿轮与飞轮环齿脱开。如仍不能脱开，可将起动机的固定螺栓松下几扣，并用旋具拨动飞轮，使其脱开。

47. 起动机为什么不转动?

当接通点火开关，并旋转到起动挡而起动机不转动时，这多半是电路接线接触不良（或断路）或是机件损坏，例如启动电磁开关损坏或点火开关损坏，甚至起动机本身损坏（线圈绕组断路或电刷、换向器损坏）。

判断及排除这类故障，可按图 3-42 进行，再按图 3-43 检查电路。

48. 起动机为什么转动无力?

当蓄电池存电不足、起动机电路连接不良或电磁开关故障时，都会引起起动机转动无力。另外，起动机本身故障，例如轴承松旷、电刷磨损、换向器脏污、磁场线圈和电枢线圈局部短路，都会使起动机转动无力。

出现此类故障时，首先要检查蓄电池电量是否充足，否则应立即充电再试。

然后检查电磁开关。接通启动开关时，如能听到“啪”的一声响，说明电磁开关工作正常，故障可能出在电路；若无声响或响声很弱，则表明电磁开关有故障，多半是接触桥烧蚀而引起的接触不良。

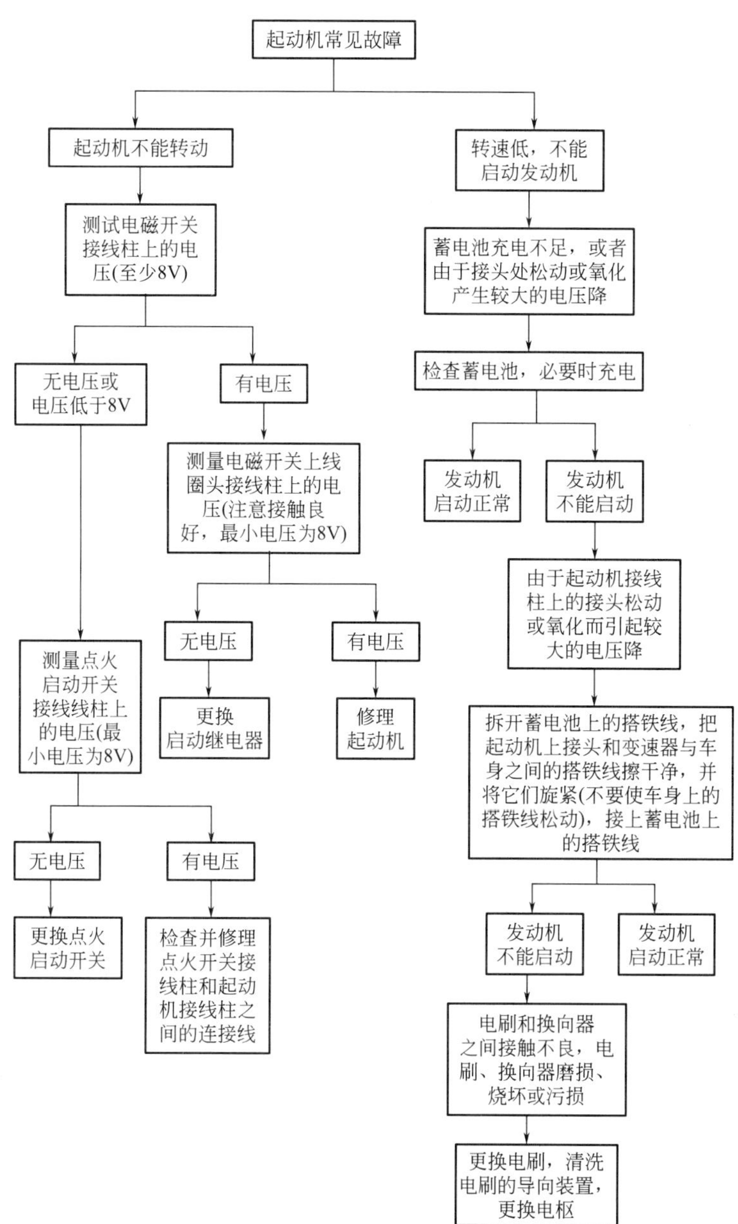

图 3-42 起动机常见故障速查图

电路中有无短路、断路现象，可对照图 3-44 进行查找。

起动机本身故障比较容易判断，一般是磁场线圈或电枢线圈局部短路引起的；而在短路不严重时反而不易判断，可用新起动机替代后查看有无好转，若有明显好转即可判定。

机件故障最好更换，如一时没有备件，可以修理应急（如修锉电磁开关的接触桥等）。

49. 起动机为什么转动不停?

当起动机电磁开关的线圈短路、接触桥短路或熔结时，容易产生起动机转动不停的故障；另外，电磁开关触点烧结、弹簧损坏、启动开关不能回位，都可能引起此类故障；单向旋转的离合器卡住不能脱开、起动机安装不良，也会引起此类故障。

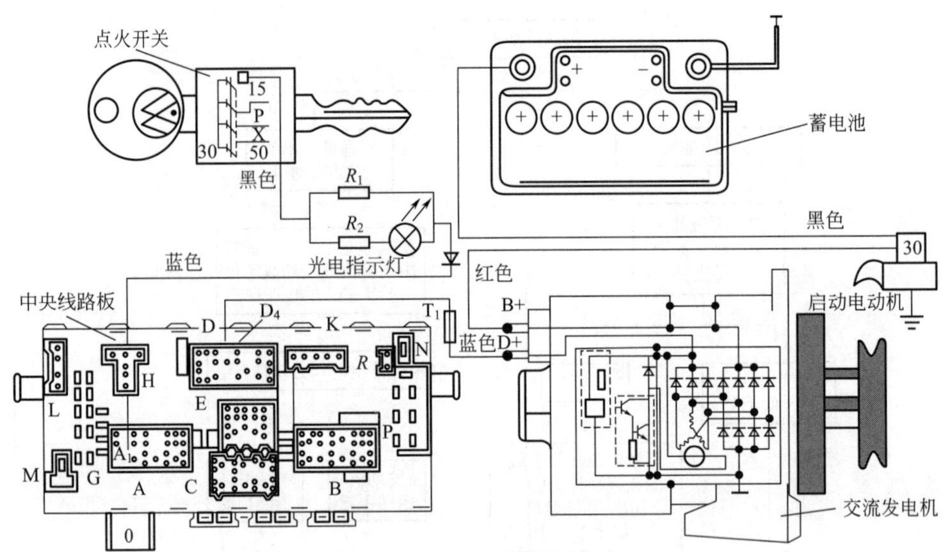

图 3-43　发电机、起动机及蓄电池的接线

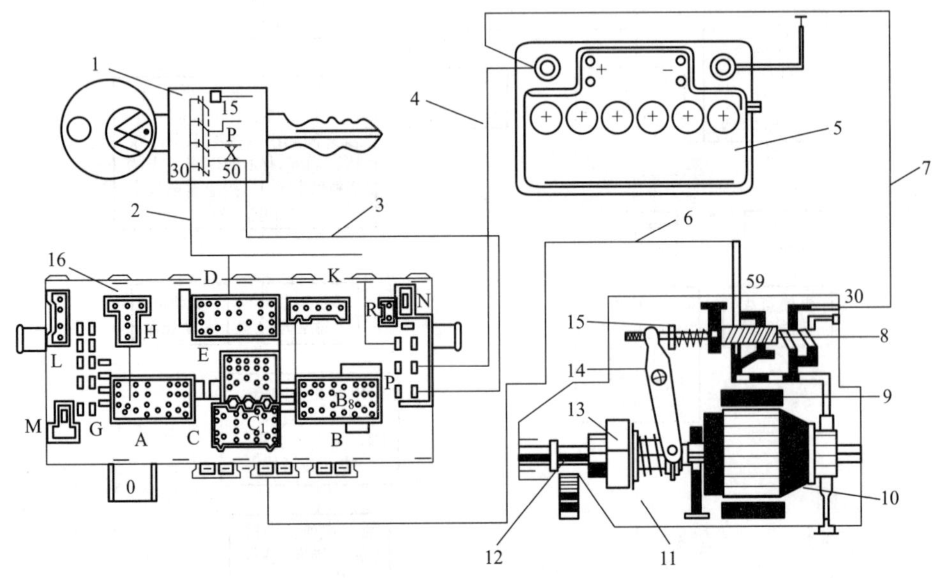

图 3-44　起动机接线

1—点火开关；2—红色线；3，6—红/黑色线；5—蓄电池；4，7—黑色线；8—电磁开关；9—定子；10—转子；11—起动机总成；12—小齿轮；13—单向离合器；14—移位拨杆；15—回位弹簧；16—中央线路板

判断此类故障，可在启动后将点火开关置于正常工作挡，发现起动机转动不停则立即熄火检查；如起动机仍转动不停，即检查电磁开关触点是否烧结，或点火开关是否有故障，若有，应换件以排除。如熄火后起动机停转，则检查超越离合器和起动机安装情况。

50. 起动机为什么空转?

接通点火开关的启动挡，起动机空转，带不动曲轴旋转。这是由于单向旋转的超越离合器打滑或损坏的缘故。此时听不到起动机高速转动的嗡嗡声，发动机不能启动。

若启动时有齿轮撞击声，这是啮合弹簧过软（或折断）或起动机电磁开关行程调整不合适所致；也可能是起动机螺栓松动、起动齿轮损坏、起动机轴承损坏，甚至是飞轮齿轮损坏所致。必须仔细查看，对症排除。

51. 起动机为什么转速太慢?

若发动机按规定使用润滑油（特别是冬季）、三角皮带张力正常的情况下，起动机转速太慢，以至于带不动曲轴旋转，这就是蓄电池和起动机本身的故障。出现此类故障，可按图 3-42 进行判断和排除。

52. 为什么启动电磁开关异响?

起动机启动齿轮与飞轮齿圈啮合前，起动机的主电路过早接通，会引起两者撞击而发生异响。出现此类故障，应调整主电路接通时间，调整铁芯和拨叉，使两者先行啮合，即可排除。

53. 为什么起动机异响?

桑塔纳轿车在行驶时，起动机有三种原因可能发出异响。一是螺钉松动使起动机驱动齿轮与飞轮齿圈相碰击而发出异响，调整或紧固后即可排除；二是电枢铜套磨损，引起电枢与磁极间的摩擦声响，校正电枢轴并更换铜套即可解决；三是因螺钉松动引起起动机壳振动而发出异响，此时停机紧固螺钉即可。此外，起动机安装不当、紧固不良、铜套磨损、电枢窜动也会发出异响。此时应重新安装并按规定力矩紧固，更换磨损的铜套，校正电枢轴，即可排除。

判断起动机异响，通常在地沟下或举升架下诊听和拆卸后检查。

54. 起动机齿轮与飞轮环齿不能啮合，而且发出撞击声，怎样排除?

故障主要是由于起动机开关闭合过早，起动机驱动齿轮在未啮入飞轮环齿之前，起动机电路就已接通所造成的。也有可能是因为起动机驱动齿轮和飞轮环齿的齿牙损坏，或是减振弹簧过软、起动机固定螺钉松动、发动机机体歪斜等导致的。发生上述故障时，应先检查起动机和发动机的安装是否坚固，然后检查起动机电磁开关的闭合时间，若闭合过早，加以调整，故障即可排除。如果是回位弹簧过软，齿轮损坏，则应更换或修理，如图 3-45 所示。

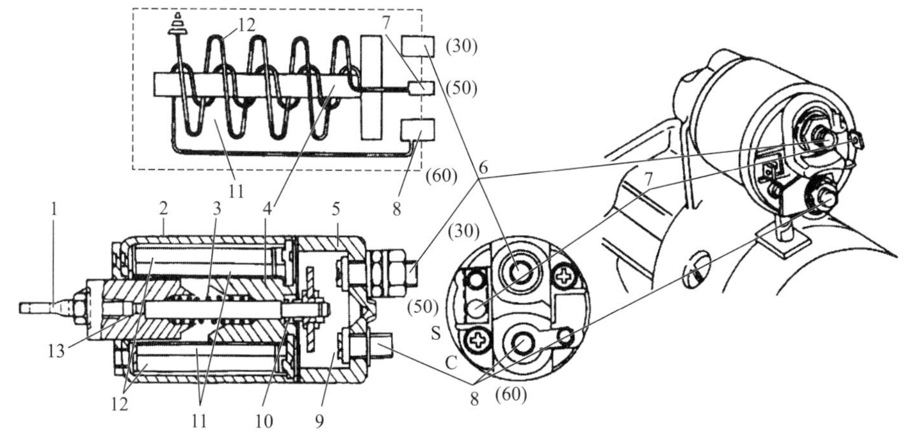

图 3-45 电磁开关的构造

1—柱螺栓；2—开关壳；3—回位弹簧；4—磁铁芯；5—开关盖；6—接线柱（30）；7—接线柱（50）；8—接线柱（60）；9—电磁开关；10—弹簧；11—牵引线圈；12—滞留线圈；13—滑动阀

55. 起动机换向器在哪些情况下易烧蚀？

起动机换向器在以下几种情况下容易被烧蚀。

① 换向器表面脏污，圆度误差大或云母凸起。

② 电刷磨损较多或弹簧张力不足。

③ 蓄电池亏电较多，造成启动时间过长。

④ 起动机内部产生短路或搭铁故障。

⑤ 冷车启动时间过长。

56. 起动机哪个部位最易出现故障？

起动机内的故障包括电枢绕组和励磁绕组的短路（或断路）、轴承严重磨损、导线连接不良等。但最容易发生故障的是换向器的烧蚀和磨损。因为起动机运转时，换向器的电刷在动态中传递大电流，电火花的烧蚀不可避免。另外，电刷磨损、弹簧变软、换向器失圆和云母凸起等，都会进一步使火花加剧，促使换向器迅速烧蚀，接触电阻增大，启动电流减小，启动性能下降。加强换向器和电刷的维护检查，使其始终处于良好的技术状况，是非常重要的环节。

57. 怎样检查起动机电路短路？

当轿车无法启动，又排除其他机件故障后，要检查起动机电路短路故障时，可以采用下述方法。

串联两个 12V 的蓄电池，两电极间连接导线和熔丝，一个电池一端引出的导线端紧接于电枢轴上，手执另一个电池的一端引出的导线端碰触临时性电枢导线。当触及到短路的导线时，因有巨大电流通过，会产生火花。然后在这段做好记号，再进行绝缘处理，即可消除短路的故障。

第一次接电路触线时，有短路故障的电枢短路处产生火花，但第二次或第三次时便无火花，这表明电路处已烧成缺口而断路，对此可不再进行绝缘处理，应清理更换电线。

58. 启动发动机时，起动机内发出“咔嗒”声，但发动机转速很慢，不启动，打开前照灯也很暗，是什么原因？

首先检查蓄电池极柱与火线和搭铁线的夹头是否清洁、牢固。再检查蓄电池火线与起动机的连接处是否牢固、清洁，蓄电池与发动机机体及车身的连接是否清洁、牢固。如果这些都是正常的，换一个蓄电池能启动，说明蓄电池缺电，应进行补充充电。充足电后，测量电解液的密度，应在 $1.26g/cm^3$ 以上，如各格电解液的密度差值超过 $0.06g/cm^3$，说明蓄电池极板硫化，必须更换蓄电池。记住，蓄电池各单格内的电解液密度最大差值不能超过 $0.03g/cm^3$。如换用其他正常的蓄电池发动机转速仍很慢，不能启动，说明启动耗电过多，起动机内部有故障，应送修理厂检修。

59. 启动发动机时，发现起动机不能转动应如何检查？

启动发动机时听到“咔”一声，起动机没有转动或者听到“呜、呜”似转非转的声音。

（1）故障原因

① 蓄电池本身有问题（缺电过多，蓄电池损坏）。

② 蓄电池接线与起动机的接线不良。

③ 起动机内部有问题。

（2）故障诊断

① 先按喇叭，听到喇叭声音响亮，和原来并无区别，然后接通前照灯开关，前照灯灯光明亮，可以断定蓄电池良好。

② 如喇叭声音弱，前照灯灯光暗淡，说明蓄电池极柱头接触不良或蓄电池缺电过多及容量降低。

如灯光很亮，喇叭也很响，说明接触起动机的导线松动或接触不良或起动机内部存在故障。

（3）排除方法　应对蓄电池进行补充充电或更换蓄电池。清理和接牢所有可能存在故障的接头部分并插接好。有故障的起动机送修理厂检修。

60. 起动机哪些机件易出故障？

（1）起动机小齿轮与飞轮卡住　轿车启动时，起动机齿轮与飞轮齿环咬住，这种故障常常是由于蓄电池亏电、机油黏度大、起动机有故障或起动机小齿轮与飞轮齿环磨损严重等原因造成的。因此，起动机有故障而不能转动曲轴时，虽然关闭点火开关，但起动机小齿轮与飞轮环压得很紧，且两齿面磨损不平，起动机小齿轮就会被飞轮齿环压住或咬死，同时拨叉回位弹簧不能发挥作用，切断电路，如时间稍长，则会烧坏起动机，要注意防止出现这种严重的后果。

排除故障时，首先切断蓄电池极柱导线，接着拨动飞轮来回转动或挂上高速挡前后推动轿车，使起动机小齿轮与飞轮齿环脱开，也可将起动机固定在飞轮壳上的螺钉松开，再活动飞轮使其脱开。

（2）起动机单向啮合器严重打滑　轿车启动时，起动机小齿圈与飞轮齿圈啮合正常，而当起动机高速转动时，发动机飞轮则不转，这是起动机单向啮合器严重打滑所致。

采用单向滚柱式离合器的轿车在行车途中，如出现这种故障，可采取如下应急修理方法。

首先从起动机上拆下单向啮合器，并将其置于汽油中浸泡数十分钟。然后自汽油中取出啮合器，在木板上震打，边敲边向空转方向扭转。重复上述步骤数次，直到一手握住转子轴，另一手转动小齿轮，确认向一方向可自由旋转，而向另一方向则转不动时，方可装复起动机。

该故障是单向啮合器内部油污黏结或滚柱发卡所致。故在浸泡、震打过程中，可排除油污黏结或滚柱发卡的故障。当然要拆开修理才能完全恢复其功能。

（3）继电器损坏　行驶途中，如果起动机继电器的触点烧蚀而断路，继电器线圈短路、断路，且又无法修理，可以采用如下方法：将点火开关至启动继电器“点火锁”上的火线直接接在起动机电磁开关的“磁场”接线柱上，让点火开关不经启动继电器而直接控制起动机电磁开关的动作。

（4）起动机线路绝缘体破损　如遇起动机线路绝缘体破损，可将磁场线圈拆散，用旋具将线圈匝间拨开缝隙，再用断钢锯条刮掉旧绝缘层，另用厚纸板截成与导线宽度相同的长条垫（用医用白胶布代替厚纸板），塞进线匝的缝隙中，待垫好绝缘纸以后，用白纱带按半叠包扎法包好。装复时要用焊锡将接头焊牢，最后再做一次电枢空转试验，检查修理效果。

（5）起动机齿轮有响声　启动发动机时有很响的“咔咔”金属撞击声，踩下离合器踏板时声音则减轻，待发动机转入正常运转后，异响完全消失。这种故障的原因是起动机齿轮转动轮在长期的使用中磨出沟痕，引起了卡滞发响。排除故障的方法是更换新的起动机齿轮。

61. 怎样检修起动机单向离合器打滑或未推出起动机齿轮故障？

单向离合器打滑和离合器未推出两种故障在起动时均表现为起动机空转而发动机不转的现象。需要仔细检查起动机是偶尔空转还是一直空转。如果有时起动机还能带动发动机，尤其在热机情况下带转的次数较多，就可判断为单向离合器打滑；如果发动机根本不转，则说明是单向离合器未被推出，不能实现小齿轮与飞轮齿环的啮合。

62. 怎样试验起动机和电磁开关?

（1）空载性能试验　用台钳固定起动机以防止发生意外事故。

① 如图 3-46 所示将起动机连接到蓄电池上。

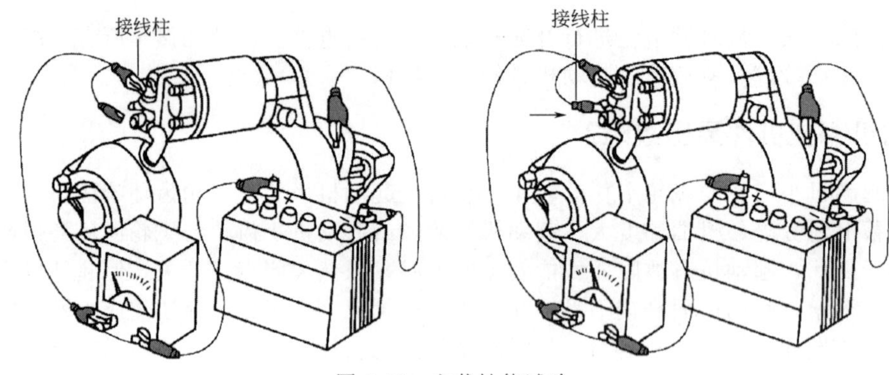

图 3-46　空载性能试验

正极：蓄电池的正极接电流表负极；电流表的负极接到接线柱上。

负极：蓄电池负极接到起动机壳体上。

② 连接接线柱。如果起动机传动的小齿轮跳出，运转稳定，而且电流小于规定的电流值，那么工作是正常的，是符合装配要求的。

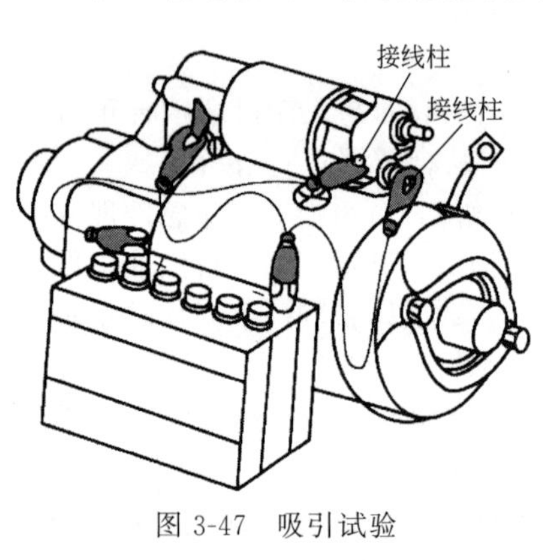

图 3-47　吸引试验

（2）吸引试验　如图 3-47 所示，将磁性开关连接到蓄电池上。

负极：蓄电池的负极接到起动机壳体接线柱的正极上。

正极：蓄电池的正极接到接线柱上。

如果传动齿轮突出，那么接通线圈就是正常的，符合要求。

63. 起动机常见故障有哪些?

桑塔纳、帕萨特系列轿车起动机故障及排除方法见表 3-3。

表 3-3　桑塔纳、帕萨特系列轿车起动机故障及排除方法

故障现象	产生原因	排除方法
起动机运转,但飞轮不转动	(1)起动机离合器的小齿轮磨损 (2)花键损坏,以致小齿轮插入时被卡住 (3)衬垫磨损 (4)小齿轮插入动作有错误 (5)飞轮齿圈磨损	(1)更换 (2)修理或更换 (3)更换 (4)调整 (5)更换
起动机完全不转动或转动得太慢	蓄电池问题 (1)蓄电池电极接头接触不良 (2)接地导线连接变松 (3)蓄电池电压不足	(1)修理或拧紧 (2)拧紧 (3)充电

续表

故障现象	产生原因	排除方法
起动机完全不转动或转动得太慢	点火开关问题 (1)触点接触不良 (2)导线连接松动 (3)点火开关与电池极柱之间断路 起动机问题 (1)电刷的安装不良或磨损 (2)换向器烧毁 (3)电枢绕组断路 (4)起动机磨损	(1)更换 (2)拧紧 (3)修理 (1)修理或更换 (2)修理或更换 (3)更换 (4)更换
起动机不能停止转动	点火开关不回位	更换
点火时间起动机能旋转，但发动机曲轴不转	(1)起动机驱动齿轮损坏 (2)飞轮齿轮损坏 (3)啮合器打滑	(1)更换 (2)检修 (3)检修或更换
起动机有噪声	(1)起动机支座松动 (2)起动机驱动齿轮或飞轮齿圈磨损 (3)起动机轴套磨损	(1)拧紧安装螺栓 (2)更换 (3)修理或更换

64. 为什么起动机线圈容易烧毁?

① 停车后拉紧了驻车制动，又挂上了挡，没有松开就去踏起动机踏板。由于起动机被飞轮咬死（起动机制动），开关一时退不回来，这样时间长了，起动机线圈就容易烧毁。

② 发动机配合太紧，硬用起动机带转，时间长了，线圈就会烧毁。

③ 发动机不好发动，多次使用起动机，间隔很短，每次踏下启动踏板时间又较长，造成起动机内部线圈过热，甚至烧毁。

④ 靠近绝缘电刷的部分磁场线圈有接铁，也会造成线圈烧毁。

⑤ 整流子和电刷接触不良、弹簧断裂、电刷卡死，不能很好地与整流子接触，电流通过时造成整流子大冒火花，促使线圈发热，严重时会将线圈烧毁。

⑥ 电枢线圈与整流子接触不良，启动运转时大冒火花，不仅会烧毁整流子，有时也会烧毁电枢线圈。

⑦ 起动机轴上的铜衬套磨损，造成电枢严重碰磨极掌，甚至电枢被卡死，长时间接通大电流，造成起动机的电枢和磁场线圈被烧毁。

起动机的磁场线圈和电枢线圈是串联的，磁场线圈的支路数比电枢线圈少，而且很多故障出现在绝缘电刷架一端，绝缘电刷线以前的某些部位搭铁，所以起动机上磁场线圈比电枢线圈烧坏得多些。

65. 怎样检查起动机单向离合器?

将单向离合器夹紧在台虎钳上，用扭力扳手逆时针方向转动，如图 3-48 所示，应能承受制动试验时的最大转矩而不打滑。其单向离合器应能承受 25.5N·m 的扭力而不打滑，否则应拆开，进行修理。

66. 怎样修理起动机激磁绕组?

起动机磁场线圈的修复重绕要特别仔细，否则拆散后不能复原，造成整个起动机报废。

起动机的磁场导线很粗，原装绕制时，是在专用机具上成形的，并且线圈与磁场的配合有一定角度和形状，因而拆修时要特别小心。如果拆散时导线过于拉直，则很难使线圈复原。

重绕起动机磁场线圈，实际上是重包绝缘层。下面介绍两种简单办法。

① 拆散磁场线圈后，略微拨散一点，用小刀轻轻刮掉旧有绝缘层，另用绝缘纸裁成与导线同样宽的小条垫放进去，如图 3-49 所示。垫完后用白纱带按半叠包扎法包好，把接头焊好。装好后做一次电枢空转试验。最后再浸漆烘干。

② 将磁场线圈轻轻拨散一点，剔净旧绝缘物，用医用白胶布慢慢贴在导线上，贴完后仍按半叠包扎法包好，最后再浸漆烘干即可。用医用白胶布代替绝缘纸修复起动机磁场效果好，方便可靠。

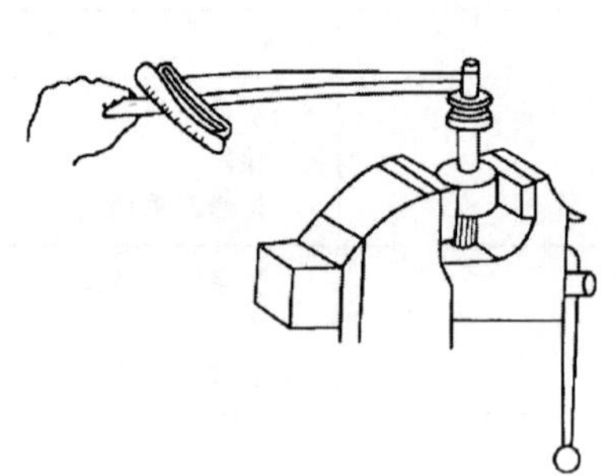

图 3-48 检查单向离合器是否打滑

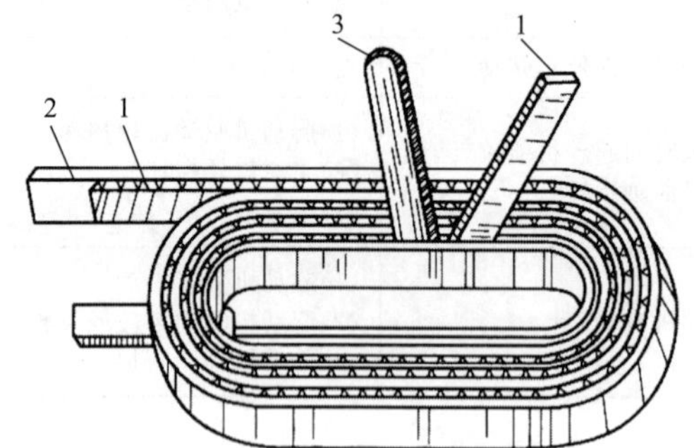

图 3-49 起动机磁场线圈损坏修理

1—绝缘纸；2—铜线；3—小刀（或锯条）

67. 怎样区分蓄电池电压不足与极柱严重锈蚀和起动机电枢短路故障?

这些故障都会表现为启动旋转缓慢无力。但如果连续几次启动后，用手触摸起动机有明显发热之感，说明起动机内部短路；连续启动几次后，用手触摸蓄电池极柱，有明显发热现象，说明极柱锈蚀，接触不良；如果起动机和桩柱均无明显的发热现象，则可认为是蓄电池电压不足。

68. 怎样区分起动机电磁开关的主触头未接通与起动机内部故障?

在外电路完好的情况下，当接通起动机开关时，电磁开关中有“哒、哒”之声，但电动机不运转。这说明电磁开关的主触头未接通或电动机内部有断路故障。此时可用旋具将电磁开关的两个接线柱搭接，电动机旋转正常，说明电磁开关的主触头不能接触；如果电动机仍不旋转，则说明电动机内部有断路故障。

69. 组装起动机时应注意什么?

① 在最后一道工序用 00 号细砂布打磨整流子时应将电枢按车上旋转方向转动，砂布不动。打磨后再将砂布翻过来用布面擦净。整流子槽可用毛刷刷净或用压缩空气吹净，不要用金属片再去剔整流子槽（如需剔槽可在这道工序前进行）。否则就会造成整流子片上出现飞口（很细的毛刺)，通电时产生火花，烧坏整流子。

② 给铜套加油。

③ 连接起动机端盖的长螺杆（或叫穿心螺杆）时，必须装上弹簧垫圈，以免行车时因振动而松脱。

④ 电刷上下运动要自如，不能卡住，绝缘电刷上的绝缘套要柔软。

⑤ 装电刷时用一个钢丝钩子把弹簧钩起，不要用钳子夹弹簧，以免变形，影响弹性。

⑥ 起动机防尘套的连接螺钉要朝外，以利拆装。

⑦ 各连接螺栓要有弹簧垫圈。垫圈和螺母的接触面应打磨干净，使其导电良好。

⑧ 开关上的小轴和起动机各活动处要加油，以保证活动自如。

⑨ 起动机火线接线柱和开关接线柱上的绝缘胶木垫圈损坏后，最好另换新的，缺件时可用纸板代替而不要用橡胶皮，因橡胶皮有弹性，难以拧紧螺栓。

⑩ 电磁开关挂钩常掉脱，可用圆锉刀将原来的挂钩槽锉深，并将调整螺钉调整后再把螺母拧紧。

70. 为什么起动机驱动齿轮端盖需留一定间隙？间隙过大或过小有什么害处？

当起动机的齿轮推到底时，齿轮端面与止推垫片间如没有间隙或间隙过小，啮合时齿轮的冲击将很快撞坏齿轮室；反之，如果间隙过大，起动机的齿轮不能很好地和飞轮齿环啮合，时间久了就会使牙轮损坏。所以要有适当的间隙。

71. 怎样检查起动机部件接铁故障？

用一个仪表灯或其他灯泡串联在12V的电源电路中。电路接通灯就亮。

① 检查磁场时，试灯的一端接起动机壳体，另一端接触磁场线圈的引出端，若灯亮，表示磁场线圈有接铁。这种情况往往是由于线圈松动擦破绝缘所致。这时可采取一边通电检查，一边做推、拉、抬起、压下等动作，看看能否不拆磁掌就能找出接铁处。否则只有拆下磁掌，通电检查，直到排除故障为止。

② 检查电枢时，先看看有无明显的接铁处。若没有，再将试灯的一端接在电枢轴上，另一端接触电枢整流子各片。灯亮，表示电枢有接铁。由整流子上相隔120°的三处拆下电枢线圈的端头，再用灯线分别与整流子接触，找出接铁的这组后，依次将接铁的这组整流子燕尾槽上部的线头拆下，一根根用试灯检查，直到找出接铁的线圈为止。

③ 检查绝缘电刷架时，将试灯一端接铁，另一端分别接触两绝缘电刷架，灯亮即说明绝缘电刷架有接铁。

72. 起动机换向器铜片间的云母要不要割低？

起动机换向器铜片间的云母可以不割低，原因如下。

① 起动机工作时间短，换向器的铜片磨损较小，云母片一般不会因磨损而高出铜片。

② 云母片割低时，会加剧电刷与换向器的磨损，缩短换向器与电刷的寿命。

③ 当云母片割低时，电刷的粉末容易嵌入换向器片间，造成短路。

考虑上述原因，起动机铜片间的云母片可以不割低。但当电刷弹簧压力太小、电刷在电刷架内不灵活、接触面积太小、换向器失圆以及电枢绕组有搭铁、短路时，电刷与换向器之间就会产生火花。在火花的侵蚀下，换向器也会出现麻点和云母突出的情况，当云母突出时，电刷与换向器之间因接触不好就会产生强烈的火花，将换向器烧坏。为避免这种现象，在很多进口轿车的起动机中，其云母是割低的。

第四节　蓄电池故障诊断与排除

73. 怎样维护保养蓄电池？

为了使蓄电池经常处于完好状态，延长其使用寿命，必须认真保养和正确掌握使用方法。在使用蓄电池时须做到如下几点。

① 检查蓄电池外壳有无电解液渗漏，极柱引线是否牢固。

② 清除蓄电池盖上的脏物，冲洗盖上的电解液，疏通加液盖上的通气孔，清除极柱和电缆线接头上的氧化物。

③ 检查并调整电解液液面的高度，正常时应高出极板 10～15mm。当电解液高度不够时，勿乱加自来水、井水、河水等，应加蒸馏水。

④ 用密度计测量电解液的相对密度来测定蓄电池的放电率，其方法如图 3-50 所示。检查时，用玻璃吸管吸入电解液，此时玻璃吸管内密度计上浮后，对准液面的密度计刻度即为该电解液的相对密度值。蓄电池放电率与电解液相对密度关系见表 3-4。从表 3-4 中可以看出，电解液相对密度每下降 0.01，蓄电池大约放电 6%。

表 3-4 蓄电池放电率与电解液相对密度的关系（在 15℃时）

充足电时电解液相对密度	放电时电解液相对密度	
	放电 25%	放电 50%
1.31	1.27	1.23
1.29	1.25	1.21
1.27	1.23	1.19
1.25	1.21	1.17

⑤ 在轿车上拆卸或安装蓄电池的正负极电缆线时，应先拆下或后装上搭铁电缆线，以防金属工具搭铁，造成蓄电池短路损坏。

⑥ 蓄电池引线正、负极不可接错。一般蓄电池极柱上有正（+）、负（-）极标志，若标志模糊不清时，可用万用电表来判断；也可通过观察极柱的颜色加以区分，呈深棕色的为正极，呈灰白色的为负极。为判断方便，可自制正负极鉴别仪，如图 3-51 所示。检测时，鉴别仪上发光二极管亮端所接触的蓄电池极柱引线为正极。该鉴别仪可适用于 6～24V 的蓄电池。

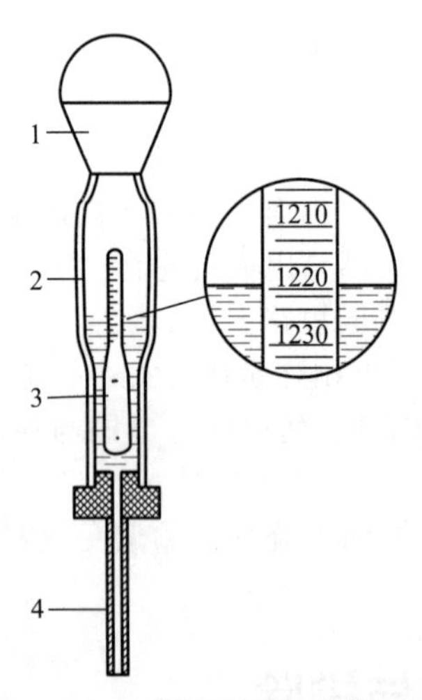

图 3-50 电解液相对密度的测量

1—橡胶球；2—吸液玻璃管；3—密度计；4—吸嘴

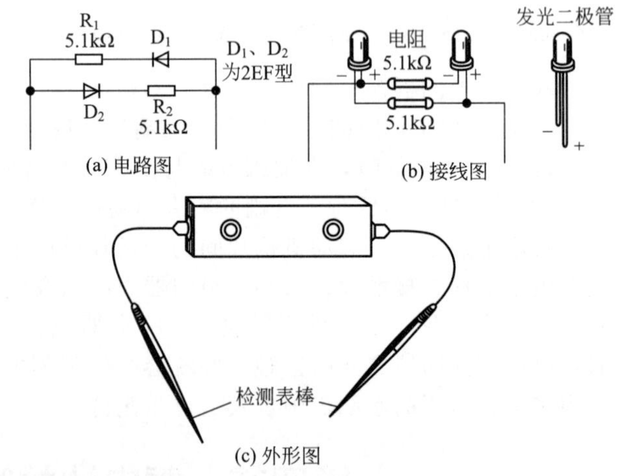

图 3-51 蓄电池正负极鉴别仪的制作

⑦ 长时间不用的轿车，应将蓄电池从车上拆下保存。

⑧ 蓄电池的维护。应用刷子刷干净蓄电池，保持通气孔通畅，并在电极处涂上凡士林油，以防生锈。

74. 轿车电路正常，早晨启动困难是什么原因?

这种现象多半是蓄电池自放电严重致使容量下降之故。在这种情况下，尽管白天轿车运行中充电正常，甚至能充满电。但一夜的严重自放电，可以使容量损耗过半，致使早上启动困难。对于这种情况，首先倒出电解液，烫开封胶，用蒸馏水清洗极板和隔板后重新组装，再加新的电解液即可。

75. 怎样检查蓄电池存电量的多少?

一般有两种方法。

(1) 用相对密度计（之前称密度计）测量电解液相对密度　因为蓄电池充电后电解液相对密度增加，放电后相对密度减少，因此，根据相对密度就可以判断蓄电池存电的多少。根据实际经验，相对密度每减小 0.01，相当于蓄电池放电 6%，所以若已知蓄电池充足电时的相对密度，再根据测得的相对密度就可以粗略地判断蓄电池的放电程度。如蓄电池充足时相对密度为 1.28，现测得相对密度为 1.20，则表明该蓄电池已放电 48%。但应注意的是，在强电流放电或刚刚加注蒸馏水后，由于电解液混合不均，不应立即测量相对密度。

(2) 用高率放电计测量单格电池的电压　高率放电计又称放电叉，它由一个 3V 的直流电压表和一个负荷电阻组成，测量时，应将两叉尖紧压在单格电池的正、负极桩上，历时 5s，观察蓄电池在大负荷放电情况下所能保持的端电压，就可准确地判断蓄电池的放电程度和启动能力。

不同厂牌的高率放电计，因负荷电阻值不同，所以放电电流和电压读数也就不同。使用时应参照原厂说明书的规定。

一般技术状况良好的蓄电池，用高率放电计测量时，单格电压应在 1.5V 以上，并在 5s 内保持稳定；如果 5s 内电压迅速下降，或某一单格电池的电压比其他单格电池低 0.1V 以上时，表示该单格电池有故障，应进行修理。

76. 电解液相对密度对蓄电池性能和寿命有什么影响? 怎样正确选择电解液的相对密度?

电解液相对密度对蓄电池的工作性能和使用寿命有很大影响。相对密度增大时，电解液冰点降低，使冰冻的危险减小，并且还可提高蓄电池的容量。但如相对密度过大，由于电解液黏度增大，渗透困难，反而会使蓄电池容量降低，又会使木隔板加速炭化，极板也易于硫化，从而使蓄电池寿命大大缩短，因此，应根据不同的使用条件选择不同的电解液相对密度。如寒冷地区应使用相对密度较高的电解液；同一地区使用的蓄电池，冬季的电解液相对密度应较夏季高 0.02～0.04。

77. 检修蓄电池时为什么要先放电?

检修蓄电池时，一般都要先放电，让蓄电池放完电后，再拆开检修。这是因为蓄电池正极板上的活性物质二氧化铅很疏松，当从单格电池中拨出时，很易脱落；而负极板活性物质为海绵状铅，如暴露在空气中很易氧化，生成氧化铅，以后会造成硫化故障。这些现象对蓄电池都是有害的。如先将蓄电池放电，不仅活性物质不易脱落，还会使负极板表面受到保持而免遭氧化，所以在检修蓄电池前一定要先放电。

78. 为什么蓄电池容量过低?

充足电的蓄电池装上车后使用很短时间，就感到存电不足；起动机运转缓慢、无力，甚至不能带动发动机曲轴；喇叭声音小；灯光暗淡。用高频放电试验器检查单格电池的电压降低于 1.5V。以上现象表示有蓄电池容量降低故障。

① 起动机使用过多，经常长时间使用起动机，使蓄电池耗电过多，容量降低。将蓄电池从车上取下来进行补充充电后再用。避免长时间过多使用起动机。

② 调节电压过低。发电机调节器的节压器活动触臂弹簧弹力过弱，导致调节电压过低，使蓄电池充电不足，容量降低。重新校准调节电压，然后将蓄电池从车上取下进行补充充电后再用。

③ 极板硫化。极板硫化的主要原因是蓄电池长期处于放电或半放电状态，使极板上生成一种白色的粗晶粒硫酸铅。另一个原因是电解液液面长期低于极板，使极板上部露在空气中，活性物质被氧化，在行车中由于电解液上下波动而与电极板接触，生成粗晶粒的硫酸铅。正常充电时这种粗晶粒的硫酸铅不能转化为二氧化铅和海绵状铅，称为硫酸铅硬化，简称硫化。可能的原因是，用电解液代替蒸馏水加入蓄电池，造成电解液过浓；发电机调节电压过低或过高；电解液不纯；初充电或经常充电不足；电解液液面低于极板等。

极板硫化不严重时，可用小电流长时间充电，或给予全充又全放的充放电循环，使活性物质复原的方法解决。极板硫化严重时，必须拆开蓄电池，重新更换极板。

79. 新旧两种蓄电池串联使用时，为什么旧蓄电池坏得更快?

所谓旧蓄电池，就是指使用半年以上、容量已经下降的蓄电池。造成容量下降的原因主要是部分活性物质脱落或极板上有部分硫酸铅已难还原为硫酸和活性物质（铅和二氧化铅）。

旧蓄电池和新蓄电池串联后，就会在同一个发电机充电电压下流经同一个充电电流；并且在两个电池的电压下，以同一个电流放电，必然会导致旧蓄电池损坏。而且由于旧蓄电池的内阻较大，对新蓄电池也会有不利的影响。

在旧蓄电池电压过低的情况下，还可能出现旧蓄电池异极现象。

80. 蓄电池接线柱连接不良会带来什么后果?

如果轿车上的蓄电池极柱氧化，导线接头固定不紧，不仅会导致接触不良，充、放电流减小，而且会削弱蓄电池对电路尤其是电子电路的保护作用。

蓄电池不仅是轿车上的直流电源，它也相当于一个大的电容器，能够吸收电路中产生的瞬时过电压，保护电子元件。

例如，蓄电池接线良好时，轿车上由于各种负载变化而引起的过电压只有 20～30V，而在蓄电池接线断开，且出现最大负载电流切断时，电路中的瞬时过电压就可达 150～180V。这无疑会造成电子元件的损坏。可见连接好蓄电池电路是非常重要的。

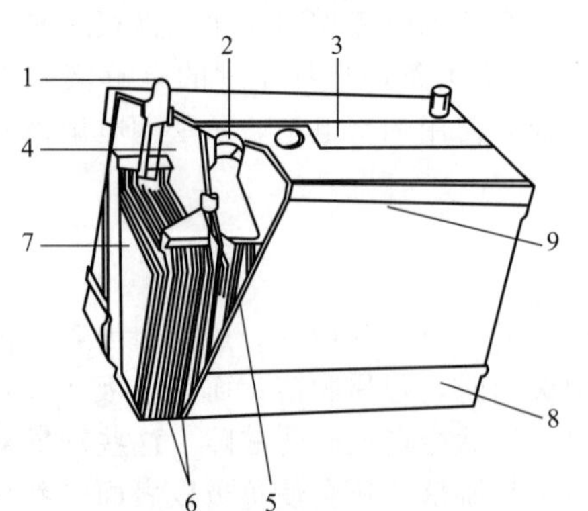

图 3-52 免维护蓄电池的结构

1—极柱；2—内装式电解液密度计；3—极柱盖；4—单格电池连接器；5—极板组；6—塑料隔板；7—极板；8—底栏；9—壳体

81. 免维护蓄电池有什么特点?

蓄电池近 20 年来一个重要的改进，就是研制成功并逐步推广了无须保养的新型蓄电池。目前美国生产的新车全部装用免维护蓄电池，其结构如图 3-52 所示。日本、英国、德国、法国等国家也已大量生产，用以取代普通蓄电池。

这种蓄电池有如下特点。

（1）使用中不需添加蒸馏水　普通的铅酸蓄电池在接近完全充足电时，由于水的分解析出氢气和氧气，使电解液液面下降。如果在接近充电终了时的充电电流过大，则失水量就越多。由于免维护蓄电池采用了低锑合金或铅钙合金的栅架，可使蓄电池析出的气体和蒸发的水减至最少。在轿车定电压充电条件下，免维护蓄电池过充电电流仅为普通蓄电池的1/20，因而，析出的气量可减少95%。但是各厂家提出的免维护的指标不尽相同，英国OLDHAM样本提出的是2.5万千米或12个月不需加水。美国GLOBE公司提出的是，低锑板栅式8万千米、铅钙合金式30万千米不需加水。国内试验，在民用卡车上可8个月不需加水。免维护蓄电池在使用中不需加水的另一个原因是采用了信封式隔板，这种隔板对正极板的活性物质能起到保护作用，可防止因活性物质大量脱落沉于底部而造成电池短路，所以蓄电池容器的底部没有肋条，极板组直接坐落在蓄电池底部，这样，就可使极板组上部的电解液比普通蓄电池增加一倍多。

（2）极柱的腐蚀极轻微　免维护蓄电池设计了新的通气系统，可使蓄电池顶部平滑、干燥、容易擦洗，同时也减少了析出的酸气对极柱的腐蚀。

（3）自放电少、寿命较长　普通蓄电池铅锑合金栅架中含有4%～7%的锑，在充、放电循环中，锑要从栅架内转移到正、负极板的活性物质及电解液中，从而增加了蓄电池的自放电，缩短了蓄电池的使用寿命。免维护蓄电池的栅架为无锑或低锑合金材料，使自放电大大减少，蓄电池的使用寿命延长，要比普通蓄电池的寿命高3～4倍。

（4）启动功率大　采用新材料做栅架和单格极板组的贯穿连接，减少了电池的内阻，可使启动功率增大。

82. 怎样使用免维护蓄电池？

（1）蓄电池充电状况的检查　观察蓄电池充电状态指示器的颜色，便可确定蓄电池的充电程度，绿色表示蓄电池充电程度在65%以上；黑色表示充电程度低于65%，需要充电；黄色表明电解液已减少到极限值。此时，应检查蓄电池外上壳有无破损或裂痕以致电解液外漏，或轿车电气系统有无故障（如短路等）。当蓄电池中的电解液液面过低并难以供电使发动机不能启动时，则应更换蓄电池。

（2）蓄电池的负荷试验

① 用炭堆作为蓄电池的负载电阻，调节电池的负载电流至300A，放电时间约15s。

② 断开负载电阻，停止放电，休息15s。

③ 接通蓄电池的负载电阻，根据蓄电池标牌上规定的负荷试验值，调整蓄电池的输出电流，连续放电时间约15s。

④ 在蓄电池连续放电至15s末时，测出蓄电池的放电终止电压后，立即停止放电。

⑤ 将测得的数据与负荷试验标准值相比较，当放电终止电压值小于最低标准值时，应更换蓄电池。

（3）蓄电池的充电

① 12V免维护蓄电池的充电电压调至14.4V，在室温环境下进行充电。

② 当蓄电池的电解液从出气孔溢漏冒气或电解液温度高于45℃时，每隔1h查看充电状态指示器是否出现绿点，若无绿点，则继续充电。

③ 在充电状态指示器出现绿点后，即停止充电，并对蓄电池进行负荷试验。

在免维护蓄电池的使用及更换时，应注意安全，电池盖应远离火焰和火花，以防止点燃挥发出的气体，使蓄电池爆炸，伤害操作人员。

第五节 灯光与仪表仪器设备故障诊断与排除

83. 怎样检查仪表板?

(1) 稳压器 (J6) 的检查　如图 3-53 所示，接通点火开关，用万用表电压（直流）挡先检查 28 孔插接件 3 的第 13 孔（接正极端）和第 3 孔（接负极端），电压值应高于 10.5V，若低于 9.5V，表示蓄电池电压不足。再用电压表正极端接稳压器（J6）的正极 1，负极端接稳压器（J6）的负极 2，电压应在 9.5～10.5V 之间，否则为稳压器（J6）有故障。

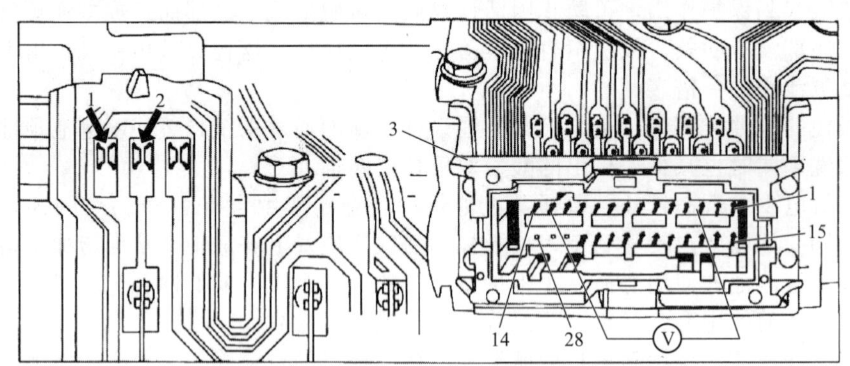

图 3-53　稳压器（J6）的检查

1—稳压器的正极；2—稳压器的负极；3—28 孔插接件

(2) 发光二极管的检查　如图 3-54 所示，发光二极管 5 包括转向警报灯（K_5）、发电机警报灯（K_2）、油压警报灯（K_3）和冷却液温度警报灯（K_n）。用数字式万用表 4（VAG1315A）同时按下箭头所指的电阻测量和电压测量按钮，万用表红端“+”接发光二极管正极 3，万用表黑端“－”接发光二极管负极 2，当电压为 9.5～10.5V 时发光二极管 5 必须发光。注意：要分清发光二极管的负极标记，即发光二极管的外壳上有直棱边一侧 1 为负极，发光二极管的外壳内最大的极为负极。

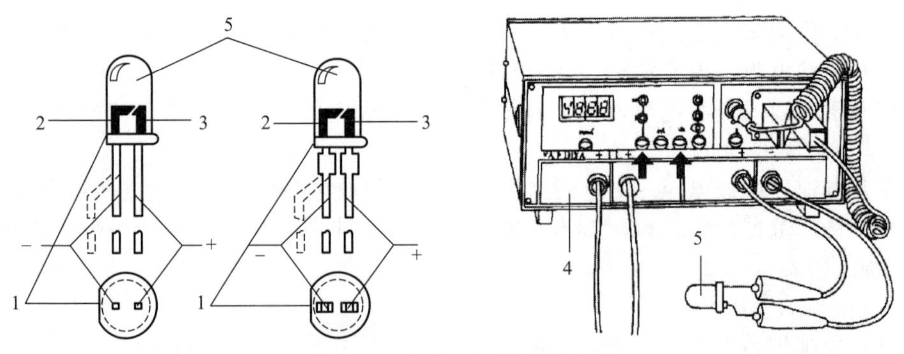

图 3-54　发光二极管的检查

1—发光二极管外壳上有直棱边的一侧；2—发光二极管负极；3—发光二极管正极；4—数字式万用表；5—发光二极管

(3) 水温表传感器的检查　如图 3-55 所示，将水温表传感器接上标准冷却液温度表 6，并放在加热电炉上的热水槽 1 中给水温表传感器加热，用水银温度表与标准冷却液温度表 6 的温度值作比较，若两表一致，表示被测水温表传感器 2 良好。若两者不一致，则被测水温表传感器 2 有问题。

(4) 油压开关的检测　如图 3-56 所示，将被测油压开关 3 装在油压机 1 上，加压后用标准油压表 2 与被测试油压开关 3 的油压指示灯 4 作比较，低压油压开关应在 30kPa 时打开，高压油压开关应在 180kPa 时闭合。

(5) 车灯开关的检查　如表 3-5 所示，用万用表电阻 1×Ω 挡，检查各挡位时的接线是否正确，应符合表中要求。

(6) 前后雾灯开关的检查　如表 3-6 所示，用万用表电阻 1×Ω 挡，检查各挡位时接线柱的接通状况，应符合表中的要求。

(7) 后风窗加热开关的检查　如表 3-7 所示，用万用表电阻 1×Ω 挡，检查各挡位时，接线柱的接通状况，应符合表中的要求。

(8) 车速里程表的检查　当发现里程表不工作或读数不正确时，故障的原因一般如下。

① 变速器输出轴驱动测量小齿轮的轮齿磨损严重，或者软轴与驱动测量小齿轮的啮合间隙过大。修理的方法，一般以更换零件为主。

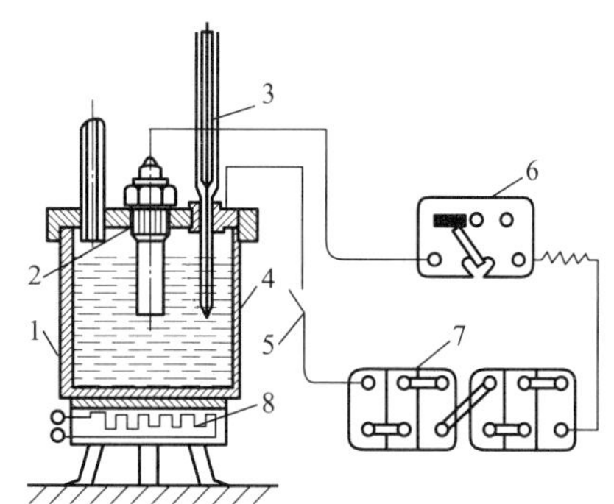

图 3-55　水温表传感器的检查

1—加热槽；2—被测试水温表传感器；3—水银温度表；4—热水平线；5—开关；6—标准冷却液温度表；7—蓄电池；8—加热电炉

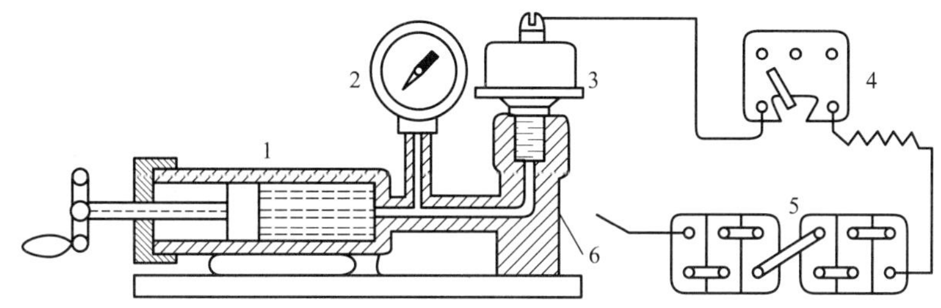

图 3-56　油压开关的检测

1—油压机；2—标准油压表；3—被测试油压开关；4—油压指示灯；5—蓄电池；6—开关

② 车速里程表内第二对蜗轮蜗杆的啮合间隙过大，传动松动。修理时，可旋松固定螺杆，检查调整间隙，调整合格后重新固定。

表 3-5　车灯开关的检查

开关挡位	接线柱									
	(8/30)	(3/31)	(6/56)	(7/X)	(5/NSL)	(10/58L)	(11/58R)	(9/58)	(2/58e)	(1/58b)
点火开关接通		○	—	○						
一挡	○	—	—	—	—	○	○	○	○	○
		○	—	○						
二挡	○	—	—	—	—	○	○	○	○	○
		○	○	○	○					

表 3-6　前后雾灯开关的检查

开关挡位	接线柱				
	(2/58b)	(1/31)	(4/83b)	(3/83a)	(5/83)
车灯开关接通	○	○			

续表

开关挡位	接线柱				
	(2/58b)	(1/31)	(4/83b)	(3/83a)	(5/83)
一挡	○——	——○		○——	——○
二挡	○——	——○	○——	——○——	——○

表 3-7　后风窗加热开关的检查

开关挡位	接线柱			
	(2/58b)	(3/+)	(1/31)	(4/86)
车灯开关接通	○——	————	——○	
接通	○——	———— ○——	——○ ————	 ——○

当发现总里程计数器工作，但单程里程计数器不工作时，一般原因为单程里程计数齿轮的中间齿轮与总里程计数齿轮之间松脱或损坏，使单程里程计数器不工作。

当发现车速表指针指示波动，指针不回零，或速度指示不正确时，应首先检查软轴是否磨损，再检查车速里程表表头的磁轴、游丝和其他零件是否磨损，或由于脏物造成阻卡、不灵活等现象。

将软轴接到车速里程表上运转时，应将软轴笔直插入车速里程表的驱动轴孔内，并保证不使软轴与其他线束任意交错，造成软轴卡死或弯曲。

（9）燃油表传感器的检查，如图 3-57 所示，将燃油表传感器的两引出线与万用表相连（电阻挡），不断改变燃油表传感器浮子的位置，检查在各位置时的电阻值。当浮子高度为零时，输出电阻为（283±5）Ω；当浮子高度为全程 1/2 时，输出电阻为（78±2）Ω；当浮子高度在最高位时，输出电阻为（40±1）Ω，否则表示燃油表传感器损坏。

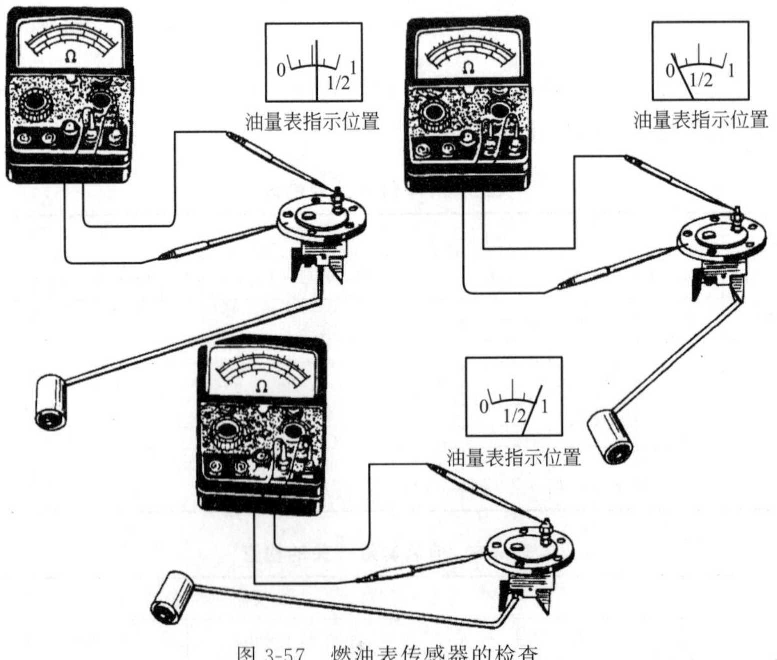

图 3-57　燃油表传感器的检查

84. 怎样诊断与排除车速里程表的故障?

车速里程表的故障与排除见表 3-8。

表 3-8　车速里程表的故障与排除

故障现象	产生原因	排除方法
车速表和里程指针均不动	主轴减速机构中的蜗杆或蜗轮损坏使软轴不转 软轴或软管断裂 主轴处缺油或氧化而卡住不动 表失灵	更换新零件 更换软轴或软管 清除污物或加润滑油 更换
车速表走动,指针跳动、不准,里程表正常	指针轴磨损或已断 轴向间隙过大 速度盘与磁铁相碰,游丝失效或调整不当	更换 调整位置 换游丝或重新调整
车速表和里程表指示值失准	永久磁铁的磁性衰减或消失 游丝折断或弹性衰减 里程表的蜗轮或蜗杆磨损	充磁 更换 更换
车速表走而里程不走	从车速表驱动轴至计数轴之间的任何一对减速蜗轮磨损而打滑	配换新蜗轮
里程表走而车速表不走	金属速度盘或指针卡住 磁铁失效	调整 进行充磁

85. 怎样诊断与排除水温表的故障?

水温表的故障与排除见表 3-9。

表 3-9　水温表的故障与排除

故障现象	故障诊断	故障原因	排除方法
接通电源后,指示表指针不动或指示数值偏高	查看电流表(断电器触点闭合):示值为“0”	蓄电池至点火开关正极接线柱一段公用电路断路	接通或更换导线
	用电流表放电 3A 时,将指示表正极接线柱搭铁试火 (1)若无火花	点火开关至指示表连线断脱	更换指示表或导线
	(2)若有火花再将传感器接线柱搭铁 ①指针仍不动 ②指针迅速转动	指示表电热线圈损坏或指示表至传感器之间连线断脱 传感器损坏或搭铁不良	修理或更换传感器
接通电源后,指针指示数值偏低	将传感器接线柱上的连接拆除,进行断路试验 (1)指针仍指到最低值 (2)若指针转至高温	指示表于传感器之间连线有搭铁 传感器内部有搭铁	修理或更换导线 更换传感器
指针指示数值不正确、失准		指示表与传感器未正确配套 指示表或传感器性能不良(如电热线圈烧坏造成短路或传感器的热电阻衰老变质)	必须配套 检查或更换

86. 怎样诊断与排除燃油表的故障?

燃油表的故障与排除见表 3-10。

表 3-10 燃油表的故障与排除

故障现象	故障诊断	故障原因	排除方法
接通电源,指针不动,无论存油多少,示值总为“0”	查看电流表和油压表:示值均为“0” 油压表指示正常 拆下指示表接线柱的导线将其搭铁,试火	指示表电源线断脱 燃油表内部断路或接触不良指示表接线柱的导线接反右线圈烧断或指示表至传感器间导线搭铁	接好 更换或修理 重新接好 更换指示表或导线
无论存油量多少示值总为“1”或偏高	用起子将传感器接线柱与油箱短接	指示表接线柱至传感器之间的连线断脱 传感器可变电阻损坏,滑片与可变电阻接触不良,滑动触点臂折断	重新接好 更换或调整
指示表指针大幅度摆动 指示表示值失准		线头松动,搭铁不良,传感器滑片与电阻接触不良或中间电阻磨断 仪表未配套,使用性能不良传感器浮子使用过久,防油能力差 去规定浮力,激烈振动,使柱杆弯曲	紧固螺母搭铁良好 拆下传感器进行清洁、调整接触面或更换传感器 正确配套 更换

87. 怎样诊断与排除机油油压及油压警报灯的故障?

机油油压及油压警报灯的故障与排除见表 3-11。

表 3-11 机油油压及油压警报灯的故障与排除

故障现象	故障原因	排除方法
怠速时油压警报灯亮	(1)机油过少 (2)机油黏度太小 (3)机油滤清器堵塞 (4)曲轴及连杆轴承磨损过大 (5)机油泵损坏 (6)机油泵限压阀卡在开启位置 (7)低压机油开关损坏 (8)线路故障	(1)补充机油 (2)更换机油 (3)修复 (4)更换 (5)更换 (6)更换 (7)更换 (8)修复
2000r/min 时警报灯亮	(1)机油泵磨损 (2)机油滤清器堵塞 (3)气缸体的油道堵塞 (4)曲轴与连杆轴承间隙过大 (5)线路故障 (6)高压油压开关损坏	(1)更换 (2)修复 (3)修复 (4)更换 (5)修复 (6)更换

88. 怎样用仪表检查法检查电路断路?

使用万用表检查时必须用电压挡，而且量程必须高于本车用电电压，否则会烧坏万用表。使用仪表检测电路时应注意极性，即电压表的正极接电源正极，负极与电源负极相接，对于负极搭铁的轿车，仪表的负极应接到发动机或车架上。使用直流电压表检查时，应把从电压表负极接线柱引出的导线接在发动机或车架上，再从正极引出一根导线。接通开关后，用电压表正极引出的导线头，从蓄电池正极开始，按接线顺序逐段向用电设备方向接触检查。若电压表指针摆动指示电压，说明电路正常；若电压表指针无指示，则说明电路断路，其断路在电压指针有指示与无指示之间的这段电路中。

89. 怎样诊断与排除组合开关和前风窗雨刷开关故障?

组合开关和前风窗雨刷开关的故障与排除见表 3-12～表 3-14。

表 3-12　喇叭的故障与排除方法

故障现象	产生原因	排除方法
按下喇叭按钮，喇叭不响	喇叭电源线路断路	找出断路处，重新接好
	过载或电路短路，使熔丝熔断	找出短路处，排除后更换熔丝
	喇叭线圈烧坏或有脱焊之处	修理或更换
	喇叭触点烧蚀或触点不闭合	打磨触点，重新调整
	喇叭导线端头与转向机间的接线管脱开	插紧
	导线在转向机轴管内扭断	更换导线
	喇叭线到按钮上的焊头脱落或接触不良	重新焊好
	喇叭继电器线圈断路、触点间隙过大，使触点不能闭合	修理、调整
	喇叭按钮接触不良或搭铁不良	修理
喇叭声音沙哑	蓄电池电压不足	充电
	喇叭触点烧蚀导致接触不良	清洁打磨触点
	膜片破裂	更换
	回位弹簧钢片折断	更换
	动铁和铁芯间的间隙不均匀，因歪斜发生碰撞	重新调整
	喇叭固定螺钉松动	紧固
	喇叭筒破裂	更换
按下喇叭按钮，喇叭不响，只发“嗒”一声，但耗电量过大	调整不当，使喇叭触点不能打开	重新调整
	喇叭触点间短路	拆开触点固定螺钉，更换绝缘垫使其正常
	电容器或灭弧电阻短路	更换

表 3-13　灯光系统的故障与排除方法

故障现象	产生原因	排除方法
接通灯开关时，保险立即跳开，或熔丝立即熔断	线路中有短路处	找出短路处加以绝缘
灯泡经常烧坏	调节器(节压器)调整不当或失调使电压过高	重新调节
所有的灯均不亮	车灯开关前电源线路断路或短路，熔丝熔断 灯开关双金属片触点接触不良，不闭合或灯开关损坏	找出故障处，排除修理

续表

故障现象	产生原因	排除方法
大灯灯光暗淡	电压过低(蓄电池电量不足或发电机有故障) 配光镜或反射镜上积有灰尘 接头松动或锈蚀,使电阻增大	对蓄电池充电、检修发电机 拆开大灯进行清洁 扭紧、清除锈蚀
变光时有一个大灯不亮	灯丝烧断 接线板到灯泡的导线断路 灯泡与灯座接触不良	更换灯泡 检查并清除污垢,使接触良好
接通大灯远光或近光时,右大灯亮而左大灯明显发暗	左大灯搭铁不良 左大灯配光镜或反射镜上积有灰尘 左大灯灯泡玻璃表面发黑 接头松动或锈蚀使电阻增大	使搭铁良好 拆开大灯并清除灰尘 更换灯泡并扭紧清除锈蚀
两个小灯均不亮	车灯开关到小灯接线板的导线断路 灯丝烧断	重新接好 更换灯泡
一个小灯不亮	小灯接线板到小灯的导线断路 灯丝烧断 搭铁不良	重新接好 更换灯泡 使搭铁良好
后灯不亮	线路中有断路处 灯丝烧断 搭铁不良	重新接好 更换灯泡 使搭铁良好
制动灯不亮	线路中有断路 制动灯开关失灵 灯丝烧断 搭铁不良	重新接好 修理或更换 更换灯 搭铁良好
转向灯不闪烁	电源+闪光继电器到转向开关的电源线路中断路 闪光继电器损坏 转向开关损坏	重新接好 修理或更换 修理或更换
左转向时闪光正常而右转向时闪光变快	右转向灯功率小 右转向灯中有一个灯泡烧坏或线路中有接触不良处	按规定安装灯泡 更换灯泡使搭铁良好
右转向时转向灯闪烁正常,但左转向时前面两个小灯均微弱发光	左小灯搭铁不良(采用双丝灯泡时)	使搭铁良好
接通转向开关,闪光继电器立即烧坏	转向开关至某一转向灯之间的线路中有短路搭铁处	找出搭铁处重新绝缘

表 3-14 刮水器的故障及排除方法

故障现象	产生原因	排除方法
电动机不转动	熔丝烧断 导线松动或接触不良 刮水器开关损坏或接触不良 电刷磨损或夹住 电枢线圈烧坏或减速器齿轮损坏 线圈接头松脱 转子卡死	更换 检修 检修或更换 按前述直流电动机检修或更换

续表

故障现象	产生原因	排除方法
刮水器动作迟缓	电压过低或开关接触不良 刮片和玻璃的接触面脏污 电动机轴承和减速器齿轮润滑不良 电刷接触不良或弹簧过软	检修 清洁 加注润滑油 更换电刷或弹簧
开关断开后，电动机仍转动	开关或接线短路 自动停位器触点烧坏	检修或更换 用砂纸修整或更换
开关断开时，电动机立即停止，刮片停止位置不当	自动停位器搭铁不良 停位器触点污染或接触不良 自动停位器停止位置不当	检修 清洁触点 调整
刮水器摇臂有不正常响声	连杆机构扭曲 接头磨损	修理或更换
刮水效果不良	刮片磨损或变硬 玻璃上有油垢	更换刮片 用浓肥皂水洗净玻璃

90. 前照灯常见故障的排除方法有哪些?

若远光灯和近光灯都不工作，首先应排除熔断器及前照灯双丝灯泡的故障；再检查灯光开关，进行修理或更换。如近光灯或远光灯一边灯亮、一边灯不亮，首先应检查不亮的前照灯一边的灯座接线处是否良好，灯丝是否完好。如上述均正常，则应检查对应的熔断器和连接导线。若近光灯和远光灯工作正常，但在变光时，仪表板上的指示灯不工作，则应检查仪表板、中央线路板及接线或指示灯。

91. 怎样检修照明装置?

(1) 检查步骤 一般分为四步，一保险、二灯泡、三线路、四搭铁。检查熔丝时，若无火，需向开关电路方向检查；有火时需检查灯泡。

(2) 分析说明 照明电路包括前照灯、小灯、尾灯、牌照灯和仪表灯等。轿车照明设备的数量因轿车的型号和用途的不同而各异。有的轿车装有近百个灯，从耗电量 0.27A 的微型指示灯到耗电量超过 5A 的封闭式前照灯。无论是进口轿车还是国产轿车，照明电路按上述步骤检查都是容易解决的。除此之外，为便于维护，还应掌握新型轿车灯具的一些结构特点。例如新型轿车的前照灯多为封闭式，内装双丝灯泡，一根为远光灯丝，其功率较大，位于反射镜焦点上；另一根为近光灯丝，其功率较小，位于反射镜焦点的上方或前方。前照灯寿命短经常是由于电压过高所造成的，也可能是由于蓄电池电路接点松动或腐蚀及充电过度引起的。这时应检查电压调节器。灯暗是由于电压低引起的，电压低可能由于电路接头松动或腐蚀所致，也可能是蓄电池充电不足所致。

92. 接通转向开关后闪光器为什么立即烧毁?

闪光器本身不是负载，而是一个间歇性的开关，因此它必须与转向灯串联使用而不能单独与电源构成回路，否则会造成损坏、烧毁。

当转向开关连接导线碰铁短路时，开关接通后，电源便直接与闪光器构成回路，如图 3-58 所示。同一侧的三个转向灯均从电路中隔除，这时闪光器触点闭合后无负载，所以线圈立即冒烟烧毁。

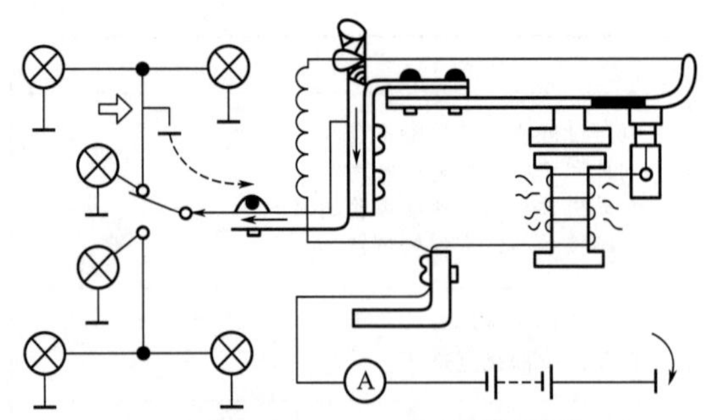

图 3-58 线路碰铁引起闪光器烧毁

出现上述故障时，必须先查清短路部位并予以排除，然后才能换用新的闪光器。检查时，应拆下转向开关位于烧闪光器位置所接通的灯线接头，先确定短路发生在哪条灯线，然后再在该线路内确定短路部位。注意，判断闪光器本身是否良好时，应采用隔除法，如图 3-59(a) 所示，而不能用短路划火法，如图 3-59(b) 所示。

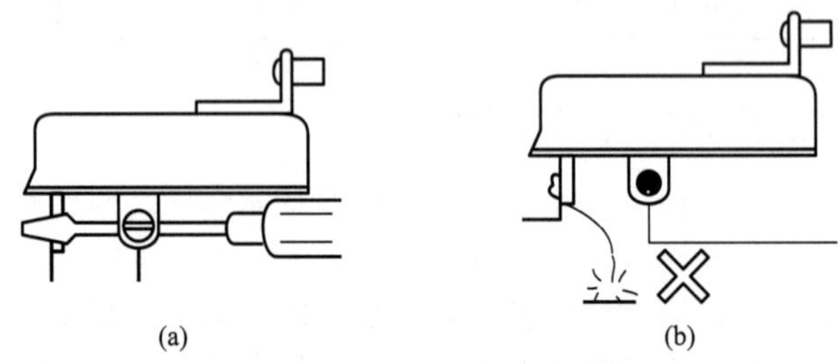

(a) (b)

图 3-59 判断闪光器好坏的方法

SD 型热线电磁式闪光器，若只烧毁了线圈部分，可用 ϕ0.5mm 玻璃丝包圆线绕 47 圈。

93. 怎样检查转向信号灯电路故障?

若拨动转向开关时，左、右转向信号灯均不亮，应首先检查熔丝是否熔断，检查从熔丝和闪光器这段电路的连接状态是否良好。若无导电，则可按下列顺序检查。

① 检查闪光器是否工作良好。

a. 检查时，先拆下闪光器上的两根导线。

b. 将此两根导线短接。

c. 把转向开关接通，左、右有危险报警开关时可接通，这时若左、右转向信号灯全亮，则电路是好的，故障出在闪光器；若不亮，应判断是否开关有问题。

d. 把转向信号灯开关分别置于左、右转向位置。若灯亮，则说明开关电路是好的，否则应进行下一步检查。

② 检查开关各连接处和测试开关的整体导通情况。

③ 开关扳向左、右方向时，灯亮灭次数不一样，应进行下列检查。

a. 检查有无不亮的灯。若有，则检查不亮的灯的灯座和电线连接情况是否正常。若灯丝断，则更换灯泡。

b. 检查灯泡的亮度有无差异，若有差异，应把较暗的灯的各连接部位搭铁，使灯座牢固连接。

c. 检查转向信号灯、停车灯、示宽灯或侧转向信号灯等有无连接错误。

④ 若左、右转向信号灯亮灭次数不准确，其原因如下。

a. 比标准亮灭次数多时，可能是灯泡功率大或闪光器损坏引起的。

b. 比标准亮灭次数少时，可能是灯泡功率小或闪光器搭铁极性接反，也可能是闪光器或闪光开关损坏所致。

94. 为什么转向信号灯明亮不闪烁?

转向信号灯开关在左位时，左转向信号灯和左转向指示灯出现亮度正常而不闪烁；转向信号灯开关在右位时，右转向信号灯和转向指示灯出现亮度正常而不闪烁。以上现象表明，闪光器触点烧结或无间隙。

95. 为什么转向信号灯闪烁快慢不一致?

打开左转向开关时，左转向信号灯和左转向指示灯灯光闪烁快；而打开右转向开关时，右转向信号灯和右转向指示灯闪烁慢，或右灯闪烁快而左灯闪烁慢。故障原因主要是，闪烁慢的灯的电路各接线柱太脏，氧化物过多，搭铁不良；闪烁快的灯与闪烁慢的灯的灯泡功率不同。

96. 为什么接通转向的开关时，左、右两侧的转向信号灯同时闪烁?

转向灯电路，是将两个后灯的搭铁线连在一起，然后再与车架的铁体相连接。当这条公用“地线”搭铁不良时，若接通右侧的转向信号灯电路，电源通往右后转向信号灯灯丝的电流便不能直接搭铁，而经过公用“地线”流至左后转向信号灯灯丝，再通过左前小灯的转向信号灯搭铁，因此，四个转向信号灯同时发亮闪烁，但光度明显差异（右前小灯亮而其余灯暗）。电路连接正常时，装在驾驶室内的转向指示灯亮度清晰，而发生上述故障时，则灯光很弱。

97. 为什么接通转向开关后，两个前小灯闪光且亮度不一?

这是由于闪光亮度正常一侧的前小灯的两根“火线”短路而引起。若左前小灯两“火线”短路而接通左侧转向灯时，由闪光器来的电流便一路经左前小灯转向灯丝搭铁，另一路经两“火线”的短路处-前左小灯灯丝-小灯过桥线-右小灯灯丝-搭铁，因两电路成并联与闪光器相接，故均闪光，且烛光数大的左灯亮，而烛光数小的右灯暗。

98. 大小灯经常被烧毁是什么原因?

灯丝经常被烧毁，多半是发电机的端电压过高的缘故，调节器稳压器管损坏，熔丝松动。

发电机电压越高，通过灯丝的电流越大，发热量越多，温度越高。所以灯丝很容易烧毁。因此，遇到这种情况时应及时检修调节器，检修发电机熔丝。适当降低发电机的端电压，以延长灯泡的使用寿命。

99. 在轿车电路中出现短路搭铁现象应怎样检查?

当接通开关时，熔丝立即熔断，说明开关所接用电设备的电路中有短路搭铁的地方，检查方法如下。

① 若开关接通的只有某个用电设备，则说明发生短路搭铁处就在开关到这个用电设备之间的电路中，如图 3-60 所示。

确定具体发生短路搭铁的方法见图 3-60(b)、(c)，先从蓄电池正极引出一根火线，然后从用电设备一端开始，向开关方向按次序逐段拆开导线接头，每拆下一个导线接头，即用火线碰一下，见图 3-60(b)。若在 1 处碰火，用电器工作正常。若在 2 处碰火，见图 3-60(c)，会有“叭”的一声，并跳出火花，若用电器仍不工作，则短路搭铁处就发生在 1 与 2 之间的电路中，重新做好绝缘。

② 若开关接通的是多个用电设备，则说明其中某个用电设备的电路中有短路搭铁处，如图 3-61 所示。

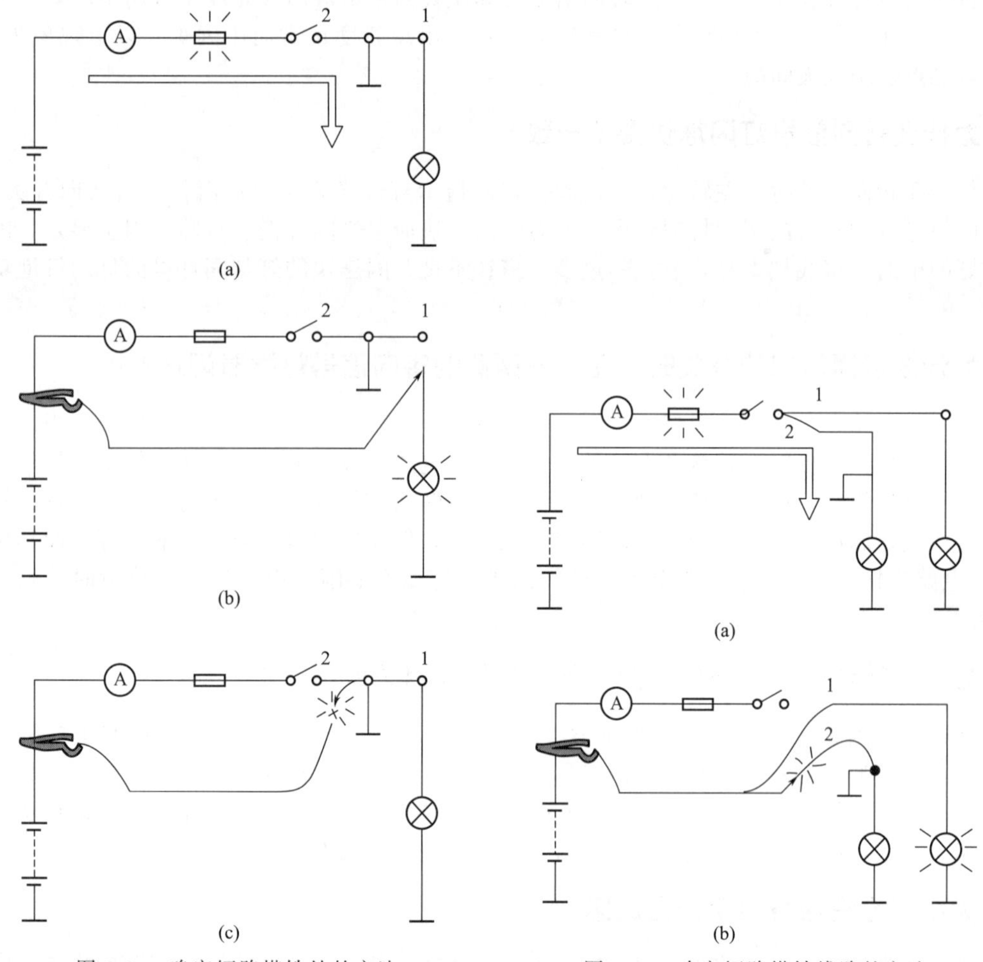

图 3-60 确定短路搭铁处的方法

图 3-61 确定短路搭铁线路的方法

为确定短路搭铁处，可先从该开关上拆下烧熔丝所接通的全部导线接头（每个导线接头都用透明胶布做好记号，以免弄错位置）。然后用火线分别一一地与它们相碰，见图 3-61(a)。若与 1 处相碰时，用电设备工作正常，则说明该线路正常；若与 2 处相碰时，“叭”的一声产生火花，但用电器仍不工作，则说明该电路中有短路搭铁处，如图 3-61(b) 所示。然后按①的方法找出电路中具体的短路搭铁处。

100. 怎样用试灯检查法和刮火检查法检查电路断路?

(1) 试灯检查法　用牌照灯做一个试灯，如图 3-62 所示。

检查时，先用鱼夹夹在发动机或车架上（搭铁），接通开关后，将测试棒头从蓄电池开始按接线顺序，逐段向用电设备方向检查，若试灯亮，说明电路通路；若试灯不亮，说明电路断路，断路处在试灯亮与不亮之间的这段电路中。

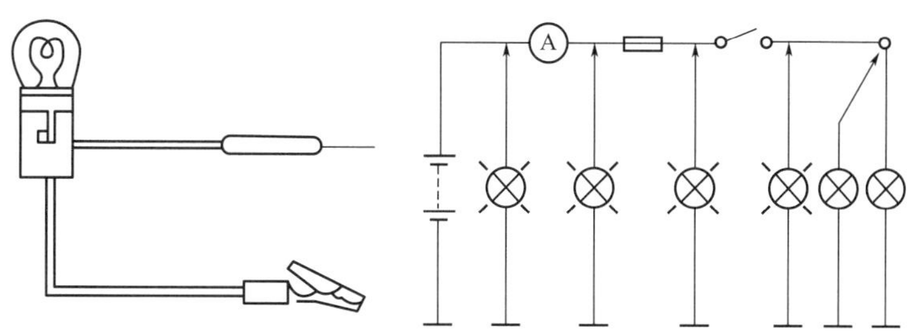

图 3-62　用试灯检查断路

(2) 刮火检查法　用一根细导线使其一端依次与用电设备火线上各接线柱相接，用另一端头在发动机机体上瞬间刮火，出现火花的表明电路畅通，无火花出现的电路即为断路，断路处在有火花与无火花之间的这段导线上。如图 3-63 所示。

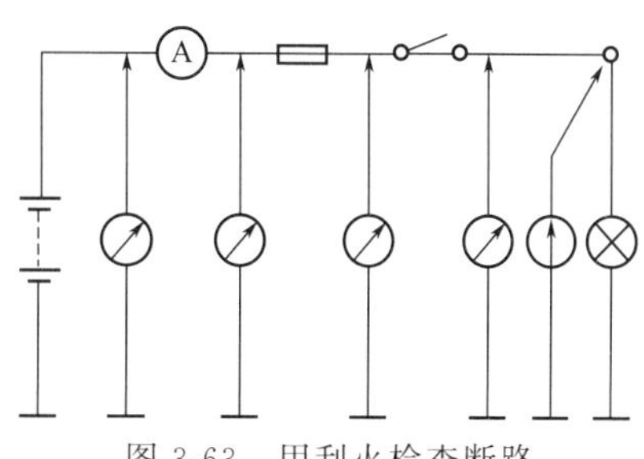

图 3-63　用刮火检查断路

使用这种方法时要严格注意，导线刮火时，刮碰发动机机体的时间应特别短，以免熔丝熔断。

101. 接通前照灯的远光和近光时，为什么一侧灯亮，一侧灯暗？

若接通前照灯的远光和近光时，左前照灯灯光亮，右前照灯灯光暗，这种现象是右前照灯搭铁不良所致。因为前照灯灯泡是双丝的，一根灯丝用于远光，另一根灯丝用于近光，两根灯丝共用一条回路搭铁线。

如图 3-64 和图 3-65 所示，接通前照灯开关时，图 3-64 中粗箭头表示流经左前照灯的电流通路，图 3-65 中细箭头表示流经右前照灯的电流通路。

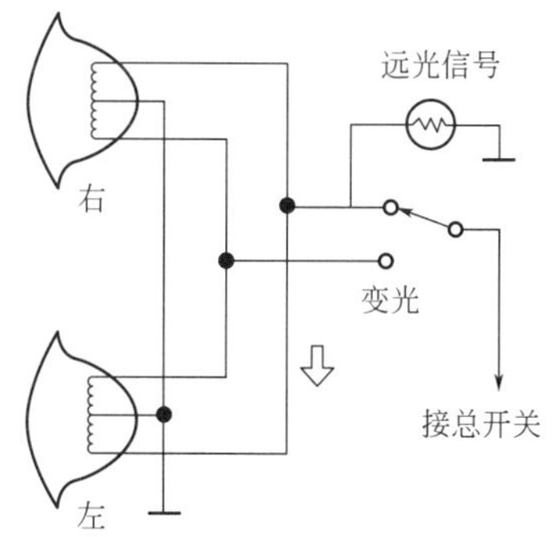

图 3-64　左前照灯搭铁不良时接通远光的电路

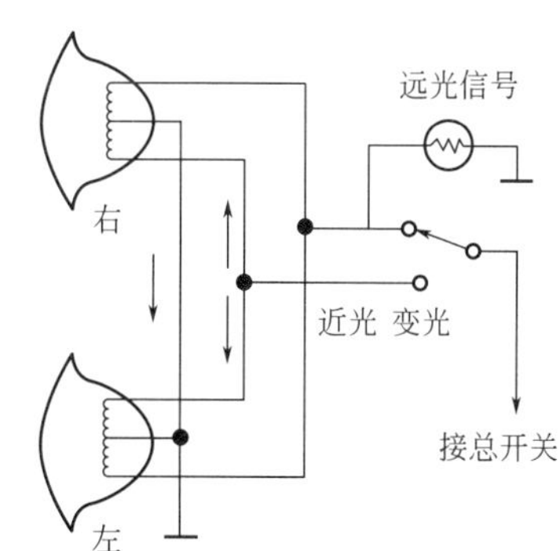

图 3-65　右前照灯搭铁不良时接通近光的电路

接通远光开关时，如图 3-65 所示，电流经导线通过左前照灯远光灯丝后搭铁构成回路。

由于右前照灯搭铁不良，因而流经右前照灯远光灯丝的电流只能通过右前照灯近光灯丝，再经过左前照灯的近光灯丝后搭铁构成回路。因此右前照灯的导线回路中电阻增大，电流减小，所以使右前照灯远光变暗。

当接通近光开关时，由于右前照灯搭铁不良，通过右前照灯近光灯丝的电流，只有经过右前照灯远光灯丝，再经导线通过左前照灯远光灯丝搭铁后构成回路。因此右前照灯近光电流只有通过三个灯丝才能构成回路，所以增大了电路中的电阻，减小了通过右前照灯的电流，右前照灯近光变暗。为解决这个故障，应仔细检查右前照灯的搭铁线，清理干净接触处的锈蚀、污垢并接实，即可排除。

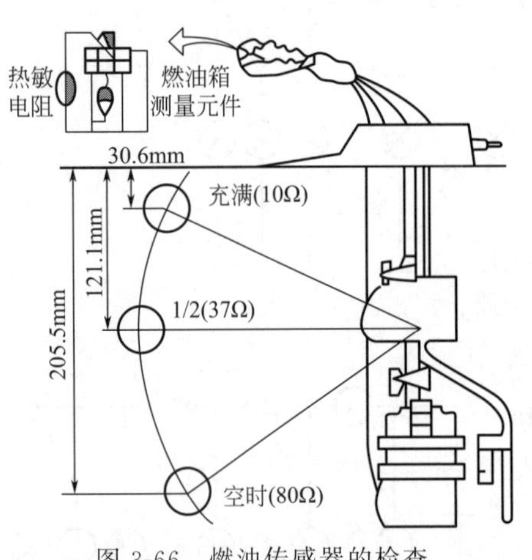

图 3-66 燃油传感器的检查

但一侧的前照灯灯泡用得过久应该更换，若继续用，会出现前照灯一侧亮、一侧暗的现象，或者两侧灯泡的功率不同或电压不同（属于用错灯泡）也会出现前照灯一侧亮一侧暗的现象。

102. 怎样检查燃油表传感器？

燃油表传感器的检查与电热式水温指示表相同。燃油表传感器的检查如图 3-66 所示。将燃油表传感器的浮子分别置于无油、1/2、充满油三种不同位置，用万用表电阻挡测量燃油传感器在上述三种位置时的电阻值，应分别为 80Ω、37Ω 和 10Ω。

103. 怎样检修水温表稳定压器及温度传感器？

（1）触点振动式稳压器的检修　为减小电源电压波动对仪表指示精度的影响，可在仪表电路中接入触点稳压器，其结构如图 3-67 所示。

通常用万用表电阻挡检查其技术状况，将两表笔分别接触稳压器的 5 与 7 处，电阻值应为 0；若电阻为无穷，则表明触点不通，应用细砂布打磨，清洁触点。用万用表两表笔跨接在稳压器的 6 与 3 处，其电阻值应为 115～120Ω，随车型不同其值略有差别；如阻值为无穷，则说明电热丝线圈断路；阻值小于 115Ω，则表明电热线圈有短路。如上述故障不能排除，则应重新绕电热线圈或更换稳压器。

（2）水温指示表的检修　发动机水温指示表为电热双金属片结构，可用万用表电阻挡测量表内电热线圈的电阻值，以判断它的技术状况。电热线圈正常电阻值为 25～30Ω，视车型不同略有差异。电热线圈电阻值小于规定值，表示有短路；电热线圈电阻值无限大，说明线圈有断路。电热线圈损坏时，可重新绕制或更换水温表。

（3）温度传感器的检查　温度传感器的核心部件是热敏电阻，其电阻值随温度的不同而变化。检查时可将传感器置于温度可调的水中，用万用表电阻挡测量温度传感器在不同温度时的相应电阻值，依车型不同其电阻值略有差别（图 3-68），燃油表、水温表的接线如图 3-69 所示。

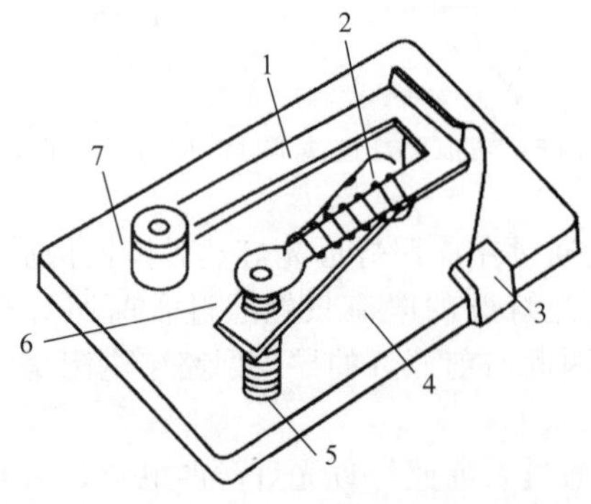

图 3-67 触点振动式稳压器的结构

1—双金属片；2—电热线圈；3—搭铁；4—底板；5—调整螺针；6—触点；7—铆钉

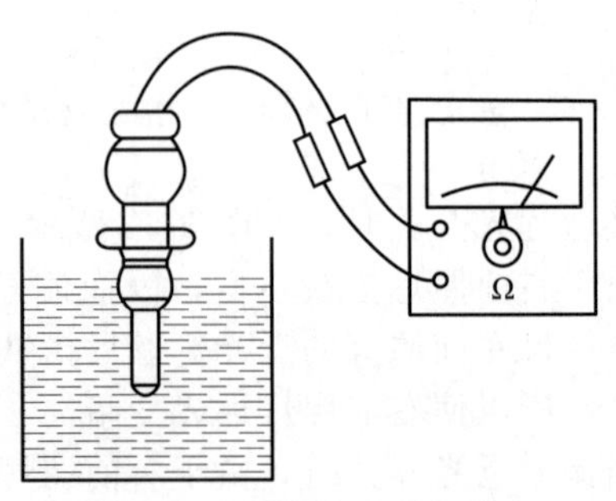

图 3-68 温度传感器的检查

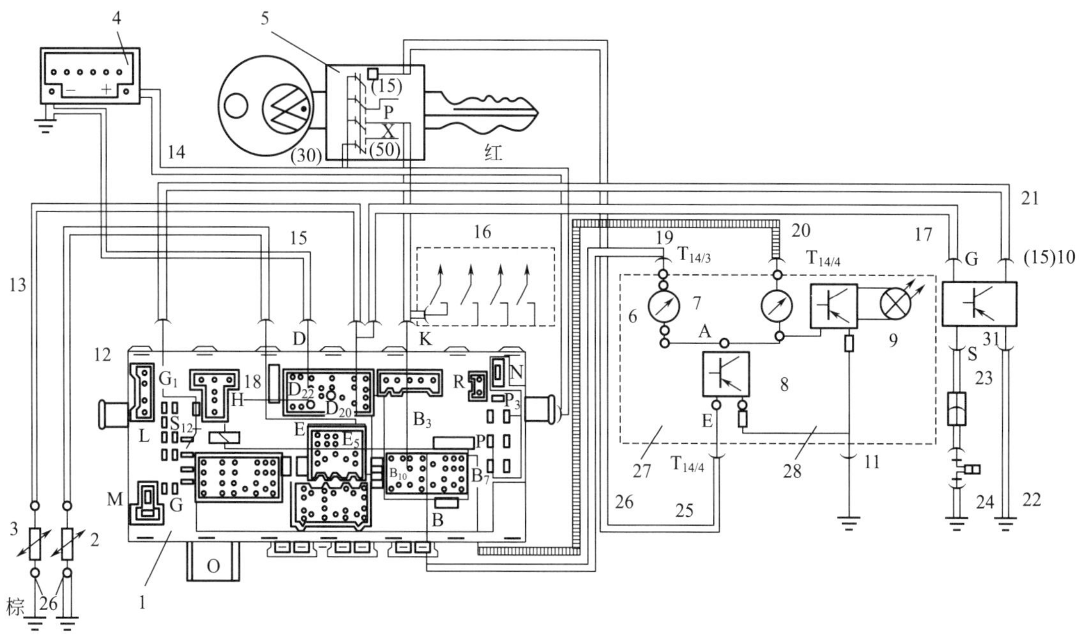

图 3-69　燃油表、水温表的接线

1—中央电气装置；2—燃油表传感器（G）；3—冷却液温度表传感器（G2）；4—蓄电池；5—点火开关（D）；6—燃油表；7—冷却液温度（G3）；8—稳压器（J6）；9—冷却液温度指示灯（K28）；10—冷却液不足指示器控制器（J120）；11—冷却液不足指示器开关（F66）；12—蓝黑色线；13,17,20—黄红色线；14—红色线；15,22,24,26,28—棕色线；16,21—黑黄色线；18—中间继电器（减荷继电器）；19—紫棕色线；23—蓝黄色线；25—黑色线；27—仪表线路板

104. 怎样检修电子车速里程表?

对于电子车速里程表而言，不工作的故障原因如下：传感器舌簧损坏，传感器与车速里程表连接线松动或脱落，车速里程表电路内部有短路、断路现象。其排除方法分别为更换传感器舌簧，检查并紧固传感器与车速里程表连接线，用专用仪器检修车速里程表电路。

指示不准的故障原因如下：传感器舌簧弹力不足，传感器塑料环损坏，传感器与车速里程表连接线接触不良，车速里程电路有虚焊、接触不良。其排除方法分别为更换传感器舌簧，更换传感器装于变速器输出轴上的塑料环，检查传感器与车速里程表连接线是否接触不良，检查车速里程表电路中是否有虚焊、接触不良之处，并给予修复。

105. 怎样检修转速表工作不正常?

对于转速表，应检查其连接状况（包括电路板），可做以下检修。

① 转速表背面有一个黑色三眼插座，检查其是否接触良好。

② 检查仪表板上的印制线路板是否完好。

③ 转速表背面的黑色三眼插座与印制线路板相连接，三个插孔分别为电源负极（a）、电源开关控制线（b）、点火线圈“一”端（c）。用万用表分别检查它们的状态。如果 a 插孔与电源负极接触不良，则应检查仪表板上白色 14 孔插座中棕色导线是否接地（仪表板上所有接地极汇合后，均由棕色导线引出，用电线胶布包扎，接在仪表板输出线路的接地极上）。当打开电源开关后 b 插孔无电压，则应检查仪表板上黑色插座孔 14 中的黑色导线是否有电

源电压，因为仪表板上所有电源均由电源开关“15”端黑色导线引入仪表板。如果c插孔与点火线圈“—”端接触不良或不通，则应检查仪表板上白色插座孔14中红/黑色导线是否与点火线圈“—”端接触良好。如果仍然接触不良或不通，则应检查中央线路板及其与B端是否松脱，如松脱应进行修理或更换。

106. 怎样检修燃油表指示不准?

① 接通点火开关，无论油箱中存油多少，指针总指向R（无油）位置。此时应注意观察水温表及其他警告灯，如不工作，则故障在点火开关至蓄电池之间；如果水温表和其他警告灯工作，则故障应在燃油传感器至指示表之间。这时可拆下传感器的导线做搭铁试验，如指示表工作，则故障发生在传感器内部或传感器搭铁不良；如果指针仍然不动，则故障在传感器导线或指示表上。根据查出的故障原因，按情况予以修复和排除。

② 接通点火开关，无论油箱中存油多少，指针总在80（满箱）位置。此时，首先拆下燃油传感器的导线接头，指针如果能够退回到R（无油）位置，则说明传感器短路；如果此时指针不退回，仍然在80（满箱）处，则说明传感器的导线搭铁，然后根据实际故障原因予以排除。

107. 怎样检修水温表指示不准或指针不动?

① 发动机工作温度正常，而水温表指示数值不准确，通常是水温表电热线圈或传感器有故障。如果水温表指示数值高于水温时，则说明传感器工作失常；如果水温表指针指示数值偏低时，则说明水温表电热线圈短路，然后根据具体情况进行检修。

② 接通点火开关，水温表指针偏斜到最高温度120℃处。这时应首先拔出传感器上的导线插头，如果水温表指针马上退回到低温处，则说明传感器失效；如果指针仍不动，则说明水温表与蓄电池之间导线搭铁。然后根据故障原因检修水温表，排除其故障，必要时应更换水温表。

③ 发动机工作时，水温表指针不动，或无论发动机水温高低，指针总指示低温50℃处。此时观察燃油表或其他警告灯，如不工作，则说明故障在点火开关至蓄电池之间；如果燃油表工作，则故障在水温表至水温传感器之间。此时应将传感器的导线插头拔去，并将此插头做瞬时搭铁试验，如果水温表工作，则故障在传感器内部；如果水温表指针仍不动，则故障在传感器的导线或指示表以内，然后查出故障确切原因并排除。

108. 怎样检修机油压力灯闪烁和不闪烁?

（1）机油压力低　检查排除方法：拆下机油传感器，做短时间的怠速运转，如果连接机油传感器的螺孔中没有机油流出，问题可能为油泵失效，集滤器或主油道及机油滤清器堵塞，曲轴箱内机油平面在危险界限以下，此项工作的进行应在修理厂完成。

（2）机油表失效　检查排除方法：拆下机油传感器上的导线，接通点火开关，把导线头瞬间搭铁，观察机油压力表，指针指向最大值，说明机油压力表正常，否则表明机油压力表失效，应更换。

（3）机油传感器失效　检查排除方法：拆下感应塞上的导线，接通点火开关，导线瞬间搭铁，机油压力表有指示值，说明机油传感器失效，应更换。

109. 怎样检修与调整电喇叭?

（1）检查喇叭膜片与底板　如有破裂应更换。更换双音电喇叭膜片时注意，厚的膜片为高音，薄的为低音。

（2）检查电阻值 接线柱间的电阻值应为1.4～1.5Ω，接线柱与外壳应绝缘。

（3）解体后检修 断电触点表面应光滑、平整，上下触点应重合，其中心线偏移不超过0.25mm；触点接触面积应不小于80%，对烧蚀严重的触点，要用油石打磨，但触点厚度不得小于0.3mm，否则应予更换。衔铁与铁芯端面应平行，无弯斜现象。电容器和灭弧电阻性能应正常。

每次检修后，都应对电喇叭的音质、音量进行调整：将电喇叭接在蓄电池上，在电路中串联一个电流表。正常时，喇叭声音清脆洪亮，无沙哑杂音，电流表指示值不超过最大值额定电流（一般为6A）。

音调调整：先旋松下降铁芯的锁紧螺母，用螺钉旋具旋动铁芯，顺时针旋进，减小衔铁、铁芯间隙可提高音调；反之则降低音调。但注意衔接、铁芯间隙不能过大或过小，过小会发生撞击，过大则无声响。

音量调整：旋松音量调整螺母的锁紧螺母，增大触点间压力时，音量增大；反之音量减小。注意触点间的压力不能过大，以免造成触点电流过大、火花强，易烧蚀。

喇叭的固定方法对其发音量影响极大。为了使喇叭的声音正常，喇叭不能刚性安装，而应固定在缓冲支架上，应在喇叭与固定支架之间装有片状弹簧或橡胶垫。

110. 为什么按喇叭不响？

① 喇叭按钮搭铁不良，应拆下按钮进行检查。

② 喇叭接线松动，检查后拧紧即可。

③ 喇叭调整螺钉松动，应调整后紧固。

111. 为什么喇叭连响？

① 继电器触点黏结，使喇叭电路常通，而不受按钮控制。

② 按钮设在方向盘中心的轿车，当按钮内搭铁接盘倾斜或与机壳间隙过小时，虽已断开按钮，但搭铁接盘仍与机壳相触，电路不能切断。

③ 轿车在停放中，由于外界振动等影响，有时会造成按钮内接盘倾斜，自动接通喇叭电路，使喇叭常鸣。

发生上述故障时，应立即转动按钮，拆下接盘或拆下线路总保险，将喇叭电路切断，以免造成蓄电池过度放电和喇叭线圈烧毁。

112. 为什么喇叭声音低哑？

① 蓄电池电量不足，但在发动机中速运转、发电机给蓄电池充电时，如果声音仍低哑，则故障在喇叭内部。

② 喇叭触点已烧坏，应清洁触点并调整触点间隙。

③ 振动膜有裂缝，应更换振动膜或喇叭总成。

④ 喇叭各固定螺钉松动，应检查并拧紧。

113. 为什么按喇叭不响而发动机熄火？

① 喇叭线圈有搭铁，应拆开修理。

② 喇叭调整不当，使触点不能打开，应重新调整。

③ 喇叭调整不当，两触点臂之间短路，应检查两臂间的绝缘垫以后进行修理。

④ 电容器短路，应进行更换。

114. 为什么刮水器不回位?

（1）故障现象　刮水器不回位或不规则回位。

（2）故障原因

① 调速器件与配线束连接不紧。

② 电动机上的摇臂松动。

③ 电动机轴损坏。

④ 电动机和仪表板开关之间的线束连接不正常。

⑤ 转向柱上的开关损坏。

（3）排除方法　该故障诊断与排除方法按图 3-70 进行。

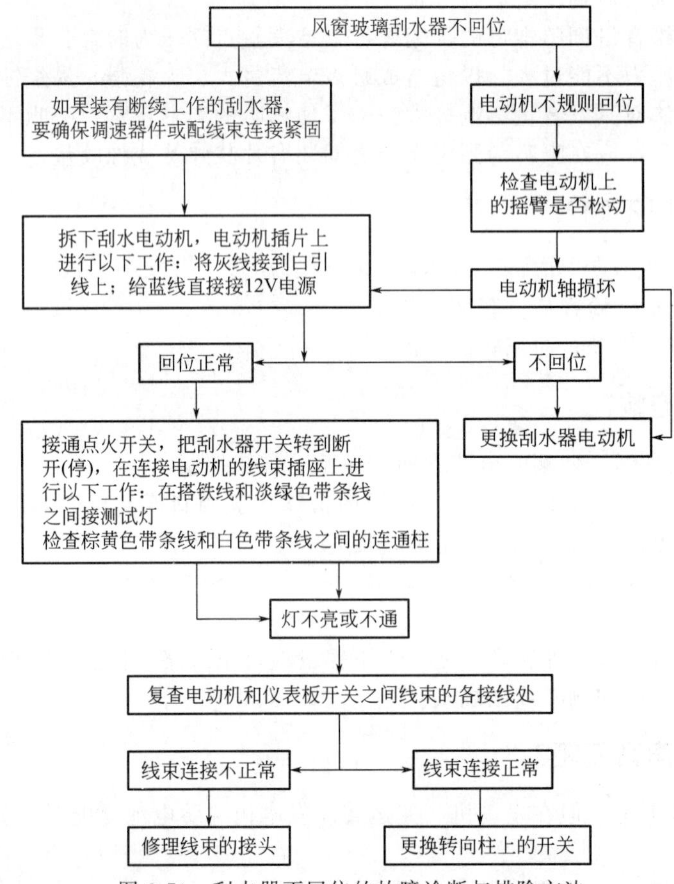

图 3-70　刮水器不回位的故障诊断与排除方法

115. 为什么刮水器不工作?

（1）故障现象　打开刮水器开关后，刮水器不动。

（2）故障原因

① 刮水器电路熔丝熔断。

② 刮水器电动机故障。

③ 刮水器开关故障。

④ 配线或接地故障。

（3）排除方法

① 熔丝的更换如图 3-71 和图 3-72

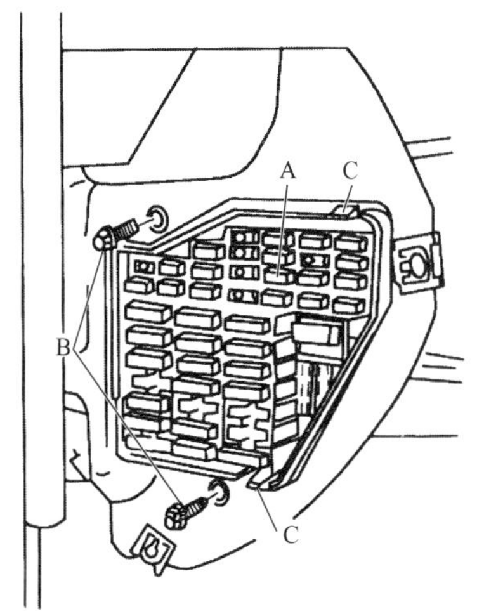

图 3-71　熔丝的更换

A—熔丝；B—固定螺钉；C—定位装置

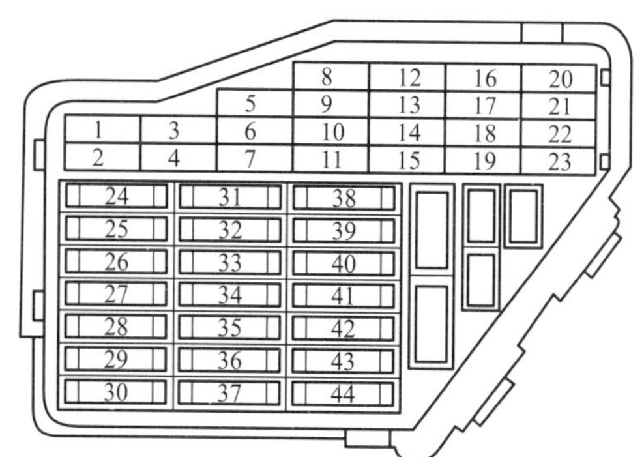

图 3-72　熔丝的分布

② 检修或更换刮水器电动机。

a. 拆卸前风窗玻璃刮水器电动机。为了能够拆卸带有连杆和刮水器电动机框架，必须拆卸刮水器摇臂和风道。此外，在散热器左边处拆开控制单元的保护臂，并且向前压。

在拆卸刮水器摇臂之前，应确保刮水器电动机在停止位置，只有这样，在安装时才可以正确地调整刮水器摇臂的终端偏差。

ⓐ拆卸刮水器摇臂。用一字旋具撬开并移开黑色的罩盖。

拧松六角螺母 M8，但不用完全旋出。

稍微移动刮水器摇臂，一直到它们松动时为止。

完全旋出六角螺母，并且把刮水器摇臂取下来。

ⓑ拆卸风道。风道是安置在正面玻璃板边缘上，并用两个钢板卡钉和一个十字槽头螺钉固定的。

向前拔出左边的钢板卡板。

向前拔出中间的钢板卡板。

旋出十字槽头螺钉，并且谨慎地向上以杠杆移开风道。

为了能够拆除控制单元保护罩的盖子，必须旋出自攻螺钉。

拧开保护罩中的六角螺母。

从橡胶支座中取出保护罩，并前旋压保护罩。

ⓒ拆卸带有连杆和刮水器电动机的刮水器框架。拔出刮水器电动机上的插头，旋出六角螺栓 M6，并且拆下垫圈，此时，完整地取出刮水器框架。

从刮水器框架中拆卸和安装刮水电动机。使用大的一字旋具撬出连杆，拆下六角螺母 M8，拆除曲柄，拧开刮水器电动机的三个固定螺栓 M6，拆下刮水器电动机。

将刮水器电动机移到停止位置，为此，把插头连接上，并且短促地操作（控制）用于刮水的开关。

重新拔出插头，并且使用固定螺栓 M6（拧紧力矩为 8N·m）固定刮水器电动机。

装上曲柄，并对准成一条线。

拧紧六角螺母 M8（拧紧力矩为 20N·m），并且重新把拉杆旋压到曲柄上。

b. 拆卸尾部刮水器电动机。

ⓐ拆卸刮水器摇臂。向上翻开罩盖，拧松六角螺母 SW13，把尾部刮水器拆掉。

向上翻开刮水器摇臂，并且通过在圆锥中旁侧的运动拧松刮水器摇臂。

旋出六角螺母，并且拆除刮水器摇臂。

ⓑ拔出刮水器电动机上的插头，拔出洗涤喷嘴用的软管，旋出六角螺母 SW10，拆卸刮水器电动机。

ⓒ在安装刮水器电动机时要注意，衬垫应在轿车尾部玻璃中。

c. 更换刮水器开关。刮水装置和风窗清洗装置的开关及多功能显示器的布置如图 3-73 所示。

d. 修配线电路。

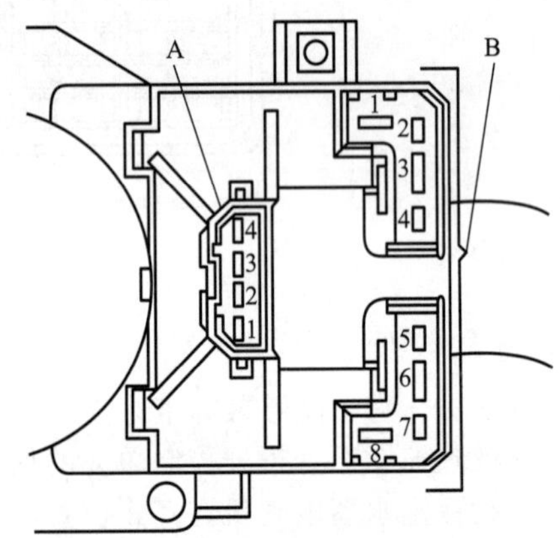

图 3-73　刮水装置和风窗清洗装置的开关及多功能显示器的布置

A—插头（4 针）；1—MFA 调用按钮（右边）；2—MFA 调用按钮（左边）；3—MFA 调用按钮（接线柱 31）；4—MFA 安全开关（复位）；

B—插头（8 针）；1—风窗刮水器开关（接线柱 53）；2—风窗刮水器开关（接线柱 53d）；3—风窗刮水器开关（接线柱 53e）；4—风窗刮水器开关（接线柱 53c）；5—风窗刮水器（后风窗刮水器）；6—风窗刮水器开关（接线柱 53b）；7—风窗刮水器开关（间歇操作）；8—风窗刮水器开关（接线柱 53a）

116. 为什么洗涤器不工作?

（1）故障现象　电动机不运转，或电动机运转但不能抽液或抽液不够。

（2）故障原因

① 电动机引线连错。

② 电动机不转。

③ 丝烧断。

④ 配线束搭铁不良。

⑤ 清洗器开关损坏。

（3）排除方法　该故障诊断及排除方法可按图 3-74 进行。

117. 怎样检查整车电路接触不良?

电器不能正常工作，如灯光发暗或电流较大的电路中有发热和烧蚀现象，就应检查整车电路中是否存在有接触不良。

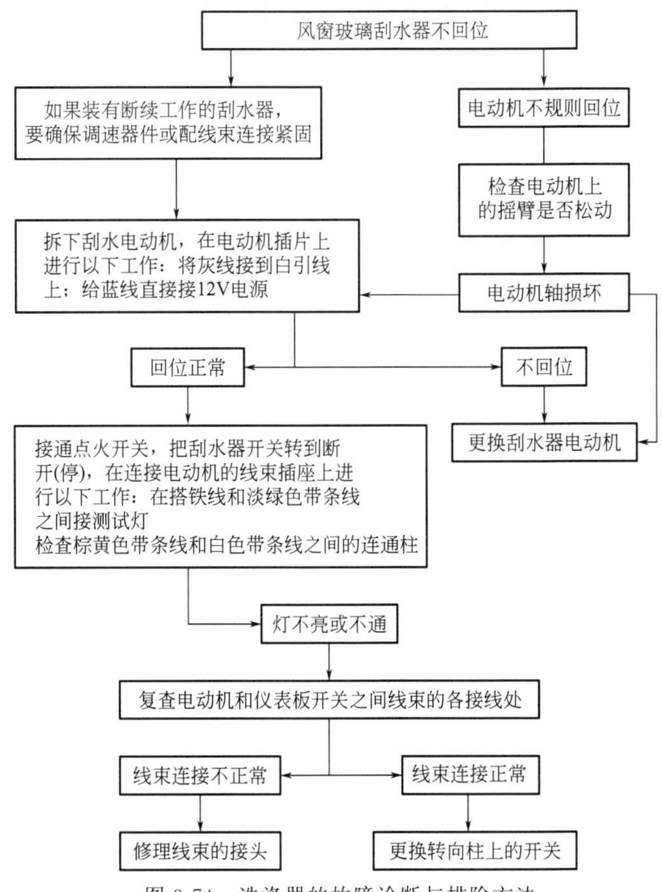

图 3-74　洗涤器的故障诊断与排除方法

(1) 故障原因　线头连接不牢、焊接不良、插头松动等。

(2) 故障检查方法　用导线与待检查接触处并联，如果灯光亮度增大，则说明该处接触不良。断开电路开关，用万用表测量接触处的电阻，按其数值大小，也可查明故障所在。

上海桑塔纳轿车电路中，用电设备多、耗电大，每条线路的电压降又非常接近，因此不准另装其他用电器，以免超过负荷并使原有电器工作不正常。

为了对整车检修提供方便，特将整车电路线束示意图列举于后。

右前部线束如图 3-75 所示。

左前部线束如图 3-76 所示。

仪表板线束如图 3-77 所示。

仪表盘线束如图 3-78 所示。

后备厢线束如图 3-79 所示。

118. 怎样检查整车电路断路?

若电器元件并无损坏，熔丝也未熔断，而电器不工作，这时应检查整车电路是否有断路。

(1) 故障原因　线头脱落、连接处接触不良、开关失效、插头松动、导线折断、应该搭铁而不搭铁等。

(2) 故障检查方法　利用试灯或万用表检查导线和线路各连接接头，判定各点是否有电。灯亮表示该点有电，不亮则表示无电，断路点在有电和无电之间。

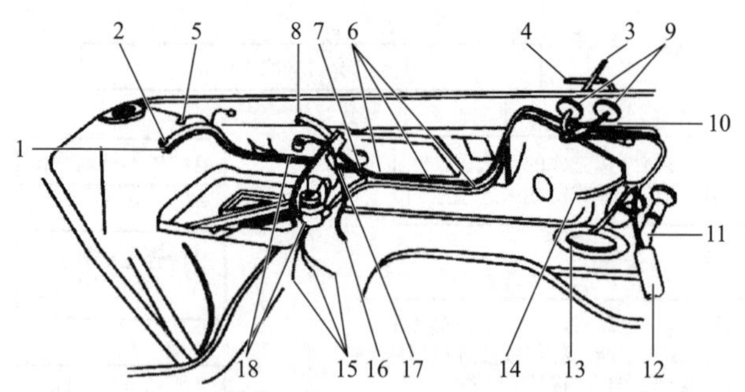

图 3-75　右前部线束

1—至发动机电线；2—至起动机电线；3—至刮水器电动机电线；4—至点火开关电线；5—至发动机电线；6—线束夹箍；7—线束套管；8—蓄电池；9—线束套管；10—线束夹箍；11—线束套管；12—至左前部线束；13—至冷却液报警开关电线；14—至制动液开关电线；15—至电动机电线；16—至变速箱电线；17—地线板；18—线束夹箍

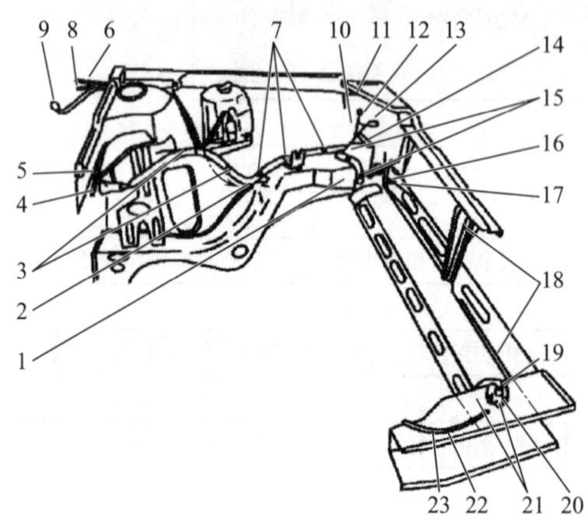

图 3-76　左前部线束

1—至发动机散热风扇电线；2—至热敏开关电线；3—电线夹箍；4—至蓄电池电线；5—电线套管；6—发动机盖拉索；7—电线夹箍；8—风窗清洗装置软管；9—水槽孔；10—电线夹箍；11—转向灯电线；12—侧灯接头；13—雾灯电线；14—至冷却风扇电动机电线；15—电线夹箍；16—接头；17—热敏开关；18—前照灯接头；19—转向灯接头；20—电线夹箍（白色）；21—电线夹箍（蓝色）；22—至侧面转向电线；23—至喇叭电线

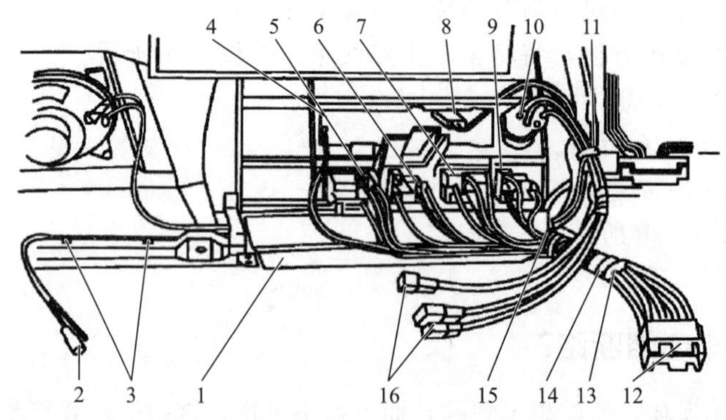

图 3-77　仪表板线束

1—绝缘板；2—箱灯接头；3,14—黏性带；4—收放机接头；5—雾灯开关；6—后风窗加热开关；7—报警灯开关；8—罩壳至扬声器接头；9—自动停/启开关；10—至新鲜空气鼓风机开关；11—电线夹箍；12—仪表盘线束接头；13—接地点；15—电线夹箍；16—接头

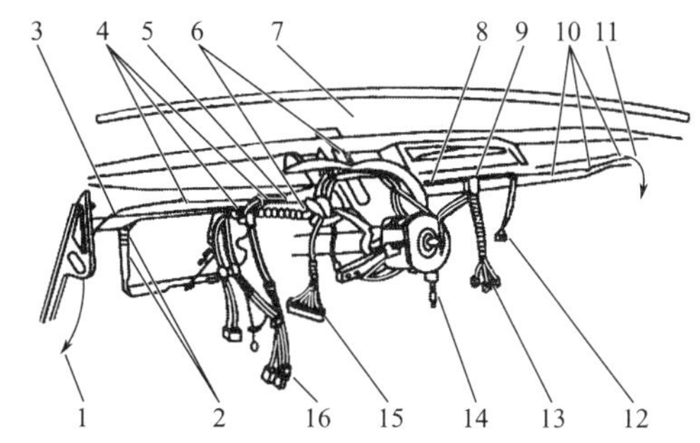

图 3-78 仪表盘线束

1—左侧扬声器电线；2—接地点；3,4,8～11—电线夹箍；5—毛毡热圈；6—电线夹箍；7—塑料泡沫管；12—至右侧扬声器电线；13—点烟器接头；14—收放机接头；15—仪表线；16—灯光开关接头

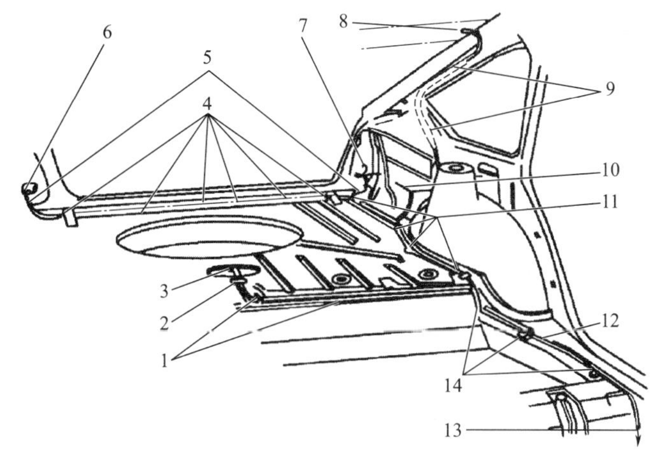

图 3-79 后备厢线束

1—电线夹箍；2—密封条；3—燃油表传感器接头；4,5,14—电线夹箍；6—右尾灯接头；7—左尾灯接头；8—牌照灯和后风窗加热线束；9—塑料泡沫管；10—接后备厢灯；11—电线夹箍；12—后线束；13—至断电器板/保险盒电线

119. 怎样检查整车电路短路?

如接通开关，熔丝即熔断或者导线发热、烧焦，则应检查整车电路是否存在短路。

(1) 故障原因 导线绝缘损坏、电器导线零件漏电、线头脱落与车身接触等。

(2) 故障检查方法 将试灯串在故障电路中，接通电路开关后，试灯不亮，说明短路点在电源和试灯之间，如果试灯亮，则说明短路点在试灯至负载之间。从负载开始，沿着线路逐点向试灯侧拆线检查。

第六节 轿车空调故障诊断与排除

120. 怎样诊断与排除空调器无制冷故障?

(1) 故障原因

① 驱动 V 形带太松或 V 形带断裂，不能带动压缩机工作。

② 制冷系统严重泄漏，由于低压保护开关作用使压缩机不能启动。

③ 压缩机轴承烧坏。

（2）故障诊断

① 将手指用 50N 的力按压 V 形带，V 形带的挠度大于 10mm，则 V 形带在带轮上打滑或 V 形带断裂。

② 用支管压力计检查系统压力，高低压力表读数为零，管路破裂或易熔安全塞易熔金属熔掉，管路接头处有油渍，用电子测漏仪检查有泄漏。

③ 检查电器部分，正常，制冷剂未漏光，而曲轴不能转动。

（3）故障排除

① 拆卸带轮的调整垫片 1～2 片，张紧 V 形带或更换 V 形带。

② 更换破裂管道或易熔安全塞，修补泄漏部位，拧紧泄漏管接头。

③ 换轴承，按规定加润滑油或更换压缩机。

121. 怎样定期维护轿车空调系统？

空调系统定期维护的项目和内容见表 3-15。

表 3-15　空调系统定期维护的项目和内容

<table>
<tr><th rowspan="2">维护项目</th><th rowspan="2">检查内容</th><th colspan="6">维护周期</th></tr>
<tr><th>日</th><th>周</th><th>月</th><th>季</th><th>年</th><th>更换时间</th></tr>
<tr><td>制冷剂量是否充足</td><td>从储液干燥器视液玻璃处进行观察</td><td>√</td><td></td><td></td><td></td><td></td><td></td></tr>
<tr><td>制冷系统各管接头处</td><td>是否有油迹、是否有制冷剂泄漏</td><td></td><td></td><td>√</td><td></td><td></td><td></td></tr>
<tr><td>管路系统固定夹</td><td>是否有松动现象</td><td></td><td></td><td>√</td><td></td><td></td><td></td></tr>
<tr><td>制冷系统软管</td><td>表面是否有损伤、起泡、老化，以及与其他零件相碰现象</td><td></td><td></td><td>√</td><td></td><td></td><td>3 年</td></tr>
<tr><td>冷凝器表面</td><td>有否杂物、污泥，清洁其表面，并修整变形的翘片</td><td></td><td>√</td><td></td><td></td><td></td><td></td></tr>
<tr><td>冷凝器风扇电动机</td><td>更换电刷</td><td></td><td></td><td></td><td></td><td>√</td><td></td></tr>
<tr><td>冷凝器风扇电动机轴承</td><td>加油检查</td><td></td><td></td><td></td><td></td><td>√</td><td></td></tr>
<tr><td>蒸发器表面</td><td>清除污物，校正翅片</td><td></td><td></td><td></td><td></td><td>√</td><td></td></tr>
<tr><td>蒸发器吸气过滤网</td><td>清洗</td><td></td><td></td><td></td><td></td><td>√</td><td></td></tr>
<tr><td>鼓风机电动机</td><td>测量电流和电压是否正常</td><td></td><td></td><td>√</td><td></td><td></td><td>4 年</td></tr>
<tr><td rowspan="2">膨胀阀</td><td>感温包贴紧情况</td><td></td><td></td><td>√</td><td></td><td></td><td rowspan="2">3 年</td></tr>
<tr><td>拆洗过滤网</td><td></td><td></td><td></td><td></td><td>√</td></tr>
<tr><td>储液干燥器</td><td>储液干燥器是否有脏堵。若其干燥剂吸湿能力已经饱和，而且有脏物，则必须更换。检查易熔塞是否熔化</td><td></td><td></td><td></td><td></td><td>√</td><td></td></tr>
<tr><td>热敏电阻</td><td>将热敏电阻放在－1～5℃的冷水中，当水温变化时测其电阻是否符合要求，若不符合，则应更换热敏电阻</td><td></td><td></td><td></td><td></td><td>√</td><td></td></tr>
<tr><td rowspan="4">怠速提升装置</td><td>①真空促动器有否机械损坏</td><td></td><td></td><td>√</td><td></td><td></td><td></td></tr>
<tr><td>②真空电磁阀通电和不通电的流量变化；线圈的绝缘阻抗（要求 1MΩ 以上）</td><td></td><td></td><td></td><td></td><td>√</td><td></td></tr>
<tr><td>③气管接头处有否滑脱</td><td>√</td><td></td><td></td><td></td><td></td><td></td></tr>
<tr><td>④怠速提升装置的工作转速是否符合要求</td><td></td><td></td><td></td><td></td><td>√</td><td></td></tr>
</table>

续表

维护项目	检查内容	维护周期					
		日	周	月	季	年	更换时间
压缩机电磁离合器	①轴的油封处有否泄漏			√		√	
	②皮带的张力是否符合要求			√			
	③压缩机螺栓是否有松动,电磁离合器间隙是否正常			√			
	④压缩机机械部分是否有损坏,电磁离合器工作是否正常						
空调控制拉线	①控制拉线是否完好			√		√	
	②控制拉线安装情况是否错位,拉头是否有严重磨损						
空调控制板曲线槽	控制板曲线槽是否严重磨损,必要时予以更换					√	
电气线路	电气线路接头的插接是否牢靠	√					
控制元件	开关、继电器、放大器、电阻器的功能是否正常					√	
空调器壳体	①其接缝处是否漏气、减振垫是否脱落			√			
	②空调器壳体是否有裂纹、损坏					√	
送风管道	送风管道有否变形、裂坏、损伤、缺块等					√	

注:“√”表示保养时间周期。

122. 怎样正确使用轿车空调?

① 新车在使用空调之前,应参照日常保养项目,先检查一下制冷系统外观有无异常现象。

② 启动发动机,并运转几分钟后,将鼓风机风扇开至最高挡,即可启动空调压缩机,检查制冷系统是否制冷。

③ 调整送风手柄的位置,观察不同位置时的冷气风向、风量是否合乎要求。

④ 在只需要换气而不需要冷气时,可只将风扇打开而不要开动空调压缩机。

⑤ 在发动机处于怠速工况时,空调的怠速自动提升装置应将发动机的转速提升到(1000±50)r/min,如果未达此转速,应予以适当调整,以免发动机在怠速工况时发生熄火现象。

⑥ 轿车在长距离爬坡时,应关闭空调,以增大轿车的后备功率,防止发动机超负荷运转和产生过热现象。

⑦ 启动空调压缩机后,应将轿车门窗紧闭,充分发挥空调对车内的空气调节作用。

⑧ 要注意适当地调节车内的温度。在没有温度控制器的车厢里,如感到车内温度太低,切不可用风扇处于低速的方式进行调节,以免冷气排不出来而使蒸发器结霜,此时应适时关闭压缩机,开动风扇进行车内外换气循环,以使车内温度适宜。

⑨ 对于空调系统出现的任何故障,必须由经过培训的专业人员进行维修,不能自行调整或拆换元件,以免影响空调的正常工作,或发生安全事故。

⑩ 空调系统长时间不使用时,比如在冬季、初春、秋季,或者车辆长期存放时,应每周开动一次空调压缩机,每次运转5~10min,以使制冷系统循环流通,防止压缩机轴承、油封因干燥、结胶而引起制冷剂的泄漏和零部件的锈蚀,并防止橡胶软管硬化。

⑪ 在夏天,尽量避免把车辆停在日光下曝晒,以免增加制冷系统的内压而发生事故。

⑫ 轿车车厢内的空气污浊或有异味时,应适当地通风换气。

⑬ 在清洁冷凝器时,应用冷水冲洗,切不可用蒸汽喷洗,以免引起冷凝器内压升高,发生故障。

⑭ 一般情况下，空调系统每年需在专业的维修站全面检修一次，以确保空调系统的工作性能。

123. 怎样检修轿车空调?

① 填充制冷剂时注意事项。

a. 空调新装好进行第二次充填制冷剂时，先从高压侧进行 5min 以上的抽真空，然后再从高、低两个方向抽真空。

b. 填充制冷剂时，应从高压端充填液态制冷剂，严禁从低压端充填和启动发动机；可以启动发动机从低压端充填气态制冷剂，但严禁打开压力表组的高压阀。

c. 在制冷剂填充过程中，切勿摇晃制冷剂瓶。

d. 严禁将制冷剂瓶放在 40℃以上的热水中加热。

e. 在填充制冷剂时，应避免高温或火源，应在干燥、通风的环境中进行。

f. 严禁将水、杂质及空气混入制冷剂管道，严禁用嘴或压缩空气去吹制冷管道。

g. 连接压力支管表软管时，应注意压力支管表软管和压力表组支管阀的正确对应连接，以及高、低压力表所对应的压缩机进出阀接头的正确连接。

h. 连接压力支管表软管或制冷剂瓶阀时，一般用手拧紧连接螺母即可，切勿使用钢丝钳等工具。

i. 从压缩机进出软管上拆卸仪表软管时，必须快速、敏捷；拆卸高压软管时，要等压缩机停止工作（约几分钟），待高压压力降低后再进行。

j. 在拆卸制冷剂管路或填充制冷剂时，切勿接近面部。

② 在排放制冷剂时，要缓慢进行，以防带走冷冻机油。

③ 给压缩机补充冷冻机油时，请务必使用指定牌号或相应牌号的冷冻机油，切勿使用混合牌号或普通的发动机机油。

④ 更换空调系统部件时，必须补充冷冻机油。

⑤ 连接制冷剂管道时，应在 O 形密封圈上涂一点冷冻机油。

⑥ 连接压缩机吸排管，拆下盲塞时一定要慢慢放出充入的制冷剂气体，以防冷冻机油被带走。

⑦ 储液干燥器一定要最后安装，并注意进出口方向。

⑧ 拧紧或拧松制冷管路接头时，必须用两个开口扳手，并按规定的力矩进行拧紧。

注：空调系统高压侧压力一般为 1373～1668kPa；空调系统低压侧压力一般为 147～192kPa；空调系统压力的规定值可从空调说明书查出。

124. 怎样诊断与排除轿车空调常见故障?

鼓风机故障与排除见表 3-16。

表 3-16　鼓风机故障与排除

现象	故障原因	修理方法
鼓风机不转	(1)熔丝烧断 (2)接地不良 (3)鼓风机开关有故障 (4)鼓风机串联电阻有故障	(1)更换 (2)修复 (3)更换 (4)更换
鼓风机转但无风	(1)进风口堵塞 (2)鼓风机扇叶与轴脱开 (3)出风口打不开	(1)清理 (2)固定 (3)修复

续表

现象	故障原因	修理方法
热交换器不热	(1)发动机冷却液温度低 (2)热交换器内部堵塞 (3)热交换器内有空气 (4)温度门开的位置不对	(1)检查节温器 (2)冲洗 (3)排出空气 (4)调整
除霜不好	(1)除霜与下出风口风门开启不对 (2)除霜与下出风口拉索或真空阀有故障 (3)除霜风道漏风	(1)调整 (2)更换 (3)修复

制冷系统故障与排除见表3-17。

表3-17　制冷系统故障与排除

现象	故障原因	修理方法
压缩机噪声	(1)阀片损坏 (2)制冷剂充灌过量 (3)油位不当 (4)活塞敲缸 (5)活塞环损坏 (6)驱动带轮螺栓松动	(1)更换阀板 (2)排放、抽空并正确充灌 (3)拆下压缩机，检查油位，按需要调整 (4)更换压缩机 (5)更换压缩机 (6)按技术规范的正确扭矩拧紧
振动过大	(1)皮带张力不合适 (2)电磁离合器松动 (3)制冷剂充灌过量 (4)带轮安装不正	(1)调整皮带松紧度 (2)紧固电磁离合器 (3)排放、抽空并正确充灌 (4)正确安装带轮
车内有凝结水滴	(1)凝水管堵或安装位置不当 (2)隔板脱落或安装不当	(1)清理凝水管并检查安装位置 (2)更换膨胀阀和软管上的隔板
蒸发器结霜	(1)温控开关或感温头故障 (2)毛细管或感温头安装不当 (3)调整不当	(1)更换温控开关或感温头 (2)正确安装毛细管或感温头 (3)调整
低压侧压力低，高压侧压力低	(1)系统制冷剂不足 (2)膨胀阀堵塞	(1)抽空、检漏和充灌系统 (2)更换膨胀阀
低压侧压力高，高压侧压力低	(1)压缩机内部泄漏或磨损 (2)缸盖密封垫泄漏 (3)压缩机皮带打滑	(1)拆下压缩机缸盖，检查压缩机，必要时更换阀板总成。如果压缩机活塞、活塞环或缸体磨损或损伤，则更换压缩机 (2)更换缸盖密封垫 (3)调整皮带张力
低压侧压力高，高压侧压力高	(1)冷凝器翅片堵塞 (2)系统中有空气 (3)膨胀阀损坏 (4)风扇皮带松或磨损 (5)制冷剂充灌过量	(1)清扫冷凝器翅片 (2)抽空、检漏并充灌系统 (3)更换膨胀阀 (4)根据需要调整或更换皮带 (5)释放一些制冷剂
低压侧压力低，高压侧压力高	(1)膨胀阀损坏 (2)制冷剂软管堵塞 (3)储液/干燥器堵塞 (4)冷凝器堵塞	(1)更换膨胀阀 (2)检查软管有无死弯，必要时更换 (3)更换储液/干燥器 (4)更换冷凝器
高低压侧压力正常(冷量不足)	(1)系统中有空气 (2)系统中油过量	(1)抽空、检漏并充灌系统 (2)排放并抽油，恢复正常油位
出风口喷水	排水阀堵塞	疏通

制冷系统故障的检查步骤见表 3-18。

表 3-18 制冷系统故障的检查步骤

现象			故障诊断检查步骤	修理方法
缺少冷却剂	压缩机工作平稳	非常高的进气压力	拆下换气阀,检查测试阀门	(1)更换或维修损坏的阀门或壳体、密封垫 (2)调平不平整的阀门,清洗阀门上污垢
		非常低的进排气压力	(1)检查冷却剂量 (2)压缩机漏气检查 (3)诊断压缩机故障	(1)若缺少冷却剂,则添加 (2)若压缩机漏气,则检修 (3)排除压缩机故障
	压缩机运转粗暴、间歇运转或不转动	间歇转动或不转动	(1)检查传动带的张力 (2)检查电磁离合器间隙 (3)检查电磁离合器电压、电流 (4)进行轴转动平稳测试	(1)调整传动带张紧力 (2)检修电磁离合器间隙 (3)检修电磁离合器线圈内部故障 (4)做好轴传动动平衡
异常噪声		离合器接合	(1)检查压气机连接零件 (2)检查发动机零件 (3)检查电磁离合器 (4)检查制冷剂量是否合适 (5)检查电磁离合器轴承 (6)检查润滑油量 (7)进行轴转动平稳性试验 (8)拆下阀门并进行检查	(1)若有松动漏气,则紧固 (2)若发动机有故障,则排除 (3)若电磁离合器有故障,则排除 (4)若缺少制冷剂,则添加 (5)若电磁离合器轴承磨损,则更换 (6)若润滑油缺少,则添加 (7)若传动轴不平稳,则做动平衡试验 (8)若阀门损坏,则更换
振颤	离合器振颤 离合器脱离		间隙检查	(1)调整间隙 (2)更换或维修

125. 怎样诊断与排除干燥罐故障?

干燥罐由干燥罐容器、制冷剂充入观察窗和易熔塞组成。

① 在发动机和压缩机运转时，在靠近干燥器的出口和进口处检查管道的温度。

② 如果进、出口存在温度差，则干燥罐被阻塞，应更换干燥罐。

126. 怎样检修轿车空调机开关?

① 拆开空调机开关的配线端子。

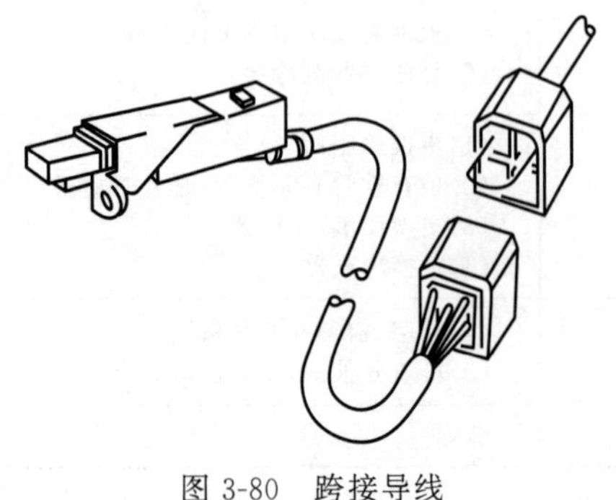

图 3-80 跨接导线

② 按图 3-80 所示跨接导线。

③ 将送风机开关转到“ON”位置。

④ 瞬间将点火开关转到位置，不要启动发动机，听离合器合上的声音。如果离合器没有合上，应更换空调开关。

⑤ 空调开关的拆卸按如图 3-81 所示的步骤进行。

⑥ 空调机开关的安装按与拆卸的相反步骤进行。

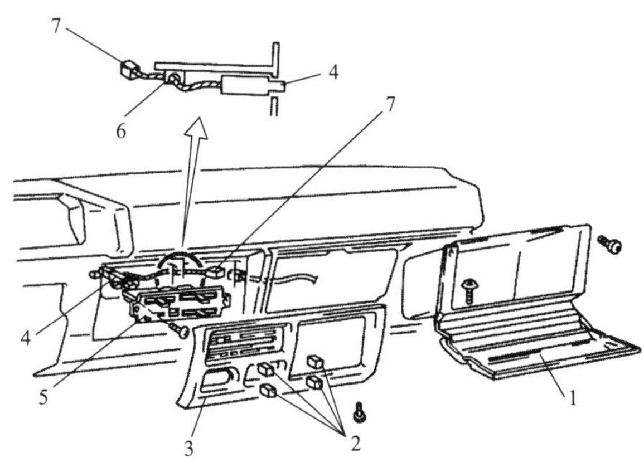

圈 3-81　空调机开关

1—杂物箱；2—拨钮；3—中央板；4—空调机开关；5—取暖控制板；6—夹子；7—接头

127. 怎样检修轿车空调散热片热敏电阻？

散热片热敏电阻如图 3-82 所示，安装在冷却箱内侧的板上。当空气温度为 2℃或更低时，它使风扇停止转动。如图 3-83 所示，在热敏电阻被接到连接端子的状态下，测量其电阻值。如果电阻值与表 3-19 所列出的值有很大的偏差，则应更换热敏电阻。

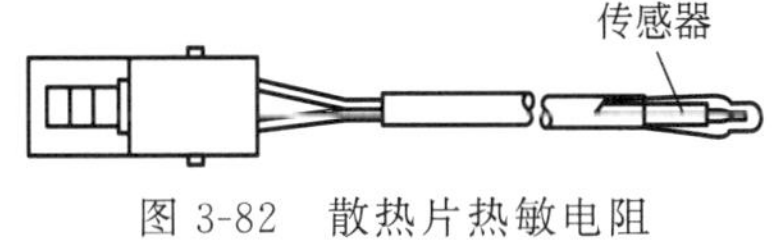

图 3-82　散热片热敏电阻

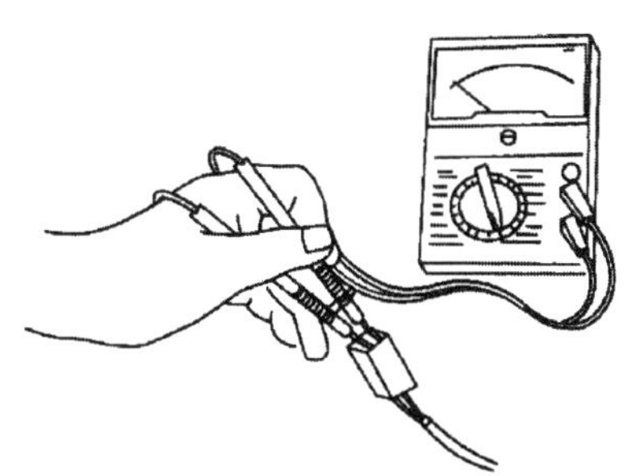

图 3-83　检查热敏电阻

表 3-19　热敏电阻值

温度/℃	电阻值/kΩ
－10	18.2
0	11.4
10	7.3
20	4.9
30	3.3
40	2.3

128. 怎样检查与调整开空调机时发动机提高怠速？

① 发动机冷却液温度达到 80～90℃。

② 关闭所有的灯和附件。

③ 确认发动机怠速符合标准值。

④ 将送风机电动机开关推至最右边（高 H1）处，并将空调机开关打开到“ON”位置。

⑤ 确认带空调机时发动机增高怠速在标准值内，发动机转速应在 950～1050r/min 之间。如果不在标准值内，通过发动机增高怠速调节螺钉进行调整，如图 3-84 所示。

⑥ 打开（ON）和关闭（OFF）空调机数次，确认节流开启阀操作是否正常。

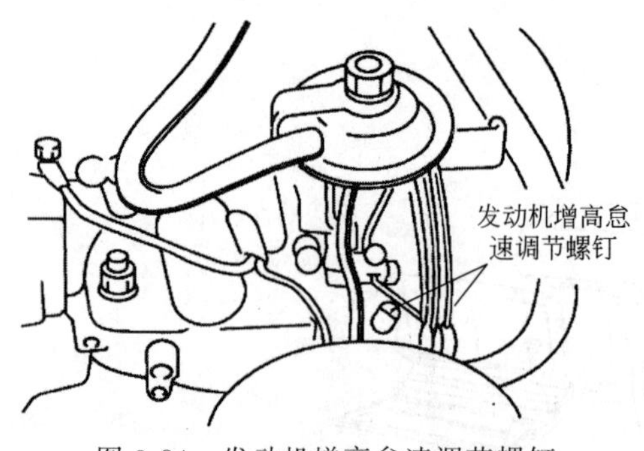

图 3-84 发动机增高怠速调节螺钉

129. 轿车空调制冷剂渗漏怎么办?

（1）制冷剂已耗尽　对制冷系统抽真空；向制冷系统充入制冷剂；检查是否有渗漏，将制冷系统排空；维修渗漏部位；更换干燥罐时，为了快速安装干燥罐，事先应做好准备工作，以避免系统敞开时间过长；将制冷系统抽真空并充注制冷剂。

（2）制冷剂不足　首先应检测并维修渗漏部位，必要时，可添加制冷剂，提高系统压力，寻找渗漏部位，如有可能，在不排空系统中的制冷剂的情况下对渗漏部位进行维修。

130. 怎样诊断与排除电控自动空调装置的故障?

电子控制自动空调装置是用电脑自动控制车厢内外空气状况的空调系统，轿车自动空调的 ECU 具有自检功能，它以代码的形式把各种故障储存在存储器内，通过操作空调控制板面上的开关，被存储的代码即可显示出来。自我诊断流程如图 3-85 所示。

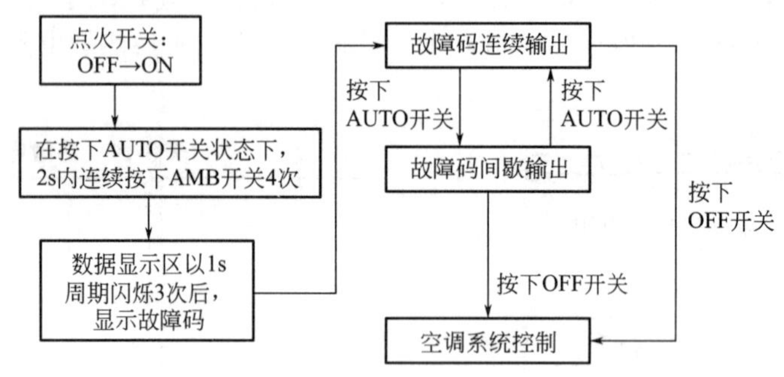

图 3-85 自我诊断流程

在自我诊断过程中 A/C 系统处于 OFF 状态，以 2 位数字显示温度，在诊断过程中显示诊断故障码，相关数据诊断后在自我诊断过程中显示。电控空调故障码见表 3-20。

表 3-20 电控空调故障码表

DTC 代码	故障现象	故障部位
00	正常	（1）室内温度传感器(LNS) （2）室内温度传感器与空调控制器之间线束或连接器 （3）空调控制器
11	室内温度传感器(LNS)电路断路	
12	室内温度传感器(LNS)电路短路	
13	室外温度传感器(AMB)电路断路	（1）室外温度传感器(AMB) （2）室外温度传感器与空调控制器之间线束或连接器 （3）空调控制器
14	室外温度传感器(AMB)电路短路	
15	水温传感器断路	（1）水温传感器 （2）水温传感器与空调控制器之间线束或连接器 （3）空调控制器
16	水温传感器短路	

续表

DTC代码	故障现象	故障部位
17	蒸发传感器断路	(1)蒸发器表面温度传感器和空调控制器之间线束或连接器 (2)空调控制器
18	蒸发传感器短路	
19	温度门位置电位计断路或短路	温度门电位计与空调控制器之间线束或连接器
20	温度门位置电位计驱动不良	温度门位置电位计